Rechtswirkungen von EG-Richtlinien und EU-Rahmenbeschlüssen im nationalen Recht

Europäische Hochschulschriften
Publications Universitaires Européennes
European University Studies

Reihe II
Rechtswissenschaft

Série II Series II
Droit
Law

Bd./Vol. 4767

PETER LANG
Frankfurt am Main · Berlin · Bern · Bruxelles · New York · Oxford · Wien

Anne-Kristin Meier

Rechtswirkungen von EG-Richtlinien und EU-Rahmenbeschlüssen im nationalen Recht

PETER LANG
Internationaler Verlag der Wissenschaften

Bibliografische Information der Deutschen Nationalbibliothek
Die Deutsche Nationalbibliothek verzeichnet diese Publikation in der Deutschen Nationalbibliografie; detaillierte bibliografische Daten sind im Internet über <http://www.d-nb.de> abrufbar.

Zugl.: Leipzig, Univ., Diss., 2008

15
ISSN 0531-7312
ISBN 978-3-631-58292-3

www.peterlang.de

Meinen Eltern

Vorwort

Die Juristenfakultät der Universität Leipzig hat die vorliegende Arbeit im Sommersemester 2008 als Dissertation angenommen. Die Arbeit befindet sich im Wesentlichen auf dem Stand Dezember 2007. Literatur und Rechtsprechung sowie Änderungen der Gesetzeslage konnten für die Druckfassung bis April 2008 berücksichtigt werden.

Die Anfertigung der Arbeit wäre ohne die vielfältige Unterstützung einer Reihe von Menschen kaum möglich gewesen, denen ich an dieser Stelle ausdrücklich danken möchte.

Mein herzlicher Dank gilt insbesondere Prof. Dr. Helmut Goerlich, der die Dissertation von Anfang an begleitet sowie das Erstgutachten erstellt hat und mich stets durch wertvolle Ideen und Anregungen unterstützte. Außerdem möchte ich mich bei Prof. Dr. Markus Kotzur für die zügige Erstellung des Zweitgutachtens sowie viele hilfreiche Anmerkungen bedanken. Gedankt sei auch Prof. Dr. Lothar Michael (Universität Düsseldorf), der freundlicherweise die auswärtige Begutachtung übernahm. Dr. Niamh Nic Shuibhne (University of Edinburgh) danke ich für die wunderbare fachliche Betreuung während meines LL.M. Studiums, die letztlich auch ein Anlass für die vertiefte wissenschaftliche Auseinandersetzung mit einer europarechtlichen Thematik war. Eine Vielzahl von Freunden und Kollegen hat zudem durch Anregungen und Hilfe zum Gelingen der Dissertation nicht unwesentlich beigetragen, wofür ich sehr dankbar bin. Besonderer Dank gebührt schließlich meiner Familie für ihre Liebe, Zuwendung und tatkräftige Unterstützung, die für mich von unschätzbarem Wert sind.

Leipzig, im Juni 2008

Anne-Kristin Meier

Inhaltsübersicht

Inhaltsverzeichnis

Abkürzungsverzeichnis

ABl.	Amtsblatt der Europäischen Gemeinschaften
AcP	Archiv für die civilistische Praxis
AöR	Archiv des öffentlichen Rechts
AuR	Arbeit und Recht
Bd.	Band
CLJ	The Cambridge Law Journal
C.M.L.R.	Common Market Law Reports
CMLRev.	Common Market Law Review
DVBl.	Deutsches Verwaltungsblatt
DÖV	Die Öffentliche Verwaltung
DRiZ	Deutsche Richterzeitung
EBLR	European Business Law Review
EG	Europäische Gemeinschaft
	Vertrag zur Gründung der Europäischen Gemeinschaft
ELRev.	European Law Review
ERCL	European Review of Contract Law
ERPL	European Review of Private Law
EU	Europäische Union
	Vertrag über die Europäische Union
EuConst	European Constitutional Law Review
EuGH	Europäischer Gerichtshof
EuGRZ	Europäische Grundrechte Zeitschrift
EuR	Europarecht
EuZW	Europäische Zeitschrift für Wirtschaftsrecht
EWS	Europäisches Wirschafts- und Steuerrecht
EWiR	Entscheidungen zum Wirtschaftsrecht
FS	Festschrift/ Liber amicorum
GA	Goltdammer's Archiv für Strafrecht
	Generalanwalt/ Generalanwältin
GPR	Zeitschrift für Gemeinschaftsprivatrecht
HdbStR	Handbuch des Staatsrechts

ILJ	Industrial Law Journal
JBl.	Juristische Blätter
JöR	Jahrbuch des öffentlichen Rechts der Gegenwart
JR	Juristische Rundschau
JuS	Juristische Schulung
JZ	Juristenzeitung
KJ	Kritische Justiz
LIEI	Legal Issues of Economic Integration
lit.	litera
NJW	Neue Juristische Wochenschrift
NStZ	Neue Zeitschrift für Strafrecht
NuR	Natur und Recht
NVwZ	Neue Zeitschrift für Verwaltungsrecht
NZA	Neue Zeitschrift für Arbeitsrecht
MLR	The Modern Law Review
OJLS	Oxford Journal of Legal Studies
ÖJZ	Österreichische Juristenzeitung
PJZS	Polizeiliche und Justizielle Zusammenarbeit in Strafsachen
RabelsZ	Rabels Zeitschrift für ausländisches und internationales Privatrecht
RB	Rahmenbeschluss
RdA	Recht der Arbeit
RIW	Recht der internationalen Wirtschaft
Rn.	Randnummer
Rs.	Rechtssache
RTDE	Revue Trimestrielle de Droit Européen
Slg.	Sammlung der Rechtsprechung des EuGH
StV	Strafverteidiger
VerwArch	Verwaltungsarchiv
VV	Vertrag über ein Verfassung für Europa
WM	Wertpapiermitteilungen (Zeitschrift für Wirtschafts- und Bankrecht)
WRP	Wettbewerb in Recht und Praxis
YEL	Yearbook of European Law
ZaöRV	Zeitschrift für ausländisches öffentliches Recht und Völkerrecht

ZEuP	Zeitschrift für Europäisches Privatrecht
ZEuS	Zeitschrift für europarechtliche Studien
ZfA	Zeitschrift für Arbeitsrecht
ZG	Zeitschrift für Gesetzgebung
ZG	Zeitschrift für das gesamte Schuldrecht
ZIP	Zeitschrift für Wirtschaftsrecht
ZIS	Zeitschrift für Internationale Strafrechtsdogmatik
ZÖ	Zeitschrift für öffentliches Recht
ZRP	Zeitschrift für Rechtspolitik
ZStW	Zeitschrift für die gesamte Strafrechtswissenschaft
ZUR	Zeitschrift für Umweltrecht

§ 1 Einführung

A. Einleitung und Problemaufriss

Der Europäische Gerichtshof (EuGH) ist bekannt für seine innovative Judikatur, deren Grundanliegen in der Regel die Erhöhung der Wirksamkeit des Gemeinschafts- bzw. Unionsrechts sowie die Sicherung der Funktionsfähigkeit der Europäischen Union ist.[1] Bei seiner Entscheidungsfindung steht für den Gerichtshof daher primär die Auslegung nach dem *effet utile* im Vordergrund.[2] Ziel dieses im Völkerrecht wurzelnden Auslegungsgrundsatzes ist es, den Regelungszweck eines völkerrechtlichen Vertrags bestmöglich zu erreichen, so dass dessen „intendierter Nutzeffekt" eintritt bzw. dessen „praktische Wirksamkeit" gewährleistet wird.[3] Im europarechtlichen Kontext ist besonders die Rechtsprechung des Gerichtshofs hinsichtlich der Rechtswirkungen von EG-Richtlinien hervorzuheben, in deren Rahmen der *effet utile* wiederholt als „multifunktionaler Argumentationstopos"[4] gedient hat.

I. Die Sicherstellung der Effektivität von EG-Richtlinien durch den EuGH

1. Rechtliche Besonderheiten der EG-Richtlinie

Richtlinien sind gemäß Art. 249 Abs. 1 EG[5] neben Verordnungen und Entscheidungen eine weitere mögliche verbindliche Handlungsform des sekundären Gemeinschaftsrechts.[6] Sie weisen eine besondere rechtliche Struktur auf, die sie von Rechtsinstrumenten der nationalen Rechtsordnungen unterscheidet.[7] Gemäß

---

1 *Hummer/Obwexer*, EuZW 1997, 295.

2 Dazu näher *Calliess*, NJW 2005, 929; *Mosiek*, Effet utile, 6 ff.; *Streinz*, FS Everling, 1491 ff.; jüngst *Ross*, ELRev. 2006, 476 ff.

3 *K. Ipsen*, Völkerrecht, § 11 Rn. 16.

4 Kritisch dazu *Hidien*, Gemeinschaftsrechtliche Staatshaftung, 14.

5 Die Arbeit folgt der vom Europäischen Gerichtshof herausgegebenen neuen Zitierweise (vgl. NJW 2000, 52), nach der die Verträge in der nach dem 01.05.1999 geltenden Fassung als „EU", „EG" und „EAG" zitiert werden; vgl. auch Art. 161 Abs. 1 EAG, der einen identischen Wortlaut wie Art. 249 Abs. 1 EG aufweist; die Bedeutung der Richtlinie der Europäischen Atomgemeinschaft ist jedoch geringer, so dass im Folgenden allein auf die Richtlinie der Europäischen Gemeinschaft eingegangen wird.

6 Eingehend zur Richtlinie als ein gemeinschaftsrechtliches Rechtsinstrument etwa *Prechal*, Directives; *Prokopf*, Richtlinie; einen guten Überblick zu den verbindlichen Handlungsformen nach Art. 249 EG bietet *Scherzberg*, Verordnung-Richtlinie-Entscheidung, 17 ff.

7 *H. P. Ipsen*, Europäisches Gemeinschaftsrecht, § 21 Rn. 21.

Art. 249 Abs. 3 EG „ist die Richtlinie für jeden Mitgliedstaat, an den sie gerichtet wird, hinsichtlich des zu erreichenden Ziels verbindlich, überlässt jedoch den innerstaatlichen Stellen die Wahl der Form und Mittel".

Die Richtlinie ist ein Instrument kooperativer zweistufiger Rechtssetzung. Sie enthält eine Rechtssetzungspflicht für die Mitgliedstaaten, wobei sie den Mitgliedstaaten normativ verbindlich das Regelungsziel bzw. das Ergebnis vorgibt, ihnen aber Ermessen hinsichtlich der Mittel zur Erreichung des Ziels einräumt.[8] Sie ermöglicht damit eine gemeinschaftsweite Harmonisierung bestimmter Rechtsbereiche und gleichzeitig eine flexible Integration des Gemeinschaftsrechts in die nationalen Rechtsordnungen.[9] Dies hat dazu geführt, dass Richtlinien nicht nur in Rechtsgebieten mit ausgeprägter wirtschaftlicher Relevanz, wie beispielsweise das Bank- und Gesellschaftsrecht, das Umsatzsteuerrecht oder das Arbeitsrecht, zum Einsatz kommen, sondern auch Bereiche wie das Verbraucherschutzrecht oder das Umweltrecht in großem Umfang prägen.[10]

Die Struktur der Richtlinie als „Normsetzungsbefehl des Gemeinschaftsrechts"[11] hat jedoch zur Konsequenz, dass sie grundsätzlich nur Rechtswirkungen im Verhältnis zwischen der Gemeinschaft und den Mitgliedstaaten erzeugt. Den Unionsbürger treffen die Wirkungen der Richtlinie regelmäßig nur über den nationalen Umsetzungsakt.[12] Eine Berufung des Einzelnen unmittelbar auf eine Richtlinie vor nationalen Gerichten scheint vom Wortlaut des Art. 249 Abs. 3 EG her zunächst ausgeschlossen. Richtlinien unterscheiden sich damit von Verordnungen, welche gemäß Art. 249 Abs. 2 EG allgemeine Geltung haben, in allen ihren Teilen verbindlich sind und unmittelbar in jedem Mitgliedstaat gelten, d.h. ihre Rechtswirkungen innerstaatlich ohne ein Dazwischentreten eines mitgliedstaatlichen Legislativaktes entfalten.[13] Die Wirksamkeit und einheitliche Anwendung von Richtlinienvorgaben sowie die Durchsetzung von in Richtlinien enthaltenen subjektiven Rechtspositionen sind erheblich beein-

---

8 *H. P. Ipsen*, Europäisches Gemeinschaftsrecht, § 21 Rn. 27.

9 *Skouris*, ZEuS 2005, 463, 465; *D. König*, Gesetzgebung, § 2 Rn. 32; zur Bedeutung der Richtlinie als ein Instrument der Rechtsangleichung, das die Einfügung gemeinschaftsrechtlicher Vorgaben unter weitgehender Schonung der Regelungsstrukturen nationalen Rechtsordnungen ermöglicht, näher unter § 2, B., III., 4., b), aa).

10 Vgl. mit weiteren Nachweisen *Bach*, JZ 1990, 1108; zahlenmäßig führende Sekundärrechtsakte des Gemeinschaftsrechts sind Verordnungen (31 %) und Entscheidungen (27 %), während Richtlinien nur 9 % aller Gemeinschaftsrechtsakte ausmachen - vgl. dazu *von Bogdandy/Bast/Arndt*, ZaöRV 62 (2002), 77, 91.

11 *Canaris*, FS Bydlinski, 47, 69.

12 Vgl. *Jarass*, NJW 1990, 2420.

13 Mit ihrem Erlass werden Verordnungen Bestandteil der innerstaatlichen Rechtsordnung und können sowohl für die Mitgliedstaaten als auch für natürliche und juristische Personen Rechte und Pflichten begründen.

trächtigt, wenn die Mitgliedstaaten ihren Umsetzungsverpflichtungen nicht oder nicht ordnungsgemäß nachkommen. Gerade das ist in der Praxis aber nicht selten der Fall.[14]

Der EG-Vertrag sieht in diesem Fall allein die Möglichkeit einer zentralisierten Durchsetzung der Umsetzungsverpflichtung durch die Einleitung eines Vertragsverletzungsverfahrens durch die Europäische Kommission oder einen anderen Mitgliedstaat gemäß Art. 226, 227 EG vor. Auch wenn die Kommission davon in zunehmendem Maße Gebrauch gemacht hat[15], weist diese Form der zentralisierten Durchsetzung zahlreiche Schwächen auf:[16] der Kommission ist es in Anbetracht ihrer vorhandenen Ressourcen zum einen schlicht nicht möglich, alle Umsetzungsdefizite festzustellen und zu ahnden, zumal die Anzahl der Richtlinien und Mitgliedstaaten kontinuierlich gestiegen ist; weiterhin kann ein einzelner Betroffener ein Vertragsverletzungsverfahren immer nur anregen, d.h. er hat keinen Anspruch auf Einleitung eines Vertragsverletzungsverfahrens;[17] schließlich fehlt es dem Vertragsverletzungsverfahren an geeigneten Sanktionsmechanismen. Zwar besteht seit der Einführung des Art. 228 EG die Möglichkeit, auch finanzielle Sanktionen gegen den säumigen Mitgliedstaat zu verhängen, allerdings mangelt es auch weiterhin an einer wirksamen Vollstreckung bzw. kann in diesem Verfahren kein Ausgleich für die aus der mangelhaften Umsetzung entstehenden Nachteile bewirkt werden.

2. Etablierung eines Konzeptes dezentraler Durchsetzung

Der EuGH hat daher schon früh nach alternativen Lösungen gesucht und im Wege richterlicher Rechtsfortbildung - gestützt auf den *effet utile* - die Rechtswirkungen von Richtlinien über den Wortlaut des Art. 249 Abs. 3 EG hinaus systematisch erweitert, um in Fällen einer fehlenden oder unzureichenden Umsetzung von Richtlinien gleichwohl eine wirksame Durchsetzung der Richtlinienvorgaben in den nationalen Rechtsordnungen sicherzustellen.[18] Die größte Bedeutung kommt in diesem Zusammenhang dem Grundsatz der unmittelbaren Wirkung zu.[19] In der grundlegenden Entscheidung *Van Gend & Loos*[20] etablier-

[14] *Arnull*, European Union, 110.

[15] Vgl. die Angaben bei *Prechal*, Directives, 8.

[16] Eingehend *Haltern*, Europarecht, 164 ff.

[17] *Riesenhuber/Domröse*, RIW 2005, 47, 48.

[18] *Herrmann*, Richtlinienumsetzung, 28.

[19] *Skouris*, ZEuS 2005, 463, 470.

[20] EuGH, Rs. 26/62, Slg. 1993, 1, 26 (Van Gend & Loos): Der EuGH begründete in dieser Grundsatzentscheidung die Lehre von der unmittelbaren Wirkung des (primären) Gemeinschaftsrechts: dieses Recht ist danach nicht nur im Verhältnis zwischen den Mitgliedstaaten und der Gemeinschaft, sondern auch zwischen den einzelnen Gemein-

te der Gerichtshof das Konzept, den einzelnen Bürger als maßgeblichen Motor für eine effektive dezentrale Durchsetzung des Gemeinschaftsrechts zu mobilisieren, indem diesem die Möglichkeit eingeräumt wird, sich vor den nationalen Gerichten unmittelbar auf Vorschriften des Gemeinschaftsrechts zu berufen.[21] Entsprechend erkannte der Gerichtshof neben Normen des Primärrechts und Verordnungen in der Entscheidung *Van Duyn* auch Richtlinienbestimmungen eine unmittelbare Wirkung zu, sofern die Umsetzungsfrist abgelaufen ist, die Richtlinie nicht oder nicht ordnungsgemäß umgesetzt worden ist und die betreffenden Bestimmungen hinreichend bestimmt und unbedingt sind.[22] Der EuGH betonte, dass „die *nützliche Wirkung* („*effet utile*") einer (Richtlinie) abgeschwächt (würde), wenn die Einzelnen sich vor Gericht hierauf nicht berufen und die staatlichen Gerichte sie nicht als Bestandteil des Gemeinschaftsrechts berücksichtigen könnten."[23]

Das Konzept der unmittelbaren Wirkung von Richtlinien ist jedoch dadurch begrenzt, dass Richtlinien nach ständiger Rechtsprechung des Gerichtshofs nicht zu Verpflichtungen für die Unionsbürger führen dürfen. Möglich ist nur die Berufung auf eine Richtlinie gegenüber dem Staat, d.h. in sog. vertikalen Konstellationen. Dem Staat ist eine Geltendmachung von Richtlinienbestimmungen verwehrt, die Verpflichtungen des Bürgers ihm gegenüber begründen oder verschärfen (sog. umgekehrt vertikale Richtlinienwirkung).[24] Ebenso wenig darf sich ein Privater auf Richtlinienbestimmungen gegenüber einem anderen Priva-

---

schaftsbürgern und den Mitgliedstaaten sowie zwischen den Gemeinschaftsbürgern untereinander unmittelbar anwendbar, d.h. einzelne Gemeinschaftsvorschriften sind unter bestimmten Voraussetzungen innerstaatlich zu beachten und können direkt auf Rechtsverhältnisse im innerstaatlichen Bereich einwirken.

21 EuGH, Rs. 26/62, Slg. 1963, 1, 26 (Van Gend & Loos): „Die Wachsamkeit der an der der Wahrung ihrer Rechte Interessierten stellt eine wirksame Kontrolle dar (zur Sicherstellung der Wirksamkeit der Gemeinschaftsrechtsvorschriften)"; vgl. grundlegend zur Funktionalisierung bzw. Mobilisierung des einzelnen Bürgers als Sachwalter des Gemeinschaftsrechts *Masing*, Mobilisierung des Bürgers, 20 ff.; siehe auch *Ruffert*, Subjektive Rechte, 159 ff.; *ders.*, CMLRev. 1997, 307, 316; kritisch *Boch*, Jean Monnet Working Paper 6/99, abrufbar unter: http://www.jeanmonnetprogram.org/papers/99/990601.html.

22 St. Rspr. des EuGH seit Rs. 41/74, Slg. 1974, 1337, Rn. 12 (Van Duyn); Rs. 148/78, Slg. 1979, 1629, Rn. 22 f. (Ratti); Rs. 8/81, Slg. 1982, 53, Rn. 25 (Becker).

23 EuGH, Rs. 41/74, Slg. 1974, 1337, Rn. 12 (Van Duyn) (Hervorhebung durch die Verfasserin).

24 St. Rspr. des EuGH seit Rs. 14/86, Slg. 1987, 2547, Rn. 19 f. (Pretore di Salò); Rs. 80/86, Slg. 1987, 3669, Rn. 13 (Kolpinghuis); Rs. C-168/95, Slg. 1996, I-4705, Rn. 36 f. (Arcaro); verb. Rs. C-387/02, 391/02 und 403/02, Slg. 2005, I-3565, Rn.74 (Berlusconi).

ten berufen, sofern sie Verpflichtungen für letzteren enthalten (sog. horizontale Richtlinienwirkung).[25]

Nicht zuletzt deshalb entwickelte der Gerichtshof im Laufe der Zeit weitere Mechanismen, die gestatten, Umsetzungsdefizite zu sanktionieren; sie vervollständigen zugleich das System der dezentralen Durchsetzung. Zu dem Konzept der unmittelbaren Wirkung traten das Gebot richtlinienkonformer Auslegung des innerstaatlichen Rechts durch die nationalen Gerichte[26] sowie, im „Grenzbereich zwischen Rechtsfortbildung und Rechtsschöpfung“[27], ein gemeinschaftsrechtlicher Schadensersatzanspruch des Einzelnen gegenüber dem säumigen Mitgliedstaat.[28] In der Entscheidung *Francovich* unterstrich der EuGH: „Die *volle Wirksamkeit* der gemeinschaftsrechtlichen Bestimmungen wäre beeinträchtigt und der Schutz der durch sie begründeten Rechte gemindert, wenn der Einzelne nicht die Möglichkeit hätte, für den Fall eine Entschädigung zu erlangen, dass seine Rechte durch einen Verstoß gegen das Gemeinschaftsrecht verletzt werden, der einem Mitgliedstaat zuzurechnen ist.“[29]

Die genannten Instrumente zählen mittlerweile zum festen Bestand der Dogmatik der Richtlinienwirkungen und besitzen eine herausragende Funktion zur Verbesserung der innerstaatlichen Wirksamkeit von Richtlinien. Dieser rechtliche Rahmen hat sich in den letzten Jahren durch eine immer weiter fortschreitende Rechtsprechung des Gerichtshofs in erheblichem Maße verändert.

II. Neuere Rechtsprechungstendenzen

1. Modifizierung des Konzeptes der unmittelbaren Wirkung von EG-Richtlinien ?

Zum einen hat der Gerichtshof in einer Reihe von viel beachteten Entscheidungen den Richtlinien neue, weitergehende Wirkungsdimensionen erschlossen. Es stellt sich jedoch die Frage, ob der EuGH nicht im Interesse einer verbesserten Durchsetzung von Richtlinien die Voraussetzungen und Grenzen des Konzeptes

---

[25] St. Rspr. des EuGH seit Rs. 152/84, Slg. 1986, 723, Rn. 48 (Marsall I); Rs. C-91/92, Slg. 1994, I-3325, Rn. 20 (Faccini Dori); Rs. C-192/94, 1996, I-1281, Rn. 17 ff. (El Corte Inglés).

[26] St. Rspr. des EuGH seit Rs. 14/83, Slg. 1984, 1891, Rn. 26 (Von Colson).

[27] *Hidien*, Gemeinschaftsrechtliche Staatshaftung, 5; vgl. auch die kritischen Äußerungen von *Prieß*, NVwZ 1993, 118, 125; *Dänzer-Vanotti*, RIW 1992, 733, 740 f.; *von Danwitz*, JZ 1994, 335, 338.

[28] St. Rspr. des EuGH seit verb. Rs. C-6/90 und C-9/90, Slg. 1991, I-5357 (Francovich).

[29] EuGH, verb. Rs. C-6/90 und C-9/90, Slg. 1991, I-5357, Rn. 33 (Francovich) (Hervorhebung durch die Verfasserin).

der unmittelbaren Wirkung zunehmend modifiziert und damit insgesamt die Dogmatik der Rechtswirkungen von Richtlinien variiert.

In der Entscheidung *Wallonie*[30] sprach der EuGH Richtlinien erstmals auch schon vor Ablauf der Umsetzungsfrist gewisse Wirkungen zu, welche die Literatur seitdem unter dem Stichwort der sog. „Vorwirkungen" diskutiert. Grob skizziert, handelt es sich um die Verpflichtung für die nationale Normsetzungs- bzw. Normanwendungsebene, während der Umsetzungsfrist alle Maßnahmen zu unterlassen, welche die Erreichung des Richtlinienziels gefährden bzw. vereiteln. Nicht erfasst von diesen Vorwirkungen ist nach bislang überwiegender Auffassung die unmittelbare Wirkung der Richtlinie.[31] In der Rechtssache *Mangold* hat der Gerichtshof jüngst aber entschieden, dass das nationale Gericht das innerstaatliche Recht auch schon *unangewendet* lassen müsse, wenn die Frist für die Umsetzung der Richtlinie noch nicht abgelaufen ist.[32] Hat der EuGH damit seine Vorwirkungsjudikatur dahin gehend präzisiert, dass Richtlinien unter Umständen auch schon vor Fristablauf unmittelbare Wirkungen entfalten können?[33]

Darüber hinaus sind Entscheidungen ergangen, in denen der Gerichtshof eine Berufung auf die Richtlinie zugelassen hat, obwohl dem Mitgliedstaat erkennbar Ermessen eingeräumt war und somit die normstrukturellen Voraussetzungen der hinreichenden Bestimmtheit und Unbedingtheit nicht erfüllt schienen.[34] Der Gerichtshof hat das nationale Gericht aufgefordert „zu prüfen, ob der nationale Gesetzgeber im Rahmen der ihm vorbehaltenen Befugnis, Form und Mittel für die Umsetzung der Richtlinie zu wählen, innerhalb des in der Richtlinie vorgesehenen Ermessensspielraums geblieben ist".[35] Einige Vertreter in der Literatur sehen darin die Aufgabe der normstrukturellen Voraussetzungen der unmittelbaren Wirkung durch den Gerichtshof.[36]

Schließlich scheint der EuGH in seiner jüngeren Rechtsprechung insbesondere an einer „Neubestimmung" des Grundsatzes, dass Richtlinien, auch wenn die Voraussetzungen der unmittelbaren Wirkung vorliegen, keine Verpflichtungen

30 EuGH, Rs. C-129/96, Slg. 1997, I-7411 (Wallonie).

31 Dazu eingehend unter § 2, B., I.

32 EuGH, Rs. C-144/04, Slg. 2005, I-9981, Rn. 78 (Mangold) (Hervorhebung durch die Verfasserin).

33 So wohl *Epiney*, NVwZ 2006, 1244, 1246.

34 Vgl. EuGH, Rs. C-72/95, Slg. 1996, I-5403 (Kraaijeveld); Rs. C-435/97, Slg. 1999, I-5613 (WWF); Rs. C-287/98, Slg. 2000, I-6917 (Linster); Rs. 365/98, Slg. 2000, I-4619, Rn. 32 (Brinkmann II); Rs. C- 127/02, Slg. 2004, I-7405 (Waddenzee).

35 Vgl. EuGH, Rs. 72/95, Slg. 1996, I-5403, Rn. 56 (Kraaijeveld); Rs. C-287/98, Slg. 2000, I-6917, Rn. 32 (Linster).

36 *Gassner*, FS Oppermann, 503, 516.

für Einzelne begründen können, zu arbeiten.[37] Zwar betont er dieses Dogma auch weiterhin mit Nachdruck[38], andererseits hat er in den Entscheidungen *Unilever* und *Wells* die Berufung auf eine Richtlinie zugelassen, wenn dies lediglich zu „negativen Auswirkungen" für Privatpersonen führt.[39] Im Übrigen hat der Gerichtshof in der Entscheidung *Pfeiffer*[40] die Reichweite der richtlinienkonformen Auslegung des nationalen Rechts in horizontalen Rechtsbeziehungen sehr weit bestimmt, so dass immer öfter von einer unmittelbaren Wirkung „im Gewande richtlinienkonformer Auslegung" gesprochen wird.[41]

2. Übertragung der Richtlinienjudikatur auf EU-Rahmenbeschlüsse

Neben der Ausweitung der Wirkungsdimensionen von EG-Richtlinien hat der EuGH zudem Teile seine Richtlinienjudikatur auf EU-Rahmenbeschlüsse erstreckt, indem er in der Entscheidung *Pupino* den nationalen Gerichten eine Verpflichtung zu rahmenbeschlusskonformer Auslegung auferlegt hat.[42] Mit dem Vertrag von Amsterdam wurde auf europäischer Ebene der Rahmenbeschluss[43] eingeführt, der mittlerweile die wichtigste Handlungsform der „Polizeilichen und Justiziellen Zusammenarbeit in Strafsachen" (PJZS), der sog. dritten Säule der Europäischen Union, darstellt.[44] Die Anzahl und Bedeutung der Rahmenbeschlüsse ist infolge der Terroranschläge von New York, Madrid und London und der dadurch bedingten Terrorismusbekämpfung auf europäischer Ebene rapide gestiegen.[45] Insbesondere der „Rahmenbeschluss über den Euro-

---

37 *von Bogdandy* laut FAZ Nr. 263 v. 10.11.2004, S. 27.

38 EuGH, Rs. C-201/02, Slg. 2004, I-723, Rn. 56 (Wells), verb. Rs. C-397-403/01, Slg. 2004, I-8835, Rn. 108 f. (Pfeiffer).

39 EuGH, Rs. C-443/98, Slg. 2000, I-7535, Rn. 50 f. (Unilever); Rs. C-201/02, Slg. 2004, I-723, Rn. 57 (Wells).

40 EuGH, verb. Rs. C-397-403/01, Slg. 2004, I-8835, Rn. 110 ff. (Pfeiffer).

41 *Frenz*, DVBl. 2005, 40.

42 EuGH, Rs. C-105/03, Slg. 2005, I-5285, Rn. 34 (Pupino).

43 Eingehend zu dieser Handlungsform jüngst etwa *Schönberger*, ZaöRV 67 (2007), 1105; *Schroeder*, EuR 2007, 349 ff.

44 *B. Hecker*, Europäisches Strafrecht, § 10 Rn. 79.

45 Zur Dynamik der polizeilichen und justiziellen Zusammenarbeit in Strafsachen im Rahmen der Terrorismusbekämpfung etwa *von Bubnoff*, NJW 2002, 2672; *Fletcher*, ELRev. 2005, 862, 869; *Douglas-Scott*, ELRev. 2004, 219 ff.; *Wouters/Naert*, CMLRev. 2004, 909 ff.

päischen Haftbefehl"[46] hat in hohem Maße Aufmerksamkeit in der Literatur und der juristischen Praxis hervorgerufen.[47]

Als Sekundärrechtsakte der dritten Säule der Europäischen Union zählen Rahmenbeschlüsse zwar nicht zum Gemeinschaftsrecht, sie sind indes im EU-Vertrag in einer Weise definiert, die sich sehr stark an den Wortlaut von Art. 249 Abs. 3 EG anlehnt. So heißt es in Art. 34 Abs. 2 S. 2 lit. b EU, dass „Rahmenbeschlüsse für die Mitgliedstaaten hinsichtlich des zu erreichenden Ziels verbindlich sind, jedoch den innerstaatlichen Stellen die Wahl der Form und Mittel überlassen". Ebenso wie EG-Richtlinien bedürfen auch EU-Rahmenbeschlüsse zur Entfaltung unmittelbarer Wirkungen in den nationalen Rechtsordnungen stets einer Umsetzung durch die Mitgliedstaaten. Gerade daran hat es im Hinblick auf die im Zusammenhang mit der Terrorismusbekämpfung erlassenen Rahmenbeschlüssen gefehlt.[48]

Eine zentralisierte Durchsetzung der Umsetzungsverpflichtung im Wege eines Vertragsverletzungsverfahrens scheidet von vornherein aus, da der EU-Vertrag keine den Art. 226, 227 EG vergleichbaren Bestimmungen kennt. Auch eine dezentrale Durchsetzung durch den einzelnen Bürger scheint zunächst problematisch, da der EU-Vertrag im Unterschied zum EG-Vertrag eine unmittelbare Wirkung von Rahmenbeschlüssen explizit ausschließt.[49] Mit der Etablierung des Gebotes einer rahmenbeschlusskonformen Auslegung hat der EuGH jedoch eine Möglichkeit der dezentralen Durchsetzung eröffnet.

---

46 RB 2002/584/JHA über den Europäischen Haftbefehl und Auslieferungs-verfahren zwischen den Mitgliedstaaten, ABl. 2002 L 190/1.

47 Der Rahmenbeschluss schafft die Auslieferung zwischen den Mitgliedstaaten ab und ersetzt sie durch ein System der Übergabe zwischen den Justizbehörden. Ziel ist es, die Komplexität und die Verzögerungsrisiken, die den derzeitigen Auslieferungsverfahren inne wohnen, zu beseitigen. Im Hinblick auf einen Katalog von bestimmten Straftaten wird auch auf das bisherige Erfordernis der beiderseitigen Strafbarkeit verzichtet, was massive rechtsstaatliche Bedenken hervorgerufen hat. Infolgedessen kam es auch zu einer Befassung verschiedener nationaler Verfassungsgerichte mit den Umsetzungsgesetzen. Das BVerfG hat in seiner Entscheidung zum Europäischen Haftbefehl das deutsche Umsetzungsgesetz für nichtig erklärt, BVerfGE 113, 273 ff.; der EuGH hat jüngst im Rahmen eines Vorabentscheidungsverfahrens den Rahmenbeschluss für rechtmäßig befunden: EuGH, Rs. C-303/05, Slg. 2007, I-3633 (Advocaten voor de Wereld).

48 Dazu etwa *Wouters/Naert*, CMLRev. 2004, 909, 911: „it has become clear that what is needed most, is the implementation of policies and instruments that have already been agreed upon"; vgl. auch die Einschätzungen der Kommission in ihrer Mitteilung an den Rat und das Europäische Parlament betreffend die Bilanz des Tampere Programms, KOM (2004), 401, S. 5; ebenso der Hinweis im Haager Programm: „Der Europäische Rat erinnert daran, dass die Rechtsinstrumente zur Verbesserung der justiziellen Zusammenarbeit in Strafsachen [...] unverzüglich ratifiziert und wirksam umgesetzt werden müssen" - ABl. 2005 C 53/1, 12.

49 Art. 34 Abs. 2 S. 2 lit. b EU.

B. Gang der Untersuchung

In der jüngeren Richtlinienrechtsprechung des EuGH zeichnet sich damit eine Tendenz ab, die möglicherweise auf eine Modifizierung bzw. Neubestimmung der Voraussetzungen und Grenzen des Konzeptes der unmittelbaren Wirkung hinausläuft. Was die Wirkungsweise von Rahmenbeschlüssen anbetrifft, ist die Situation vergleichbar mit den Anfängen der Richtlinienjudikatur. Der EuGH hat - wie seinerzeit in der Rechtssache *Van Duyn* - in der *Pupino*-Entscheidung erstmals die Rechtswirkungen der Handlungsform über den vertraglichen Wortlaut hinaus erweitert. Wie erwähnt, ist wesentliches Motiv des EuGH die Sicherstellung der vollen bzw. praktischen Wirksamkeit des Gemeinschafts- bzw. Unionsrechts:

So hieß es in der Entscheidung *Pfeiffer*:

> „Im vorliegenden Fall verlangt der Grundsatz der gemeinschaftsrechtskonformen Auslegung somit, dass das vorlegende Gericht unter Berücksichtigung des gesamten nationalen Rechts alles tun muss, was in seiner Zuständigkeit liegt, um die *volle Wirksamkeit* der Richtlinie 93/104 zu gewährleisten […].“[50]

In der Entscheidung *Mangold* betonte der EuGH:

> „Es obliegt dem nationalen Gericht, die *volle Wirksamkeit* des allgemeinen Verbotes der Diskriminierung wegen des Alters zu gewährleisten, indem es jede entgegenstehende Bestimmung des nationalen Rechts unangewendet lässt, auch wenn die Frist für die Umsetzung der Richtlinie noch nicht abgelaufen ist.“[51]

Auch in der Rechtssache *Pupino* argumentierte der EuGH:

> „Diese Zuständigkeit (nach Art. 35 EU) würde ihrer *praktischen Wirksamkeit* im Wesentlichen beraubt, wenn die Einzelnen nicht berechtigt wären, sich auf Rahmenbeschlüsse zu berufen, um vor den Gerichten der Mitgliedstaaten eine ihnen konforme Auslegung des nationalen Rechts zu erreichen.“ [52]

Mochte man vor einigen Jahren noch glauben, dass zu den Wirkungen von EG-Richtlinien in den nationalen Rechtsordnungen in Anbetracht der großen Literaturauswahl bereits alles gesagt ist, so hat die an einer steten Effektivierung ausgerichtete jüngere Rechtsprechung des EuGH in rechtsdogmatischer Hinsicht erneut eine Vielzahl von Fragen aufgeworfen. Die Thematik ist in den letzten Jahren abermals in den Mittelpunkt der wissenschaftlichen Auseinandersetzung gerückt.[53] Von zunehmendem Interesse sind infolge der *Pupino*-Entscheidung zudem Struktur und Rechtswirkungen von EU-Rahmenbeschlüssen.

---

50 EuGH, verb. Rs. C-397-403/01, Slg. 2004, I-8835, Rn. 118 (Pfeiffer).

51 EuGH, Rs. C-144/04, Slg. 2005, I-9981, Rn. 78 (Mangold).

52 EuGH, Rs. C-105/03, Slg. 2005, I-5285, Rn. 38 (Pupino).

53 Vgl. jüngst die Einschätzung bei *von Danwitz*, JZ 2007, 697: „Die Frage nach den Rechtswirkungen von EG-Richtlinien hat auch gut 30 Jahre nach der Anerkennung der unmittelbaren Wirkung von Richtlinienbestimmungen […] nichts von ihrer rechtsdogmatischen und rechtspraktischen Relevanz verloren“.

Ziel der vorliegenden Arbeit ist es, den aktuellen rechtlichen Rahmen der Rechtswirkungen von EG-Richtlinien (§ 2) und EU-Rahmenbeschlüssen (§ 3) in den nationalen Rechtsordnungen nachzuzeichnen und kritisch zu beleuchten.

Im Hinblick auf die Wirkungen von Richtlinien erfordert dies zunächst noch einmal einen Blick auf die drei vom Gerichtshof etablierten Konzepte der unmittelbaren Wirkung, der richtlinienkonformen Auslegung sowie der gemeinschaftsrechtlichen Staatshaftung. Die Darstellung beschränkt sich auf die wesentlichen Eckpunkte bzw. Probleme, da bereits auf eine Vielzahl von Publikationen zu verweisen ist.[54] Den Schwerpunkt der Untersuchung bildet im Anschluss eine Analyse der Rechtsprechung des Gerichtshofs der letzten Jahre. Es ist zu klären, ob der EuGH tatsächlich einzelne Voraussetzungen bzw. Grenzen der unmittelbaren Wirkung von Richtlinien *effet utile*-Erwägungen geopfert hat, bzw. inwieweit gegenwärtig noch ein kohärentes und dogmatisch widerspruchsfreies Konzept der Richtlinienwirkungen besteht.[55]

Hinsichtlich der innerstaatlichen Wirkungen von Rahmenbeschlüssen ist eine umfassende Auseinandersetzung mit der Entscheidung *Pupino* unerlässlich. Zu erörtern sind Inhalt und Umfang der vom EuGH etablierten Pflicht zur rahmenbeschlusskonformen Auslegung. Die Untersuchung konzentriert sich vor allem aber auf die Frage, ob der EuGH legitimerweise das der supranationalen Gemeinschaftsrechtsordnung entspringende Gebot richtlinienkonformer Auslegung auf die dritte Säule der Europäischen Union übertragen durfte, es sich somit im Fall *Pupino* um eine Form zulässiger richterlicher Rechtsfortbildung handelte. Im Anschluss daran ist zu prüfen, inwieweit die der Entscheidung zugrunde liegende Argumentation zudem bereits über das Gebot rahmenbeschlusskonformer

---

54 Zur unmittelbaren Wirkung von Richtlinien statt vieler *Bach*, JZ 1990, 1108 ff.; *Herrmann*, Richtlinienumsetzung, 31 ff.; *Langenfeld*, DÖV 1992, 955; *Oldenbourg*, Unmittelbare Wirkung; *Pescatore*, ELRev. 1983, 155 ff.; *Pieper*, DVBl. 1990, 684; *Prechal*, Directives, 216 ff.; *Rörig*, Direktwirkung von Richtlinien; *Timmermanns*, CMLRev. 1979, 533; *G. Winter*, DVBl. 1991, 657; *Prokopf*, Richtlinie, 170 ff.

Zum Gebot richtlinienkonformer Auslegung vgl. die eingehenden Studien von *Brechmann*, Richtlinienkonforme Auslegung; *Herrmann*, Richtlinienumsetzung, 87 ff.; *Franzen*, Privatrechtsangleichung, 291 ff.; *Canaris*, FS Bydlinski, 47 ff.; *Ehricke*, RabelsZ 59 (1995), 598 ff.; *Nettesheim*, AöR 119 (1994), 261 ff.; *Grundmann*, ZEuP 1996, 399 ff.; *Roth*, Richtlinienkonforme Auslegung, § 14; *Klamert*, Richtlinienkonforme Auslegung; *Frisch*, Richtlinienkonforme Auslegung; *Manger*, Richtlinienkonforme Auslegung; *Prokopf*, Richtlinie, 120 ff.

Zur gemeinschaftsrechtlichen Staatshaftung umfassend etwa *Beljin*, Staatshaftung; *Diehr*, Staatshaftungsanspruch; *Hidien*, Gemeinschaftsrechtliche Haftung; *Zenner*, Haftung; *von Danwitz*, JZ 1994, 335 ff.; *ders.*, DVBl. 1997, 1 ff.; *Nettesheim*, DÖV 1992, 999 ff.; *Ossenbühl*, DVBl. 1992, 993 ff.; *Detterbeck*, AöR 125 (2000), 202 ff.

55 Dies bezweifeln *Pietzcker*, FS Everling, 1095, 1096 f.; *Weatherill*, ELRev. 2001, 177, 185; *G. Winter*, ZUR 2002, 313, 314.

Auslegung hinausgehende Rechtswirkungen von Rahmenbeschlüssen impliziert. Eine Schlussbetrachtung (§ 4) fasst schließlich die wesentlichen Ergebnisse zusammen.

§ 2 Rechtswirkungen von EG-Richtlinien

A. Rechtswirkungen nach gefestigter Rechtsprechung des EuGH

Richtlinien entfalten inzwischen entgegen ihrer eigentlichen Regelungskonzeption aufgrund einer gefestigten Rechtsprechung des EuGH verschiedene Rechtswirkungen, die es ermöglichen, Defizite ihrer Umsetzung auszugleichen. Für die nationalen Rechtsanwendungsinstanzen stellt sich infolge dieser Einwirkung von Richtlinien auf die innerstaatlichen Rechtsordnungen regelmäßig auch die Frage des Verhältnisses von nationalem Recht und Richtlinienrecht. Bevor daher die Untersuchung im Folgenden näher auf die Rechtsinstrumente der unmittelbaren Wirkung (II.), der richtlinienkonformen Auslegung (III.) und der Staatshaftung (IV.) eingeht, ist vorab noch einmal kurz der Rang von Richtlinien in den nationalen Rechtsordnungen zu beleuchten (I.).

I. Der Vorrang von Richtlinien

Der Gerichtshof hat bereits in seiner frühen Rechtsprechung den Vorrang des Gemeinschaftsrechts betont und dies primär mit dem eigenständigen, autonomen Charakter der Gemeinschaftsrechtsordnung sowie deren Funktionsfähigkeit, die eine einheitliche Anwendung ihres Rechts erfordert, begründet.[56] Dem Gemeinschaftsrecht kommt nach Auffassung des EuGH und der überwiegenden Meinung in der Literatur[57] kein Geltungsvorrang, sondern lediglich ein Anwendungsvorrang zu. Besonders deutlich formulierte dies der Gerichtshof in der Entscheidung *Nimz*:[58]

> „[...] Das nationale Gericht, das im Rahmen seiner Zuständigkeit die Bestimmungen des Gemeinschaftsrechts anzuwenden hat, (ist) gehalten, für die volle Wirksamkeit dieser Normen Sorge zu tragen, indem es erforderlichenfalls jede entgegenstehende Bestimmung des nationalen Rechts aus eigener Entscheidungsbefugnis *unangewendet* lässt, ohne dass es die

---

56 EuGH, Rs. 6/64, Slg. 1964, 1251 ff. (Costa/E.N.E.L.); seither st. Rspr., vgl. etwa EuGH, Rs. 14/68 Slg. 1969, 1, Rn. 6 (Wilhelm); Rs. 11/70, Slg. 1970, 1125, Rn. 3 (Internationale Handelsgesellschaft); Rs. 106/77, Slg. 1978, 629, Rn. 14 ff. (Simmenthal II).

57 Vgl. *Isensee*, FS Stern, 1242 ff.; *Gellermann*, Verhältnis des Gemeinschaftsrechts zum Recht der Mitgliedstaaten, § 34 Rn. 10; *Jarass/Beljin*, NVwZ 2004, 1 ff.

58 Im Vorfeld dieser Entscheidung war die Position des EuGH nicht ganz eindeutig: für einen Geltungsvorrang sprachen die Ausführungen in *Simmenthal II*, wonach infolge des Vorrangs des Gemeinschaftsrechts ein „wirksames Zustandekommen neuer staatlicher Gesetzgebungsakte verhindert wird", EuGH, Rs. 106/77, Slg. 1978, 629, Rn. 17/18 (Simmenthal II); in anderen Entscheidungen hat sich der EuGH nur für einen Anwendungsvorrang ausgesprochen, EuGH, Rs. 43/71, Slg. 1971, 1039, Rn. 9 (Politi); Rs. 84/71, Slg. 1972, 89, Rn. 5 (Marimex) - dazu *Franzen*, Privatrechtsangleichung, 30; *Gellermann*, Verhältnis des Gemeinschaftsrechts zum Recht der Mitgliedstaaten, § 34 Rn. 10.

vorherige Beseitigung dieser Bestimmung auf gesetzgeberischem Wege oder durch irgendein anderes verfassungsrechtliches Verfahren beantragen oder abwarten müsste."[59]

Eine entgegenstehende nationale Rechtsnorm ist somit nicht unwirksam, sondern es scheidet lediglich ihre Anwendung auf einen konkreten Sachverhalt aus.[60] Dies schont die nationale Rechtsordnung und damit die mitgliedstaatliche Souveränität.[61] Auch das BVerfG erkennt - wenngleich unter verfassungsrechtlichen Vorbehalten - den Anwendungsvorrang des Gemeinschaftsrechts an.[62] Im Unterschied zur gemeinschaftsrechtlichen Perspektive des EuGH resultiert der Vorrang nach deutschem Verfassungsrecht nicht aus der Eigenständigkeit der Gemeinschaftsrechtsordnung, sondern vielmehr aus dem Rechtsanwendungsbefehl des Zustimmungsgesetzes zu den Gemeinschaftsverträgen infolge der Ermächtigungsnorm des früheren Art. 24 Abs. 1 GG bzw. des mittlerweile einschlägigen Art. 23 Abs. 1 GG. Diese Integrationsermächtigung findet ihre Grenzen, sofern die Grundsätze des Art. 79 Abs. 3 GG berührt sind (Art. 23 Abs. 1 S. 3 GG).

Nach überwiegender Auffassung in der deutschen und ausländischen Literatur kommt allerdings nur unmittelbar wirkenden Gemeinschaftsrechtsbestimmungen Vorrang vor entgegenstehendem innerstaatlichen Recht zu.[63] Es handelt sich nicht um eine Rangregel, die wie Art. 31 GG abstrakt das Verhältnis der Normen zueinander bestimmt, sondern um eine Kollisionsregel; die Frage des Verhältnisses von Gemeinschaftsrecht und nationalem Recht stellt sich somit nur im konkreten Anwendungsfall.[64] Dies setzt zwingend voraus, dass die nationalen Rechtsanwendungsinstanzen die gemeinschaftsrechtliche Vorschrift unmittelbar anwenden können. Fehlt es an der unmittelbaren Anwendbarkeit, „befindet sich der nationale Richter nicht in einer Konfliktsituation notwendiger Entscheidung darüber, welche Norm - die des Gemeinschaftsrechts oder die des

---

59 EuGH, Rs. C-184/89, Slg. 1991, I-297, Rn. 19 (Nimz) (Hervorhebung durch die Verfasserin).

60 So die überwiegende Auffassung, etwa *Jarass/Beljin*, NVwZ 2004, 1, 4; *Haltern*, Europarecht, 371.

61 *Franzen*, Privatrechtsangleichung, 30; *Haltern*, Europarecht, 371.

62 BVerfGE 73, 339 (375); 75, 223 (244) - vgl. die eingehende Analyse von *Isensee*, FS Stern, 1239 ff.

63 Vgl. die maßgeblichen Werke von *H. P. Ipsen*, Gemeinschaftsrecht, § 10 Rn. 40 ff.; *Zuleeg*, Recht der Europäischen Gemeinschaften, 136 ff.; siehe im Übrigen etwa *Bleckmann*, Europarecht, Rn. 1206; *Jarass*, Grundfragen, 5; *Beljin*, EuR 2002, 353 ff.; *Jarass/Beljin*, NVwZ 2004, 1, 3; *Frank*, ZÖR 2000, 1, 21; *Weiler*, Transformation of Europe, 10, 19 ff.; *Hartley*, Foundations of European Community Law, 235; *Dougan*, CMLRev. 2002, 1503, 1507; *Niedobitek*, VerwArch 92 (2001), 58, 61 ff.; *Isensee*, FS Stern, 1239, 1243; *von Danwitz*, JZ 2007, 697, 702.

64 *H. P. Ipsen*, Europäisches Gemeinschaftsrecht, § 10 Rn. 40 ff.

nationalen Rechts - als entscheidungserheblich anzuwenden ist".[65] Andere Autoren betrachten dieses Verständnis einer Normenkollision als zu eng. Gemeinschaftsrechtliche Normen seien als objektives Recht im Sinne einer Maßstabsnorm für das innerstaatliche Recht heranzuziehen, unabhängig davon, ob diese Normen unmittelbare Wirkung entfalten oder nicht.[66]

Zu bevorzugen ist das engere Kollisionsverständnis. Die Gemeinschaftsrechtsordnung und die nationalen Rechtsordnungen stellen trotz zahlreicher Verzahnungen nach wie vor zwei selbstständige Rechtsordnungen dar.[67] Daher ist es nicht möglich, das Konzept des Stufenbaus der Rechtsordnung auf das Verhältnis von Gemeinschaftsrecht und nationalem Recht dahingehend zu übertragen, dass das gesamte Gemeinschaftsrecht vorrangig gegenüber nationalem Recht ist.[68] Es bedarf der unmittelbaren Wirkung, d.h. der Durchgriffseignung des Gemeinschaftsrechts, damit dieses in die nationalen Rechtsordnungen „hineinwirken" kann und eine Kollision mit dann im Rang unter ihm stehenden nationalen Recht ermöglicht wird.[69] Dem folgt auch der EuGH, wenngleich er sich bislang nur in Bezug auf Sekundärrecht ausdrücklich in diesem Sinne geäußert hat.

In der Entscheidung *Simmenthal II* heißt es, dass „die Vertragsbestimmungen und die *unmittelbar geltenden* Rechtsakte der Gemeinschaftsorgane" nach dem Grundsatz des Vorrangs des Gemeinschaftsrechts zur Folge haben, dass jede entgegenstehende Bestimmung des geltenden staatlichen Rechts ohne weiteres unanwendbar wird.[70] Der Begriff der unmittelbaren Geltung impliziert im zugrunde liegenden Kontext die unmittelbare Wirkung der Gemeinschaftsrechtsakte, da der Gerichtshof sich ersichtlich auf Verordnungen bezieht, die gemäß Art. 249 Abs. 2 EG unmittelbare Geltung entfalten und infolgedessen nach Auffassung des EuGH schon wegen ihrer Rechtsnatur unmittelbare Wirkungen erzeugen.[71] In der Entscheidung *Brasserie du Pêcheur* formulierte er noch deutlicher: „die dem Einzelnen eingeräumte Möglichkeit, sich vor den na-

---

65 *H. P. Ipsen*, Europäisches Gemeinschaftsrecht, § 10 Rn. 2.

66 Etwa *Langenfeld*, DÖV 955, 962; *Prechal*, Directives, 94; *Lenaerts/Corthaut*, ELRev. 2006, 287, 290 f.; speziell zum Verhältnis von Richtlinienrecht und nationalem Ausführungsrecht *A. Weber*, Richterliche Kontrolle, 699, 702 ff.; *Bach*, JZ 1990, 1108, 1113.

67 *Franzen*, Privatrechtsangleichung, 28; *Canaris*, FS Bydlinski, 47, 53; *Di Fabio*, NJW 1990, 947, 949; *Bleckmann*, Europarecht, Rn. 1087; siehe auch BVerfGE 22, 293 (296); 31, 145 (173 f.).

68 So mit Nachdruck *Franzen*, Privatrechtsangleichung, 258.

69 BVerfGE 31, 145 (173 f.).

70 EuGH, Rs. 106/77, Slg. 1978, 629, Rn. 18 (Simmenthal II) (Hervorhebung durch die Verfasserin).

71 EuGH, Rs. 34/73, Slg. 1973, 981, Rn. 8 (Variola).

tionalen Gerichten auf unmittelbar anwendbare Vertragsvorschriften zu berufen" soll „der Anwendung gemeinschaftsrechtlicher Vorschriften den Vorrang gegenüber nationalen Vorschriften verschaffen".[72]

Für die Rangstellung von Richtlinien bedeutet dies, dass sie zwar auf vielfältige Weise Rechtswirkungen in den innerstaatlichen Rechtsordnungen entfalten, jedoch nur dann Anwendungsvorrang vor nationalem Recht beanspruchen können, wenn ihnen auch unmittelbare Wirkung zukommt.[73] Auf diesen Punkt ist im Laufe der Untersuchung wiederholt zurückzukommen.

II. Das Konzept der unmittelbaren Wirkung von Richtlinien

1. Entwicklung und Rechtsgrundlage

Bereits Anfang der 1970iger Jahre hatte der Gerichtshof auch Richtlinienbestimmungen unter bestimmten Voraussetzungen unmittelbare Wirkung zugesprochen.[74] Interessanterweise hat er zunächst nie den Begriff „unmittelbare Wirkung" gebraucht, sondern vielmehr die Auswirkungen beschrieben, die nicht fristgemäß bzw. unzureichend umgesetzte Richtlinien zeitigen.[75] Erst in seiner neueren Rechtsprechung verwendet der Gerichtshof den Begriff der „unmittelbaren Wirkung" auch im Zusammenhang mit Richtlinien.[76] In der Literatur ist eine regelrechte terminologische Vielfalt anzutreffen: „unmittelbare Anwendung", „unmittelbare Anwendbarkeit", „unmittelbare Geltung", „unmittelbare Wirkung", „Direktwirkung", wobei diese Begriffe oftmals synonym gehandhabt werden, so dass es zuweilen an der begrifflichen Klarheit fehlt.[77]

---

72 EuGH, verb. Rs. C-46/93 und C-48/93, Slg. 1996, I-1029, Rn. 20 (Brasserie du Pêcheur/Factortame).

73 *Brechmann*, Richtlinienkonforme Auslegung, 247 ff.; *Franzen*, Privatrechtsangleichung, 255 ff.

74 EuGH, Rs. 41/74, Slg. 1974, 1337, Rn. 12 (Van Duyn); bereits in der Entscheidung *Grad* hatte sich dieses Ergebnis angekündigt. Dort ging es jedoch konkret um die Wirkung einer „Entscheidung". Der EuGH stellte in diesem Zusammenhang bereits klar, dass auch andere Sekundärrechtsrechtsakte als „Verordnungen" ähnliche Wirkungen wie diese entfalten können - vgl. EuGH, Rs. 9/70, Slg. 1970, 825, Rn. 5 (Grad).

75 *Klein*, Unmittelbare Geltung, 6.

76 EuGH, Rs. C-319/97, Slg. 1999, I-3143, Rn. 22, 38 (Kortas); Rs. C-303/98, Slg. 2000, I-7963, Rn. 70 (SIMAP); verb. Rs. C-397-403/01, Slg. 2004, I-8835, Rn. 102 ff. (Pfeiffer).

77 Vgl. dazu *Royla/Lackhoff*, DVBl. 1998, 1116, nach deren Auffassung diese Begriffe insofern synonym verwendet werden können, als dass damit zum Ausdruck gebracht werden soll, dass eine gemeinschaftsrechtliche Norm innerstaatlich zu beachten ist, ohne dass es eines Umsetzungsaktes bedarf; siehe indes die terminologischen Differenzierungen bei *Klein*, Unmittelbare Geltung, 6 ff.; *Jarass/Beljin*, JZ 2003, 768 f., *Klagian*, ZÖR 2001, 305, 306 ff., die allerdings auch keine Einheitlichkeit aufweisen.

Die Begriffe „unmittelbare Anwendung“, „unmittelbare Anwendbarkeit“ und „Direktwirkung“ bedeuten grundsätzlich das gleiche wie „unmittelbare Wirkung“: nämlich die Fähigkeit einer Richtlinienbestimmung, auf Rechtsverhältnisse im innerstaatlichen Bereich direkt einwirken zu können, indem sie unmittelbar Rechte und Pflichten begründen. Im Interesse der begrifflichen Klarheit zieht die vorliegende Arbeit entsprechend der Terminologie des EuGH den Begriff „unmittelbare Wirkung“ heran. Zu unterscheiden ist zwischen der „unmittelbaren Geltung“ und der „unmittelbaren Wirkung“ von Richtlinien. Nach hier vertretener Auffassung beanspruchen Richtlinien, ebenso wie das gesamte übrige Gemeinschaftsrecht, mit ihrem Inkrafttreten unmittelbare innerstaatliche Geltung dahingehend, dass die aus ihnen resultierende Rechtssetzungspflicht Bestandteil der nationalen Rechtsordnung ist, ohne dass es einer Inkorporation oder Transformation bedarf.[78] Jedoch können sie nur im Fall der unmittelbaren Wirkung, d.h. bei Vorliegen der vom EuGH etablierten Voraussetzungen, unmittelbar Rechte und Pflichten für den Einzelnen begründen.

Zur rechtlichen Begründung der unmittelbaren Wirkung von Richtlinien führte der Gerichtshof zunächst an, dass die Tatsache, dass Verordnungen ausweislich des Art. 249 Abs. 2 EG unmittelbare Geltung besitzen und infolgedessen bereits wegen ihrer Rechtsnatur unmittelbare Wirkungen erzeugen, nicht zur Folge habe, dass die anderen in Art. 249 EG aufgeführten Sekundärrechtsakte nicht auch unmittelbare Wirkungen entfalten können. Vielmehr sei „in jedem einzelnen Fall zu prüfen, ob die Bestimmung, um die es geht, nach Rechtsnatur, Systematik und Wortlaut geeignet ist, unmittelbare Wirkungen zu begründen.“[79] Sodann berief sich der EuGH vor allem auf die in Art. 249 Abs. 3 EG statuierte Verbindlichkeit der Richtlinie. Mit dieser sei es unvereinbar, grundsätzlich auszuschließen, dass sich betroffene Personen auf die durch die Richtlinie auferlegte Verpflichtung berufen können.[80]

In einer späteren Entscheidung fügte der Gerichtshof noch einen weiteren Begründungsansatz hinzu. Ein Mitgliedstaat, der die in der Richtlinie vorgeschriebenen Durchführungsmaßnahmen nicht fristgemäß erlassen hat, könne dem Einzelnen nicht entgegenhalten, dass er, der Staat, die aus dieser Richtlinie erwachsenen Verpflichtungen nicht erfüllt hat.[81] Nach diesem Verständnis ist die

---

[78] So auch *Bach*, JZ 1990, 1108, 1110; *Grabitz*, FS Deringer, 59, 70; *Klein*, Unmittelbare Geltung, 12; *D. König*, Gesetzgebung, § 2 Rn. 45; *Langenfeld*, DÖV 1992, 955 f.; *Prechal*, Directives, 93; *Timmermanns*, CMLRev. 1979, 533, 534; a.A. *Brechmann*, Richtlinienkonforme Auslegung, 187 ff.; *Everling*, FS Carstens, 95, 107; *Herrmann*, Richtlinienumsetzung, 37 ff.; GA *Reischl* in EuGH, Rs. 148/78, Slg. 1979, 1629, Rn. 10 (Ratti).

[79] EuGH, Rs. 9/70, Slg. 1970, Rn. 5 f. (Grad); Rs. 41/74, Slg. 1974, 1337, Rn. 12 (Van Duyn).

[80] EuGH, Rs. 41/74, Slg. 1974, 1337, Rn. 12 (Van Duyn).

[81] EuGH, Rs. 148/78, Slg. 1979, 1629, Rn. 22 (Ratti).

unmittelbare Wirkung von Richtlinien Ausdruck des Grundsatzes von Treu und Glauben (nach anglo-amerikanischer Tradition auch „*estoppel*-Prinzip" genannt).[82] Der „*estoppel*-Gedanke" stieß in der Literatur zu Recht auf Kritik.[83] Dieses Prinzip vermag nicht die unmittelbare Wirkung der übrigen gemeinschaftsrechtlichen Bestimmungen, die keiner Umsetzung durch die Mitgliedstaaten bedürfen, zu erklären.[84] Darüber hinaus ist der Ansatz problematisch im Hinblick auf den in der Folge vom EuGH entwickelten weiten Staatsbegriff.[85] Dieser erfasst auch Subjekte, die nicht für die Umsetzung von Richtlinien verantwortlich sind und denen daher kein treuwidriges Verhalten vorzuwerfen ist.[86]

Insgesamt ist die „Treu und Glauben"-Argumentation wohl weniger einem Bedürfnis nach einer zusätzlichen Begründung entsprungen, sondern wurde vom EuGH zum damaligen Zeitpunkt allein aus rechtspolitischen Gründen eingeführt, um der unmittelbaren Wirkung von Richtlinien Schranken zu setzen.[87] Dem Gerichtshof ging es darum, die Mitverantwortung der Mitgliedstaaten hervorzuheben, um die Akzeptanz und Gefolgschaft der nationalen Gerichte für seine integrationsfreudige Rechtsprechung zu gewinnen.[88] Dies war erforderlich geworden, nachdem das Konzept der unmittelbaren Wirkung von Richtlinien auf starken Widerstand einiger nationaler Gerichte gestoßen war.[89] Der französische Conseil d'Etat[90] und der Bundesfinanzhof[91] etwa lehnten die unmittelbare

---

82 *Herrmann*, Richtlinienumsetzung, 43 spricht von dem „Gedanken eines Verbotes des *venire contra factum proprium*"; vgl. zur Terminologie *Prechal*, Directives, 221 ff.

83 *Prechal*, Directives, 223 ff. („disqualifiying the estoppel theory"); *G. Winter*, DVBl. 1991, 657, 663 ff.; *Royla/Lackhoff*, DVBl. 1998, 1116, 1117; *Nicolaysen*, EuR 1984, 380, 388; *Wyatt*, ELRev. 1983, 241, 246; *Langenfeld*, DÖV 1992, 955, 958 f.

84 *Wyatt*, ELRev. 1983, 241, 246.

85 Dazu näher unter § 2, A., V.

86 Vgl. die Argumentation von GA *Jacobs*, Schlussanträge in Rs. C-316/93, Slg. 1994, I-763, Rn. 20 (Vaneetveld): „Der bekannte Versuch, die unmittelbare Wirkung einer Richtlinie gegenüber einem Mitgliedstaat damit zu begründen, dass es nicht zugelassen werden dürfe, dass ein Mitgliedstaat sich auf sein eigenes Versäumnis, eine Richtlinie durchzuführen, berufen könne, ist ganz besonders unangebracht gegenüber einer Einrichtung, die dieses Versäumnis nicht zu verantworten hat."

87 *Nicolaysen*, EuR 1984, 380, 388; *Langenfeld*, DÖV 1992, 955, 958; *Wyatt*, 1983, 241, 246.

88 Eingehend zu den Hintergründen *Haltern*, Europarecht, 290 ff.

89 *Nicolaysen*, EuR 1984, 380, 388; *Klein*, Unmittelbare Geltung, 24; *Hartley*, Foundations of European Community Law, 217.

90 L'arrêt Cohn-Bendit, 22.12.1978: „qu'ainsi, quelles que soient d'ailleurs les précisions qu'elles contiennent à l'intention des États membres, les directives ne sauraient être invoqueés par les ressortissants de ces États à l'appui d'un recours dirigé contre un acte administratif individuel" - vgl. dazu die eingehende Besprechung bei *Long/Weil/Braibant/Delvolvé/Genevois*, Grands Arrêts, 669 ff.; siehe auch EuR 1979, 292 ff.

Richtlinienwirkung als unzulässige Rechtsfortbildung ab. Nachdem das Konzept der unmittelbaren Wirkung in der Zwischenzeit aber allgemein anerkannt ist, verwendet der EuGH das „*estoppel*-Argument" in seiner jüngeren Richtlinienrechtsprechung auch nicht mehr.[92] Den Geltungsgrund der unmittelbaren Wirkung bildet somit im Ergebnis allein die in Art. 249 Abs. 3 EG angeordnete Verbindlichkeit der Richtlinie.[93]

2. Voraussetzungen der unmittelbaren Wirkung von Richtlinien

Damit einer Richtlinienbestimmung nach bisheriger ständiger Rechtsprechung unmittelbare Wirkung zukommt, ist die Erfüllung bestimmter Voraussetzungen erforderlich. Diese hatte der EuGH erstmals vollständig in der Entscheidung *Becker* etabliert. Danach ist erforderlich, dass die Umsetzungsfrist abgelaufen ist, die Richtlinie nicht oder unzureichend umgesetzt worden ist und dass die betreffenden Richtlinienbestimmungen hinreichend bestimmt und unbedingt sind.[94]

Bislang hat sich der Gerichtshof regelmäßig auf diese Voraussetzungen bezogen, wenn sich die Frage nach der unmittelbaren Wirkung einer Richtlinienbestimmung gestellt hat.[95] Allerdings hat er diese Kriterien nicht immer ausführlich geprüft, sondern sich nicht selten auf die Feststellung ihres Vorliegens beschränkt.[96]

---

91 Beschluss des 5. Senats des BFH v. 16.7.1981, EuR 1981, 442 sowie Urteil des BFH v. 25.4.1985, AZ: V R 123/84. In beiden Entscheidungen wertete der BFH unter Berufung auf die Entscheidung des Conseil d'Etat die Zuerkennung einer unmittelbaren Wirkung von Richtlinien als Verstoß gegen Art. 24 Abs. 1 GG: mit der Zustimmung zu Art. 189 Abs. 3 EWGV (heute Art. 249 Abs. 3 EG) habe nicht die Kompetenz übertragen werden sollen, Richtlinien ähnliche Wirkungen beizulegen wie Verordnungen. Das BVerfG hat das Urteil des BFH im Rahmen einer dagegen erhobenen Verfassungsbeschwerde aufgehoben, da sowohl das Konzept der unmittelbaren Wirkung als auch das Gebot der richtlinienkonformen Auslegung im Wege einer zulässigen Rechtsfortbildung durch den EuGH entwickelt worden seien - BVerfGE 75, 223 (234 ff.); kritisch *Stadie*, NVwZ 1994, 435, 437 ff.

92 *Herrmann*, Richtlinienumsetzung, 44.

93 Ebenso *Prechal*, Directives, 226; vereinzelt hat der EuGH daneben auch noch auf das in Art. 10 EG verankerte Prinzip der loyalen Zusammenarbeit als Grundlage der unmittelbaren Wirkung abgestellt: etwa EuGH, Rs. 190/87, Slg. 1988, 4689, Rn. 22 ff. (Moormann).

94 EuGH, Rs. 8/81, Slg. 1982, 53, Rn. 25 (Becker).

95 *Prechal*, Directives, 242 m.w.N. aus der Rspr.

96 *Herrmann*, Richtlinienumsetzung, 47.

a) Ablauf der Umsetzungsfrist

Eine unmittelbare Wirkung von Richtlinienbestimmungen scheidet nach ständiger Rechtsprechung solange aus, wie die Umsetzungsfrist noch nicht abgelaufen ist.[97] Dies betonte der EuGH mit Nachdruck in der Entscheidung *Ratti*.[98] Zugrunde lag ein Strafverfahren wegen Verstoßes gegen nationale Verpackungs- und Etikettierungsvorschriften. Der Angeklagte berief sich zu seiner Verteidigung auf zwei Richtlinien, deren Vorgaben er befolgt hatte, die bislang aber nicht in innerstaatliches Recht umgesetzt worden waren, wobei hinsichtlich einer der Richtlinien die Umsetzungsfrist auch noch nicht abgelaufen war. Der Gerichtshof entschied, dass sich der Angeklagte lediglich auf die Richtlinie berufen konnte, deren Umsetzungsfrist bereits abgelaufen war. Im übrigen führte er aus, dass eine Richtlinie gegenüber dem Einzelnen, der den Vorschriften einer Richtlinie vor dem Ablauf der dem Mitgliedstaat gewährten Umsetzungsfrist nachgekommen ist, keine Wirkungen erzeugen könne, die von den nationalen Gerichten zu berücksichtigen wäre, da die Mitgliedstaaten während dieser Frist die Materie frei regeln können.[99]

In der Entscheidung *Rieser* hat der EuGH bestätigt, dass „die nationalen Gerichte in Verfahren, in denen sich ein Einzelner auf die unmittelbare Wirkung einer Richtlinie beruft, erst nach ihrer Ablauffrist gehalten (sind), bestehende nationale Vorschriften, die gegen diese Richtlinie verstoßen, nicht mehr anzuwenden“.[100]

Diese Voraussetzung erklärt sich vor dem Hintergrund der dogmatischen Begründung bzw. der *ratio* der unmittelbaren Wirkung.[101] Wie erwähnt, resultiert die unmittelbare Wirkung von Richtlinien maßgeblich aus der verbindlichen Wirkung des Art. 249 Abs. 3 EG und stellt eine Sanktion für eine fehlende oder unzureichende Umsetzung dar. Während der Umsetzungsfrist besteht jedoch noch keine Pflicht zur Umsetzung. Vielmehr muss Richtlinienkonformität erst mit Ablauf der Umsetzungsfrist hergestellt sein.[102] Im Übrigen würde eine unmittelbare Wirkung vor Ablauf der Umsetzungsfrist die Unterscheidung zur Verordnung einebnen.[103]

---

97 EuGH, Rs. 148/78, Slg. 1979, 1629, Rn. 43 (Ratti); Rs. C-316/93, Slg. 1994, I-763, Rn. 16 (Vaneetveld); Rs. C-157/02, Slg. 2004, I-1477, Rn. 67 (Rieser).

98 EuGH, Rs. 148/78, Slg. 1979, 1629, Rn. 41 ff. (Ratti).

99 EuGH, Rs. 148/78, Slg. 1979, 1629, Rn. 41 ff. (Ratti).

100 EuGH, Rs. C-157/02, Slg. 2004, I-1477, Rn. 67 (Rieser).

101 Dazu auch *von Danwitz*, JZ 2007, 697, 699.

102 GA *Jacobs*, Schlussanträge in Rs. C-156/91, Slg. 1992 , I-5567, Rn. 22 (Hansa Fleisch).

103 Vgl. hierzu *Schliesky*, DVBl. 2003, 631, 636.

b) Verstoß gegen die Umsetzungsverpflichtung

Weiterhin ist nach ständiger Rechtsprechung erforderlich, dass der Mitgliedstaat seiner in Art. 249 Abs. 3 EG verankerten Umsetzungsverpflichtung nicht nachgekommen ist. Zu unterscheiden sind zwei Arten von Verstößen: zum einen ist der Mitgliedstaat seiner Umsetzungsverpflichtung innerhalb der Umsetzungsfrist überhaupt nicht nachgekommen, zum anderen hat der Mitgliedstaat die Richtlinie zwar fristgerecht, jedoch mangelhaft umgesetzt.[104]

Da Richtlinien die Umsetzungsfrist regelmäßig vorgeben, bereitet die Voraussetzung „nicht rechtzeitige Umsetzung" in der Praxis meist keine Schwierigkeiten. Problematisch ist allein, was geschieht, wenn die Umsetzungsfrist nach ihrem Ablauf verlängert wird. Es stellt sich die Frage, ob die Richtlinie in dem Zeitraum zwischen Ablauf der ursprünglichen Frist und dem Inkrafttreten der Fristverlängerung unmittelbar wirksam ist.[105] Der EuGH hat dies für den Fall bejaht, dass die Fristverlängerung nicht ausdrücklich mit rückwirkender Kraft erfolgt.[106]

Eine mangelhafte Umsetzung kann durch ein Zurückbleiben des Mitgliedstaats hinter den materiellen Vorgaben der Richtlinie bedingt sein.[107] Sie liegt außerdem vor, wenn der Mitgliedstaat sich zur Umsetzung der falschen Mittel bedient hat. Trotz der grundsätzlich bestehenden Wahlfreiheit machte der EuGH frühzeitig deutlich, dass die Mitgliedstaaten „die Formen und Mittel zu wählen haben, die sich zur Gewährleistung der *praktischen Wirksamkeit* der Richtlinien unter Berücksichtigung des mit ihnen verfolgten Zwecks am besten eignen."[108] Er hat in der Folge zunehmend konkrete Vorgaben entwickelt, wie die Umsetzung von Richtlinien gemäß dem *effet utile* zu erfolgen hat.[109] Es ist zwar nicht erforderlich, dass die Bestimmungen einer Richtlinie förmlich und wörtlich in

104 Eingehend zu den verbindlichen Vorgaben der umsetzungsverpflichteten Mitgliedstaaten die Studie von *Wölk*, Umsetzung von Richtlinien, 34 ff. und 83 ff.

105 Vgl. *Jarass*, NJW 1990, 2420, 2423.

106 EuGH, Rs. 70/83, Slg. 1984, 1075, Rn. 7 f. (Kloppenburg).

107 *Jarass*, NJW 1990, 2420, 2423; davon zu unterscheiden ist das Problem der Zulässigkeit einer überschießenden Umsetzung vollharmonisierender EG-Richtlinien im Privatrecht. Dieses resultiert daher, dass Richtlinien seit geraumer Zeit sich nicht mehr darauf beschränken, als bloßes Instrument zur gemeinschaftlichen Festlegung verbindlicher Zielvorgaben zu fungieren, sondern in zunehmendem Maße äußerst detaillierte Regelungen enthalten, die den Mitgliedstaaten keinerlei Umsetzungsspielraum mehr belassen. Es stellt sich dann die Frage, inwieweit ein mitgliedstaatlicher Gesetzgeber bei der Umsetzung europäischer Richtlinien noch über deren Vorgaben hinausgehen darf - dazu *Riehm*, JZ 2006, 1035.

108 EuGH, Rs. 48/75, Slg. 1976, 497, Rn. 69 ff. (Royer) (Hervorhebung durch die Verfasserin).

109 Siehe dazu *Langenfeld*, DÖV 1992, 955; *Koopmans*, FS Everling, 691, 692.

einer besonderen Gesetzesvorschrift wiederkehren.[110] Indes muss die vollständige Anwendung der Richtlinie in so klarer und bestimmter Weise gewährleistet sein, dass - soweit die Richtlinie Ansprüche des Einzelnen begründen soll - der Einzelne in der Lage ist, von allen seinen Rechten Kenntnis zu erlangen und diese gegebenenfalls vor den nationalen Gerichten geltend zu machen, was einem Rechtsnormvorbehalt gleichkommt.[111] So hat der EuGH beispielsweise die deutsche Umsetzung verschiedener Umweltrichtlinien mittels Verwaltungsvorschriften beanstandet.[112]

c) Hinreichende Bestimmtheit und Inhaltliche Unbedingtheit

Schließlich müssen die entsprechenden Vorschriften einer Richtlinie nach ständiger Rechtsprechung aus normstruktureller Sicht „hinreichend bestimmt“ und „inhaltlich unbedingt“ formuliert sein. Sofern dies nicht der Fall ist, ist es einem nationalen Gericht untersagt, die Richtlinienbestimmungen anzuwenden, da es nicht seine Aufgabe ist, sich an die Stelle des untätigen Mitgliedstaates zu setzen und die fehlende Rechtsvorschrift auszuarbeiten.

Eine Richtlinienbestimmung ist „hinreichend bestimmt“, wenn sie unzweideutig eine Verpflichtung enthält, d.h. den Inhalt der zu treffenden Regelungen und den von ihr begünstigten Personenkreis so eindeutig formuliert, dass jedes Gericht die Bestimmung anwenden kann.[113] Auch Normen mit auslegungsbedürftigen Rechtsbegriffen genügen dem Bestimmtheitserfordernis, da die Auslegungsbedürftigkeit die Anwendbarkeit im Einzelfall nicht ausschließt und Auslegungsfragen sich zudem im Wege der Vorlage nach Art. 234 EG klären lassen.[114] Eine Richtlinienbestimmung ist darüber hinaus „inhaltlich unbedingt“, wenn sie weder mit einem Vorbehalt noch mit einer Bedingung versehen ist und keiner weiteren Maßnahme der Organe der Gemeinschaft oder der Mitgliedstaaten bedarf.[115] Dass Umsetzungs- oder, auf Gemeinschaftsebene, Anwendungs-

---

110 *Ruffert*, in: Calliess/Ruffert (Hrsg.), EUV/EGV (3.Aufl.), Art. 249 EG Rn. 54; *Streinz*, Europarecht, Rn. 440.

111 *Streinz*, Europarecht, Rn. 440.

112 Vgl. EuGH, Rs. C-131/88, Slg. 1991, I-825, Rn. 6 (Kommission/Deutschland); Rs. C-361/88, Slg. 1991, I-2567, Rn. 15 (Kommission/Deutschland); Rs. C-59/89, Slg. 1991, I-2608, Rn. 18 (Kommission/Deutschland); Rs. C-58/89, Slg. 1991, I-4983, Rn. 13 (Kommission/Deutschland); Rs. C-433/93, Slg. 1995, I-2303, Rn.18 (Kommission/Deutschland); Rs. C-96/95, Slg. 1997, I-1653, Rn. 35 (Kommission/Deutschland) - dazu ausführlich *von Danwitz*, VerwArch 84 (1993), 73 ff.; *Pernice*, EuR 1994, 325 ff.; *Ruffert*, CMLRev. 1997, 307, 321 ff.; *H. G. Fischer*, NVwZ 1992, 635, 637.

113 EuGH, Rs. C-236/92, Slg. 1994, I-483, Rn. 10 (Comitato).

114 *Ruffert*: in Calliess/Ruffert (Hrsg.), EUV/EGV (3. Aufl.), Art. 249 EG Rn. 80; *Schroeder*, in: Streinz (Hrsg.), EUV/EGV, Art. 249 EG Rn. 108.

115 EuGH, Rs. 41/74, Slg. 1974, 1337, Rn. 13 f. (Van Duyn).

maßnahmen erforderlich sind, steht der Anerkennung der unmittelbaren Wirkung der Richtlinie nicht entgegen, wenn der Entscheidungsspielraum der mit ihrer Durchführung betrauten Stelle auf Null reduziert oder auch einfach nur eingeschränkt ist.[116]

Der Gerichtshof hat das Vorliegen der normstrukturellen Voraussetzungen von Richtlinienbestimmungen regelmäßig verneint, soweit sie den Mitgliedstaaten Ermessenspielräume einräumen.[117] Dies deckt sich mit Ausführungen des EuGH in einer Entscheidung, welche die unmittelbare Wirkung einer Bestimmung betraf, die Bestandteil eines Ratsbeschlusses über die Assoziation der überseeischen Länder und Gebiete mit der Europäischen Wirtschaftsgemeinschaft war: eine Vorschrift sei nur dann unbedingt, wenn sie den Mitgliedstaaten kein Ermessen lasse.[118]

Der Gerichtshof hat zwar ebenso entschieden, dass es einer unmittelbaren Wirkung einer Richtlinie nicht entgegen stehe, wenn die Richtlinie an anderer Stelle den Mitgliedstaaten einen Gestaltungsspielraum einräume, sofern es möglich ist, die hinreichend genauen und unbedingten Bestimmungen aus dem Gesamtzusammenhang zu lösen und gesondert anzuwenden.[119] Auch nehmen gewisse Gestaltungsspielräume den Richtlinienbestimmungen nichts von ihrer Genauigkeit und Unbedingtheit, da dadurch nicht die Möglichkeit ausgeschlossen ist, Mindestrechte zu bestimmen.

In der Entscheidung *Francovich* hat der Gerichtshof ausgeführt, „dass die Tatsache, dass der Staat zwischen mehreren möglichen Mitteln zur Erreichung des durch eine Richtlinie vorgeschriebenen Ziels wählen kann, nicht ausschließt, dass der Einzelne vor den nationalen Gerichten die Rechte geltend machen kann, deren Inhalt sich bereits aufgrund der Richtlinie mit hinreichender Genauigkeit bestimmen lässt."[120] Gleichwohl hat er an anderer Stelle erneut bekräftigt, dass die betreffende Richtlinienbestimmung den „[...] Mitgliedstaaten [...] einen sehr weiten Spielraum (belässt)" und „[...] daher nicht als hinreichend ge-

---

116 GA *Léger*, Schlussanträge in Rs. C-287/98, Slg. 2000, I-6917, Rn. 39 (Linster); *J. A. Winter*, CMLRev. 1972, 425, 434.

117 EuGH, verb. Rs. C-6/90 und C-9/90, Slg. 1991, I-5357, Rn. 26 (Francovich); Rs. C-236/92, Slg. 1994, I-483, Rn.14 (Comitato); Rs. C-157/02, Slg. 2004, I-1477, Rn. 40 f. (Rieser).

118 EuGH, verb. Rs. C-100/89 und C-101/89, Slg. 1990, I-4647, Rn. 26 (Kaefer und Procacci).

119 EuGH, Rs. 8/81, Slg. 1982, 53, Rn. 29 f. (Becker); Rs. C-441/99, Slg. 2001, I-7687, Rn. 44 (Gharehveran).

120 EuGH, verb. Rs. C-6/90 und C-9/90, Slg. 1991, I-5357, Rn. 17 (Francovich); vgl. auch EuGH, Rs. C-91/92, Slg. 1994, I-3325, Rn. 17 (Faccini Dori).

nau angesehen werden kann, so dass sich der Einzelne gegenüber einer staatlichen Stelle nicht auf sie berufen kann".[121]

d) Kein Bestehen von subjektiven Rechten

Umstritten in der deutschen Literatur war schließlich die Frage, ob eine Richtlinie als zusätzliche Voraussetzung für einen einzelnen Bürger subjektive Rechte begründen muss, um unmittelbare Wirkung zu entfalten.

Dies wurde ursprünglich überwiegend vor dem Hintergrund der im deutschen Verwaltungsrecht etablierten Schutznormlehre bejaht.[122] Auch berief man sich auf das zwischenzeitlich vom EuGH zur Begründung der innerstaatlichen Beachtlichkeit herangezogene Verbot widersprüchlichen Verhaltens der Mitgliedstaaten gegenüber den einzelnen Bürgern. Dieses vermöge dort keine rechtfertigende Kraft zu entfalten, wo den Bürgern durch ein richtlinienwidriges Verhalten staatlicher Behörden kein Vorteil entgeht.[123] Des Weiteren bezog man sich auf die Entscheidung *Becker*. Der EuGH hatte hier im Anschluss an die Kriterien der inhaltlichen Unbedingtheit und Bestimmtheit festgestellt, dass sich „Einzelne auf jene Bestimmungen auch berufen können, soweit diese *Rechte* festlegen, die dem Staat gegenüber geltend gemacht werden können"[124].

Das Bestehen subjektiver Rechte als zusätzliche Voraussetzung einer unmittelbaren Wirkung ist abzulehnen.[125] Sie können (müssen aber nicht) lediglich Folge der unmittelbaren Wirkung sein.[126] Dies belegt bereits die Grundsatzentscheidung *Van Gend & Loos*, in welcher der EuGH die relevante Vertragsbestimmung dahin ausgelegt hatte, dass sie „unmittelbare Wirkung erzeugt *und* individuelle Rechte begründet, welche die staatlichen Gerichte zu beachten haben".[127] Ausdrückliche Bestätigung fand dieser Befund schließlich in der Ent-

---

121 EuGH, Rs. C-157/02, Slg. 2004, I-1477, Rn. 41 f. (Rieser).

122 *P. Fischer*, FS Hempel, 191, 192; *G. Winter*, DVBl. 1991, 657, 659; *Pernice*, NVwZ 1990, 414, 424; *H. G. Fischer*, NVwZ 1992, 635, 637; *Calliess*, NVwZ 1996, 339, 340; *Haneklaus*; DVBl. 1993, 129, 132; *Epiney*, DVBl. 1996, 409, 409 ff.; *Gellermann*, DÖV 1996, 433, 436.

123 *G. Winter*, DVBl. 1991, 657, 659; *Haneklaus*, DVBl. 1993, 129, 132; *Gellermann*, DÖV 1996, 433, 437.

124 EuGH, Rs. 8/81, Slg. 1982, 53, Rn. 25 (Becker) (Hervorhebung durch die Verfasserin).

125 So schon *Timmermanns*, CMLRev. 1979, 533, 539; *Prechal*, Directives, 99 ff.

126 *Ruffert*, Subjektive Rechte, 159 ff.; *ders.*, CMLRev. 1997, 307, 315; *Gassner*, FS Oppermann, 502, 506 f.; *Herrmann*, Richtlinienumsetzung, 56; *D. König*, Gesetzgebung, § 2 Rn. 48; *Schroeder*, in: Streinz (Hrsg.), EUV/EGV, Art. 249 EG Rn. 110; *von Oettingen/Rabenschlag*, ZEuS 2006, 363, 365.

127 EuGH, Rs. 26/62, Slg. 1963, 1, 27 (Van Gend & Loos) (Hervorhebung durch die Verfasserin).

scheidung *Großkrotzenburg*[128], in deren Folge auch das Bundesverwaltungsgericht das Erfordernis subjektiver Rechte für eine unmittelbare Wirkung verneint hat.[129]

Der Fall betraf eine Aufsichtsklage der Europäischen Kommission gegen die Bundesrepublik Deutschland. Dieser wurde vorgeworfen, vor Genehmigung der Erweiterung des Wärmekraftwerkes Großkrotzenburg keine Umweltverträglichkeitsprüfung nach Maßgabe der Richtlinie 85/337/EWG über die Umweltverträglichkeitsprüfung bestimmter Projekte (UVP-Richtlinie)[130] durchgeführt zu haben. Die UVP-Richtlinie war im Genehmigungszeitraum in Deutschland noch nicht umgesetzt worden. Die Bundesrepublik - der herrschenden deutschen Literatur folgend - wandte ein, dass Richtlinien nur dann eine unmittelbare Wirkung zukommt, wenn sie dem Einzelnen individuelle Rechte einräumen.[131] Dies sei bei den streitgegenständlichen Bestimmungen der UVP-Richtlinie nicht der Fall. Diese Argumentation wurde vom EuGH verworfen, „da die Frage, ob die Richtlinie eine Verpflichtung für die Bundesrepublik Deutschland begründet habe, eine Umweltverträglichkeitsprüfung durchzuführen, nichts mit der vom Gerichtshof anerkannten Möglichkeit zu tun hat, dass sich der Einzelne gegenüber dem Staat unmittelbar auf unbedingte sowie hinreichend klare Vorschriften einer Richtlinie berufen könne".[132]

Sowohl die Verwaltung[133] als auch die Gerichte sind damit nach Ablauf der Umsetzungsfrist an nicht oder unzureichend umgesetzte Richtlinienbestimmungen gebunden, auch dann, wenn sie allein auf die Änderung des objektiven Rechts gerichtet sind. Die unmittelbare Wirkung einer Gemeinschaftsrechtsnorm ist unabhängig vom Bestehen von subjektiven Rechten gegeben.[134] Letztere werden erst relevant, wenn es um die Geltendmachung unmittelbar wirkender

---

128 EuGH, Rs. C-431/92, Slg. 1995, I-2189 (Kommission/Deutschland - „Großkrotzenburg").

129 BVerwGE 100, 238 (242).

130 ABl. 1985 L 175/40.

131 EuGH, Rs. C-431/92, Slg. 1995, I-2189, Rn. 24 (Kommission/Deutschland - „Großkrotzenburg").

132 EuGH, Rs. C-431/92, Slg. 1995, I-2189, Rn. 26 (Kommission/Deutschland - „Großkrotzenburg").

133 Dass auch Behörden zur Anwendung unmittelbar wirkender Richtlinienbestimmungen verpflichtet sind, hatte der EuGH bereits vorher in der Rechtssache *Costanzo* entschieden, vgl. dazu unten § 2, A., II., 3., a).

134 Dass die ursprünglich herrschende deutsche Lehre vor dem Hintergrund dieses Urteils nicht mehr haltbar ist, macht auch *Herrmann*, Richtlinienumsetzung, 56 deutlich; siehe auch *G. Winter*, NVwZ 1999, 467, 469.

Richtlinienbestimmungen durch den einzelnen Bürger geht[135], d.h. von der unmittelbaren Wirkung bestimmter Richtlinienbestimmungen zu unterscheiden ist die prozessuale Geltendmachung hinreichend bestimmter und unbedingter Richtliniennormen durch Private.

3. Rechtsfolgen der unmittelbaren Wirkung von Richtlinien

a) Beachtung von Amts wegen durch Verwaltung und Gerichte

Der EuGH verwendete in seiner Unmittelbarkeitsrechtsprechung zunächst ausschließlich die Formulierung, dass Einzelne sich auf hinreichend bestimmte und unbedingte Vorschriften berufen können.[136] Die unmittelbare Wirkung wurde daher ursprünglich so verstanden, dass nur im Falle des Berufens durch einen Einzelnen die Gerichte die Norm zu beachten haben.[137] In späteren Entscheidungen machte der EuGH jedoch deutlich, dass unmittelbar wirkendes Gemeinschaftsrecht unter den gleichen Umständen zu beachten sei, wie nationales Recht. Wenn also ein nationales Gericht nach dem nationalen Recht zwingende Rechtsvorschriften von Amts wegen aufgreifen muss, gilt dies auch hinsichtlich unmittelbar wirkenden Gemeinschaftsrechts.[138]

Darüber hinaus nahm man zunächst nur eine Verpflichtung der Gerichte zur Anwendung unmittelbar wirkender Gemeinschaftsrechtsvorschriften an. Dies änderte sich mit der Entscheidung *Costanzo*[139], in welcher der Gerichtshof die Rechtsverbindlichkeit von unmittelbar wirkenden Richtlinien auch für innerstaatliche Behörden bejahte.[140]

---

[135] *Ruffert*, in: Calliess/Ruffert (Hrsg.), VerfEU, Art. I-33 Rn. 86; ebenso *Jarass*, NJW 1990, 2420, 2423; *Gassner*, FS Oppermann, 503, 507; *von Oettingen/Rabenschlag*, ZEuS 2006, 363, 365; siehe unten § 2, A., II., 3., b).

[136] EuGH, Rs. 148/78, Slg. 1979, 1629, Rn. 20 ff. (Ratti); Rs. 8/81, Slg. 1982, 52, Rn. 25 (Becker); Rs. 152/84, Slg. 1986, 723, Rn. 46 (Marshall I).

[137] *de Witte*, Direct Effect, 187; *Prechal*, CMLRev. 2000, 1047, 1049.

[138] Zunächst noch etwas zurückhaltend EuGH, Rs. C-87-89/90, Slg. 1991, I-3757, Rn. 15 (Verholen); Rs. C-312/93, Slg. 1995, I-4599, Rn. 21 (Peterbroeck); später explizit eine Verpflichtung zur *ex-officio* Anwendung postulierend EuGH, Rs. C-430/93, Slg. 1995, I-4705, Rn. 13 (Van Schijndel); Rs. C-72/95, Slg. 1996, I-5403, Rn. 57 (Kraaijeveld) - dazu *H. G. Fischer*, NVwZ 1992, 635, 636 f.; *Jarass*, NJW 1991, 2665, 2668 f.

[139] EuGH, Rs. 103/88, Slg. 1989, 1839, Rn. 31 (Costanzo).

[140] Die damit verbundene Normverwerfungsnotwendigkeit ruft Bedenken im Hinblick auf das Prinzip der Gesetzesbindung der Verwaltung sowie deren fehlende Möglichkeit, in Zweifelsfällen über Art. 234 EG den EuGH anzurufen, hervor - vgl. *Ruffert*, in: Calliess/Ruffert (Hrsg.), EUV/EGV (3. Aufl.), Art. 249 EG Rn. 103 f.; *de Witte*, Direct Effect, 192 f.; *Pietzcker*, FS Everling, 1095 ff.

Jeder Träger öffentlicher Gewalt hat somit unmittelbar wirksame Richtlinienbestimmungen, die sich an ihn wenden, anzuwenden. Wie gesehen, ist unerheblich, ob es sich um objektive Pflichten handelt oder um Pflichten, mit denen ein subjektiver Anspruch des Bürgers korrespondiert.[141] In Bezug auf entgegenstehendes nationales Recht setzt sich die Richtlinie aufgrund ihres Vorrangs durch.[142] Unmittelbar wirkende Richtlinienbestimmungen ersetzen dabei üblicherweise kollidierende nationale Bestimmungen in der Weise, dass die zuständigen nationalen Stellen die Richtlinienbestimmungen an Stelle der einschlägigen nationalen Rechtsnormen auf das strittige Rechtsverhältnis anwenden. Der Richtlinie kommt in diesem Fall eine *Ersetzungswirkung*[143] zu. Andererseits kann eine Richtlinie im Einzelfall lediglich eine *Ausschlusswirkung* entfalten, d.h. nationales Recht wird unanwendbar, ohne dass die Richtlinie selbst eine materielle Regelung enthält, die auf den Fall anzuwenden wäre.[144] Die unmittelbare Wirkung ist damit im Ergebnis zu definieren als Pflicht nationaler Behörden und Gerichte, hinreichend genaue und unbedingte Richtliniennormen nach Ablauf der Umsetzungsfrist von Amts wegen als streitentscheidende Normen bzw. als Rechtmäßigkeitsmaßstab anzuwenden.[145]

b) Berufungsmöglichkeit Einzelner

Mit der objektiven Verpflichtung der staatlichen Stellen zur Anwendung der unmittelbar wirkenden Richtlinien kann ein Anspruch des Einzelnen auf Einhaltung der Richtlinienvorgaben korrespondieren.[146] Vertreter in der Literatur sprechen in diesem Zusammenhang oftmals auch von einer „subjektiven unmittelbaren Wirkung“, während man die Anwendungsverpflichtung der staatlichen Stellen als „objektive unmittelbare Wirkung“ einstuft.[147] Inhaltlich bedeutet diese „subjektive unmittelbare Wirkung“ nach der ständigen Rechtsprechung des Gerichtshofs, dass sich Einzelne „in Ermangelung fristgemäß erlassener Umsetzungsmaßnahmen auf Bestimmungen einer Richtlinie, die inhaltlich unbedingt und hinreichend genau sind, gegenüber allen nicht richtlinienkonformen inner-

---

141 *Nettesheim*, in: Grabitz/Hilf (Hrsg.), EUV/EGV, Art. 249 EG Rn. 182.

142 *Schroeder*, in: Streinz (Hrsg.), EUV/EGV, Art. 249 EG Rn. 119; dazu schon § 2, A., I.

143 Zutreffend ist die einst von *H. P. Ipsen*, EuR 1966, 356, 359 hervorgebrachte Formulierung der „gemeinschaftsrechtlichen Alternativ-Normierung“.

144 *Eilmansberger*, JBl. 2004, 283, 287; *Herrmann*, Richtlinienumsetzung, 58 ff. unterscheidet zwischen einer „negativen“ und einer „positiven unmittelbaren Wirkung“; die französische Literatur spricht von *effet d'exclusion* bzw. *invocabilité d'exclusion* und *effet de substitution* bzw. *invocabilité de substitution* - näher *Prechal*, Directives, 104.

145 *Prechal*, Directives, 240.

146 *Nettesheim*, in: Grabitz/Hilf (Hrsg.), EUV/EGV, Art. 249 EG Rn. 182.

147 Vgl. *Brenn*, ÖJZ 2005, 44 ff.; *Franzen*, Privatrechtsangleichung, 248 ff.

staatlichen Vorschriften berufen (können); Einzelne können sich auf diese Bestimmungen auch berufen, soweit diese Rechte festlegen, die dem Staat gegenüber geltend gemacht werden können".[148]

Der Gerichthof unterscheidet somit zwischen unmittelbar anwendbaren Richtlinienbestimmungen als Abwehrrechten einerseits und als Anspruchsgrundlagen andererseits.[149] Im ersten Fall geht es um die Überprüfung nationaler Maßnahmen hinsichtlich ihrer Richtlinienkonformität. Fehlt es daran, sind die nationalen Maßnahmen vom Gericht aufgrund der *Ausschlusswirkung* der Richtlinie nicht anzuwenden. Die zweite Konstellation betrifft die Fälle, in denen ein Einzelner ein bestimmtes staatliches Tun oder Unterlassen unter Berufung auf eine Richtliniennorm durchzusetzen versucht. Die Richtlinie stellt die rechtliche Grundlage für das materielle Begehren des Einzelnen dar und ist von den staatlichen Stellen direkt anzuwenden im Sinne der *Ersetzungswirkung*. Für die prozessuale Geltendmachung ergeben sich unterschiedliche Anforderungen.

aa) Richtlinienbestimmungen als Abwehrrechte

In ihrer abwehrrechtlichen Dimension können Richtlinienbestimmungen gegenüber jeder entgegenstehenden innerstaatlichen Vorschrift geltend gemacht werden, sofern nach innerstaatlichem Recht Rechtsschutzmöglichkeiten gegen die nationalen Vorschriften bzw. gegen die auf ihnen beruhenden Maßnahmen besteht.[150] Es ist nicht erforderlich, dass die unmittelbar wirkende Richtlinienbestimmung dem Einzelnen selbst ein Recht einräumt.[151]

Dies geht aus einer Reihe von Urteilen des EuGH hervor, in denen sich ein Einzelner auf Richtlinienbestimmungen berufen konnte, um die Nichtanwendung des richtlinienwidrigen nationalen Rechts zu erreichen, obwohl die Richtlinienvorschriften lediglich den Mitgliedstaaten bestimmte objektive Verfahrenspflichten auferlegten.[152] Einige Vertreter in der Wissenschaft lehnen es ab, hier von einer unmittelbaren Richtlinienwirkung zu sprechen, sondern ordnen die

---

148 EuGH, Rs. 8/81, Slg. 1982, 53, Rn. 25 (Becker).

149 GA *Kokott*, Schlussanträge in Rs. C-127/02, Slg. 2004, I-7405, Rn. 140 (Waddenzee); vgl. auch *Jarass*, NJW 1991, 2665.

150 GA *Kokott*, Schlussanträge in Rs. C-127/02, Slg. 2004, I-7405, Rn. 140 (Waddenzee).

151 *van Gerven*, CMLRev. 2000, 501, 506 f.; *Skouris*, EBLR 2006, 241, 245; siehe auch GA *Kokott*, Schlussanträge in Rs. C-127/02, Slg. 2004, I-7405, Rn. 141 (Waddenzee), die argumentiert, dass die Berufungsmöglichkeit sich aus dem abzuwehrenden Eingriff ergibt.

152 Dies betraf die aus der RL 83/189/EWG fließende Pflicht zur Notifizierung technischer Vorschriften bzw. die aus der RL 85/337/EWG fließende Pflicht zur Durchführung einer Umweltverträglichkeitsprüfung - vgl. etwa EuGH, Rs. C-194/94, Slg. 1996, I-2201 (CIA Security); Rs. C-72/95, Slg. 1996, I-5403 (Kraaijeveld).

Konstellationen als sog. „public law effect" ein.[153] Die Haltung ist bedingt durch ein enges Verständnis des Konzeptes der unmittelbaren Wirkung, welches hierunter nur die Begründung von Rechten und Pflichten für den Einzelnen subsumiert und die unmittelbare Wirkung einer Gemeinschaftsrechtsvorschrift untrennbar mit dem Schutz subjektiver gemeinschaftsrechtlicher Rechtspositionen verbindet.[154] Nach dieser Auffassung ist auch im Fall der Berufung eines Einzelnen auf eine Richtlinie als Abwehrrecht erforderlich, dass die jeweiligen Richtlinienbestimmungen dem Einzelnen ein Recht verleihen.

Dem hat der EuGH zu Recht widersprochen. Es geht in diesen Fallgestaltungen weniger um den Schutz bzw. die Verwirklichung gemeinschaftsrechtlicher Rechtspositionen, sondern allein um die Sicherstellung der Richtlinienkonformität nationaler Maßnahmen. Gleichwohl macht auch der Gerichtshof die Berufung auf Richtlinien zur Überprüfung des nationalen Rechts von einer gewissen Subjektivierung abhängig.

In der Rechtssache *Verholen* hat er die Möglichkeit des Privaten, sich auf eine unmittelbar wirkende Richtliniennorm zu berufen, an den Umstand geknüpft, dass der Kläger ein „unmittelbares Interesse" daran habe, dass die in der Richtliniennorm enthaltene Verpflichtung erfüllt wird.[155] In der Rechtssache *Lemmens*[156] betonte der Gerichtshof, dass das Begehren des Einzelnen zumindest vom „Schutzzweck der Richtlinie" erfasst sein muss. Der Fall baute auf der Entscheidung *CIA Security*[157] auf, welche die Richtlinie 83/189/EWG über ein Informationsverfahren auf dem Gebiet der Normen und technischen Vorschriften[158] zum Gegenstand hatte. Diese Richtlinie schreibt den Mitgliedstaaten vor,

---

153 Vgl. m.w.N. *Hilson/Downes*, ELRev. 1999, 121, 135; siehe auch *Prechal*, CMLRev. 2000, 1047, 1051 ff.

154 Vgl. *J. A. Winter*, CMLRev. 1971, 425, 436: „direct effect as the creation of rights for private individuals that must be enforced by the courts"; jüngst *Lenaerts/Corthaut*, ELRev. 2006, 287, 291: „direct effect in this narrow approach therefore is the very particular way of invoking a higher norm in order to enforce rights that were conferred upon the applicant"; *von Danwitz*, JZ 2007, 697, 699; siehe auch die Ausführungen einer der Parteien in EuGH, Rs. C-287/98, Slg. 2000, I-6917, Rn. 27 (Linster): „Die Beklagten könnten sich auf die Richtlinie nur berufen, wenn sie dartäten, dass die angebliche Missachtung von deren Bestimmungen ein Recht verletzt habe, das ihnen die (unmittelbar wirkende) Richtlinie verliehen habe"; vgl. zu den unterschiedlich weit reichenden Konzeptionen der unmittelbaren Wirkung die Darstellungen bei, *Prechal*, Directives, 99 ff.; *diess.*, CMLRev. 2000, 1047, 1051 ff.; *Craig/de Búrca*, EU Law, 179 ff.

155 EuGH, verb. Rs. C-87/90-89/90 Slg. 1991, I-3757, Rn. 23 (Verholen).

156 EuGH, Rs. C-226/97, Slg. 1998, I-3711 (Lemmens).

157 EuGH, Rs. C-194/94, Slg. 1996, I-2201 (CIA Security): dazu näher unter § 2, B., III., 1., b).

158 RL 83/189/EWG über ein Informationsverfahren auf dem Gebiet der Normen und technischen Vorschriften, ABl. 1983 L 109/8, ersetzt durch RL 98/34/EG über ein Informa-

Entwürfe technischer Vorschriften vor deren Erlass der Europäischen Kommission zu notifizieren. Der EuGH hatte in der Rechtssache *CIA Security* festgestellt, dass im Falle eines Unterbleibens der Notifizierung die technischen Vorschriften keine Anwendung finden und Dritten nicht entgegengehalten werden dürfen.[159] Der Entscheidung *Lemmens* lag in der Folge ein Strafverfahren wegen Trunkenheit am Steuer zugrunde. Die Feststellung des Alkoholisierungsgrades geschah mittels eines Alkoholmeters. Der Angeklagte machte geltend, der positive Alkoholtest könne nicht als Beweis gegen ihn verwendet werden, da keine Notifizierung der technischen Vorschrift den Alkoholmeter betreffend erfolgt sei. Der EuGH entschied jedoch, dass Schutzzweck der Richtlinie die Verhinderung von Handelshemmnissen sei. Daher führen Verstöße gegen die in der Richtlinie enthaltene Mitteilungspflicht lediglich zur Nichtanwendung von technischen Vorschriften, „[...] soweit sie die Verwendung oder den Vertrieb eines mit diesen Vorschriften nicht konformen Produkts behindern". Der Angeklagte verlange hingegen die Nichtanwendung, um eine strafrechtliche Verurteilung wegen Trunkenheit am Steuer abzuwenden. Sein Begehren liege damit außerhalb des Schutzzweckes der Richtlinie, so dass ihm eine Berufung auf die Richtlinie versagt sei.[160]

bb) Richtlinienbestimmungen als Anspruchsgrundlage

Sofern ein Einzelner unmittelbar wirkende Richtlinienbestimmungen als Anspruchsgrundlage heranzieht, müssen in ihnen Ansprüche angelegt sein. Das innerstaatliche Recht unterliegt bei der Eröffnung der Rechtsschutzmöglichkeiten zur Durchsetzung dieser gemeinschaftsrechtlich zu definierenden Rechtspositionen gemeinschaftsrechtlichen Mindeststandards.[161] Nach ständiger Rechtsprechung des Gerichtshofes[162] ist es zwar mangels einer einschlägigen Gemeinschaftsregelung Sache der einzelnen Mitgliedstaaten, die Verfahrensmodalitäten für Klagen zu regeln, die den Schutz der dem Bürger aus unmittelbar anwendbarem Gemeinschaftsrecht erwachsenden Rechte gewährleisten sollen, doch dürfen diese Modalitäten nicht weniger günstig ausgestaltet sein als die entsprechender innerstaatlicher Klagen (Äquivalenzgrundsatz) und die Ausübung der durch die Gemeinschaftsrechtsordnung verliehenen Rechte nicht

tionsverfahren auf dem Gebiet der Normen und technischen Vorschriften, ABl. 1998 L 204/37.

159 EuGH, Rs. C-194/94, Slg. 1996, I-2201, Rn. 54 (CIA Security).

160 EuGH, Rs. C-226/97, Slg. 1998, I-3711, Rn. 34 ff. (Lemmens); dazu *Timmermanns*, YEL 1997, 1, 21 ff. sowie *van Gerven*, CMLRev. 2000, 501, 508.

161 So GA *Kokott*, Schlussanträge in Rs. C-127/02, Slg. 2004, I-7405, Rn. 142 (Waddenzee); vgl. auch *Schroeder*, in: Streinz (Hrsg.), EGV/EUV, Art. 249 EG Rn. 111.

162 EuGH, Rs. 33/76, Slg. 1976, 1989, Rn. 5 (Rewe-Zentralfinanz); dazu *Haltern*, Europarecht, 314 ff.

praktisch unmöglich machen oder übermäßig erschweren (Effektivitätsgrundsatz). Grundsätzlich muss es daher dem Individuum möglich sein, seine gemeinschaftsrechtliche Rechtsposition auf nationaler Ebene geltend zu machen.[163]

c) Ausschluss einer unmittelbaren Wirkung zwischen bzw. gegenüber Privatpersonen

Die unmittelbare Wirkung von Richtlinien unterliegt schließlich einer maßgeblichen Einschränkung, als dass eine Durchsetzung unmittelbar wirkender Richtlinienbestimmungen nur gegenüber dem Staat möglich ist. Anders als unmittelbar wirkende Vorschriften des Primärrechts[164] oder Verordnungen[165] können Richtlinien nach ständiger Rechtsprechung des EuGH keine Verpflichtungen für den Einzelnen begründen. Selbst wenn alle Voraussetzungen der unmittelbaren Wirkung erfüllt sind, ist eine Anwendung der Richtlinie in diesem Fall ausgeschlossen.[166]

aa) Horizontale Fallkonstellationen

In der Rechtssache *Marshall I* lehnte der EuGH die Möglichkeit eines Einzelnen, sich auf eine Richtlinie gegenüber einem anderen Bürger zu berufen ab, da „nach Art. 249 Abs. 3 EG der verbindliche Charakter einer Richtlinie, auf dem die Möglichkeit beruht, sich vor einem nationalen Gericht auf die Richtlinie zu berufen, nur für jeden Mitgliedstaat, an den sie gerichtet wird, besteht“, so dass „eine Richtlinie nicht selbst Verpflichtungen für einen Einzelnen begründen kann und eine Richtlinienbestimmung daher als solche nicht gegenüber einer derartigen Person in Anspruch genommen werden kann“.[167] Der Gerichtshof stützte seine Begründung in dieser Entscheidung wesentlich auf den Wortlaut von Art. 249 Abs. 3 EG. Darüber hinaus führten Befürworter des Verbotes einer horizontalen unmittelbaren Wirkung[168] die aufrechtzuerhaltende Differenzie-

---

163 Siehe auch *Hartisch*, Richtlinien in dreipoligen Beziehungen, 46.

164 St. Rspr. des EuGH, vgl. Rs. 43/75, Slg. 1976, 455 (Defrenne); Rs. 36/74, Slg. 1974, 1405 (Walrave); Rs. C-281/98, Slg. 2000, I-4139 (Angonese).

165 Die Fähigkeit von Verordnungen, neben Rechten auch Pflichten für den einzelnen zu begründen folgt bereits aus ihrer allgemeinen unmittelbaren Geltung in den innerstaatlichen Rechtsordnungen.

166 So ausdrücklich EuGH, verb. Rs. C-397-403/01, Slg. 2004, I-8835, Rn. 109 (Pfeiffer).

167 EuGH, Rs. 152/84, Slg. 1986, 723, Rn. 48 (Marshall I).

168 *Classen*, EuZW 1993, 83, 84; *Haneklaus*, DVBl. 1993, 129, 133; *Herber*, EuZW 1991, 401 ff.; *Jarass*, NJW 1991, 2665, 2666; *ders.*, Grundfragen, 79 f.

rung zwischen Verordnung und Richtlinie[169] sowie den rechtsstaatlichen Aspekt der Rechtssicherheit an.[170]

Gegen den Ausschluss einer unmittelbaren Wirkung in horizontalen Konstellationen fanden sich sowohl in der Literatur[171] als auch bei einigen Generalanwälten[172] kritische Stimmen. Sie machten geltend, dass neben der Effektivität des Gemeinschaftsrechts[173] die Verwirklichung eines Binnenmarktes mit gleichen Wettbewerbs-, Arbeits- und Lebensbedingungen aller Marktbürger[174] sowie die Verbesserung des Rechtsschutzes Einzelner[175] eine einheitliche Wirkungsweise von Richtlinien verlangen. Insbesondere der Rechtsschutz des Einzelnen erfordere eine unmittelbare Wirkung von Richtlinien in Zivilstreitigkeiten. Dem mit Rechtsbindungswillen des Gemeinschaftsgesetzgebers Begünstigten sei zu seinen Rechten zu verhelfen. Entsprechende Rechtspositionen dürften nicht auf unbestimmte Zeit in das Belieben eines säumigen Mitgliedstaats gestellt sein.[176] Es widerspreche im Übrigen dem Diskriminierungsverbot, wenn Rechtssubjekte je nachdem, ob sie vergleichbare rechtliche Beziehungen mit einer dem Staat zuzurechnenden Einrichtung oder einem Privaten unterhalten, unterschiedlichen Regeln unterworfen sind.[177]

Demgegenüber könnten weder das Wortlautargument noch die mögliche Verwischung zwischen Richtlinie und Verordnung überzeugen. Auch vermag der As-

---

169 Statt vieler *Jarass*, Grundfragen, 80.

170 Diesen Aspekt betont nun auch der Gerichtshof ausdrücklich, vgl. EuGH, Rs. C-201/02, Slg. 2004, I- 723, Rn. 56 (Wells).

171 *Emmert*, EWS 1992, 56 ff.; *Müller-Graff*, NJW 1993, 13, 20 f.; *Nicolaysen*, EuR 1984, 380, 385; *ders.*, EuR 1986, 370 f.; *Grabitz*, FS Deringer, 59, 68 ff.; *S. Richter*, EuR 1988, 394 ff.; *Tridimas*, ELRev. 1994, 620, 631 ff.; *Craig*, ELRev. 1997, 509 ff.; *G. Winter*, DVBl. 1991, 657, 665; *Schockweiler*, FS Everling, 1315, 1321 ff.; interessanterweise äußerten sich Anfang der 1990er Jahre auch nationale Gerichte positiv hinsichtlich einer unmittelbaren Wirkung von Richtlinien, wenngleich unter Verkennung der Rechtsprechung des EuGH, vgl. OLG Celle, EuZW 1990, 550 ff.

172 GA *van Gerven*, Schlussanträge in Rs. C-271/91, Slg. 1993, I-4367, Rn. 12 (Marshall II); GA *Jacobs*, Schlussanträge in Rs. C-316/93, Slg. 1994, I-763, Rn. 18-36 (Vaneetveld); GA *Lenz*, Schlussanträge in Rs. C-91/92, Slg. 1994, I-3325, Rn. 48-73 (Faccini Dori).

173 *Emmert*, EWS 1992, 56, 66; *Nicolaysen*, EuR 1986, 370; dazu jüngst *Frenz*, EWS 2005, 104, 107: der *effet utile* der Richtlinien verlange eine Erstreckung der unmittelbaren Wirkung auf Fälle, in denen es um die Verwirklichung individueller Rechte geht.

174 *Grabitz*, FS Deringer, 59, 68; GA *Lenz*, Schlussanträge in Rs. C-91/92, Slg. 1994, I-3325, Rn. 51 (Faccini Dori).

175 *Tridimas*, ELRev. 1994, 620, 636.

176 GA *Lenz*, Schlussanträge in Rs. C-91/92, Slg. 1994, I-3325, Rn. 48 (Faccini Dori).

177 GA *Lenz*, Schlussanträge in Rs. C-91/92, Slg. 1994, I-3325, Rn. 51 (Faccini Dori).

pekt der Rechtssicherheit einen Ausschluss der horizontalen unmittelbaren Wirkung nicht zu rechtfertigen. Insofern der Gerichtshof einen solchen mit dem Wortlaut des Art. 249 Abs. 3 EG begründet, sei dies schon nicht mit der Rechtsprechung des EuGH zur unmittelbaren Wirkung von primärrechtlichen Vorschriften zu vereinbaren.[178] In diesem Zusammenhang mache der Gerichtshof die unmittelbare Wirkung gerade nicht von dem Adressaten der relevanten Vorschrift, sondern allein von deren Struktur abhängig.[179] In der Folge hat er etwa eine unmittelbare Drittwirkung des Gebots des gleichen Entgelts[180] bzw. der Arbeitnehmerfreizügigkeit[181] anerkannt, obwohl die Bestimmungen der Art. 141 EG sowie Art. 39 EG ausdrücklich an die Mitgliedstaaten gerichtet sind.[182] Schließlich wurde kritisch eingewandt, dass der Gerichtshof nicht hinreichend zwischen der aus primärem Recht folgenden Umsetzungspflicht, die sich an den Mitgliedstaat richte, und der aus sekundärem Recht folgenden umzusetzenden Pflicht, die zu Lasten des Einzelnen greife, unterscheide.[183]

Das Argument, im Fall einer horizontalen Wirkung werde die Grenze zwischen Verordnung und Richtlinie in unzulässiger Weise verwischt, wurde damit entkräftet, dass dies bereits gegen die Zuerkennung einer unmittelbaren Wirkung von Richtlinien auch in vertikalen Verhältnissen gesprochen hätte, welches vom Gerichtshof jedoch zurückgewiesen wurde.[184] Zudem sei zu beachten, dass Richtlinien - anders als Verordnungen - nicht schon mit ihrem Inkrafttreten, sondern erst nach Ablauf der Umsetzungsfrist Verpflichtungen Einzelner begründen würden.[185] Schließlich bleibe die Umsetzungsverpflichtung sehr wohl noch bestehen[186], d.h. es werde den Mitgliedstaaten nicht die Wahlmöglichkeit von Form und Mittel genommen. Lediglich Verordnungen können vom Tag ihres Inkrafttretens an Verpflichtungen Einzelner begründen.

Dem Gesichtspunkt der Rechtssicherheit wurde schließlich dadurch begegnet, dass seit dem Vertrag von Maastricht in Art. 254 EG eine Publikationspflicht auch für Richtlinien im Amtsblatt der Europäischen Gemeinschaft verankert ist,

---

178 *Craig*, ELRev. 1997, 519, 520 f.

179 *Nicolaysen*, EuR 1984, 380, 386.

180 EuGH, Rs. 43/75, Slg. 1976, 455, Rn. 39 (Defrenne).

181 EuGH, Rs. C-281/98, Slg. 2000, I-4139, Rn 36 (Angonese).

182 Vgl. auch den Vergleich zwischen Verpflichtungen Privater durch Richtlinien und Grundfreiheiten von *Frenz*, EWS 2005, 104 ff.

183 *G. Winter*, DVBl. 1991, 657, 665.

184 EuGH, Rs. 9/70, Slg. 1970, Rn. 5 f. (Grad); Rs. 41/74, Slg. 1974, 1337, Rn. 12 (Van Duyn).

185 GA *Lenz*, Schlussanträge in Rs. C-91/92, Slg. 1994, I-3325, Rn. 61 (Faccini Dori); GA *Jacobs*, Schlussanträge in Rs. C-316/93, Slg. 1994, I-763, Rn. 25 (Vaneetveld).

186 *S. Richter*, EuR 1988, 394, 404.

so dass Einzelne sich nicht auf Unkenntnis der gemeinschaftsrechtlichen Rechtslage berufen können.[187] Dass Einzelne damit verpflichtet sind, sich über ihre Pflichten sowohl anhand des nationalen Rechts als auch anhand von Richtlinien zu informieren, komme in jedem System mit mehreren Ebenen einer Normenhierarchie vor und sei auch im Hinblick auf Verordnungen der Fall.[188]

Die von den Kritikern vorgebrachten Argumente vermochten den EuGH nicht zu einem Rechtsprechungswechsel veranlassen. Vielmehr bestätigte er in der Entscheidung *Faccini Dori* mit Nachdruck das Verbot einer horizontalen unmittelbaren Wirkung[189] und stellte zudem die Begründung auf ein zusätzliches Fundament von verfassungsrechtlicher Natur: die Kompetenzverteilung zwischen der Gemeinschaft und den Mitgliedstaaten.[190] Danach hat die Gemeinschaft lediglich die Befugnis mit unmittelbarer Wirkung zu Lasten der Bürger Verpflichtungen anzuordnen, wo sie die Kompetenz zum Erlass von Verordnungen besitzt.[191] Seither bekräftigt der EuGH in ständiger Rechtsprechung das Verbot einer horizontalen unmittelbaren Wirkung.[192]

bb) Umgekehrt vertikale Fallkonstellationen

Nach ständiger Rechtsprechung ist es zudem einem Mitgliedstaat verwehrt, sich gegenüber einem Bürger zu dessen Lasten - etwa in einem Strafverfahren bzw. durch hoheitliches Verwaltungshandeln - auf eine nicht rechtzeitig bzw. nicht ordnungsgemäß umgesetzte Richtlinie zu berufen.[193] Daher sind Richtlinienbestimmungen, die Verpflichtungen des Einzelnen gegenüber dem Staat oder staatliche Eingriffsbefugnisse zu Lasten eines Einzelnen zum Inhalt haben, trotz Vorliegens aller Voraussetzungen keiner unmittelbaren Wirkung fähig. Auch

---

[187] Besonders eindringlich *G. Winter*, DVBl. 1991, 657, 665: „Ist nach 30 Jahren Europa nicht zu erwarten, dass diejenigen, die das Bundesgesetzblatt lesen, auch das EG-Amtsblatt lesen, ebenso wie, wer das Landesgesetzblatt liest, auch das Bundesgesetzblatt und das Grundgesetz lesen dürfte, und gewärtigen muss, dass ein Gesetz sich als mit höherrangigem Recht als unvereinbar erweist?".

[188] *Craig*, ELRev. 1997, 519, 542; *Emmert*, EWS 1992, 56, 65, *S. Richter* EuR 1988, 384, 402.

[189] EuGH, Rs. C-91/92, Slg. 1994, I-3325, Rn. 20 (Faccini Dori).

[190] *Weatherill*, ELRev. 2001, 177, 185.

[191] EuGH, Rs. C-91/92, Slg. 1994, I-3325, Rn. 24 (Faccini Dori).

[192] Etwa EuGH, Rs. C-192/94, 1996, I-1281, Rn. 17 ff. (El Corte Inglés); verb. Rs. C-397-403/01, Slg. 2004, I-8835, Rn. 109 (Pfeiffer); Rs. C-80/06, Slg. 2007, I-4473 (Carp).

[193] EuGH, Rs. 80/86, Slg. 1987, 3969, Rn. 10 (Kolpinghuis); Rs. 14/86, Slg. 1987, 2547, Rn. 19 f. (Pretore di Salò); Rs. C-168/95, Slg. 1996, I-4705, Rn. 36 f. (Arcaro); vgl. jüngst verb. Rs. C-387/02, C-391/02 und C-403/02, Slg. 2005, I-3565, Rn. 73 f. (Berlusconi) - zu dieser Entscheidung ausführlich unter § 2, B., III., 3., b).

hier bezieht sich der EuGH insbesondere auf das Argument der fehlenden Verbindlichkeit von Richtlinien gegenüber Privaten.[194]

Umgekehrt vertikale Konstellationen unterscheiden sich darüber hinaus von horizontalen Fallgestaltungen: der Ausschluss einer unmittelbaren Richtlinienwirkung rechtfertigt sich hier auch durch das richtig verstandene „*estoppel*-Prinzip", das nicht als Geltungsgrund, sondern als Grenze der unmittelbaren Wirkung von Richtlinien fungiert.[195] Sofern ein Mitgliedstaat die Umsetzung von Richtlinien unterlässt und sich damit gemeinschaftsrechtswidrig verhält, kann er aus diesem Verstoß nicht auch noch Vorteile ziehen und Leistungs-, Handlungs- oder Duldungspflichten des Einzelnen unmittelbar geltend machen bzw. eine strafrechtliche Verantwortlichkeit unter unmittelbarem Rückgriff auf die Richtlinie begründen.[196] Auch im Rahmen von Vertragsverletzungsverfahren, welche die unterlassene Umsetzung einer Richtlinie rügten, hat der EuGH es dem betroffenen Mitgliedstaat untersagt, sich zu seiner Entlastung auf die unmittelbare Wirkung von Richtlinien zu berufen.[197]

Im Übrigen verbietet das strafrechtliche Legalitätsprinzip eine Berufung des Staates auf eine Richtlinie zur Begründung der Strafbarkeit eines Bürgers.[198] Der EuGH zieht diesen rechtsstaatlichen Grundsatz zwar explizit nur im Zusammenhang mit der Verpflichtung zu richtlinienkonformer Auslegung heran[199], jedoch betonte er in verschiedenen Entscheidungen zur umgekehrt verti-

---

194 EuGH, Rs. 80/86, Slg. 1987, 3969, Rn. 9 (Kolpinghuis).

195 Vgl. § 2, A., II., 1.

196 *Prechal*, Directives, 261; im Ergebnis ebenso *Papier*, FS Friauf, 107, 126, der jedoch das „*estoppel*-Prinzip" als tragendes Argument für die Begründung einer unmittelbaren Richtlinienwirkung versteht; im Hinblick auf verwaltungsrechtliche Eingriffsbefugnisse zurückhaltender GA *Jacobs*, Rs. C-316/93, Slg. 1994, I-763, Rn. 33 (Vaneetveld): „Vielleicht sollte eine Richtlinie auch nicht so ausgelegt werden, dass die für den einzelnen Verpflichtungen entstehen lässt, wenn dies dem säumigen Mitgliedstaat Rechte verleihen würde".

197 EuGH, Rs. 102/79, Slg. 1980, 1473, Rn. 12 (Kommission/Belgien); Rs. 301/81, Slg. 1983, 467, Rn. 13 (Kommission/Belgien); darauf weisen insbesondere *Langenfeld*, DÖV 1992, 955, 959 und *Nicolaysen*, EuR 1984, 380, 388 hin.

198 *Rörig*, Direktwirkung von Richtlinien, 39 f.; *G. Winter*, ZUR 2002, 313, 314: „der Grundsatz *nulla poena sine lege*, der auch im Gemeinschaftsrecht Verfassungsrang hat, (verlangt) besondere Klarheit über das geltende Recht und (ist) als Verfasssungsatz bei der Auslegung von Art. 249 Abs. 3 EG zu berücksichtigen.

199 EuGH, Rs. 80/86, Slg. 1987, 3969, Rn. 13 (Kolpinghuis); verb. Rs. C-74/95 und C-129/95, Slg. 1996, I-6609, Rn. 24 f. (Strafverfahren gegen X); Rs. C-60/02, Slg. 2004, I-651, Rn. 61 (Strafverfahren gegen X): "Diese Verpflichtung des innerstaatlichen Gerichts, bei der Auslegung der einschlägigen Bestimmungen seines nationalen Rechts auf den Inhalt der Richtlinie abzustellen, findet jedoch ihre Grenzen in den allgemeinen Rechtsgrundsätzen, die Teil des Gemeinschaftsrechts sind, und insbesondere in dem

kalen unmittelbaren Wirkung, dass „eine Richtlinie für sich allein und unabhängig von zu ihrer Durchführung erlassenen innerstaatlichen Rechtsvorschriften eines Mitgliedstaates nicht die Wirkung haben kann, die strafrechtliche Verantwortlichkeit derjenigen, die gegen die Richtlinie verstoßen, festzulegen oder zu verschärfen“.[200]

Verschiedene Autoren brachten darüber hinaus vor, dass Eingriffsbefugnisse der Verwaltung durch den Vorbehalt des Gesetzes, welcher einen allgemeinen Rechtsgrundsatz des Gemeinschaftsrechts darstelle[201], ausgeschlossen seien.[202] Richtlinien genügen nach dieser Auffassung ohne normativen Umsetzungsakt nicht den Gesetzmäßigkeitsanforderungen, „da sie keine Verordnungen und damit keine in jeder Hinsicht unmittelbar, d.h. auch als normative Eingriffsgrundlage geltende Rechtssätze darstellen“.[203] Die nicht umgesetzte Richtlinie sei gegenüber der Allgemeinheit nur die erste Stufe einer Rechtssetzung und insofern noch keine allgemeinverbindliche Rechtsnorm.[204]

Aufgrund der soeben genannten Punkte findet der Ausschluss der umgekehrt vertikalen Richtlinienwirkung im Unterschied zum Verbot der horizontalen unmittelbaren Wirkung weitgehend Zustimmung.[205]

Grundsatz der Rechtssicherheit und im Rückwirkungsverbot.“ - siehe hierzu unter § 2, A., III., 4., b), aa).

200 EuGH, Rs. 14/86, Slg. 1987, 2547, Rn. 20 (Pretore di Salò); Rs. C-168/95, Slg. 1996, I-4705, Rn. 37 (Arcaro); jüngst verb. Rs. C-387/02, C-391/02 und C-403/02, Slg. 2005, I-3565, Rn. 74 (Berlusconi); vgl. auch GA *Ruiz-Jarabo Colomer*, Schlussanträge in verb. Rs. C-74/95 und C-129/95, Slg. 1996, I-6609, Rn. 53 f. (Strafverfahren gegen X): „Die Rechtsprechung des Gerichtshofs respektiert somit die Garantie, die das Legalitätsprinzip im Strafrecht für die Bürger der Mitgliedstaaten darstellt. Dieser Grundsatz verschafft als Grundrecht des einzelnen allen die rechtliche Sicherheit, dass ihr Verhalten nur dann mit Strafe belegt werden kann, wenn es gegen eine innerstaatliche Vorschrift verstößt, die dieses Verhalten zuvor als derartige Rechtsverletzung mit Strafe bedroht hat."

201 *Gassner*, FS Oppermann, 503, 520 f. verweist in diesem Zusammenhang auf das Hoechst-Urteil des EuGH, in dem dieser betonte, dass „in allen Rechtsordnungen der Mitgliedstaaten Eingriffe der öffentlichen Gewalt in die Sphäre der privaten Betätigung jeder - natürlichen oder juristischen - Person einer Rechtsgrundlage (bedürfen)“ (EuGH, verb. Rs. 46/87 und 227/88, Slg. 1989, 2859, Rn. 19 (Hoechst)).

202 *Götz*, FS Ress, 485, 486 f.; *Gassner*, FS Oppermann, 503, 520 ff.; *Papier*, FS Friauf, 107, 130.

203 *Papier*, FS Friauf, 107, 130; *Gassner*, FS Oppermann, 503, 520: „Richtlinie kann nie die Qualität einer Eingriffsnorm aufweisen“.

204 a.A. *Kühling/Röckinghausen*, DVBl. 1999, 1614, 1618, nach deren Ansicht die Richtlinie nach Ablauf der Umsetzungsfrist hinsichtlich ihrer unbedingten und hinreichend bestimmten Vorschriften von einer potentiellen zu einer tatsächlichen Norm werde.

205 Statt vieler *Prechal*, Directives, 261; *Langenfeld*, DÖV 1992, 955, 959; *Nicolaysen*, EuR 1984, 380, 388; *Sreinz*, Europarecht, Rn. 456; *Herrmann*, Richtlinienumsetzung, 63:

III. Das Gebot der richtlinienkonformen Auslegung nationalen Rechts

Über das Konzept der unmittelbaren Wirkung hinaus hat der Gerichtshof die Wirkungsweise von Richtlinien in einem nächsten Schritt dahingehend erweitert, dass die nationalen Gerichte verpflichtet sind, innerstaatliches Recht richtlinienkonform auszulegen. Dieses Gebot hatte der Gerichtshof so erstmals in der Rechtssache *Von Colson*[206] ausdrücklich formuliert, während er davor lediglich beiläufig und unverbindlich von der Sicherstellung der *gemeinschaftskonformen* Auslegung und Anwendung eines zur Durchführung einer Richtlinie erlassenen Gesetzes sprach.[207] Seit der Entscheidung *Von Colson* sind die nationalen Gerichte verpflichtet, die Auslegung des nationalen Rechts soweit wie möglich am Wortlaut und Zweck der Richtlinie auszurichten, um das mit der Richtlinie verfolgte Ziel zu erreichen.[208] Nach anfänglichen Bedenken einiger mitgliedstaatlicher Gerichte[209] erkennen in der Zwischenzeit sowohl die nationalen Gerichte als auch die Literatur das Gebot der richtlinienkonformen Auslegung als einen im Wesentlichen unbestrittenen Grundsatz der juristischen Me-

---

„eine derartige der ursprünglichen Entstehungskonstellation diametral entgegengesetzte unmittelbare Wirkung lehnt der EuGH in ständiger Rechtsprechung völlig zu Recht ab; vgl. auch GA *Jacobs*, Schlussanträge zu Rs. C-316/93, Slg. 1994, I-763, Rn. 33 (Vaneetveld): „es gibt natürlich Umstände, unter denen eine Richtlinie, die von einem Mitgliedstaat nicht umgesetzt worden ist, für den einzelnen eindeutig keine Verpflichtungen entstehen lässt"; siehe aber *Grabitz*, FS Deringer, 59, 71, der aus Gründen der Lastengleichheit der Unionsbürger, welche sich ebenso wie die Chancengleichheit aus dem allgemeinen Gleichheitssatz ergibt, auch die umgekehrt vertikale Richtlinienwirkung zulassen möchte.

206 EuGH, Rs. 14/83, Slg. 1984, 1891 (Von Colson).

207 EuGH, Rs. 111/75, Slg. 1976, 657, Rn.7-11 (Mazzalai) - zu dieser Phase der Rechtsprechung *Brechmann*, Richtlinienkonforme Auslegung, 32 ff.; *Klamert*, Richtlinienkonforme Auslegung, 17 ff.

208 St. Rspr., vgl. EuGH, Rs. 79/83, Slg. 1984, 1921, Rn. 26 (Harz); Rs. 80/86, Slg. 1987, 3669, Rn. 12 (Kolpinghuis); Rs. C-106/89, Slg. 1990, I-4035, Rn. 8 (Marleasing); Rs. C-334/92, Slg. 1993, I-6911, Rn. 20 (Wagner Miret); Rs. C-168/95, Slg. 1996, I-4705, Rn. 41 (Arcaro); verb. Rs. C-240-244/98, Slg. 2000, I-4941, Rn. 30 (Océano); Rs. C-456/98, Slg. 2000, I-6007, Rn. 16 (Centrosteel).

209 Insbesondere englische Gerichte lehnten zunächst eine Pflicht zu richtlinienkonformer Auslegung von nationalem Recht ab, das vor der Richtlinie erlassen wurde. Begründet wurde dies damit, dass es die Souveränität des Parlaments verbiete, bereits verabschiedete Gesetze im Lichte einer später erlassenen Richtlinie auszulegen - vgl. *Duke v. Reliance Systems Ltd.* [1988] 1 C.M.L.R. 719; *Pickstone v. Freemans Plc* [1988] 3 C.M.L.R. 221, 238; *Finnegan v. Clowney Youth Training Programme Ltd.* [1990] 2 C.M.L.R. 859; in der Entscheidung *Webb* erkannte das House of Lords aber schließlich eine umfassende Verpflichtung zu richtlinienkonformer Auslegung an, gleich ob es sich um vor oder nach Erlass der Richtlinie erlassene Bestimmungen handelt - *Webb v. EMO Air Cargo (UK) Ltd.* [1993] 1 C.M.L.R. 259; [1996] 2 C.M.L.R. 990 - dazu *Boch*, CMLRev. 1996, 547 ff.; *Vogenauer*, ZEuP 1997, 158 ff.

thodenlehre an.[210] Zu berücksichtigen ist, dass die Idee, eine Norm in Konformität mit anderen, insbesondere höherrangigen, Normen auszulegen schon immer fester Bestandteil der juristischen Methodik ist, die aus der Lehre vom Stufenbau sowie dem Prinzip der Einheit der Rechtsordnung resultiert.[211] Das Gebot richtlinienkonformer Auslegung stellt damit keine völlig neue Erfindung des Gemeinschaftsrechts dar.[212] Gleichwohl ergeben sich im Zusammenhang mit diesem Gebot auch spezifische Probleme, die zum Teil immer noch kontrovers diskutiert werden: neben Abgrenzungsfragen zu anderen Instituten (1.) sind dies insbesondere der Geltungsgrund (2.), die zeitliche und inhaltliche Reichweite (3.) sowie die Grenzen der Konformauslegungspflicht (4.).

1. Abgrenzungsfragen

a) Richtlinienkonforme Auslegung und unmittelbare Wirkung

Das Gebot richtlinienkonformer Auslegung unterscheidet sich in zwei wesentlichen Punkten von dem Institut der unmittelbaren Wirkung.

Erstens betrifft die richtlinienkonforme Auslegung die nationale Rechtsanwendung stärker als die unmittelbare Wirkung, da sie auch Anwendung findet, ohne dass die Voraussetzungen vorliegen, die für die unmittelbare Wirkung gelten.[213] Nicht erforderlich ist, dass die normstrukturellen Anforderungen der hinreichenden Bestimmtheit und Unbedingtheit erfüllt sind. Auch greift das Gebot der richtlinienkonformen Auslegung nicht nur in Fällen der verspäteten oder unzureichenden Richtlinienumsetzung, sondern auch dann, wenn eine Richtlinie vollständig und fristgerecht umgesetzt worden ist. Dies ist dadurch begründet, dass die jeweiligen nationalen Umsetzungsvorschriften eher selten hinreichend klar und eindeutig formuliert sind und somit nur eine mögliche Interpretation

---

210 *Auer*, NJW 2007, 1106.

211 *Brechmann*, Richtlinienkonforme Auslegung, 24 ff.

212 *Prechal*, Directives, 184.

213 *Herrmann*, Richtlinienumsetzung, 88; *Ress*, DÖV 1994, 489, 490; *Rüffler*, ÖJZ 1997, 121, 123; *Craig/de Búrca*, EU Law, 212; *Jarass*, EuR 1991, 211, 212; a.A. *Scherzberg*, Jura 1993, 225, 232; auch in Fällen, in denen eine Richtlinienbestimmung unmittelbare Wirkung besitzt, ist gleichwohl zunächst eine richtlinienkonforme Auslegung des nationalen Rechts zu versuchen ist, da nur so eine möglichst schonende Einpassung der Vorgaben der Richtlinie in das nationale Recht gewährleistet wird. Die unmittelbare Wirkung ist subsidiär: vgl. *Roth*, EWS 2005, 385, 387; zurückhaltender *Jarass/Beljin*, JZ 2003, 768, 776: „Ist sowohl die Auslegung als auch die unmittelbare Anwendung möglich, gibt das EG-Recht offenbar keiner der beiden Möglichkeiten den Vorrang." *Jarass/Beljin* weisen darauf hin, dass sich der EuGH dazu bislang nicht geäußert habe, was darauf hindeute, dass diese Frage den Mitgliedstaaten überlassen bleibe und kommen zu dem Schluss, dass aus deutscher Sicht der Konformauslegungspflicht Vorrang zukomme.

zulassen. Oftmals ist eine Konkretisierung der Umsetzungsvorschriften durch die nationalen Gerichte erforderlich, bei der diese dann die Richtlinie zu berücksichtigen haben.[214] Zudem erfolgt mitunter nach der Umsetzung eine konkretisierende Auslegung der Richtlinie durch den Gerichtshof. Eine solche inhaltliche Konkretisierung ist dann ebenfalls durch die nationalen Gerichte bei der Auslegung der innerstaatlichen Umsetzungsvorschriften zu berücksichtigen.[215] Das Gebot der richtlinienkonformen Auslegung gilt schließlich unabhängig von den Grenzen, denen das Institut der unmittelbaren Wirkung unterliegt, d.h. ein nationales Gericht ist auch in horizontalen bzw. umgekehrt vertikalen Fallkonstellationen zu einer richtlinienkonformen Auslegung verpflichtet. Der Gerichthof rekurrierte in einer Vielzahl von Entscheidungen, denen horizontale bzw. umgekehrt vertikale Fallgestaltungen zugrunde lagen, auf das Gebot richtlinienkonformer Auslegung und stellte somit eine Beachtung der Richtlinienvorgaben sicher.[216]

Der zweite Unterschied zur unmittelbaren Wirkung liegt darin, dass im Rahmen der richtlinienkonformen Auslegung das nationale Recht weiterhin den Anknüpfungspunkt für die Rechtsfolgen bildet. Die unmittelbare Wirkung hat demgegenüber - wie gesehen - zur Folge, dass in Fällen der Ersetzungswirkung die hinreichend bestimmte und unbedingte Richtlinienbestimmung selbst zur Anwendung kommt oder aber in Fällen der Ausschlusswirkung aufgrund einer Richtlinienbestimmung ein nationaler Rechtssatz nicht mehr anzuwenden ist. Diesen „rechtstheoretischen und rechtsquellendogmatischen Unterschied“[217] betont auch der EuGH.[218] Die richtlinienkonforme Auslegung setzt daher immer auslegungsfähige Normen des nationalen Rechts voraus.[219] Nach einer jüngst erfolgten Präzisierung durch den Gerichtshof sind insoweit nicht nur die zur Umsetzung der Richtlinie erlassenen innerstaatlichen Bestimmungen im Lichte der Richtlinie auszulegen, sondern das gesamte nationale Recht - unabhängig davon, ob es sich um vor oder nach der Richtlinie erlassene Vorschriften han-

---

214 *Rüffler*, ÖJZ 1997, 121, 123.

215 *Herrmann*, Richtlinienumsetzung, 114.

216 EuGH, Rs. C-106/89, Slg. 1990, I-4035, Rn. 8 (Marleasing); Rs. C-91/92, Slg. 1994, I-3325, Rn. 26 (Faccini Dori), Rs. C-192/94, Slg. 1996, I-1281, Rn. 22 (El Corte Inglés); Rs. C-456/98, Slg. 2000, I-6007, Rn. 16 (Centrosteel); Rs. 80/86, Slg. 1987, 3669, Rn. 12 (Kolpinghuis).

217 *Franzen*, Privatrechtsangleichung, 360 ff.

218 EuGH, verb. Rs. C-87-89/90, Slg. 1991, 3757, Rn. 13 (Verholen): „entweder das *Gemeinschaftsrecht anzuwenden* […] oder das *nationale Recht* in Einklang mit Gemeinschaftsrecht *auszulegen*“ (Hervorhebung durch die Verfasserin).

219 *Herrmann*, Richtlinienumsetzung, 93.

delt[220] und unabhängig davon, welcher Rang der innerstaatlichen Norm zukommt. Gegenstand richtlinienkonformer Auslegung sind damit auch Verfassungsnormen[221], Richterrecht[222], privatrechtliche Verträge - soweit sie Richtlinien umsetzen[223] - sowie tarifvertragliche Bestimmungen[224]. Wie die Untersuchung im weiteren Verlauf noch zeigen wird, gestaltet sich die Grenzziehung zur unmittelbaren Wirkung jedoch dann schwierig, wenn man in den Bereich der richtlinienkonformen Rechtsfortbildung gelangt.[225]

b) Richtlinienkonforme und gemeinschaftsrechtskonforme Auslegung

Neben dem Gebot der richtlinienkonformen Auslegung betont der Gerichtshof seit Ende der 1980iger Jahre eine allgemeine Pflicht zur gemeinschaftsrechtskonformen Auslegung des nationalen Rechts in Bezug auf alle weiteren Gemeinschaftsrechtsakte.[226] Sie betrifft in erster Linie primärrechtliche Vorschriften des EG-Vertrags[227], daneben aber auch Empfehlungen gemäß Art. 249 Abs. 5 EG.[228] Auch die richtlinienkonforme Auslegung stellt eine Sonderform dieser Pflicht zur gemeinschaftsrechtskonformen Auslegung dar.[229] Letztere bildet somit den „Oberbegriff für in ihren Voraussetzungen und Rechtsfolgen unterschiedliche Formen der Berücksichtigung von Gemeinschaftsrecht".[230]

---

220 EuGH, Rs. C-106/89, Slg. 1990, I-4035, Rn. 8 (Marleasing); verb. Rs. C-397-403/01, Slg. 2004, I-8835, Rn. 115 (Pfeiffer).

221 *Herrmann*, Richtlinienumsetzung, 125; GA *Tizzano*, Schlussanträge in Rs. C-144/04, Slg. 2005, 9981, Rn. 121 (Mangold).

222 EuGH, Rs. C-456/98, Slg. 2000, I-6007, Rn. 17 (Centrosteel): "das vorlegende Gericht (...) hat bei der Anwendung der Rechtsvorschriften oder - was im Ausgangsverfahren der Fall zu sein scheint - einer gefestigten nationalen Rechtsprechung diese so auszulegen, dass sie im Einklang mit den Zielen der Richtlinie angewandt werden können."

223 *Prechal*, CMLRev. 2005, 1445, 1460 leitet dies aus der Entscheidung EuGH, Rs. C-63/01, Slg. 2003, I-14447 (Evans) ab; zurückhaltender *Drake*, ELRev. 2005, 329, 347.

224 Dies folgt aus den Schlussanträgen des GA *Colomer* in verb. Rs. C-397-403/01, Slg. 2004, I-8835, Rn. 59 (Schlussanträge v. 6.5.2003) und Rn. 48 (Schlussanträge v. 24.4.2004) (Pfeiffer) - dazu kritisch *Thüsing*, ZIP 2004, 2301, 2304.

225 Siehe unter § 2, A., III., 4., a).

226 EuGH, Rs. 157/86, Slg. 1988, 673, Rn. 11 (Murphy) - dazu *Brechmann*, Richtlinienkonforme Auslegung, 63 ff.

227 EuGH, Rs. 157/86, Slg. 1988, 673, Rn. 11 (Murphy); Rs. C-200/91, Slg. 1994, I-4389, Rn. 29 (Coloroll); Rs. C-8/02, Slg. 2004, I-2641, Rn. 58 (Leichtle).

228 EuGH, Rs. 322/88, Slg. 1989, 4407, Rn. 18 (Grimaldi).

229 *Roth*, Richtlinienkonforme Auslegung, § 14 Rn. 9 f.; *Herrmann*, Richtlinienumsetzung, 103; *Franzen*, Privatrechtsangleichung, 299 f.

230 *Roth*, Richtlinienkonforme Auslegung, § 14 Rn. 9 f.

Die Verpflichtung zu gemeinschaftsrechtskonformer Auslegung unmittelbar wirkender primärrechtlicher Vorschriften geht weiter als die Konformauslegungsverpflichtung im Hinblick auf nicht unmittelbar wirkende Gemeinschaftsrechtsakte: nach Auffassung des EuGH sei es Sache des nationalen Gerichts, das innerstaatliche Gesetz unter voller Ausschöpfung des Beurteilungsspielraums, den ihm das nationale Recht einräumt, in Übereinstimmung mit den Anforderungen des Gemeinschaftsrechts auszulegen und anzuwenden; soweit eine solche *gemeinschaftskonforme* Auslegung nicht möglich sei, dürfe das nationale Gericht entgegenstehende innerstaatliche Vorschriften *nicht anwenden*.[231] Dies resultiert aus dem Anwendungsvorrang unmittelbar wirkender Primärrechtsvorschriften.[232] In Bezug auf Empfehlungen hat der EuGH hingegen lediglich eine Verpflichtung der innerstaatlichen Gerichte ausgesprochen, bei der Entscheidung der anhängigen Rechtsstreitigkeiten die Empfehlungen zu *berücksichtigen*.[233] Eine Pflicht der nationalen Organe zur Nichtanwendung entgegenstehender innerstaatlicher Vorschriften bestehe indes nicht. Das gleiche gilt für das Gebot richtlinienkonformer Auslegung, in dessen Rahmen die Nichtanwendung richtlinienwidrigen nationalen Rechts ausgeschlossen ist, sofern es an einer unmittelbaren Wirkung der Richtlinie fehlt.[234]

Dass es sich bei der richtlinienkonformen Auslegung um einen Sonderfall der gemeinschaftsrechtskonformen Auslegung handelt, hat nun der EuGH ausdrücklich bestätigt, indem er in den Rechtsachen *Pfeiffer*[235] und *Adeneler*[236] auch in Bezug auf Richtlinien von einer „Pflicht zu gemeinschaftsrechtskonformer Auslegung" gesprochen hat.[237] Zuvor[238] hat er immer nur die bekannte Formel benutzt, dass „ein nationales Gericht, soweit es bei der Anwendung des nationalen Rechts dieses auszulegen hat, seine Auslegung soweit wie möglich am Wortlaut und Zweck der Richtlinie ausrichten muss, um das mit der Richtli-

---

231 EuGH, Rs. 157/86, Slg. 1988, 673, Rn. 11 (Murphy) (Hervorhebung durch die Verfasserin).

232 *Franzen*, Privatrechtsangleichung, 300.

233 EuGH, Rs. 322/88, Slg. 1989, 4407, Rn. 18 (Grimaldi) (Hervorhebung durch die Verfasserin).

234 *Franzen*, Privatrechtsangleichung, 300.

235 EuGH, verb. Rs. C-397-403/01, Slg. 2004, I-8835, Rn. 114, 115, 118 (Pfeiffer).

236 EuGH, Rs. C-212/04, Slg. 2006, I-6057, Rn. 108 (Adeneler).

237 Kritisch dazu *Riesenhuber/Domröse*, RIW 2005, 47, 49.

238 In der Rechtssache *Mazzalai* benutzte zwar der EuGH bereits im Hinblick auf Richtlinien den Terminus „gemeinschaftskonforme Auslegung", allerdings hatte er noch keine Pflicht zur Konformauslegung etabliert, sondern lediglich beiläufig und unverbindlich die gemeinschaftskonforme Anwendung nationalen Rechts angesprochen: EuGH, Rs. 111/75, Slg. 1976, 657, Rn. 7-11 (Mazzalai).

nie verfolgte Ziel zu erreichen“[239] oder vom “Grundsatz der richtlinienkonformen Auslegung”[240] gesprochen.

2. „Geltungsgrund“ des Gebots der richtlinienkonformen Auslegung

Im Hinblick auf den „Geltungsgrund“ des Gebotes der richtlinienkonformen Auslegung finden sich im Wesentlichen drei unterschiedliche Ansätze.[241] Einige Vertreter sehen die Pflicht zur richtlinienkonformen Auslegung allein in dem Vorrang der Richtlinie als Rechtsnorm gegenüber dem nationalen Recht begründet.[242] Nach deutschem Methodenrecht scheint diese Argumentation zunächst nahe zu liegen, wenn man eine Parallele zwischen richtlinienkonformer Auslegung und verfassungskonformer Auslegung zieht.[243] Letztere ist nach überwiegender Auffassung auf den normhierarchischen Vorrang der Verfassung und den Gedanken der Einheit der Rechtsordnung zurückzuführen.[244] Es ist jedoch nicht möglich, diesen Begründungsansatz auf die richtlinienkonforme Auslegung zu übertragen, da Richtlinienbestimmungen - wie bereits gesehen - aufgrund ihrer besonderen Normstruktur gerade kein allgemeiner normentheoretischer Vorrang vor nationalem Recht zukommt, sondern nur dann, wenn die Voraussetzungen der unmittelbaren Wirkung vorliegen.[245] Nach zutreffendem Verständnis kann eine Pflicht zur richtlinienkonformen Auslegung gestützt auf den normentheoretischen Vorrang von Richtlinien somit nur ausnahmsweise

---

239 EuGH, Rs. C-106/89, Slg. 1990, I-4135, Rn. 8 (Marleasing).

240 EuGH, Rs. C-334/92, Slg. 1993, I-6911, Rn. 21 (Wagner Miret).

241 Dazu eingehend *Brechmann*, Richtlinienkonforme Auslegung, 127 ff.; *Canaris*, FS Bydlinski, 47, 49 ff.; *Herrmann*, Richtlinienumsetzung, 105 ff.

242 *Langenfeld*, DÖV 1992, 962, 964: Richtlinienbestimmungen als „objektive Rechtsnormen, die die nationalen Rechtsanwendungsinstanzen binden und als vorrangiges Recht entsprechend zu beachten sind“; GA *van Gerven*, Schlussanträge in Rs. C-106/89, Slg. 1990, I-4135, Rn. 9 (Marleasing): „Die Richtlinie als Bestandteil des Gemeinschaftsrechts (hat) grundsätzlich Vorrang vor allen Bestimmungen des nationalen Rechts“; auch *Müller/Christensen*, Methodik II, Rn. 189 sprechen vom „Vorrang des Gemeinschaftsrechts“ als Geltungsgrund der richtlinienkonformen Auslegung, beziehen sich aber nicht auf den Vorrang der Richtlinie als Rechtsnorm, sondern auf das vorrangige Gebot, den Maßnahmen der Gemeinschaft zur größtmöglichen Wirksamkeit zu verhelfen - damit folgen sie im Ergebnis eher der hier vertretenen Auffassung, dazu sogleich.

243 Eine solche wird häufig gezogen, vgl. zu den Gemeinsamkeiten beider Institute jüngst *Canaris*, FS Schmidt, 49 ff.; zu den Unterschieden etwa *Müller/Christensen*, Methodik II, Rn. 187 ff.

244 Etwa *Hesse*, Grundzüge des Verfassungsrecht, 31, Rn. 81; vgl. auch die Betrachtungsweise bei *Canaris*, FS Schmidt, 41 f., der unter Bezugnahme auf Entscheidungen des BVerfG v. a. eine funktionsgerechte Abgrenzung der Kompetenzen von Legislative und Judikative als zusätzlichen Geltungsgrund ausmacht.

245 Vgl. § 2, A., I.

begründet werden, wenn die Richtlinien gleichzeitig auch unmittelbare Wirkung entfalten.[246]

Andere Stimmen verankern daher die Verpflichtung zu richtlinienkonformer Auslegung im nationalen Recht.[247] Dem ist zuzugeben, dass in Fällen, in denen bereits ein innerstaatliches Umsetzungsgesetz gegeben ist, aufgrund nationaler Auslegungskriterien eine hinreichende Berücksichtigung der Richtlinie möglich ist, indem insbesondere auf den Umsetzungswillen des Gesetzgebers abgestellt wird. Dieses Begründungsfundament greift jedoch nicht, wenn es um die Auslegung von innerstaatlichen Vorschriften geht, die bereits vor Erlass der Richtlinien bestanden haben, und die der Gesetzgeber somit nicht in seinen Willen aufnehmen konnte.[248]

Im Ergebnis ist deshalb dem Gerichtshof zu folgen, der das Gebot richtlinienkonformer Auslegung in ständiger Rechtsprechung dogmatisch auf die in Art. 249 Abs. 3 EG verankerte Umsetzungsverpflichtung stützt.[249] Wie eingangs erörtert, verpflichtet die Richtlinie als Rechtsinstrument kooperativer zweistufiger Rechtssetzung die Mitgliedstaaten, das jeweilige nationale Recht an die Vorgaben einer Richtlinie anzupassen. Dieser primärrechtlichen Umsetzungspflicht kommt grundsätzlich Anwendungsvorrang zu.[250]

Fraglich war zunächst, ob die Umsetzungsverpflichtung auch die nationalen Gerichte trifft. Mittlerweile ist anerkannt, dass Art. 249 Abs. 3 EG nicht nur eine Verpflichtung der Mitgliedstaaten als Völkerrechtssubjekte enthält, sondern auf alle staatlichen Organe durchgreift. In der Entscheidung *Von Colson* hob der EuGH hervor, dass „die sich aus einer Richtlinie ergebende Verpflichtung der Mitgliedstaaten, das in dieser vorgesehene Ziel zu erreichen, [...] allen Trägern öffentlicher Gewalt in den Mitgliedstaaten obliegt, im Rahmen ihrer Zuständigkeiten auch den Gerichten".[251] Während die Legislative der Umsetzungsverpflichtung durch den Erlass abstrakt-genereller Rechtssätze nachkommt, muss

---

246 Dass sich die richtlinienkonforme Auslegung in diesem Fall auf nationale methodenrechtliche Überlegungen zum Vorrang von Normen stützen kann, betont noch einmal *Herrmann*, Richtlinienumsetzung, 106.

247 *Ehricke*, RabelsZ 59 (1995), 598, 614; *ders.*, EuZW 1999, 553, 554.

248 *Canaris*, FS Bydlinski, 47, 50.

249 Grundlegend EuGH, Rs. 14/83, Slg. 1984, 1891, Rn. 26 (Von Colson); so mittlerweile auch die ganz herrschende Auffassung in der Literatur, etwa *Brechmann*, Richtlinienkonforme Auslegung, 256 ff.; *Herrmann*, Richtlinienumsetzung, 108 f.; *Nettesheim*, AöR 129 (1994), 261, 268 f.; *Franzen*, Privatrechtsangleichung, 292 ff.; *Grundmann*, ZEuP 1996, 399, 412; *Ruffert*, in: Calliess/Ruffert (Hrsg.), EUV/EGV (3. Aufl.), Art. 249 EG Rn. 118; *Rüffler*, ÖJZ 1997, 121; *Gebauer*, Europäische Auslegung des Zivilrechts, Kap. 3 Rn. 32; *Canaris*, FS Bydlinski, 47, 55 ff., *ders.*, FS Schmidt, 41, 43 f.

250 *Franzen*, Privatrechtsangleichung, 260; *Canaris*, FS Bydlinski, 47, 69.

251 EuGH, Rs. 14/83, Slg. 1984, 1891, Rn. 26 (Von Colson).

die Judikative bei der Bildung individuell-konkreter Rechtssätze die Anforderungen der Richtlinie beachten.[252] Durch diesen Durchgriff der Umsetzungsverpflichtung auf die Ebene der Rechtsanwendung ist es im Ergebnis möglich, eine tatsächliche Rechtsvereinheitlichung innerhalb der Europäischen Union zu gewährleisten.[253]

Schließlich stellt der EuGH neben der Umsetzungsverpflichtung regelmäßig noch auf die in Art. 10 EG enthaltene Loyalitätspflicht ab, wonach die Mitgliedstaaten verpflichtet sind, alle zur Erfüllung dieser Verpflichtung geeigneten Maßnahmen allgemeiner oder besonderer Art zu treffen.[254] In der Literatur ist es zu Divergenzen über das konkrete Verhältnis von Art. 249 Abs. 3 EG und Art. 10 EG gekommen. Während nicht selten Gewicht auf Art. 10 EG gelegt wird,[255] sehen andere Stimmen den primären Geltungsgrund allein in der in Art. 249 Abs. 3 EG verankerten Verpflichtungswirkung der Richtlinie und räumen Art. 10 EG nur eine Ergänzungsfunktion ein.[256] Letzterer Ansicht ist im Ergebnis der Vorzug zu geben in Anbetracht der sehr allgemeinen Fassung der Loyalitätspflichten des Art. 10 EG.

3. Reichweite des Gebots der richtlinienkonformen Auslegung

Es wurde bereits festgestellt, dass es für die Verpflichtung zur richtlinienkonformen Auslegung unerheblich ist, ob es sich um nationales Recht handelt, das in Umsetzung der Richtlinie ergangen ist oder nicht. Besonders eindrücklich hat dies der Gerichtshof in der Entscheidung *Pfeiffer* bestätigt: die Konformauslegungspflicht betreffe zwar „in erster Linie die zur Umsetzung der fraglichen Richtlinie erlassenen innerstaatlichen Bestimmungen, (beschränkt) sich jedoch nicht auf die Auslegung dieser Bestimmungen, sondern verlangt, dass das nationale Gericht das *gesamte nationale Recht* berücksichtigt, um zu beurteilen, inwieweit es so angewendet werden kann, dass es nicht zu einem der Richtlinie

---

252 *Franzen*, Privatrechtsangleichung, 298; zum Problem der Richtlinienumsetzung durch die Rechtsprechung unabhängig von einer legislativen Umsetzung *Herrmann*, Richtlinienumsetzung, 190 ff.

253 *Herrmann*, Richtlinienumsetzung, 108; *Brechmann*, Richtlinienkonforme Auslegung, 256 f.

254 EuGH, Rs. 14/83, Slg. 1984, 1891, Rn. 26 (Von Colson); Rs. C-106/89, Slg. 1990, I-4035, Rn. 8 (Marleasing), jüngst verb. Rs. C-397-403/01, Slg. 2004, I-8835, Rn. 110 (Pfeiffer).

255 BVerfGE 75, 223 (237); *Nettesheim*, AöR 129 (1994), 261, 268 f.; *Ress*, DÖV 1992, 489.

256 *Canaris*, FS Bydlinski, 47, 62; *Roth*, EWS 2005, 385; *Herrmann*, Richtlinienumsetzung, 109 ff.; *Rüffler*, ÖJZ 1997, 121, 123; so wohl auch *Jarass*, Grundfragen, 52; *Franzen*, Privatrechtsangleichung, 314 ff. argumentiert weitergehend, dass Art. 10 EG im Wege der Spezialität verdrängt werde.

widersprechenden Ergebnis führt."[257] Ist damit der Umfang des nationalen Rechts, das einer richtlinienkonformen Auslegung unterfällt, eindeutig bestimmt, so war demgegenüber bislang die zeitliche und inhaltliche Reichweite der Konformauslegungspflicht Gegenstand intensiver Diskussionen.

a) Zeitliche Reichweite

Umstritten war, ab welchem Zeitpunkt die Verpflichtung zur richtlinienkonformen Auslegung besteht. Erst jüngst hat hier eine Entscheidung des EuGH Klärung gebracht.

aa) Bisheriger Meinungsstand

Einige Autoren nahmen eine solche Verpflichtung unter Bezugnahme auf die Entscheidung *Kolpinghuis* bereits vor Ablauf der Umsetzungsfrist an.[258] Der Gerichtshof formulierte dort, dass es für die Beantwortung der gestellten Fragen zur Wirkung von Richtlinien keinen Unterschied mache, ob die Umsetzungsfrist bereits abgelaufen sei oder nicht.[259] Eine gemeinschaftsrechtliche Verpflichtung zu richtlinienkonformer Auslegung bereits vor Fristablauf ist dem Urteil nicht zu entnehmen. Aus dem Zusammenhang ergibt sich, dass es dem EuGH nur um die Frage nach den Grenzen der Erzeugung belastender Wirkungen aus Richtlinien im Wege richtlinienkonformer Auslegung ging.[260] Ungeachtet dessen haben sich auch einige Generalanwälte für eine Pflicht zu richtlinienkonformer Auslegung innerstaatlichen Rechts vor Ablauf der Umsetzungsfrist ausgesprochen.[261] Weniger weit ging lediglich Generalanwalt *Jacobs*, der nur eine gemeinschaftsrechtliche Verpflichtung der nationalen Gerichte annimmt, bereits in

---

257 EuGH, verb. Rs. C-397-403/01, Slg. 2004, 8835, Rn. 115 (Pfeiffer) (Hervorhebung durch die Verfasserin).

258 *de Búrca*, MLR 1992, 215, 218; *Lenz*, DVBl. 1990, 903, 908; *Sack*, WRP 1998, 241, 243.

259 EuGH, Rs. 80/86, Slg. 1987, I-3669, Rn. 15 f. (Kolpinghuis).

260 *Herrmann*, Richtlinienumsetzung, 119; *Ehricke*, EuZW 1999, 553, 557; *Kühling*, DVBl. 2006, 857, 861; *Betlem*, ERPL 1995, 1, 10.

261 GA *Darmon*, Schlussanträge in verb. Rs. C-177/88 und C-179/88, Slg. 1990, I-3941, Rn. 11 (Dekker); *ders.*, Schlussanträge in verb. Rs. C-87-89/90, Slg. 1991, I-3757, Rn. 15 (Verholen); *ders.*, Schlussanträge in Rs. C-236/92, Slg. 1994, I-483, Rn. 27 (Comitato); GA *Kokott*, Schlussanträge in Rs. C-313/02, Slg. 2004, I-9483, Rn. 58 ff. (Wippel); GA *Tizzano*, Schlussanträge in Rs. C-144/04, Slg. 2005, I- 9981, Rn. 115 ff. (Mangold) und jüngst GA *Kokott*, Schlussanträge in Rs. C-212/04, Slg. 2006, I-6057, Rn. 42 ff. (Adeneler).

Kraft getretene nationale Maßnahmen zur Umsetzung der Richtlinie vor Fristablauf im Einklang mit der Richtlinie auszulegen.[262]

Die Mehrheit in der deutschsprachigen Literatur[263] sowie deutsche Gerichte[264] lehnten eine gemeinschaftsrechtliche Pflicht zur richtlinienkonformen Auslegung vor Ablauf der Umsetzungsfrist ab. Begründet wurde dieses Ergebnis hauptsächlich mit dem den Mitgliedstaaten durch die Umsetzungsfrist eingeräumten Handlungsspielraum sowie einer fehlenden Umsetzungsverpflichtung während dieser Frist. Erst am Ende der Umsetzungsfrist müsse Richtlinienkonformität hergestellt sein. Entsprechend können auch die nationalen Gerichte ihre bisherige und mit der Richtlinie nicht in Einklang stehende Rechtsprechungspraxis zunächst beibehalten.[265] Im Übrigen würde eine Pflicht zu richtlinienkonformer Auslegung vor Ablauf der Umsetzungsfrist zu Kompetenzkonflikten führen, da die Judikative in die Einschätzungsprärogative des Gesetzgebers über Form und Mittel der Umsetzung eingreife.[266] Auch wenn die Umsetzungspflicht alle innerstaatlichen Stellen treffe, sei es bis zum Ablauf der Umsetzungsfrist primär die Aufgabe des Gesetzgebers „der zweistufigen Rechtsform der Richt-

---

262 GA *Jacobs*, Schlussanträge in Rs. C-156/91, Slg. 1992, I-5567, Rn. 23 f. (Hansa Fleisch).

263 *Jarass*, EuR 1991, 211, 221; *Nettesheim*, AöR 129 (1994), 261, 277; *Weiß*, DVBl. 1998, 568, 575; *Ehricke*, RabelsZ 59 (1995), 598, 621 f.; *ders.*, EuZW 1999, 553 ff.; *Leible/Soßnitza*, NJW 1998, 2507, 2508; *Lutter*, JZ 1992, 593, 605; *Ruffert*, in: Calliess/Ruffert (Hrsg.), EUV/EGV (3. Aufl.), Art. 249 EG Rn. 119; *Kühling*, DVBl. 2006, 857, 861 ff.; *Junker/Aldea*, EuZW 2007, 13, 15; *Götz*, NJW 1992, 1849, 1854; im Ergebnis ebenso *Herrmann*, Richtlinienumsetzung, 115 ff., nach dessen Auffassung die Pflicht zur richtlinienkonformen Auslegung indes schon mit Erlass der Richtlinie beginnt und lediglich die zeitliche Konditionierung dieser Pflicht dazu führe, dass eine Verletzung erst mit Ablauf der Umsetzungsfrist festgestellt werden kann; differenzierter *Canaris*, FS Bydlinski, 47, 75 f., der nur eine Pflicht verneint, die Richtlinie vorrangig vor allen anderen Auslegungskriterien zu berücksichtigen. Jedoch könne die Richtlinie im Rahmen einer interpretatorischen Gesamtabwägung als eines unter anderen Auslegungselementen berücksichtigt werden und müsse dies teilweise auch; vgl. zudem die Auffassung von *Klamert*, CMLRev. 2006, 1251, 1261 ff., der eine Verpflichtung zur Konformauslegung vor Fristablauf ablehnt, sofern mittels richtlinienkonformer Auslegung bereits die Richtlinie umgesetzt werden würde. Dann würde es zu einer unzulässigen Kompetenzanmaßung der Gerichte gegenüber der Legislative kommen und Art. 249 Abs. 3 EG sei verletzt. In Fällen, in denen eine Umsetzung durch richtlinienkonforme Auslegung nicht möglich sei, greife das Kompetenzargument nicht und eine Pflicht zur Konformauslegung vor Fristablauf folge aus Art. 10 EG, welche jedoch weniger weit reichend sei wie die Pflicht, die auf Art. 249 Abs. 3 EG i.V.m. Art. 10 EG gestützt wird.

264 BGHZ 138, 55 (59 ff.); VGH Mannheim, Beschl. v. 12.5.2005, NVwZ 2005, 1098.

265 *Ehricke*, EuZW 1999, 553, 555.

266 *Ehricke*, EuZW 1999, 553, 556.

linie durch den zweiten Schritt der legislativen Umsetzung gerecht zu werden".[267]

Eine Verpflichtung zur Konformauslegung vor Fristablauf wurde nur dann angenommen, wenn der Gesetzgeber die Richtlinie bereits vorzeitig umgesetzt hat bzw. bewusst auf eine solche Umsetzung verzichtet hat, da er das geltende Recht als richtlinienkonform bzw. zumindest als richtlinienkonform auslegbar ansieht.[268] Nach überwiegender Auffassung beruht diese Pflicht aber nicht auf der gemeinschaftsrechtlichen Umsetzungsverpflichtung des Art. 249 Abs. 3 EG (i.V.m. Art. 10 EG), die erst mit Ablauf der Umsetzungsfrist fällig wird, sondern folgt aus nationalen Grundsätzen, bei der Auslegung den gesetzgeberischen Umsetzungswillen zu berücksichtigen.[269]

bb) Die Entscheidung Adeneler

Der EuGH selbst hatte sich in der Vergangenheit nicht direkt zu diesen Fragen geäußert. In den Entscheidungen *Centrosteel* und *Pfeiffer* führte er *obiter* aus, dass ein „Gericht, das mit einem Rechtsstreit befasst ist, der in den Anwendungsbereich der Richtlinie fällt und auf einen *nach Ablauf der Frist zur Umsetzung* der Richtlinie entstandenen Sachverhalt zurückgeht, bei der Anwendung der Rechtsvorschriften diese so auszulegen (habe), dass sie im Einklang mit den Zielen der Richtlinie angewandt werden können".[270] Diese Passage deutete bereits auf eine Ablehnung einer umfassenden Pflicht zur richtlinienkonformen Auslegung vor Ablauf der Umsetzungsfrist durch den EuGH.

In der Rechtssache *Adeneler* kam er schließlich nicht umhin, erstmals ausdrücklich zu dieser Frage Stellung zu beziehen.[271] Die Kläger des Ausgangsverfahrens waren beim griechischen Milchverband beschäftigt. Beschäftigungsgrundlage waren aufeinander folgende, jeweils für eine Dauer von acht Monaten geschlossene befristete Arbeitsverträge. Nachdem der Milchverband diese Verträge hatte auslaufen lassen, klagten die Arbeitnehmer auf Feststellung, dass ihre Arbeitsverhältnisse als unbefristet anzusehen seien. Dem standen verschiedene griechische Rechtsnormen entgegen. Das Ausgangsgericht bezweifelte die Vereinbarkeit der Vorschriften mit der Rahmenvereinbarung über befristete Ar-

---

267 *Kühling*, DVBl. 2006, 859, 867.

268 *Canaris*, FS Bydlinski, 47, 75; *Hofman*, ZIP 2006, 2113, 2115; *Junker/Aldea*, EuZW 2007, 13, 16; *Kühling*, DVBl. 2006, 857, 865.

269 *Canaris*, FS Bydlinski, 47, 75; *Junker/Aldea*, EuZW 2007, 13, 16.

270 EuGH, Rs. C-456/98, Slg. 2000, I-6007, Rn. 17 (Centrosteel); EuGH, verb. Rs. C-397-403/01, Slg. 2004, I-8835, Rn. 117 (Pfeiffer) (Hervorhebung durch die Verfasserin).

271 EuGH, Rs. C-212/04, Slg. 2006, I-6057 (Adeneler).

beitsverträge im Anhang der Richtlinie 1999/70/EG.[272] Da mehrere Kläger des Ausgangsverfahrens ihren ersten befristeten Arbeitsvertrag bereits vor Ablauf der - verlängerten - Umsetzungsfrist der Richtlinie geschlossen hatten und nicht offensichtlich ausgeschlossen war, dass es zur Bewertung der nationalen Rechtslage auf diesen Zeitpunkt ankam, fragte das Gericht den EuGH nach dem zeitlichen Beginn der Pflicht zur richtlinienkonformen Auslegung.

Die Generalanwältin sprach sich mit Nachdruck für eine Verpflichtung bereits vor Ablauf der Umsetzungsfrist aus.[273] Nach ihrer Auffassung diene die von der Gemeinschaft eingeräumte Umsetzungsfrist nicht dazu, eine rein nationale Auslegung beibehalten zu können, sondern bezwecke lediglich, den Mitgliedstaaten eine angemessene Zeit für den legislativen Umsetzungsprozess einzuräumen.[274] Der Gerichtshof schloss sich dieser Einschätzung nicht an. Vielmehr stellte er kurz fest, dass „die allgemeine Verpflichtung der nationalen Gerichte, das innerstaatliche Recht richtlinienkonform auszulegen, erst ab Ablauf der Umsetzungsfrist besteht“[275].

Die Ablehnung einer Konformauslegungspflicht bereits vor Ablauf der Umsetzungsfrist ist aus den oben genannten Gründen zutreffend.[276] Nicht geäußert hat der Gerichtshof sich zu der Frage, ob die nationalen Gerichte berechtigt sind, bei fehlender Umsetzung bereits vor Fristablauf nationale Vorschriften richtlinienkonform auszulegen.[277] Neben einigen Autoren[278] hat auch der BGH eine solche Befugnis befürwortet, als er in seiner Leitentscheidung zur vergleichenden Werbung § 1 UWG bereits vor Ablauf der Umsetzungsfrist im Lichte der Richtlinie über vergleichende Werbung[279] ausgelegt und in der Folge seine ständige Rechtsprechung geändert hat: vergleichende Werbung ist nicht mehr

---

272 RL 1999/70/EG zu der EGB-UNICE-CEEP-Rahmenvereinbarung über befristete Arbeitsverträge, ABl. 1999 L 175/43.

273 GA *Kokott*, Schlussanträge in Rs. C-212/04, Slg. 2006, I-6057, Rn. 42 ff. (Adeneler).

274 GA *Kokott*, Schlussanträge in Rs. C-212/04, Slg. 2006, I-6057, Rn. 42 ff. (Adeneler).

275 EuGH, Rs. C-212/04, Slg. 2006, I-6057, Rn. 115 (Adeneler); dazu *Junker/Aldea*, EuZW 2007, 13, 16; *Hofman*, ZIP 2006, 2113, 2115; *Klamert*, CMLRev. 2006, 1251, 1256; *Auer*, NJW 2007, 1106, 1108 f.; *Franzen*, JZ 2007, 191, 192.

276 Anders *Klamert*, CMLRev. 2006, 1251, 1261 ff.; *Auer*, NJW 2007, 1106, 1108 f.

277 *Junker/Aldea*, EuZW 2007, 13, 16.

278 *Herrmann*, Richtlinienumsetzung, 201 ff.; *Leible/Sosnitza*, NJW 1998, 2507, 2508; *Lutter*, JZ 1992, 593, 605; *Ruffert*, in: Calliess/Ruffert (Hrsg.), EUV/EGV (3. Aufl.), Art. 249 EG Rn. 119; jüngst auch *von Danwitz*, JZ 2007, 697, 701, der in diesem Fall von einer sog. „richtlinienbezogenen Auslegung“ spricht, diese aber ablehnt, wenn zu befürchten ist, dass ein gemeinschaftsrechtlich gewährleisteter Gestaltungsfreiraum des mitgliedstaatlichen Gesetzgebers verkürzt wird.

279 RL 97/55/EG zur Änderung der Richtlinie 84/450/EWG über irreführende Werbung zwecks Einbeziehung der vergleichenden Werbung, ABl. 1997 L 290/18.

als unlauter anzusehen, soweit sie den Anforderungen der Richtlinie entspricht.[280] Begründet wird das Recht zu einer richtlinienkonformen Auslegung vor Fristablauf damit, dass aufgrund einer fehlenden Pflicht nicht auf eine fehlende Befugnis zu schließen sei. Im Übrigen treffe die Umsetzungsverpflichtung alle staatlichen Stellen nur im Rahmen ihrer Zuständigkeiten. Ein Übergriff der Judikative in die Einschätzungsprärogative des nationalen Gesetzgebers sei daher nicht möglich.[281] Eine solche „fakultative" richtlinienkonforme Auslegung ist aus Rechtssicherheitsaspekten jedoch bedenklich. Es würde eine nicht unerhebliche Rechtsunsicherheit mit sich bringen, wenn einige Gerichte identische Vorschriften richtlinienkonform auslegen, andere Gerichte hingegen nicht.[282] Für den EuGH hat mangels entsprechender Vorlagefragen keine Veranlassung bestanden, sich mit dieser Frage auseinanderzusetzen. In Anbetracht der bestehenden Bedenken wäre eine Klärung durch den Gerichtshof allerdings wünschenswert gewesen.

b) Inhaltliche Reichweite

Stimmen in der deutschen Literatur bewerten schließlich vor allem auch die inhaltliche Reichweite des Gebotes zur richtlinienkonformen Auslegung unterschiedlich. Die Diskussion betrifft zwei Aspekte. Zum einen geht es um das Verhältnis der richtlinienkonformen Auslegung zu den übrigen nationalen Auslegungskriterien. Zum anderen stellt sich die Frage, ob das Gebot richtlinienkonformer Auslegung nur die Auslegung im engeren Sinne oder auch eine Rechtsfortbildung über den Wortlaut einer nationalen Vorschrift hinaus mit erfasst.

aa) Verhältnis der richtlinienkonformen Auslegung zu den nationalen Auslegungskriterien

Nach übereinstimmender Auffassung kommt dem Grundsatz der richtlinienkonformen Auslegung eine gewisse „Vorrangstellung" gegenüber den nationalen Auslegungskriterien zu.[283] Allerdings variiert die konkrete Ausgestaltung dieser Vorrangstellung.

---

280 BGHZ 138, 55 (59 ff.).

281 Dazu eingehend *Herrmann*, Richtlinienumsetzung, 201 f.

282 So vor allem *Ehricke*, EuZW 1999, 553, 557; *Bayreuther*, EuZW 1998, 478 f.; *Staudinger*, JR 1999, 198, 199; ebenso *Kühling*, DVBl. 2006, 857, 863, der die Entscheidung des BGH daher auch dahin versteht, dass nicht die Richtlinie Grund für die Berücksichtigung war, sondern die damit einhergehende Änderung der Wertmaßstäbe - er spricht von sog. „interpretatorischen Rückkopplungseffekten"; differenzierter *Canaris*, FS Bydlinski, 47, 75 f.

283 *Brechmann*, Richtlinienkonforme Auslegung, 259; *Canaris*, FS Bydlinski, 47, 67; *Ehricke*, RabelsZ 59 (1995), 599, 616 ff.; *Nettesheim*, AöR 129 (1994), 261, 274; *Beljin*, EuR

(1) *Genereller Vorrang der richtlinienkonformen Auslegung*

Zu weit geht ein Verständnis, nach dem die richtlinienkonforme Auslegung eine selbständige Auslegungsmethode darstelle, die Vorrang gegenüber allen anderen nationalen Auslegungsmethoden besitze. In der Folge sei das nationale Recht stets und ausnahmslos konform zur Richtlinie auszulegen und andere Auslegungskriterien haben außer Betracht zu bleiben, um ein einheitliches Verständnis von nicht auf unmittelbar wirkendem Gemeinschaftsrecht beruhenden nationalen Vorschriften zu sichern.[284] Diese Sichtweise verkennt bereits, dass der EuGH von den Gerichten nur eine Aulsegung des nationalen Rechts im Rahmen des ihnen zustehenden „Beurteilungspielraums" bzw. nur „so weit wie möglich" fordert.[285] Zunächst ist damit anhand der nationalen Auslegungsregeln zu klären, inwieweit überhaupt so ein Beurteilungsspielraum besteht. Wenn eine nationale Vorschrift stets richtlinienkonform auszulegen wäre, auch wenn sie nach nationalem Methodenrecht keinen Beurteilungsspielraum für ein richtlinienkonformes Ergebnis aufweist, käme dies einem Anwendungsvorrang der Richtlinie gleich, den diese in Fällen der fehlenden unmittelbaren Wirkung aber - wie gesehen - nicht hat.[286]

(2) *Richtlinienkonforme Auslegung als „interpretatorische Vorrangregel"*

(a) Wirkungsweise

Zutreffend ist die richtlinienkonforme Auslegung lediglich als „interpretatorische Vorrangregel"[287] bzw. „Vorzugsregel"[288] zu charakterisieren. Die nationalen Gerichte sind verpflichtet, sofern sich mehrere mögliche Auslegungsergebnisse aufgrund nationaler Auslegungsmethoden ergeben, demjenigen Ergebnis den Vorzug zu geben, das mit den Vorgaben der Richtlinie übereinstimmt.[289] Die richtlinienkonforme Auslegung ist nicht nur mit den anderen nationalen

---

2002, 355; *Jarass/Beljin*, NVwZ 2004, 1, 2; *Rüffler*, ÖJZ 1997, 121, 127; *Franzen*, Privatrechtsangleichung, 343 f.; *Lutter*, JZ 1992, 593, 604 f.; *Herrmann*, Richtlinienumsetzung, 128; *Gebauer*, Europäische Auslegung des Zivilrechts, Kap. 3 Rn. 34.

[284] So wohl aber *Spetzler*, RIW 1991, 579 ff.

[285] Etwa EuGH, Rs. 14/83, Slg. 1984, 1891, Rn. 28 (Von Colson); EuGH, Rs. C-106/89, Slg. 1990, I-4035, Rn. 8 (Marleasing).

[286] Vgl. auch *Dänzer-Vanotti*, RIW 1991, 754 f.

[287] *Canaris*, FS Bydlinski, 47, 64 ff.

[288] *Ehricke*, RabelsZ 59 (1995), 599, 612 ff.

[289] *Brechmann*, Richtlinienkonforme Auslegung, 258 ff.; *Jarass*, EuR 1991, 211, 217; *Franzen*, Privatrechtsangleichung 343 f.; *Canaris*, FS Bydlinski, 47, 64 ff.; *Ehricke*, RabelsZ 59 (1995), 598, 612 ff.; *Nettesheim*, AöR 119 (1994), 261, 264; *Lutter*, JZ 1992, 593, 604.

Auslegungsmethoden abzuwägen, sondern geht im Rahmen der nationalen Auslegungsspielräume den anderen Auslegungskriterien vor.[290] Dieser „Auslegungsvorrang" steht jedoch unter der Einschränkung, dass sich die richtlinienkonforme Auslegung im Rahmen der Auslegungsfähigkeit und der Auslegungsmethoden des nationalen Rechts hält. Dies ist der wesentliche Unterschied zwischen einem Vorrang lediglich auf der Ebene der Auslegungskriterien und dem Anwendungsvorrang auf der Stufe der Normen: während im Fall des bloßen interpretatorischen Vorrangs nationale Bestimmungen, die keinen Auslegungsspielraum für eine richtlinienkonforme Auslegung aufweisen, auch weiterhin Anwendung finden, werden in der Konstellation des Anwendungsvorrangs widersprüchliche Normen in jedem Fall verdrängt.[291]

Wendet man sich der methodenrechtlichen Begründung dieses Ergebnisses zu, ist zu berücksichtigen, dass auch nach deutschem Methodenverständnis gewisse Vorrangregeln anerkannt sind.[292] Diese bedürfen einer besonderen Legitimation, da im Grundsatz kein festes Rangverhältnis zwischen den einzelnen Auslegungskriterien besteht.[293] Fraglich ist, woran die Legitimation im Fall der richtlinienkonformen Auslegung festzumachen ist. Ein genereller Anwendungsvorrang von Richtlinien besteht - wie gesehen - gerade nicht. Einige Vertreter sprechen Richtlinien gleichwohl eine gewisse „Superiorität" zu. Diese sei in ihrer Wirkungsweise schwächer ausgeprägt, dennoch habe sie zur Folge, dass die Zielvorgaben der Richtlinien als objektiv-teleologische Kriterien die Gerichte binden.[294] In die gleiche Richtung geht die Auffassung, welche zwischen einem „Vorrang im engeren Sinne" und einem „Vorrang im weiteren Sinne" unterscheidet.[295] Danach stelle der Anwendungsvorrang den „Vorrang im engeren Sinne" dar. Daneben gebe es noch einen „Vorrang im weiteren Sinne", der nicht die Nichtanwendung des nationalen Rechts zur Folge hat und nicht die unmittelbare Wirkung des Gemeinschaftsrechts voraussetzt und damit allen Gemeinschaftsrechtsvorschriften zukommt.

Eine solche Unterscheidung zwischen „Vorrang im eigentlichen Sinne" und „Vorrang schwächerer Ausprägung" kennt das Gemeinschaftsrecht jedoch nicht und wird so wohl auch nicht vom EuGH vertreten.[296] Besagte Auffassungen ge-

---

290 *Canaris*, FS Bydlinski, 47, 70.

291 *Canaris*, FS Bydlinski, 47, 78.

292 Insbesondere ist hier auf die verfassungskonforme Auslegung zu verweisen - vgl. *Canaris*, FS Bydlinski, 47, 66 f.; *Ehricke*, RabelsZ (59) 1995, 599, 616.

293 Dazu eingehend *Canaris*, FS Bydlinski, 47, 64 ff.

294 *Canaris*, FS Bydlinski, 47, 68 f.

295 *Beljin*, EuR 2002, 351, 355 ff.; *Jarass/Beljin*, NVwZ 2004, 1, 2 ff.

296 *Beljin*, EuR 2002, 351, 355 versucht sein Ergebnis anhand einer Entscheidung des EuGH zu belegen; fraglich ist jedoch, ob der EuGH in dieser Entscheidung (Rs. C-118/00, Slg.

hen schon von einer falschen Ausgangsposition aus: um die vorrangige Berücksichtigung der Richtlinie gegenüber den übrigen Auslegungskriterien bei der Auslegung des gesamten nationalen Rechts zu begründen, ist nicht auf das Rangverhältnis zwischen der Richtlinie und dem nationalem Recht abzustellen, sondern auf das Rangverhältnis zwischen Art. 249 Abs. 3 EG und dem nationalem Recht, da die Pflicht zur richtlinienkonformen Auslegung gerade nicht aus der Rangstellung der Richtlinie, sondern aus der in Art. 249 Abs. 3 EG verankerten Umsetzungspflicht resultiert. Dieser Pflicht kommt nach allgemeiner Auffassung jedoch Vorrang gegenüber nationalem Recht zu.[297] Dies macht auch eine vorrangige Beachtung der Richtlinie vor den nationalen Auslegungskriterien erforderlich.[298]

(b) Durchführung im Einzelfall

Zu klären bleibt, wie diese „interpretatorische Vorrangregel" in der Praxis konkret zu handhaben ist. Überwiegend geht man von einem mehrstufigen Auslegungsvorgang aus.[299] Auf einer ersten Stufe erfolgt zunächst eine Auslegung der betreffenden nationalen Bestimmung allein anhand der nationalen Auslegungskriterien ohne Rücksicht auf die richtlinienkonforme Auslegung. Erst in einem zweiten Schritt sind die dadurch erreichten Ergebnisse daraufhin zu untersuchen, welches dem Ziel der Richtlinie gerecht wird. Dies resultiere nicht zuletzt aus der Charakterisierung der richtlinienkonformen Auslegung als eigenständiger Auslegungsmethode.[300] Allein dieses Vorgehen sei sinnvoll. Eine richtlinienkonforme Auslegung hänge davon ab, dass überhaupt ein Auslegungsspielraum besteht und die Entscheidung darüber zunächst unabhängig von einem richtlinienkonformen Ergebnis zu fällen sei.[301]

Dieses Verständnis erscheint problematisch im Hinblick auf die Anforderungen, die der Gerichtshof im Zusammenhang mit der Verpflichtung zur richtlinienkonformen Auslegung im Laufe seiner Rechtsprechung aufgestellt hat. Danach müsse das nationale Gericht das innerstaatliche Recht „unter voller Ausschöp-

2001, I-5063, Rn. 51 ff. (Larsy)) tatsächlich bewusst differenziert zwischen verschiedenen Vorrangformen oder ob die dort getätigten Formulierungen nicht lediglich zufällig erfolgt sind.

[297] So auch *Canaris*, FS Bydlinski, 47, 69; *Franzen*, Privatrechtsangleichung, 260; *Herrmann*, Richtlinienumsetzung, 128.

[298] In diese Richtung wohl auch *Franzen*, Privatrechtsangleichung, 339; a.A. wohl *Herrmann*, Richtlinienumsetzung, 128 ff.

[299] Vgl. etwa *Brechmann*, Richtlinienkonforme Auslegung, 259; *Canaris*, FS Bydlinski, 47, 80.

[300] *Canaris*, FS Bydlinski, 47, 79; *Lutter*, JZ 1992, 593, 604.

[301] *Canaris*, FS Bydlinski, 47, 80.

fung des Beurteilungsspielraums, den ihm das nationale Recht einräumt"[302] im Lichte der Richtlinie auslegen. Seit der Entscheidung *Marleasing* fordert der EuGH in ständiger Rechtsprechung, dass die Auslegung „soweit wie möglich" am Wortlaut und Zweck der betreffenden Richtlinien auszurichten sei.[303] Der Verpflichtung, die Auslegung des nationalen Rechts „soweit wie möglich" am Wortlaut und Zweck der Richtlinie auszurichten, ist nicht genüge getan, wenn die richtlinienkonforme Auslegung als eigenständige Auslegungsmethode erst nach Anwendung der nationalen Auslegungsmethoden berücksichtigt wird.[304] Die Richtlinie ist bereits auf der Stufe des Auslegungsvorgangs selbst mit zu beachten und die richtlinienkonforme Auslegung als „eine die herkömmlichen Auslegungskriterien modifizierende Interpretationsmaxime" zu klassifizieren.[305] Dafür sprechen auch Zweckmäßigkeitsüberlegungen. Eine Einbeziehung der Richtlinie auf der Ebene der Auslegung anhand der nationalen Methoden stellt sicher, dass kein relevanter Auslegungsaspekt übersehen bleibt.[306]

Von Bedeutung ist dies in Fällen, in denen es um die Auslegung innerstaatlicher Vorschriften geht, die zur Umsetzung der Richtlinie ergangen sind. Hier müssen die Gerichte im Rahmen der grammatikalischen Auslegung einer nationalen Vorschrift deren gemeinschaftsrechtliche Herkunft und damit verbundene spezielle gemeinschaftsrechtlich autonome, vom nationalen Recht abweichende, Begrifflichkeiten berücksichtigen.[307] Dies gilt insbesondere, wenn der Umsetzungsgesetzgeber ausdrücklich auf diese abweichende, durch die Richtlinie bedingte Wortbedeutung hingewiesen hat.[308] Die Heranziehung der Richtlinie ist zudem im Rahmen der historischen und teleologischen Auslegung unerlässlich. Dies verdeutlichen methodische Vorgaben des Gerichtshofs, an die sich die na-

302 EuGH, Rs. 14/83, Slg. 1984, 1891, Rn. 28 (Von Colson).

303 EuGH, Rs. C-106/89, Slg. 1990, I-4035, Rn. 8 (Marleasing); verb. Rs. C-397-403/01, Slg. 2004, I-8835, Rn. 119 (Pfeiffer).

304 So auch *Nettesheim*, AöR 129 (1994), 261, 274.

305 *Franzen*, Privatrechtsangleichung, 344 ff.; *Herrmann*, Richtlinienumsetzung, 132 ff.

306 *Franzen*, Privatrechtsangleichung, 346 f.; dies erkennen auch die Verfechter eines zweistufigen Auslegungsvorgangs an und räumen ein, dass eine Auslegung der nationalen Norm oftmals nicht ohne Blick auf den Inhalt der Richtlinie stattfindet: *Brechmann*, Richtlinienkonforme Auslegung, 260 ff.; auch *Canaris*, FS Bydlinski, 47, 81 gesteht zu, dass erneut in eine „Prüfung der ersten Stufe eingetreten werden (kann), wobei im Wege des „Hin-und-Herwandern des Blickes" zu untersuchen ist, ob die klassischen Auslegungskriterien im Lichte des Gebots richtlinienkonformer Auslegung nicht doch den erforderlichen Spielraum für eine solche hergeben."

307 *Nettesheim*, AöR 129 (1994), 261, 266 f.: „bei der Feststellung der semantischen Bedeutung der Begriffe (ist) [...] auch auf den gemeinschaftlichen Bedeutungsgehalt zu rekurrieren"; „tradierte nationale Begriffe können vor gemeinschaftlichem Hintergrund ihren Gehalt ändern".

308 *Brechmann*, Richtlinienkonforme Auslegung, 260.

tionalen Gerichte bei der Auslegung des innerstaatlichen Rechts zu halten haben, das zur Umsetzung der Richtlinien ergangen ist.[309] Der Gerichtshof hat beispielsweise entschieden, dass "jedes nationale Gericht bei der Auslegung und Anwendung des nationalen Rechts davon auszugehen hat, dass der Staat die Absicht hatte, den sich aus der Richtlinie ergebenden Verpflichtungen in vollem Umfang nachzukommen".[310] An anderer Stelle hat der EuGH eine Verpflichtung zu einer richtlinienkonformen Auslegung ungeachtet entgegenstehender Auslegungshinweise, die sich aus vorbereitenden Arbeiten zu der nationalen Regelung ergeben könnten, formuliert.[311] Das Gebot der richtlinienkonformen Auslegung verlangt somit im Rahmen der historischen bzw. teleologischen Auslegung nach einer Berücksichtigung der Richtlinie auf der Ebene des Auslegungsvorgangs. Im Übrigen besteht andernfalls die Gefahr, dass ein Ergebnis nach den innerstaatlichen Auslegungskriterien vorliegt, das keinen Raum mehr für eine richtlinienkonforme Auslegung lässt.

bb) Auslegung i.e.S. und Rechtsfortbildung

Zunächst wurde unter die Verpflichtung zu richtlinienkonformer Auslegung nach deutschem Methodenverständnis nur eine Verpflichtung zur Auslegung i.e.S. als Ermittlung des im Gesetzeswortlaut enthaltenen Sinns subsumiert. Eine Verpflichtung zur richtlinienkonformen Rechtsfortbildung über den Gesetzeswortlaut hinaus wurde abgelehnt.[312]

Dieses enge Verständnis verkennt, dass es speziell eine Besonderheit der deutschen Methodenlehre ist, zwischen Auslegung i.e.S. und Rechtsfortbildung zu trennen, während das Recht anderer europäischer Länder beide Aspekte richterlicher Tätigkeit unter den Terminus „Auslegung" subsumiert.[313] Somit geht der Gerichtshof von dem größtmöglichen Umfang richterlicher Tätigkeit aus, wenn er von „Auslegung" spricht, zumal er im Rahmen seiner eigenen Methodik aufgrund des Rückgriffs auf die französische Methodenlehre ebenso wenig zwi-

309 *Roth*, Richtlinienkonforme Auslegung, § 14 Rn. 27 ff.; *Klamert*, CMLRev. 2006, 1251, 1258; diese methodischen Vorgaben als Kompetenzüberschreitung des EuGH einordnend *Schürnbrand*, JZ 2007, 910, 916.

310 EuGH, Rs. C-334/92, Slg. 1993, I- 6911, Rn. 20 (Wagner Miret); wiederholt hat er diesen Grundsatz jüngst in der Entscheidung *Pfeiffer*, EuGH, verb. Rs. C-397-403/01, Slg. 2004, I-8835, Rn. 112 (Pfeiffer).

311 EuGH, Rs. C-371/02, Slg. 2004, I-5791, Rn. 13 (Björnekulla).

312 *Rüffler*, ÖJZ 121, 126, *Jarass*, EuR 1991, 211, 217; *Frisch*, Richtlinienkonforme Auslegung, 112; *Scherzberg* Jura 1993, 225, 232; *Klein*, FS Everling, 641, 646; *Ehricke*, RabelsZ 59 (1995), 643.

313 *Canaris*, FS Bydlinski, 47, 81.

schen Auslegung und Rechtsfortbildung differenziert.[314] Darüber hinaus kommt auch nach deutscher Methodenlehre der Wortlautgrenze keine die Tätigkeit der Judikative begrenzende Funktion zu. Vielmehr führt ein Überschreiten der Wortlautgrenze allein zur Verschärfung der Begründungsanforderungen.[315] Eine Rechtsfortbildung über die Wortlautgrenze hinaus gehört gleichwohl zu den traditionellen Funktionen der Gerichte und ist nach Auffassung des BVerfG „im modernen Staat geradezu unentbehrlich".[316]

Die Gerichte kommen vor diesem Hintergrund ihrer gemeinschaftsrechtlichen Pflicht, „im Rahmen ihrer Zuständigkeiten" und „soweit wie möglich" Richtlinienkonformität herzustellen, nur nach, wenn sie auch eine richtlinienkonforme Rechtsfortbildung des nationalen Rechts in Betracht ziehen, denn die Gerichte dürfen nicht hinter den Möglichkeiten der nationalen Methodenlehre zurückbleiben.[317] Nach deutschem methodologischem Verständnis wäre es daher sinnvoller, statt von einer „richtlinienkonformen Auslegung" von einer „richtlinienkonformen Rechtsfindung" als Oberbegriff zu sprechen, um zu verdeutlichen, dass davon sowohl eine Auslegung i.e.S. als auch eine Rechtsfortbildung mit erfasst ist.[318]

[314] *Roth*, Richtlinienkonforme Auslegung, § 14 Rn. 17 ff.; *Franzen*, Privatrechtsangleichung, 358; *Herrmann*, Richtlinienumsetzung, 92; *Herresthal*, EuZW 2007, 396, 397; in der Entscheidung *Pfeiffer* hat der EuGH explizit die richtlinienkonforme Reduktion in die richtlinienkonforme Auslegung mit einbezogen, EuGH, verb. Rs. C-397-403/01, Slg. 2004, I-8835, Rn. 116 (Pfeiffer), dazu eingehend unter § 2, B., III., 3., c).

[315] *Larenz*, Methodenlehre, 366 ff.

[316] BVerfGE 65, 182 (190); BVerfGE 69, 188 (203).

[317] Für eine richtlinienkonforme Rechtsfortbildung daher zutreffend *Canaris*, FS Bydlinski, 47, 81 ff.; *Herrmann*, Richtlinienumsetzung, 145 ff.; *Franzen*, Privatrechtsangleichung, 358 f.; *Lutter*, JZ 1992, 593, 607; *Spetzler*, RIW 1991, 579, 582; *Dänzer-Vanotti*, RIW 1991, 754, 755; *Schnorbus*, AcP 201 (2001), 860, 886 ff.; *Möllers*, EuR 1998, 20, 42 ff.; *Grundmann*, ZEuP 1996, 399, 412; *Riesenhuber/Domröse*, RIW 2005, 47, 50; *Roth*, Richtlinienkonforme Auslegung, § 14 Rn. 17; *Brechmann*, Richtlinienkonforme Auslegung, 268; *Herresthal*, Rechtsfortbildung, 317 ff.; *ders.*, EuZW 2007, 396 ff.; *Rörig*, Direktwirkung von Richtlinien, 155 ff.; *Gebauer*, Europäische Auslegung des Zivilrechts, Kap. 3 Rn. 37 ff.; *Schürnbrand*, JZ 2007, 910 ff.; etwas anderes gilt für die richtlinienkonforme Auslegung im strafrechtlichen Kontext: aus dem strafrechtlichen Bestimmtheitsgrundsatz des Art. 103 Abs. 2 GG folgt, dass die Wortlautgrenze von überragender Bedeutung ist und eine richtlinienkonforme Rechtsfortbildung über den Wortlaut hinaus im Bereich des Strafrechts nicht in Betracht kommt, wenn sie zu Lasten des Beschuldigten wirkt - vgl. *Satzger*, Internationales und Europäisches Strafrecht, § 8 Rn. 84 sowie weiter unten § 2, A., III., 4., b), aa).

[318] Vgl. auch die Terminologie bei *Canaris*, FS Bydlinski, 47, 91; *Riesenhuber/Domröse*, RIW 2005, 47, 50.

In der Wissenschaft hat die richtlinienkonforme Rechtsfortbildung zunächst eine eher geringe Beachtung gefunden.[319] In jüngerer Zeit haben sich insbesondere *Franzen*[320], *Canaris*[321], *Herrmann*[322] und *Herresthal*[323] in eingehenden Studien mit dieser Thematik befasst und ihr konkrete Konturen verliehen, wenngleich mit zum Teil divergierenden Akzentuierungen. Anlass für eine vertiefte Auseinandersetzung waren nicht zuletzt auch Entscheidungen des BAG bzw. des BGH, die sich mit der Möglichkeit einer richtlinienkonformen Rechtsfortbildung des nationalen Rechts befassten[324] und in der Literatur auf große Resonanz gestoßen sind.[325]

Jüngstes Beispiel ist ein anhängiges Verfahren beim BGH, in dem es um die Vereinbarkeit von § 439 Abs. 4 BGB mit der Verbrauchsgüterkaufrichtlinie geht.[326] Dieser konkrete Fall ist hier nicht zu vertiefen.[327] Zu erörtern sind jedoch die allgemeinen Voraussetzungen bzw. Instrumente einer richtlinienkonformen Rechtsfortbildung sowie die umstrittenen methodologischen Grenzen einer richtlinienkonformen Rechtsfindung.

---

319 *Schürnbrand*, JZ 2007, 910.

320 *Franzen*, Privatrechtsangleichung, 412 ff.

321 *Canaris*, FS Bydlinski, 47, 81 ff.

322 *Herrmann*, Richtlinienumsetzung, 134 ff.

323 *Herresthal*, Rechtsfortbildung, 217 ff.

324 Dies war zum einen die Entscheidung des BAG betreffend den Bereitschaftsdienst von Ärzten: BAGE 105, 32 (49 ff.); zum anderen ist hier die Heininger-Entscheidung des BGH zu nennen: BGHZ 150, 248 (259); interessanterweise verwenden weder das BAG noch der BGH in den Entscheidungen den Terminus der richtlinienkonformen Rechtsfortbildung.

325 Zur Entscheidung des BAG etwa *Wurmnest*, EuZW 2003, 511 ff.; v.a. die Heininger-Entscheidung diskutierte die Literatur kontrovers; viele Autoren verneinten die Möglichkeit einer richtlinienkonformen Auslegung bzw. Rechtsfortbildung - vgl. die Darstellung der widerstreitenden Auffassungen bei *Herrmann*, Richtlinienumsetzung, 166 ff.

326 Nach § 439 Abs. 4 BGB hat der Käufer im Fall der Nacherfüllung in Form der Nachlieferung gemäß §§ 346 - 348 BGB dem Verkäufer nicht nur die mangelhafte Sache herauszugeben, sondern daneben auch Nutzungsersatz zu leisten. Umstritten ist, inwieweit diese Nutzungsersatzpflicht mit Art. 3 Abs. 2 der Verbrauchsgüterkaufrichtlinie (ABl. 1999 L 171/12) zu vereinbaren ist, wonach die Nacherfüllung für den Verbraucher „unentgeltlich" zu erfolgen hat. Der BGH hat das Verfahren ausgesetzt und diese Frage dem EuGH vorgelegt (BGH, Vorlagebeschluss vom 16.8.2006, NJW 2006, 3200 ff., beim EuGH anhängig unter Quelle AG/Bundesverband der Verbraucherzentralen und Verbraucherverbände, Rs. C-404/06).

327 Hierzu statt vieler *Schulte-Nölke/Busch*, FS Canaris, 795 ff.; *Lorenz*, NJW 2006, 3202; *Schürnbrand*, JZ 2007, 910 ff.; *Herresthal*, EuZW 2007, 396 ff.; *Hummel*, EuZW 2007, 268 ff.

(1) Voraussetzungen einer richtlinienkonformen Rechtsfortbildung

Voraussetzung einer jeden Rechtsfortbildung ist nach überwiegender Auffassung zunächst das Bestehen einer Regelungslücke.[328] Darunter ist jede „planwidrige Unvollständigkeit" zu verstehen, wobei für die Beurteilung der Planwidrigkeit nicht nur die immanente Teleologie des Gesetzes maßgeblich ist, sondern die Rechtsordnung in ihrer Gesamtheit, d.h. die Unvollständigkeit widerspricht den Wertungen der Gesamtrechtsordnung. Dieser weite Lückenbegriff resultiert aus der umfassenden Bindung der Judikative gemäß Art. 20 Abs. 3 GG an Recht und Gesetz.[329] Das BVerfG beschreibt Rechtsfortbildung als schöpferische Rechtsfindung, bei der von der Rechtsprechung *Wertvorstellungen, die der verfassungsmäßigen Rechtsordnung immanent* seien, aber in den Texten der geschriebenen Gesetze nicht oder nur unvollkommen zum Ausdruck gelangt sind, in einem Akt des bewertenden Erkennens ans Licht gebracht und in der Entscheidung realisiert werden.[330]

Auch im Zusammenhang mit der richtlinienkonformen Rechtsfortbildung ist der Lückenbegriff weiterhin als Voraussetzung der Rechtsfortbildung heranzuziehen, obwohl er hier notwendigerweise gewissen Modifikationen unterliegt.[331] Problematisch ist der Bezugspunkt der planwidrigen Unvollständigkeit. Einige Autoren stellen allein auf die (vermuteten) Regelungsabsichten des nationalen Gesetzgebers ab.[332] Danach fehlt es an einer planwidrigen Regelungslücke, wenn der nationale Gesetzgeber bewusst nicht oder unzureichend umgesetzt hat.[333]

Diese Auffassung berücksichtigt nur unzureichend die innerstaatlichen Einwirkungen des Gemeinschaftsrechts im Allgemeinen sowie von Richtlinien im Besonderen.[334] Die durch den europäischen Integrationsprozess bewirkte Öffnung der nationalen Rechtsordnung hat zur Folge, dass das Gemeinschaftsrecht inso-

---

328 *Larenz/Canaris*, Methodenlehre, 191 ff.; *Bydlinski*, Methodenlehre, 472 ff.; kritisch *Roth*, Richtlinienkonforme Auslegung, § 14 Rn. 49 m.w.N.

329 *Larenz/Canaris*, Methodenlehre, 191, 232 ff.; *Bydlinski*, Methodenlehre, 473; *Franzen*, 412 f., 419 f.; a.A. *Larenz*, Methodenlehre, 366, 370.

330 BVerfGE 34, 269 (287) (Hervorhebung durch die Verfasserin).

331 *Herresthal*, Rechtsfortbildung, 217 ff.; *Canaris*, FS Bydlinski, 47, 85; *Franzen*, Privatrechtsangleichung, 412; *Schnorbus*, AcP 201 (2001), 860, 889 f.

332 *Franzen*, Privatrechtsangleichung, 416 ff.; *Rörig*, Direktwirkung von Richtlinien, 156 f.; jüngst auch *Schürnbrand*, JZ 2007, 910, 913 f., der eine richtlinienkonforme Rechtsfortbildung nur dann als zulässig erachtet, wenn das nationale Recht diese trägt; nicht hingegen könne die planwidrige Unvollständigkeit allein mit dem Widerspruch zur Richtlinie begründet werden.

333 *Franzen*, Privatrechtsangleichung, 416 ff.

334 *Herresthal*, Rechtsfortbildung, 221.

fern Teil der nationalen Rechtsordnung ist, als es Geltung darin beansprucht.[335] Auch wenn Richtlinien wegen ihrer Rechtsnatur grundsätzlich keine unmittelbare Wirkung in den nationalen Rechtsordnungen entfalten und somit in der Regel nicht als Rechtsnormen objektiver Bestandteil der Normenhierarchie sind, so beansprucht die aus Richtlinien resultierende Rechtsetzungspflicht Geltung in den nationalen Rechtsordnungen und ist Teil der Gesamtrechtsordnung.[336] Entsprechend sind im Rahmen der richtlinienkonformen Rechtsfortbildung als Maßstab zur Feststellung eines planwidrigen Regelungsdefizits die Wertungen bzw. Zielvorgaben der Richtlinie heranzuziehen.[337] Eine planwidrige Unvollständigkeit liegt daher vor, wenn eine nationale Vorschrift nach dem möglichen Wortsinn keine richtlinienkonforme Regelung enthält.[338] Das Gemeinschaftsrecht fordert Richtlinienkonformität jedoch erst mit Ablauf der Umsetzungsfrist, so dass auch erst ab diesem Zeitpunkt aus methodenrechtlicher Sicht eine planwidrige Unvollständigkeit gegeben ist.[339]

(2) Formen einer richtlinienkonformen Rechtsfortbildung

Sofern ein richtlinienwidriges Regelungsdefizit besteht, ist im Anschluss diese Lücke zu schließen. Im Allgemeinen geschieht eine Lückenfüllung regelmäßig durch Analogieschluss oder durch teleologische Reduktion.[340] In Bezug auf die Lückenfüllung im Rahmen der richtlinienkonformen Rechtsfortbildung ergeben sich spezifische Besonderheiten.[341]

---

335 Eingehend *Herresthal*, Rechtsfortbildung, 158 ff., 224 f.

336 Vgl. oben § 2, A., II., 1.

337 So *Canaris*, FS Bydlinski, 47, 85 ff.; *Roth*, Richtlinienkonforme Auslegung, § 14 Rn. 50; *Auer*, NJW 2007, 1106, 1108; *Gebauer*, Europäische Auslegung des Zivilrechts, Kap. 3 Rn. 42; vgl. auch *Herresthal*, Rechtsfortbildung, 224 f.; *ders.* EuZW 2007, 396, 399: „Systemwidrigkeit am Maßstab des objektiven inneren Systems der Gesamtrechtsordnung"; a.A. *Herdegen*, WM 2005, 1921, 1929; dezidiert jüngst *Schürnbrand*, JZ 2007, 910, 913 f.: mit der Rechtsnatur der Richtlinie als bloßem Rechtssetzungsauftrag sei es nicht vereinbar, dass diese objektive Wirkungen in der nationalen Rechtsordnung hervorrufen könne und daher auch nicht den Maßstab der Lückenfeststellung bilden könne.

338 *Canaris*, FS Bydlinski, 47, 85.

339 *Franzen*, Privatrechtsangleichung, 416; *Canaris*, FS Bydlinski, 47, 87; *Herresthal*, Rechtsfortbildung, 256.

340 *Canaris* nennt darüber hinaus noch als Fall der Korrektur eines entgegen dem Zweck zu engen Gesetzestextes die Erweiterung der Norm, sog. teleologische Extension, auf die an dieser Stelle jedoch nicht näher eingegangen werden soll - vgl. *Canaris*, Lücken, 89 ff.; *Canaris*, FS Bydlinski, 47, 90.

341 *Herresthal*, EuZW 2007, 396, 399; *Auer*, NJW 2007, 1106, 1108; dies verkennt *Herrmann*, Richtlinienumsetzung, 145 ff., wenn er verallgemeinernde Aussagen über eine „richtlinienkonforme Rechtsfortbildung" ablehnt. Die von ihm angesprochenen Beson-

(a) Richtlinienkonforme Analogie

Zweck eines Analogieschlusses im nationalen Recht ist es, planwidrige Regelungslücken zu schließen, die im Hinblick auf ihre rechtliche Wertung mit ähnlichen Fällen gleich zu behandeln sind.[342] Dies geschieht durch die Übertragung der für einen Tatbestand gegebenen Regel auf den vom Gesetz nicht geregelten, ähnlichen Tatbestand.[343] Eine richtlinienkonforme Analogiebildung im Fall einer fehlenden richtlinienkonformen nationalen Regelung muss ausscheiden, als dass die Lückenschließung durch Heranziehung einer Bestimmung der Richtlinie erfolgen soll, da die Richtlinie bei fehlender unmittelbarer Wirkung nicht zum „analogiefähigen nationalen Gesetzeszusammenhang" gehört.[344] Es ist grundsätzlich nicht möglich, anhand der nicht unmittelbar wirkenden Richtlinie einen Ähnlichkeitsschluss vorzunehmen.[345] Es würde - im Gegenteil - einer unmittelbaren Wirkung der Richtlinie in Form der Ersetzungswirkung gleich kommen, wenn das nationale Gericht im Fall einer fehlenden richtlinienkonformen innerstaatlichen Regelung durch eine Analogie die Richtlinie zur Ausfüllung der Rechtslücke heranzieht.[346] Eine richtlinienkonforme Analogie kommt nur in Betracht, wenn bereits im nationalen Recht in Ansätzen eine Regelung enthalten ist, die der Richtlinie entspricht, so dass im Ergebnis der Ähnlichkeitsschluss auf der nationalen Regelung beruht.[347] Die Richtlinie hat dann den Zweck, erst in ihrem Lichte festzustellen, dass ein Sachverhalt im Hinblick auf ein im nationalen Recht geregeltes Rechtsprinzip als gleichwertig anzusehen ist.[348]

(b) Richtlinienkonforme Reduktion

Eine Lückenfüllung im Wege der teleologischen Reduktion bedeutet nach nationalem Methodenverständnis die Einschränkung des Anwendungsbereichs einer Norm entgegen ihres Wortlautes, sofern dieser im Widerspruch zum Zweck der Norm oder einer anderen Norm steht.[349] Während die einschränkende Ausle-

---

derheiten betreffen die Lückenfüllung. Möglich ist indes, zunächst allgemein festzustellen, ob eine Lücke vorliegt.

342 *Bydlinski*, Methodenlehre, 472 ff.

343 *Larenz/Canaris*, Methodenlehre, 202.

344 *Herrmann*, Richtlinienumsetzung, 147; ebenso *Auer*, NJW 2007, 1106, 1108.

345 *Canaris*, FS Bydlinski, 47, 89.

346 *Herrmann*, Richtlinienumsetzung, 147.

347 *Canaris*, FS Bydlinski, 47, 89.

348 *Herrmann*, Richtlinienumsetzung, 147.

349 *Larenz*, Methodenlehre, 391; *Larenz/Canaris*, Methodenlehre, 210; *Bydlinski*, Methodenlehre, 480.

gung sich unter mehreren möglichen sprachlichen Interpretationsmöglichkeiten für das engere Verständnis entscheidet, erfolgt die Einschränkung des Anwendungsbereichs bei der teleologischen Reduktion entgegen dem eindeutigen Wortlaut.[350] Im Zusammenhang mit der richtlinienkonformen Reduktion sind nicht die Zwecksetzungen der nationalen Norm selbst bzw. einer anderen nationalen Norm maßgebend, sondern die Richtlinienvorgaben. Die nationalen Gerichte sind danach verpflichtet, den Wortlaut der innerstaatlichen Norm, der den Zwecken der Richtlinie zuwiderläuft, einzuschränken.[351] Anders als die richtlinienkonforme Analogie eignet sich die richtlinienkonforme Reduktion sehr gut zur Lückenfüllung und zur Durchsetzung der Vorgaben der Richtlinien.[352]

4. Grenzen des Gebots der richtlinienkonformen Auslegung

Ebenso wie der unmittelbaren Richtlinienwirkung sind auch der Verpflichtung zu richtlinienkonformer Auslegung/Rechtsortbildung Grenzen gesetzt. Diese resultieren sowohl aus nationalem Recht (a) als auch aus dem Gemeinschaftsrecht (b).

a) Grenzen nach nationalem Recht

Das nationale Gericht hat nach ständiger Rechtsprechung des Gerichtshofs die richtlinienkonforme Auslegung/Rechtsfortbildung innerstaatlichen Rechts lediglich „im Rahmen seiner Zuständigkeiten" und nur „soweit wie möglich" am Wortlaut und Zweck der betreffenden Richtlinie auszurichten.[353] Die jeweiligen innerstaatlichen Methodenlehren begrenzen somit die Pflicht zur richtlinienkonformen Auslegung/Rechtsfortbildung. Es ist Sache der nationalen Gerichte, darüber zu entscheiden, ob eine richtlinienkonforme Auslegung/Rechtsfortbildung des innerstaatlichen Rechts entsprechend der methodenrechtlichen Grenzen möglich ist und auf welchem methodischen Weg sie die Wertungen des Gemeinschaftsrechts in das nationale Recht einfließen lassen.[354]

aa) Allgemeine methodenrechtliche Grenzen richterlicher Rechtsfindung

Die allgemeinen Grenzen der Auslegung und Rechtsfortbildung sind durch die Gesetzesbindung der Gerichte nach Art. 20 Abs. 3 GG sowie das Prinzip der Gewaltenteilung gemäß Art. 20 Abs. 2 S. 2 GG abgesteckt. Die Grenzen richter-

---

350 *Schnorbus*, AcP 201 (2001), 860, 894.

351 *Herresthal*, EuZW 2007, 396, 399.

352 *Canaris*, FS Bydlinski, 47, 90; *ders.*, FS Schmidt, 41, 55.

353 EuGH, Rs. C-106/89, Slg. 1990, I-4035, Rn. 8 (Marleasing); verb. Rs. C-397-403/01, Slg. 2004, I-8835, Rn. 119 (Pfeiffer).

354 *Schlachter*, RdA 2005, 115, 118; *Jann/Schima*, FS Rodríguez Iglesias, 283, 284 f.; *Klamert*, CMLRev. 2006, 1251, 1256.

licher Rechtsanwendung und -fortbildung sind nach methodischen und funktionalen Aspekten erreicht, wenn die Judikative unzulässig in die Kompetenzen der Legislative eingreift.[355] Dies ist nach überwiegender Auffassung der Fall, wenn die Rechtsanwendung und -fortbildung ein *contra legem*-Judizieren darstellt, d.h. wenn eine Rechtsfindung zugleich gegen den Wortlaut und gegen den Zweck eines Gesetzes verstößt, da der Wortlaut und der Zweck zusammen die beiden konstituierenden Elemente eines Gesetzes darstellen.[356] Das BVerfG hat diesen Grundsatz im Zusammenhang mit der verfassungskonformen Auslegung dahingehend konkretisiert, dass einem nach Wortlaut und Sinn eindeutigem Gesetz kein entgegengesetzter Sinn zuzuschreiben ist, der normative Gehalt der auszulegenden Norm nicht grundlegend neu bestimmt oder das gesetzgeberische Ziel nicht in einem wesentlichen Punkt verfehlt werden darf.[357]

Der Wortlaut und der Zweck einer gesetzlichen Bestimmung bedürfen ihrerseits zunächst einer Konkretisierung durch Auslegung, wobei der Wortlaut im Hinblick auf den Gesetzeszweck und umgekehrt der Zweck mit Blick auf den Wortlaut zu bestimmen sind.[358] Zudem ist der Wortlaut für sich gesehen nur als Grenze der Auslegung i.e.S. anzusehen, einer richterlichen Rechtsfortbildung steht er nicht entgegen.[359]

bb) Übertragung dieser Grenzen auf die richtlinienkonforme Rechtsfindung

Problematisch ist, inwieweit diese allgemeinen methodologischen Grenzen richterlicher Rechtsfindung auch im Rahmen der richtlinienkonformen Auslegung/Rechtsfortbildung Geltung beanspruchen. Nach vorherrschender Auffassung greift das Verbot eines *contra legem*-Judizierens hier ebenso.[360] Die richtlinienkonforme Auslegung/Rechtsfortbildung muss ausscheiden, wenn kumulativ der Zweck und der Wortlaut der nationalen Vorschrift dem mit der Richtlinie

---

[355] *Larenz/Canaris*, Methodenlehre, 246.

[356] Vgl. BVerfGE 71, 81 (105); *Bydlinski*, Methodenlehre, 566 ff.; *Canaris*, FS Bydlinski, 47, 91 ff. - dies gilt auch für eine gesetzesübersteigende Rechtsfortbildung *extra legem*, welche ebenso nicht dem Plan des Gesetzes widersprechen darf: *Larenz/Canaris*, Methodenlehre, 246; a.A. *Neuner*, Rechtsfindung, 132, der der subjektiven Auslegungstheorie folgend ein *contra legem* Judizieren bereits dann annimmt, wenn allein die Regelungsabsicht des historischen Gesetzgebers missachtet wird.

[357] BVerfGE 71, 81 (105).

[358] *Canaris*, FS Bydlinski, 47, 92 f.

[359] *Larenz/Canaris*, Methodenlehre, 187.

[360] *Brechmann*, Richtlinienkonforme Auslegung, 266; *Herdegen*, WM 2005, 1921, 1928; *Thüsing*, ZIP 2004, 3101, 2304; *Schürnbrand*, JZ 2007, 910, 915 ff.; differenzierter *Canaris*, FS Bydlinski, 47, 95 ff.; *ders.*, FS Schmidt, 41, 58 f.

verfolgten Ergebnis entgegenstehen.[361] Insbesondere das BAG hat wiederholt entschieden, dass eine richtlinienkonforme Auslegung/Rechtsfortbildung nicht weiter gehen könne als die verfassungskonforme Auslegung, d.h. sie dürfe nicht in Widerspruch zum „Wortlaut *und* dem klar erkennbaren Willen des Gesetzgebers" treten.[362]

Eine andere Sichtweise hält demgegenüber eine richtlinienkonforme Auslegung/Rechtsfortbildung auch *contra legem* für zulässig.[363] Bei einer unbewussten richtlinienwidrigen Umsetzung sei eine richtlinienkonforme Auslegung/Rechtsfortbildung auch entgegen des unmissverständlichen Wortlauts der nationalen Norm bis hin zu ihrer Derogation möglich. Maßgeblich seien allein die Zwecksetzungen der Richtlinie als Bestandteil der Gesamtrechtsordnung.[364]

Schließlich hat sich in jüngerer Zeit insbesondere *Herresthal* in einer eingehenden Studie unter grundsätzlicher Anerkennung der *contra legem*-Grenze für eine Neubestimmung dieser Grenze im Zusammenhang mit der richtlinienkonformen Auslegung/Rechtsfortbildung ausgesprochen. Für die Zuständigkeitsabgrenzung der Judikative sei nicht mehr nur der im Wortlaut der Norm verkörperte Wille des nationalen Gesetzgebers entscheidend, sondern maßgeblich auch der Wille des Gemeinschaftsgesetzgebers mit zu berücksichtigen.[365] Dies

---

[361] *Canaris*, FS Bydlinski, 47, 91 ff.; *Nettesheim*, AöR 119 (1994), 261, 275; *Gebauer*, Europäische Auslegung des Zivilrechts, Kap. 3 Rn. 43.

[362] BAGE 82, 211 (225 f.); BAGE 105, 32 (49); BAG, NZA 2004, 164, 168 (Hervorhebung durch die Verfasserin).

[363] *Lutter*, JZ 1992, 593, 607; *Hergenröder*, FS Zöllner, 1139, 1149 ff.; *Möllers*, EuR 1998, 20, 44 ff.; *Grundmann*, ZEuP 1996, 399, 419 ff.; *Roth*, Richtlinienkonforme Auslegung, § 14 Rn. 53 ff.; *Riesenhuber/Domröse*, RIW 2005, 47, 51 f.; so im Ergebnis auch *Schulte-Nölke/Busch*, FS Canaris, 795 ff., nach deren Auffassung im Fall der Richtlinienumsetzung der zu vermutende generelle Wille des Gesetzgebers zur richtigen Umsetzung der Richtlinienvorgabe eine korrigierende Auslegung bis hin zur Derogation der nationalen Vorschrift rechtfertige, es sei denn, es liege eine bewusste Umsetzungsverweigerung vor. *Schulte-Nölke/Busch* argumentieren unzutreffend und ohne nähere Begründung, dass keine Auslegung *contra legem* vorliege, da die *contra legem*-Grenze allein durch den auf korrekte Umsetzung gerichteten Willen markiert werde.

[364] Weitergehend *Möllers*, EuR 1998, 20, 44 ff.; *Hergenröder*, FS Zöllner, 1139, 1149 ff., die sogar in gewissen Fällen eine richtlinienkonforme Auslegung entgegen dem ausdrücklichen Wille des nationalen Gesetzgebers, wie er im unmissverständlichen Wortlaut zum Ausdruck gekommen ist, zulassen wollen.

[365] *Herresthal*, Rechtsfortbildung, 324 ff.; *ders.*, EuZW 2007, 396, 399 f.; auch *Herrmann*, Richtlinienumsetzung, 138 ff. argumentiert, dass der Wille des nationalen Gesetzgebers grundsätzlich unbeachtlich sei und maßgeblich auf den Willen des Gemeinschaftsgesetzgebers abzustellen sei. Im Unterschied zu *Herresthal* nimmt *Herrmann* dies im Ergebnis jedoch nur innerhalb des Wortlauts der nationalen Regelung an und lehnt eine richtlinienkonforme Rechtsfortbildung ab, die zum vollständigen Funktionsverlust der nationalen Norm führt.

resultiere nach Auffassung von *Herresthal* aus dem neuen Strukturprinzip der „integrierten Staatlichkeit"[366]: mit Gemeinschafts- und nationalem Gesetzgeber bestehe eine „plurale politisch-lenkende Gestaltung".[367]

Bei einer rein nationalrechtlichen Rechtsfortbildung folge die tradierte *contra legem*-Grenze allein aus der Kompetenzabgrenzung zwischen nationaler Legislative und Judikative. Im Fall der richtlinienkonformen Auslegung bzw. Rechtsfortbildung setze sich hingegen die nationale Judikative nicht an die Stelle der Legislative, sondern entspreche „dem höherrangigen Gebot eines ebenfalls demokratisch legitimierten Gesetzgebers". Es sei zu einer Neuzuordnung der Gewalten unter Erweiterung des Aufgabenkreises der nationalen Judikative gekommen.[368] Eine richtlinienkonforme Auslegung/Rechtsfortbildung sei somit aus gewaltenteiligen Aspekten[369] nur dann *contra legem*, wenn eine im Wortlaut der Norm verankerte „aktuelle Wertungsentscheidung" des nationalen Gesetzgebers vorliege, so etwa wenn der nationale Gesetzgeber bewusst von den Vorgaben der Richtlinie abweicht, d.h. in Kenntnis der Richtlinie und einer zutreffenden Auslegung derselben sich dennoch für bzw. gegen den Erlass einer richtlinienwidrigen Regelung entscheidet und dies klar und unmissverständlich aus den Gesetzesmaterialien hervorgeht und der Wortlaut des Gesetzes mit dieser Entscheidung korrespondiert, indem die betreffende Regelung fehlt bzw. eine Regelung entsprechend eindeutig formuliert ist.[370]

An einer „aktuellen Wertungsentscheidung" des nationalen Gesetzgebers fehle es, wenn dieser bei Erlass der innerstaatlichen Regelung unbewusst die Richtlinie nicht berücksichtigt hat, wenn eine Richtlinie noch nicht erlassen worden war und daher eine Berücksichtigung noch nicht möglich war oder wenn die Richtlinienvorgaben unbewusst unzutreffend verstanden wurden bzw. nachträglich abweichend von den Vorstellungen des nationalen Gesetzgebers durch den EuGH konkretisiert wurden.[371] In diesen Konstellationen sei eine richtlinienkonforme Auslegung/Rechtsfortbildung stets zulässig und könne vor allem auch bis zum „vollständigen Funktionsverlust" der nationalen Regelung führen.[372]

---

366 *Herresthal*, Rechtsfortbildung, 123 ff.

367 *Herresthal*, Rechtsfortbildung, 320.

368 *Herresthal*, EuZW 2007, 396, 399; zur Erweiterung des Aufgabenkreises der nationalen Judikative sowie zur Neuzuordnung der Gewalten eingehend *Herresthal*, Rechtsfortbildung, 171 ff.

369 *Herresthal*, Rechtsfortbildung, 324 ff. zeigt daneben zudem noch strukturelle und funktionale Grenzen auf.

370 *Herresthal*, Rechtsfortbildung, 326 ff.

371 *Herresthal*, EuZW 2007, 396, 400.

372 *Herresthal*, Rechtsfortbildung, 321 ff.; *ders*. EuZW 2007, 396, 400.

Sowohl die Auffassungen, die unter Berücksichtung der tradierten *contra legem*-Grenze eine richtlinienkonforme Auslegung bzw. Rechtsfortbildung *contra legem* für zulässig erachten als auch der Ansatz von *Herresthal*, der aufgrund einer Ausweitung der Zuständigkeiten der Judikative in der „integrierten Staatlichkeit" eine Neubestimmung der *contra legem*-Grenze befürwortet, können im Ergebnis nicht überzeugen.[373] Der EuGH hat jüngst ausdrücklich bekräftigt, dass die richtlinienkonforme Auslegung/Rechtsfortbildung „nicht als Grundlage für eine Auslegung *contra legem* des nationalen Rechts dienen" darf[374] und damit die bislang eher vage Formulierung einer „richtlinienkonformen Auslegung so weit wie möglich" präzisiert.

Der Ansicht von *Herrestahl* ist zunächst zuzugeben, dass - für sich gesehen - die Zwecksetzung des nationalen Gesetzgebers unter Umständen an die Wertungen der Richtlinie anzupassen ist, da die aus der Richtlinie resultierende Rechtssetzungspflicht, wie erörtert, Teil der Gesamtrechtsordnung ist.[375] Auch der EuGH fordert eine solche Anpassung in seiner Rechtsprechung. Das nationale Gericht habe im Fall von Umsetzungsgesetzen davon auszugehen, dass der Staat die Absicht verfolgt habe, den sich aus der betreffenden Richtlinie ergebenden Verpflichtungen in vollem Umfang nachzukommen, so dass konkrete Zwecksetzungen des nationalen Gesetzgebers im Zweifel außen vor bleiben müssen.[376] Dies präzisierend fordert der EuGH etwa eine richtlinienkonforme Auslegung/Rechtsfortbildung ungeachtet entgegenstehender Auslegungshinweise, die sich aus den vorbereitenden Arbeiten zu einer nationalen Regelung ergeben könnten.[377]

Entgegen der Auffassung von *Herresthal* ist die Anpassung der Zwecksetzung aber lediglich im Rahmen des möglichen Wortlauts der nationalen Regelung möglich[378] bzw. gemeinschaftsrechtlich gefordert: der EuGH postuliert nur eine

373 Kritisch zur von *Herrestahl* angenommenen Ausweitung der Kompetenzen der Judikative im Zuge des neuen Strukturprinzips der integrierten Staatlichkeit jüngst auch *Schürnbrand*, JZ 2007, 910, 917.

374 EuGH, Rs. C-212/44, Slg. 2006, I-6057, Rn. 110 (Adeneler); diese Formulierung hatte er zuvor bereits im Zusammenhang mit der rahmenbeschlusskonformen Auslegung in der Entscheidung *Pupino* gebraucht, EuGH, Rs. C-105/03, Slg. 2005, I-5285, Rn. 47 (Pupino).

375 *Canaris*, FS Bydlisnki, 47, 96.

376 EuGH, Rs. C-334/92, Slg. 1993, I- 6911, Rn. 20 (Wagner Miret); verb. Rs. C-397-403/01, Slg. 2004, I-8835, Rn. 112 (Pfeiffer).

377 EuGH, Rs. C-371/02, Slg. 2004, I-5791, Rn. 13 (Björnekulla).

378 So auch *Canaris*, FS Bydlisnki, 47, 96; *Franzen*, Privatrechtsangleichung, 380 f.; *Nettesheim*, AöR 119 (1994), 261, 275; dies verkennend *Auer*, NJW 2007, 1106, 1108, nach deren Einschätzung das, was richtlinienkonform ist, schon definitionsgemäß nicht *contra legem* sein könne, da maßgeblich nur die Wertungen der Richtlinie als Bestandteil der Gesamtrechtsordnung seien; a.A. *Brechmann*, Richtlinienkonforme Auslegung, 268 f.;

Pflicht zur richtlinienkonformen Auslegung/Rechtsfortbildung innerhalb des Beurteilungsspielraums, den das nationale Recht dem Gericht einräumt.[379] Entsprechend nehmen einige Generalanwälte eine Pflicht zur richtlinienkonformen Auslegung/Rechtsfortbild-ung nur an, wenn die „nationale Vorschrift in irgendeiner Weise auslegungsfähig ist".[380] Das nationale Gericht sei nicht verpflichtet, das innerstaatliche Recht in einer Weise auszulegen, „die zum Wortlaut der einschlägigen Gesetzgebung im Widerspruch steht."[381]

Die Annahme eines „vollständigen Funktionsverlustes" der nationalen Vorschrift infolge einer richtlinienkonformen Auslegung/Rechtsfortbildung geht indes zu weit. Sie übersieht, dass die *contra legem*-Grenze im Rahmen der richtlinienkonformen Auslegung/Rechtsfortbildung die Bindung an das nationale Gesetz sicherstellen soll.[382] Wie gehsen, lässt die richtlinienkonforme Auslegung/Rechtsfortbildung im Unterschied zur unmittelbaren Wirkung gerade nicht den direkten Rückgriff auf die Richtlinienbestimmungen zu bzw. kann nicht den vollständigen Ausschluss des nationalen Rechts zur Folge haben.

Die Einhaltung der tradierten *contra legem*-Grenze ist daher neben Gewalteilungsaspekten vor allem auch erforderlich, um die richtlinienkonforme Auslegung/Rechtsfort-bildung von einer unmittelbaren Richtlinienwirkung abzugrenzen.[383] Die richtlinienkonforme Auslegung/Rechtsfortbildung darf nicht dazu führen, dass eine nationale Vorschrift in ihr Gegenteil verkehrt wird bzw. ihr jeder sinnvolle Anwendungsbereich entzogen wird.[384] Ausgeschlossen ist eine richtlinienkonforme Reduktion der nationalen Vorschrift „auf Null".[385] Möglich ist lediglich die Entziehung „abgrenzbarer Fallgruppen" aus ihrem Anwendungsbereich.[386] Die nationale Vorschrift muss dafür generell und weit gefasst sein. Wenn hingegen nach der Reduktion der nationalen Bestimmung kein ei-

---

Schürnbrand, JZ 2007, 910, 916 f., der jedoch nicht hinreichend berücksichtigt, dass durch die Wortlautgrenze das Verbot des *contra legem*-Judizierens weiter Bestand hat.

379 EuGH, Rs. 14/83, Slg. 1984, 1891, Rn. 28 (Von Colson).

380 GA *Van Gerven*, Schlussanträge in Rs. 106/89, Slg. 1990, I-4135, Rn. 8 (Marleasing).

381 GA *Jacobs*, Schlussanträge in Rs. C-456/98, Slg. 2000, I- 6007, Rn. 32 (Centrosteel).

382 Dies räumt auch *Herresthal*, Rechtsfortbildung, 327 ein.

383 *Gebauer*, Europäische Auslegung des Zivilrechts, Kap. 3 Rn. 43; so mit Nachdruck auch *Canaris*, FS Schmidt, 41, 58.

384 *Auer*, NJW 2007, 1106, 1108; *Canaris*, FS Schmidt, 41, 58.

385 *Herrmann*, Richtlinienumsetzung, 146; *Auer*, NJW 2007, 1106, 1108; *Gebauer*, Europäische Auslegung des Zivilrechts, Kap. 3 Rn. 51; *Schürnbrand*, JZ 2007, 910, 916; zu weitgehend auch *Schnorbus*, AcP 201 (2001), 860, 894, nach dessen Auffassung die nationale Vorschrift infolge richtlinienkonformer Reduktion nicht *angewendet* wird.

386 *Gebauer*, Europäische Auslegung des Zivilrechts, Kap. 3 Rn. 51.

genständiger Anwendungsbereich mehr verbliebe, käme dies ihrer Derogation gleich und die Grenze zur unmittelbaren Wirkung wäre überschritten.[387]

Herresthal behauptet, dass der „vollständige Funktionsverlust" nur innerhalb der von ihm aufgezeigten Grenzen möglich sei.[388] Hier ist seine Argumentation jedoch in sich widersprüchlich, da er als eine solche Grenze unter anderem auch die funktionale Grenze einer richtlinienkonformen Reduktion ausmacht und diese erreicht sei, wenn die nationale Norm „in ihr Gegenteil verkehrt" wird.[389] Gerade dies ist jedoch bei dem „vollständigen Funktionsverlust" einer Norm der Fall.[390]

Im Ergebnis ist daher davon auszugehen, dass die Zuständigkeiten der Judikative auch im Fall der richtlinienkonformen Auslegung/Rechtsfortbildung grundsätzlich nicht weiter reichen, folglich auch hier die ***kumulativen*** Kriterien von Wortlaut und Zweck der nationalen Vorschrift als Schranken fungieren.[391] In seiner Entscheidung zum Bereitschaftsdienst von Ärzten hat das BAG somit zutreffend die Möglichkeit einer richtlinienkonformen Auslegung des Arbeitszeitgesetzes abgelehnt.[392] Die Auslegung der Arbeitszeitrichtlinie hatte die Einstufung des Bereitschaftsdienstes als Arbeitszeit ergeben.[393] Das Arbeitszeitgesetz (ArbZG) zählte den Bereitschaftsdienst hingegen nicht zur Arbeitszeit, sondern zur Ruhezeit. Diese Bewertung entsprach dem ausdrücklichen Willen des Gesetzgebers, da ausweislich der Gesetzesmaterialien Rufbereitschaft und Bereitschaftsdienst „arbeitsrechtlich grundsätzlich als Ruhezeit zu werten seien". Eine Berücksichtigung der Richtlinienvorgaben, wie sie die Auslegung des EuGH ergeben hatten, war hier aufgrund des eindeutigen Wortlautes der nationalen Regelung nicht möglich. Das BAG hatte daher zu Recht festgestellt, dass bei einer Zuordnung des gesamten Bereitschaftsdienstes zu der Arbeitszeit die Regelungen des ArbZG „sinnentleert" wären und „keinen Anwendungsbereich mehr hätten", was einer „Teilaufhebung" gleichkäme.[394]

---

[387] *Herrmann*, Richtlinienumsetzung, 146; *Gebauer*, Europäische Auslegung des Zivilrechts, Kap. 3 Rn. 51.

[388] *Herresthal*, EuZW 2007, 396, 400.

[389] *Herresthal*, EuZW 2007, 396, 400.

[390] Vgl. auch *Canaris*, FS Schmidt, 41, 57, der betont, dass es sich bei der telelogischen Reduktion „auf Null" nur um einen „Unterfall" des Verbots handelt, wonach „der normative Gehalt der auszulegenden Norm nicht grundlegend neu bestimmt werden dürfe".

[391] *Canaris*, FS Schmidt, 41, 58.

[392] BAGE 105, 32 (49 f.).

[393] EuGH, Rs. C-303/98, Slg. 2000, I-7963 (SIMAP); der EuGH hat diese Auslegung später in der Entscheidung *Jaeger* bestätigt: EuGH, Rs. C-151/02, Slg. 2003, I-8389 (Jaeger).

[394] BAGE 105, 32 (50).

Ähnlich hat auch der BGH in seiner viel beachteten *Heininger*-Entscheidung eine vollständige richtlinienkonforme Reduktion der nationalen Vorschrift abgelehnt, indem er betonte, dass trotz der von ihm vorgenommen richtlinienkonformen Reduktion von § 5 Abs. 2 Haustürwiderrufsgesetzes (HWiG) diesem „ein eigener Anwendungsbereich erhalten bleibt".[395]

b) Grenzen nach Gemeinschaftsrecht

aa) Allgemeine Rechtsgrundsätze

Neben den in den nationalen Methodenlehren liegenden Einschränkungen findet die Verpflichtung zu richtlinienkonformer Auslegung ihre Grenzen in den allgemeinen Rechtsgrundsätzen des Gemeinschaftsrechts. Diese sind vor allem in strafrechtlichen Konstellationen zu berücksichtigen. Der Gerichtshof äußerte sich dazu erstmals in der Entscheidung *Kolpinghuis*.[396]

Im zugrunde liegenden Strafverfahren wurde der Angeklagten vorgeworfen, ein Getränk, bei dem es sich um mit Kohlensäure versetztes Leitungswasser handelte, als Mineralwasser verkauft zu haben, obwohl es nach niederländischem Recht verboten war, für den menschlichen Genuss bestimmte Waren, die aufgrund ihrer Zusammensetzung fehlerhaft sind, zum Verkauf und zur Lieferung vorrätig zu halten. Nach niederländischem Recht nicht näher definiert war, was als „fehlerhaft" einzuordnen ist. Die Anklage berief sich auf eine Richtlinie über die Gewinnung und den Handel mit natürlichen Mineralwässern[397], wonach Mineralwasser aus einer Quelle zu gewinnen ist und bis auf den Entzug oder die Zufügung von Kohlensäure nicht weiter behandelt werden darf. Die Niederlande hatten die Richtlinie nicht in nationales Recht umgesetzt. Fraglich war, ob die Anklage sich gleichwohl darauf berufen konnte. Nachdem der EuGH eine

---

395 BGHZ 150, 248 (259); im Hinblick auf die angesprochene, gegenwärtig beim BGH anhängige Rechtssache betreffend die Vereinbarkeit von § 439 Abs. 4 BGB mit der Verbrauchsgüterkaufrichtlinie ist problematisch, dass der BGH in dem Vorlagebeschluss an den EuGH bereits unterstrichen hat, dass eine einschränkende Auslegung dahin, dass die Verweisung auf die Rücktrittsvorschriften nicht auch einen Anspruch des Verkäufers auf Nutzungsvergütung begründen, dem Wortlaut und dem eindeutig erklärten Willen des Gesetzgebers widerspräche und unter Berücksichtigung der Bindung der Rechtsprechung an Recht und Gesetz gemäß Art. 20 Abs. 3 GG nicht zulässig sei. Die Möglichkeit der Auslegung ende dort, wo sie mit dem Wortlaut und dem klar erkennbaren Willen des Gesetzgebers in Widerspruch treten würde (BGH, NJW 2006, 3201). Daher erhoben Vertreter in der Literatur den Einwand, das Vorabentscheidungsverfahren sei schon unzulässig (*Lorenz*, NJW 2006, 3202). Abzuwarten bleibt, wie der BGH sich im Fall einer positiven Entscheidung des EuGH zur Reichweite der richtlinienkonformen Auslegung äußern wird.

396 EuGH, Rs. 80/86, Slg. 1987, 3669 (Kolpinghuis).

397 RL 80/77/EWG, ABl. 1980 L 229/1.

umgekehrt vertikale unmittelbare Wirkung der Richtlinie ausgeschlossen hatte, führte er weiter aus, dass auch die Verpflichtung nationaler Gerichte zur richtlinienkonformen Auslegung Grenzen unterliegt, insbesondere dem Grundsatz der Rechtssicherheit und des Rückwirkungsverbots.[398] In einer späteren Entscheidung unterstrich er, dass „der Grundsatz, wonach ein Strafgesetz nicht zum Nachteil des Betroffenen extensiv angewandt werden darf, der aus dem Grundsatz der gesetzlichen Bestimmtheit von strafbaren Handlungen und Strafen und allgemeiner, dem Grundsatz der Rechtsicherheit folgt, es verbietet, die Strafverfolgung wegen eines Verhaltens einzuleiten, dessen Strafbarkeit sich nicht eindeutig aus dem Gesetz ergibt“, wobei er insbesondere auch auf Art. 7 EMRK rekurrierte.[399]

Der EuGH hat im Kontext der Entscheidung *Kolpinghuis* deutlich machen wollen, dass es aus gemeinschaftsrechtlicher Sicht nicht möglich ist, die strafrechtliche Verantwortlichkeit auf einen unbestimmten Tatbestand zu stützen, der erst durch die Heranziehung von Richtlinienbestimmungen eine hinreichende Bestimmtheit erhält.[400] Die strafrechtliche Verantwortlichkeit eines Einzelnen darf somit nicht allein auf eine Richtlinie gestützt werden, sondern muss sich immer auf ein hinreichend bestimmtes nationales Strafgesetz zurückführen lassen, mit anderen Worten, „eine Richtlinie (kann nicht) für sich allein und unabhängig von zu ihrer Durchführung erlassenen innerstaatlichen Rechtsvorschriften eines Mitgliedstaats die Wirkung haben, die strafrechtliche Verantwortlichkeit derjenigen, die gegen die Vorschriften der Richtlinie verstoßen, festzulegen oder zu verschärfen“.[401] In der Entscheidung *Arcaro* formulierte der EuGH noch deutlicher, dass die Pflicht zur richtlinienkonformen Auslegung ihre Grenzen dann finde, wenn sie dazu führt, „dass auf der Grundlage der Richtlinie und in Ermangelung eines zu ihrer Umsetzung erlassenen Gesetzes die strafrechtliche Verantwortlichkeit derjenigen verschärft wird, die gegen die Richtlinienbestimmungen verstoßen.“[402]

Insgesamt ist somit im strafrechtlichen Kontext die Pflicht zur richtlinienkonformen Auslegung restriktiver zu verstehen als in anderen Fallkonstellatio-

---

398 EuGH, Rs. 80/86, Slg. 1987, 3669, Rn. 13 (Kolpinghuis).

399 EuGH, verb. Rs. C-74/95 and C-129/95, Slg. 1996, I-6609, Rn. 25 (Strafverfahren gegen X).

400 *B. Hecker*, Europäisches Strafrecht, § 10 Rn. 44 weist darauf hin, dass dann in der Tat ein Fall der unmittelbaren Wirkung vorliegen würde.

401 EuGH, Rs. 80/86, Slg. 1987, 3669, Rn. 13 (Kolpinghuis); verb. Rs. C-74/95 und C-129/95, Slg. 1996, I-6609, Rn. 24 (Strafverfahren gegen X); Rs. C-60/02, Slg. 2004, I-651, Rn. 61 (Strafverfahren gegen X).

402 EuGH, Rs. C-168/95, Slg. 1996, I- 4705, Rn. 42 (Arcaro).

nen.[403] Der EuGH betont wiederholt die Grenzen, welche die allgemeinen Rechtsgrundsätze dem Gebot der richtlinienkonformen Auslegung setzen.

Auch im Strafrecht schließen allerdings die allgemeinen Rechtsgrundsätze des Rückwirkungs- und Bestimmtheitsgebots nur eine Auslegung *contra legem* aus. Eine richtlinienkonforme Auslegung, die lediglich von einer bisherigen Auslegungspraxis zum Nachteil eines Beschuldigten abweicht, ist hingegen möglich.[404] Das neue Auslegungsergebnis findet seine Grundlage in dem nationalen Gesetz selbst, und das bloße Vertrauen in eine bestimmte Auslegung ist nicht schutzwürdig. Ein Wandel der Rechtsprechung ist jederzeit möglich, ohne dass dadurch bereits das Rückwirkungsverbot verletzt wäre.[405] Eine strafbarkeitserweiternde Auslegung eines vorhandenen nationalen Strafgesetzes im Lichte einer Richtlinie, jedoch im Rahmen der nationalen Auslegungsregeln ist daher im Falle einer unzureichenden oder nicht erfolgten Richtlinienumsetzung von der Konformauslegungspflicht erfasst.[406] Die Richtlinie ist sozusagen als Bestätigung eines aus dem nationalen Recht gewonnenen Auslegungsergebnisses heranzuziehen, wie dies beispielsweise in einer Entscheidung des BGH zum Umweltstrafrecht der Fall gewesen ist.[407]

bb) Horizontale Fallkonstellationen?

Wie erwähnt, hat der Gerichtshof in der Vergangenheit in einer Vielzahl von Entscheidungen, denen horizontale Fallkonstellationen zugrunde lagen, nach der Ablehnung einer unmittelbaren Wirkung auf das Gebot der richtlinienkonformen Auslegung verwiesen. Zwischenzeitlich war allerdings - bedingt durch ein widersprüchliches Urteil des Gerichtshofs - fraglich, ob nicht auch die Anwendung der Verpflichtung zu richtlinienkonformer Auslegung in horizontalen Fallkonstellationen Grenzen unterliegt. In der Rechtssache *Arcaro* hieß es, dass

---

403 *C. Schröder*, Richtlinien und deutsches Strafrecht, 380 und 383, der sich insbesondere auf die Entscheidung in der Rechtssache *Arcaro* (EuGH, Rs. C-168/95, Slg. 1996, I-4705, 4730) beruft und darlegt, dass diese Entscheidung „zwischen den Zeilen“ andeute, dass der Gerichtshof, die allgemein „so weit wie möglich“ reichende Pflicht zur richtlinienkonformen Interpretation „im strafrechtlichen Kontext zurücknehme“; ebenso *B. Hecker*, Europäisches Strafrecht, § 10 Rn. 48.

404 *Satzger*, Internationales und Europäisches Strafrecht, § 8 Rn. 85 f.; *B. Hecker*, Europäisches Strafrecht § 10 Rn. 60 ff.; *C. Schröder*, Richtlinien und deutsches Strafrecht, 321 ff., 380 ff.; *Dannecker*, Jura 2006, 173, 175; *Wehnert*, NJW 2005, 3760 f.; *Heise*, Europäisches Gemeinschaftsrecht und nationales Strafrecht, 165 f.; a.A. *Köhne*, Richtlinienkonforme Auslegung im Umweltstrafrecht, 107 ff.

405 Vgl. BVerfGE 18, 224 ff.

406 *Satzger*, Internationales und Europäisches Strafrecht, § 8 Rn. 85.

407 BGHSt 37, 333 (336) betreffend die Auslegung des Abfallbegriffs gemäß § 326 Abs. 1 StGB.

die Verpflichtung des nationalen Gerichts, bei der Auslegung der einschlägigen Bestimmungen seines nationalen Rechts auf den Inhalt der Richtlinie abzustellen ihre Grenzen finde, wenn eine solche Auslegung zu einer Verpflichtung für einen Einzelnen aus einer nicht umgesetzten Richtlinie führt.[408] Wörtlich gelesen hätte dies in der Folge eine weit reichende Einschränkung des Anwendungsbereichs der Pflicht zu richtlinienkonformer Auslegung bedeutet, die dann auch nicht mehr als alternatives Rechtsinstrument zur fehlenden unmittelbaren horizontalen Wirkung in Frage gekommen wäre.[409]

Diese Entscheidung betraf jedoch einen strafrechtlichen Fall und ist daher zurückhaltend zu interpretieren.[410] Generalanwalt *Jacobs*, der in seinen Schlussanträgen in der Rechtssache *Centrosteel* Stellung zu der Entscheidung *Arcaro* bezog, führte dementsprechend explizit aus, dass der „Auslegungsprozess nicht aus sich selbst heraus und vom die Richtlinie umsetzenden nationalen Recht unabhängig zur Folge haben (kann), dass strafrechtliche Verantwortlichkeiten geschaffen oder verschärft werden; er kann aber dazu führen, dass dem Einzelnen eine zivilrechtliche Haftung oder Verpflichtung auferlegt wird, die sonst nicht bestanden hätte“.[411]

Betrachtet man die Urteile des Gerichtshofs, die im Anschluss an die Entscheidung *Arcaro* ergangen sind, so sind die dortigen Ausführungen tatsächlich allein durch den strafrechtlichen Kontext der Entscheidung bedingt. Der Gerichtshof nahm zwar nie explizit dazu Stellung, jedoch rekurrierte er in späteren Entscheidungen wie *Centrosteel*[412], *Océano*[413] oder *Pfeiffer*[414] stets auf den Grundsatz der richtlinienkonformen Auslegung, nachdem er eine horizontale

---

408 EuGH, Rs. C-168/95, Slg. 1996, I-4705, Rn. 42 (Arcaro); bereits Generalanwalt *Van Gerven* formulierte, dass eine Richtlinie „nicht für sich eine zivilrechtliche Sanktion in das nationale Recht einführen könne, da dies gegen die Grundsätze der Rechtssicherheit und des Rückwirkungsverbotes verstoße“ - GA *Van Gerven*, Schlussanträge in Rs. C-106/89, Slg. 1990, I-4035, Rn. 8 (Marleasing).

409 In der Literatur zog die Entscheidung intensive Diskussionen nach sich - vgl. nur *Craig*, ELRev. 1997, 519, 526 ff.

410 *Drake*, ELRev. 2005, 329, 338; *Tridimas*, YEL 2002, 327, 349; *Arnull*, ELRev. 1999, 1, 2.

411 GA *Jacobs*, Schlussanträge in Rs. C-456/98, Slg. 2000, I-6007, Rn. 35 (Centrosteel); a.A. GA *Alber*, Schlussanträge in Rs. C-343/98, Slg. 2000, I-6659, Rn. 28 (Collino): im Hinblick auf die Entscheidung *Arcaro* führte er aus, dass „für die Pflicht der mitgliedstaatlichen Gerichte zur richtlinienkonformen Auslegung dieselben Schranken wie für die unmittelbare Wirkung von Richtlinienbestimmungen“ gelten.

412 EuGH, Rs. C-456/98, Slg. 2000, I-6007 (Centrosteel).

413 EuGH, verb. Rs. C-240-244/98, Slg. 2000, I-4941 (Océano).

414 EuGH, verb. Rs. C-397-403/01, Slg. 2004, I-8835 (Pfeiffer).

unmittelbare Wirkung abgelehnt hatte, ungeachtet der Tatsache, dass dadurch mittelbare Belastungen für eine der Parteien die zwangsläufige Folge waren.

Festzuhalten ist damit an dieser Stelle, dass die richtlinienkonforme Auslegung als methodisches Instrument gerade auch auf Rechtsbeziehungen zwischen Privaten anwendbar ist und belastende Konsequenzen für eine der Parteien hinzunehmen sind.[415] Kritische Stimmen wenden ein, der Gerichtshof akzeptiere damit eine *de facto* unmittelbare horizontale Wirkung, während er eine *de jure* unmittelbare horizontale Wirkung ausschließe.[416] Andere formulieren vorsichtiger, sind aber auch der Auffassung, dass „das Gebot der richtlinienkonformen Auslegung Wirkungen auszulösen vermag, die der Anerkennung einer horizontalen unmittelbaren Wirkung sehr nahe kommen“[417] bzw. dass die Grenzziehung zwischen einer horizontalen unmittelbaren Wirkung und einer richtlinienkonformen Auslegung in horizontalen Verhältnissen zwar „phänotypisch durchführbar, aber rechtstheoretisch fragwürdig“ sei.[418] Die entscheidende Frage ist, ob die Zulassung einer richtlinienkonformen Auslegung in zivilen Rechtsstreitigkeiten nicht das Verbot der unmittelbaren horizontalen Wirkung umgeht.

Dies ist im Grundsatz zu verneinen. Im Unterschied zur unmittelbaren Wirkung entscheidet das nationale Gericht im Rahmen der richtlinienkonformen Auslegung den zugrunde liegenden Fall anhand von Bestimmungen des nationalen Rechts.[419] Wie oben deutlich gemacht, unterscheidet sich damit die richtlinienkonforme Auslegung „rechtstheoretisch und rechtsquellendogmatisch“ von der unmittelbaren Wirkung.[420] Die Auslegungsregeln des nationalen Rechts begrenzen die richtlinienkonforme Auslegung, so dass es nicht zu einer völlig unvorhersehbaren Belastung des von dieser Auslegungsmethode betroffenen Privaten kommt.[421] Der Adressat einer auslegungsfähigen Rechtsnorm muss immer damit rechnen, dass ein Gericht sich trotz anderer Auslegungsmöglichkeiten für eine Auslegung entscheidet, die seine Rechtsposition beeinträchtigt.[422] Auch eine richtlinienkonforme Rechtsfortbildung im Wege der Analogie oder Reduk-

---

415 Statt vieler *Schlachter*, RdA 2005, 115, 118; *Rodríguez Iglesias/Riechenberg*, FS Everling, 1213, 1229 f.

416 *Craig*, ELRev. 1997, 519, 525: “indirect direct effect”.

417 *Steinbarth*, Jura 2005, 607, 611.

418 *Müller-Graff*, DRiZ 1996, 259, 305, 314.

419 Vgl. *Steinbarth*, Jura 2005, 607, 611; *Timmermanns*, YEL 1997, 1, 23; *Ruffert*, in: Calliess/Ruffert (Hrsg.), EUV/EGV (3. Aufl.), Art. 249 EG Rn. 120.

420 *Franzen*, Privatrechtsangleichung, 360 ff.

421 Vgl. *Rüffler*, ÖJZ 1997, 121, 130; *Skouris*, EBLR 2006, 241, 250: “allows for the greatest possible predictability of the national court’s decision by ensuring application of national interpretative methods”.

422 So *Steinbarth*, Jura 2005, 607, 611.

tion kommt nach deutschem Methodenverständnis nur innerhalb der *contra legem*-Grenze in Betracht, so dass auch in diesen Fällen der Richter stets noch eine nationale Norm als Entscheidungsgrundlage heranzieht.[423]

Allerdings ist zweifelhaft, ob die Grenze zu einer unmittelbaren Wirkung nicht durch eine Rechtsprechung des EuGH überschritten ist, welche die Auslegungsverpflichtung immer weiter zieht und den nationalen Gerichten in so starkem Maße methodische Vorgaben auferlegt, um die Richtliniengebote durchzusetzen. Die Begrenzung der richtlinienkonformen Auslegung durch die Auslegungsregeln des nationalen Rechts ist damit möglicherweise aufgegeben. Aktuell wurde diese Problematik im Zusammenhang mit der viel beachteten Entscheidung *Pfeiffer*, auf die im weiteren Verlauf der Untersuchung vertieft einzugehen ist.[424]

IV. Gemeinschaftsrechtlicher Staatshaftungsanspruch

1. Entwicklung und Rechtsgrundlage

Die Grenzen, denen sowohl die unmittelbare Wirkung als auch der Grundsatz der richtlinienkonformen Auslegung unterliegen, veranlassten den Gerichtshof schließlich dazu, erneut im Wege der Rechtsfortbildung als weiteren dezentralen Sanktionsmechanismus einen Schadensersatzanspruch der einzelnen Bürger gegenüber den Mitgliedstaaten bei Verstößen gegen die in Art. 249 Abs. 3 EG verankerte Umsetzungsverpflichtung zu begründen.[425]

In seiner Rechtsprechung hat der Gerichtshof sodann regelmäßig auf die gemeinschaftsrechtlich begründete Staatshaftung verwiesen, sollten weder eine unmittelbare Richtlinienwirkung noch eine richtlinienkonforme Auslegung möglich sein. Besonders eindrücklich geschah dies in der Entscheidung *Faccini Dori*.[426] Hervorzuheben ist, dass der Staatshaftungsanspruch lediglich subsidiärer Natur ist, der das Konzept der unmittelbaren Wirkung bzw. der richtlinienkonformen Auslegung nicht ersetzt, sondern vielmehr als ergänzender Rechtsbehelf für den einzelnen Bürger zum Tragen kommt, wenn erstere Instrumente nicht greifen.[427] Ungeachtet dessen ist der Grundsatz der Staatshaftung zu einem wesentlichen Bestandteil des gegenwärtigen Rechtsschutzsystem des Gemeinschaftsrechts geworden, nachdem ihn der Gerichtshof im Anschluss an die

423 a.A. wohl *Franzen*, Privatrechtsangleichung, 361 ff.

424 Vgl. § 2, B., III., 3., c).

425 EuGH, verb. Rs. C-6/90 und C-9/90, Slg. 1991, I-5357 (Francovich).

426 EuGH, Rs. C-91/92, Slg. 1994, I-3325, Rn. 27 ff. (Faccini Dori); vgl. weiterhin EuGH, Rs. C-192/94, Slg. 1996, I-1281, Rn. 22 (El Corte Inglés); Rs. C-334/92, Slg. 1993, I-6911, Rn. 22 (Wagner Miret); Rs. C-131/97, Slg. 1999, I-1103, Rn. 52 (Carbonari)

427 Vgl. *Prechal*, Directives, 300 ff.

Francovich-Entscheidung weiter fortentwickelt und präzisiert hat, so dass jegliche Verstöße gegen Gemeinschaftsrecht davon erfasst sind.[428] Zuletzt hat der Anspruch eine zusätzliche Aufwertung erfahren, als der Gerichtshof klar stellte, dass es für die Haftung der Mitgliedstaaten unerheblich ist, welches staatliche Organ für die Gemeinschaftsrechtsverletzung verantwortlich ist und daher auch eine Haftung für judikatives Unrecht bejaht hat.[429]

Begründet hatte der Gerichtshof die gemeinschaftsrechtliche Staatshaftung anfangs damit, dass es ein Grundsatz des Gemeinschaftsrechts sei, „dass die Mitgliedstaaten zum Ersatz der Schäden verpflichtet sind, die dem Einzelnen durch Verstöße gegen das Gemeinschaftsrecht entstehen".[430] Der Gerichtshof stützte sich wesentlich auf den *effet utile*-Gedanken: „Die *volle Wirksamkeit* der gemeinschaftsrechtlichen Bestimmungen wäre beeinträchtigt und der Schutz der durch sie begründeten Rechte gemindert, wenn der Einzelne nicht die Möglichkeit hätte, für den Fall eine Entschädigung zu erlangen, dass seine Rechte durch einen Verstoß gegen das Gemeinschaftsrecht verletzt werden, der einem Mitgliedstaat zuzurechnen ist."[431] Zusätzlich verwies der EuGH auf Art. 10 EG bzw. in späteren Entscheidungen auf Art. 288 Abs. 2 EG, in dem die Haftung der Gemeinschaft nach den allgemeinen, den Rechtsordnungen der Mitgliedstaaten gemeinsamen Rechtsgrundsätzen verankert ist.[432]

2. Voraussetzungen des Staatshaftungsanspruchs

Auf Tatbestandsebene ist der Schadensersatzanspruch an drei grundlegende Voraussetzungen geknüpft. Danach muss dem Mitgliedstaat erstens ein Verstoß gegen eine Norm des Gemeinschaftsrechts zuzurechnen sein, die bezweckt, dem Einzelnen Rechte zu verleihen. Der Verstoß muss zweitens hinreichend qualifi-

---

428 EuGH, verb. Rs. C-46/93 und C-48/93, Slg. 1996, I-1029 (Brasserie du Pêcheur/Factortame); Rs. C-392/93, Slg. 1996, I-1631 (British Telecommunications); Rs. C-5/94, Slg. 1996, I-2553 (Hedley Lomas); verb. Rs. C-178/94, C-179/94 und C-188-190/94, Slg. 1996, I-4845 (Dillenkofer); verb. Rs. C-283/94, C-291/94 und C-292/94, Slg. 1996, I-5063 (Denkavit).

429 EuGH, Rs. C- 224/01, Slg. 2003, I-10239 (Köbler); siehe auch die Entscheidung *Traghetti*, in der der EuGH die Haftungsgrundsätze für judikatives Unrecht präzisierte, indem er zur Vereinbarkeit nationaler Richterprivilegien mit dem Gemeinschaftsrecht Stellung nahm und deutlich machte, dass diesen im System des gemeinschaftsrechtlichen Staatshaftungsrechts keine Bedeutung zukommt, EuGH, Rs. C- 173/03, Slg. 2006, I-5177 (Traghetti) - dazu *Seegers*, EuZW 2006, 564 ff.; *Haratsch*, JZ 2006, 1176 ff.; *Tietjen*, EWS 2007, 15 ff.

430 EuGH, verb. Rs. C-6/90 und C-9/90, Slg. 1991, I-5357, Rn. 37 (Francovich).

431 EuGH, verb. Rs. C-6/90 und C-9/90, Slg. 1991, I-5357, Rn. 33 (Francovich) (Hervorhebung durch die Verfasserin).

432 EuGH, verb. Rs. C-46/93 und C-48/93, Slg. 1996, I-1029, Rn. 28 ff. (Brasserie du Pêcheur/Factortame).

ziert sein und zwischen dem Verstoß und dem der geschädigten Person entstandenen Schaden muss drittens ein unmittelbarer Kausalzusammenhang bestehen.[433] Für den hier interessierenden Fall von Verstößen gegen die Umsetzungsverpflichtung gemäß Art. 249 Abs. 3 EG stellte der Gerichtshof klar, dass sowohl Fälle unterbliebener[434] als auch mangelhafter[435] Richtlinienumsetzung durch die Legislative erfasst sind. Ein Verstoß sei hinreichend qualifiziert, „wenn ein Organ oder ein Mitgliedstaat bei der Ausübung seiner Rechtsetzungsbefugnisse deren Grenzen offenkundig und erheblich überschritten hat.“[436]

Eine fehlende Umsetzung einer Richtlinie ist damit stets als ein hinreichend qualifizierter Verstoß gegen die Umsetzungsverpflichtung einzuordnen.[437] Den Mitgliedstaaten ist es in diesem Zusammenhang auch nicht möglich, sich auf die vermeintliche Unmöglichkeit der Umsetzung zu berufen, d.h. es ist ausgeschlossen, die Nichteinhaltung der in einer Richtlinie festgelegten Verpflichtungen und Fristen mit Bestimmungen, Übungen oder Umstände der internen Rechtsordnung zu rechtfertigen. Der Gerichtshof betonte für den Fall, dass sich die Frist für die Umsetzung einer Richtlinie als zu kurz erweist, die Verpflichtung der Mitgliedstaaten, geeignete Schritte auf Gemeinschaftsebene zu unternehmen, um das zuständige Gemeinschaftsorgan zu der notwendigen Verlängerung der Frist zu veranlassen.[438]

In Fällen mangelhafter Umsetzung sei entscheidend, ob die Auslegung und Umsetzung einer Richtlinie durch den Mitgliedstaat auf Erwägungen beruht, die nicht völlig von der Hand zu weisen sind.[439] Ist eine Richtlinienvorschrift unklar formuliert und liegt keine klärende Auslegung durch den EuGH vor, ist es einem Mitgliedstaat möglich, sich auf sein Bemühen zur richtigen Umsetzung zu berufen, um die Feststellung eines hinreichend qualifizierten Verstoßes auszuschließen. Die Umsetzungsverpflichtung obliegt schließlich - wie im vorhergehenden Abschnitt gesehen - nicht nur den legislativen Organen der Mitglied-

---

433 EuGH, verb. Rs. C-46/93 und C-48/93, Slg. 1996, I-1029, Rn. 51 (Brasserie du Pêcheur/Factortame).

434 EuGH, verb. Rs. C-6/90 und C-9/90, Slg. 1991, I-5357 (Francovich).

435 EuGH, Rs. C-392/93, Slg. 1996, I-1631 (British Telecommunications); verb. Rs. C-283/94, C-291/94 und C-292/94, Slg. 1996, I-5063 (Denkavit); Rs. C-140/97, Slg. 1999, I-3499 (Rechberger).

436 EuGH, verb. Rs. C-46/93 und C-48/93, Slg. 1996, I-1029, Rn. 55 (Brasserie du Pêcheur/Factortame).

437 EuGH, verb. Rs. C-178/94, 179/94 und C-188-190/94, Slg. 1996, I-4845, Rn. 29 (Dillenkofer); Rs. C-319/96, Slg. 1998, I-5255, Rn. 28 (Brinkmann I).

438 Verb. Rs. C-178/94, 179/94 und C-188-190/94, Slg. 1996, I-4845, Rn. 53 f. (Dillenkofer).

439 EuGH, Rs. C-392/93, Slg. 1996, I-1631, Rn. 43 (British Telecommunications).

staaten, sondern insbesondere auch den Gerichten im Rahmen ihrer Zuständigkeiten. Kommen diese der Pflicht zu einer richtlinienkonformen Auslegung nicht nach, stellt auch dies eine Verletzung der Umsetzungspflicht dar, für die seit der Entscheidung *Köbler* die Mitgliedstaaten unter den genannten Voraussetzungen ebenso haften[440], wenngleich der Gerichtshof recht hohe Anforderungen an eine solche Haftung stellt.[441]

V. Zwischenergebnis

Der EuGH hat mit den Instrumenten der unmittelbaren Wirkung, der Pflicht zur richtlinienkonformen Auslegung sowie dem gemeinschaftsrechtlichen Staatshaftungsanspruch die Rechtswirkungen von Richtlinien erheblich über den vertraglichen Wortlaut des Art. 249 Abs. 3 EG hinaus erweitert. Die skizzierten Rechtsinstitute bilden Sanktionskategorien, um die Umsetzungsdefizite der Mitgliedstaaten auszugleichen und dadurch die Effektivität von Richtlinien zu steigern.

Herausragende Bedeutung kommt der Rechtsprechung zur unmittelbaren Wirkung zu.[442] Sowohl hinsichtlich der Voraussetzungen als auch auf der Rechtsfolgenseite unterliegt dieses Konzept jedoch recht strengen Anforderungen und Grenzen. Wie gesehen, ist erst nach Ablauf der Umsetzungsfrist die Berufung auf einzelne Richtlinienbestimmungen möglich und nur dann, wenn die vom Gerichtshof etablierten normstrukturellen Anforderungen erfüllt sind. Auf der Rechtsfolgenseite ist zunächst zu konstatieren, dass unmittelbar wirksame Richtlinienbestimmungen zu ganz unterschiedlichen Zwecken herangezogen werden können, sei es, um in ihnen enthaltene Rechte durchzusetzen, sei es um nationales Recht auf seine Richtlinienkonformität hin zu überprüfen. Zudem hat der Gerichtshof das Konzept auch immer mehr davon gelöst, dass ein Einzelner sich auf die unmittelbar wirksamen Richtlinienbestimmungen beruft. Vielmehr hat er deutlich gemacht, dass alle innerstaatlichen Rechtsanwendungsinstanzen zur unmittelbaren Befolgung der Richtlinieninhalte verpflichtet sind.

Allerdings führt das Verbot einer horizontalen unmittelbaren Wirkung zwangsläufig zu einer eingeschränkten Durchsetzung von Richtlinienstandards und damit zu einer Beeinträchtigung der einheitlichen Anwendung des Gemeinschaftsrechts, da eine Vielzahl von Richtlinien zur Harmonisierung des Binnenmarktes - insbesondere im Bereich des Arbeits-, Gesellschafts- oder des Verbraucherschutzrechts - die Gestaltung von Privatrechtsverhältnissen zum Gegenstand haben und dem einzelnen Unionsbürger Rechte verleihen. Diesem ist es jedoch im Fall der fehlenden oder unzureichenden Richtlinienumsetzung

---

440 Vgl. *Prechal*, Directives, 279.

441 Siehe dazu *Breuer*, ELRev. 2004, 243 ff.

442 Ebenso *von Danwitz*, JZ 2007, 697, 699: „wichtigste Sanktionskategorie".

aufgrund des Ausschlusses einer horizontalen unmittelbaren Wirkung nicht möglich, diese Rechte gegenüber einem anderen Privaten geltend zu machen.

Den dadurch bedingten negativen Konsequenzen trat der Gerichtshof zunächst durch eine gemeinschaftsrechtlich autonome, weit gefasste Definition des Staatsbegriffs entgegen:[443] danach „gehört jedenfalls eine Einrichtung, die unabhängig von ihrer Rechtsform kraft staatlicher Aufsicht eine Dienstleistung im öffentlichen Interesse zu erbringen hat, und die hierzu mit besonderen Rechten ausgestattet ist, die über das hinausgehen, was für die Beziehungen zwischen Privatpersonen gilt, zu den Rechtssubjekten, denen die unmittelbar anwendbaren Bestimmungen einer Richtlinie entgegengehalten werden können."[444] Der EuGH hat hiermit deutlich gemacht, dass auch Unternehmen Teil des Staates sein können. Die Rechtsform ist unerheblich. Vielmehr ist eine funktionelle Betrachtung vorzunehmen, die sich an Kriterien wie der Ausübung einer Dienstleistung im öffentlichen Interesse auf der Grundlage eines staatlichen Rechtsaktes sowie an staatlicher Kontrolle und besonderen Rechten der betroffenen Einrichtung orientiert.[445] Gleichwohl wurde bald offensichtlich, dass das Konzept der unmittelbaren Richtlinienwirkung allein nicht in vollem Umfange die Wirksamkeit gemeinschaftsrechtlicher Vorgaben sicherstellen kann.

Daher hat der Gerichtshof in der Folge insbesondere mit der Etablierung einer Verpflichtung zu richtlinienkonformer Auslegung als auch durch die Begründung eines Schadensersatzanspruchs gegen den säumigen Mitgliedstaat zusätzliche Mechanismen der dezentralen Durchsetzung geschaffen. Insbesondere dem Grundsatz der richtlinienkonformen Auslegung kommt in der Praxis in Rechtsstreitigkeiten zwischen Privaten eine wichtige Rolle zu, um die volle Wirksamkeit des Gemeinschaftsrechts sicherzustellen.[446] Der Staatshaftungsanspruch greift schließlich in Fällen, in denen weder eine unmittelbare Wirkung noch eine richtlinienkonforme Auslegung möglich sind und ergänzt damit die Dogmatik der Richtlinienwirkungen im Hinblick auf eine Sanktionierung von Umsetzungsdefiziten.

Jedoch weisen auch diese beiden Instrumente Schwächen auf. Die richtlinienkonforme Auslegung findet neben gemeinschaftsrechtlichen Schranken ihre Grenze dort, wo die nationale Methodenlehre eine solche Auslegung nicht mehr

---

[443] Vgl. *Hidien*, Gemeinschaftsrechtliche Staatshaftung, 29; GA *Van Gerven*, Schlussanträge in Rs. C-188/89, Slg. 1990, 3313, Rn. 9 f. (Foster).

[444] EuGH, Rs. C-188/89, Slg. 1990, I-3313, Rn. 20 (Foster); Rs. C-343/98, Slg. 2000, I-6659, Rn. 23 (Collino).

[445] Dazu näher *Bühring/Lang*, ZEuP 2005, 88, 91 ff.

[446] Vgl. *Betlem*, OJLS 2002, 397, 399; GA *Stix Hackl*, Schlussanträge in verb. Rs. C-131/04 und C-257/04, Slg. 2006, I-2531 (Robinson-Steele); siehe aber auch zur Bedeutung des Grundsatzes der richtlinienkonformen Auslegung im Hinblick auf einen wirksamen Rechtsschutz des Einzelnen *Drake*, ELRev. 2005, 329 ff.

trägt. Dies ist der Fall, wenn *kumulativ* Wortlaut und gesetzgeberischer Zweck einer richtlinienkonformen Rechtsfindung entgegenstehen. Entsprechend ist etwa eine richtlinienkonforme Reduktion einer nationalen Vorschrift „auf Null" ausgeschlossen. Nicht zu folgen ist der Auffassung, wonach es infolge eines neuen „Strukturprinzips der integrierten Staatlichkeit" zu einer Änderung im innerstaatlichen Gewaltenteilungsgefüge und damit zu einer Verschiebung der tradierten *contra legem*-Grenze gekommen ist, so dass eine richtlinienkonforme Rechtsfortbildung auch zum vollständigen Funktionsverlust einer innerstaatlichen Vorschrift führen könne. Dadurch wäre eine Abgrenzung zwischen unmittelbarer Richtlinienwirkung und dem Gebot richtlinienkonformer Auslegung nicht mehr möglich.

Im Hinblick auf die Möglichkeit des Einzelnen, von dem säumigen Mitgliedstaat Schadenersatz zu verlangen, ist zu berücksichtigen, dass dies keinen adäquaten Ersatz für die unmittelbare Wirkung der Richtlinie darstellt.[447] Bedenken ergeben sich hier insbesondere im Hinblick auf einen wirksamen Rechtsschutz des Einzelnen. Dieser ist oft gezwungen, zwei getrennte gerichtliche Verfahren entweder gleichzeitig oder nacheinander einzuleiten: eines gegen den privaten Beklagten und das andere gegen die staatliche Stelle, was mit zusätzlichem Zeitaufwand und nicht unerheblichen Kosten verbunden ist.[448] Schließlich haben Richtlinienbestimmungen zugunsten Einzelner oftmals keinen finanziellen Inhalt bzw. sind schwer zu quantifizieren, so dass in solchen Fällen bereits die Wahrscheinlichkeit, überhaupt Schadensersatz wegen Verletzung des Gemeinschaftsrechts zugesprochen zu bekommen, gering auszufallen scheint.[449]

Die Effektivität von Richtlinien ist daher trotz der vielfältigen Einwirkungsmöglichkeiten auf die nationalen Rechtsordnungen nach wie vor nicht hinreichend gewährleistet. Hinzu kommt, dass die jeweiligen Instrumente Umsetzungsmängel sanktionieren sollen und daher erst nach Ablauf der Umsetzungsfrist greifen. Bereits davor können sich aber schon Hindernisse für eine effektive Verwirklichung der Richtlinienziele ergeben. Es ist dieser Kontext, der den Gerichtshof veranlasst hat, in den letzten Jahren die Rechtswirkungen von Richtlinien abermals zu erweitern. Es stellt sich jedoch - wie eingangs erwähnt - die Frage, ob der Gerichtshof dabei nicht in zunehmendem Maße die Voraussetzungen und Grenzen der unmittelbaren Wirkung modifiziert bzw. neu bestimmt

---

[447] So insbesondere *Tridimas*, ELRev. 1994, 621, 633 ff.; *Boch*, Jean Monnet Working Paper 6/99, abrufbar unter: http://www.jeanmonnetprogram.org/papers/99/990601.html; GA *Jacobs*, Schlussanträge in Rs. C-316/93, Slg. 1994, I-763, Rn. 30 (Vaneetveld).

[448] GA *Jacobs*, Schlussanträge in Rs. C-316/93, Slg. 1994, I-763, Rn. 30 (Vaneetveld); *Tridimas*, ELRev. 1994, 621, 633 f.; vgl. auch m.w.N. *Drake*, ELRev. 2005, 329, 343.

[449] So die Situation in der Entscheidung *Pfeiffer*: vgl. die Ausführungen des GA *Ruiz-Jarabo Colomer*, Schlussanträge v. 27.4.2004 in verb. Rs. C-397-403/01, Slg. 2004, I-8835, Rn. 17 (Pfeiffer).

und damit insgesamt die konzeptionellen Grundlagen der Rechtswirkungen von Richtlinien verändert hat.

B. Das Konzept der unmittelbaren Wirkung in der neueren Rechtsprechung des EuGH

I. Ablauf der Umsetzungsfrist

Zunächst ist der Frage nachzugehen, inwieweit der Ablauf der Umsetzungsfrist noch ein zwingendes Erfordernis für eine mögliche unmittelbare Richtlinienwirkung darstellt. Der Gerichtshof hatte bereits vor geraumer Zeit Richtlinien auch schon vor Ablauf der Umsetzungsfrist „Rechtswirkungen" zugesprochen.[450] Diese diskutiert die Literatur seitdem unter dem Stichwort „Vorwirkung von Richtlinien".[451] In den letzten Jahren war der EuGH erneut verschiedentlich mit den Rechtswirkungen von Richtlinien vor Fristablauf befasst.[452] Er konkretisierte einerseits seine bisherige Vorwirkungsrechtsprechung, warf andererseits aber auch Fragen betreffend die Abgrenzung der unmittelbaren Wirkung von der Vorwirkung von Richtlinien auf.

1. Vorwirkung von Richtlinien

Die Vorwirkung einer Richtlinie bezieht sich auf den Zeitraum ab Inkrafttreten der Richtlinie[453] bis zum Ablauf der Umsetzungsfrist.[454] Bereits mit Inkrafttre-

---

[450] EuGH, Rs. C-129/96, Slg. 1997, 74, Rn. 41 (Wallonie): „Rechtswirkungen ab Bekanntgabe" - dieser Fall betraf die vor Einführung des Art. 254 EG geltende Rechtslage, unter welcher Richtlinien nicht obligatorisch im Amtsblatt der EG veröffentlicht wurden, sondern Richtlinien gemäß Art. 191 Abs. 2 EGV a.F. mit ihrer Bekanntgabe wirksam wurden.

[451] Vgl. die eingehenden Studien von *Gronen*, Vorwirkung; *Koller*, Bedeutung von EG-Richtlinien; *Schliesky*, DVBl. 2003, 631 ff.; *Bühring/Lang*, ZEuP 2005, 88 ff.; *Kühling*, DVBl. 2006, 857 ff.; *Weiß*, DVBl. 1998, 568 ff.; *Ehricke*, ZIP 2001, 1311 ff.; *Fisahn/Mushoff*, EuR 2005, 223 ff.; *Hofmann*, Vorwirkung von Richtlinien, § 16; *Gassner*, NVwZ 1998, 1148 ff.

[452] EuGH, Rs. C-157/02, Slg. 2004, I-1477 (Rieser); Rs. C-144/04, Slg. 2005, I-9981 (Mangold); Rs. C-212/04, Slg. 2006, I-6057 (Adeneler).

[453] Bzw. ab ihrer Bekanntgabe in Fällen des Art. 254 Abs. 3 EG. Maßgeblich ist ihre Wirksamkeit, d.h. Rechtsverbindlichkeit; davon zu unterscheiden sind die Wirkungen von Richtlinien vor Inkrafttreten bzw. Bekanntgabe, auch als „Frühwirkungen" bezeichnet - dazu eingehend *Gronen*, Vorwirkung, 16 ff.; *Koller*, Bedeutung von EG-Richtlinien, 61 ff.; *Ehricke*, ZIP 2001, 1311, 1312 f.; nicht ganz präzise sind in diesem Zusammenhang die Ausführungen des EuGH in der jüngst entschiedenen Rechtssache *Adeneler* - EuGH, Rs. C-212, 04, Slg. 2006, I-6057, Rn. 119: hier spricht er von „Rechtswirkungen ab Veröffentlichung der Richtlinie im Amtsblatt der EG oder ab Bekanntgabe". Gemäß Art. 254 Abs. 1 EG fallen Veröffentlichung und Inkrafttreten der Richtlinie jedoch nicht zu-

ten erlangen die Richtlinien rechtliche Wirksamkeit und binden daher schon die nationalen Staatsorgane. Zum Umfang dieser Bindung hat sich der Gerichtshof erstmals in der Entscheidung *Wallonie*[455] geäußert.

a) Die Entscheidung *Wallonie*

Dem Fall lag die Frage zugrunde, ob der nationale Gesetzgeber gehindert ist, während der Umsetzungsfrist den Inhalten bzw. den Zielen der Richtlinie widersprechende Normen zu erlassen. Konkret hatte der belgische Gesetzgeber eine Regelung erlassen, welche die Verwertung und Beseitigung von giftigen oder gefährlichen Abfällen, die nicht in einen industriellen Produktionsprozess eingegliedert waren, genehmigungspflichtig machten. Der Kläger im Ausgangsverfahren sah in der damit korrespondierenden Genehmigungsfreiheit der Beseitigung und Verwertung von Abfällen, die in einen Produktionsprozess eingegliedert waren, einen Verstoß gegen die Abfallrichtlinie, die festlegte, dass die Verwertung oder Beseitigung von giftigen oder gefährlichen Abfällen nur dann eine Befreiung von der Genehmigungspflicht erfahren könne, wenn die Unternehmen die Beseitigung eigener Abfälle am Entstehungsort sicherstellen oder sie verwerten. Die Umsetzungsfrist der Abfallrichtlinie war jedoch noch nicht abgelaufen. Das vorlegende belgische Gericht stellte daher die Frage, ob es einem Mitgliedstaat verboten sei, während der Umsetzungsfrist eine Bestimmung zu erlassen, die der Richtlinie widerspreche.

Nach Ansicht des Gerichtshofs sei den Mitgliedstaaten kein Vorwurf zu machen, wenn sie die Richtlinie nicht vor Ablauf der Umsetzungsfrist in ihre Rechtsordnung umsetzen.[456] Gleichwohl obliege es den Mitgliedstaaten während der Umsetzungsfrist, die erforderlichen Maßnahmen zu ergreifen, um sicherzustellen, dass das in der Richtlinie vorgeschriebene Ziel mit Ablauf dieser

---

sammen; durch ihre Veröffentlichung werden Richtlinien lediglich rechtlich existent und noch nicht wirksam - dazu *Geiger*, EUV/EGV, Art. 254 EG Rn. 4.

454 Daher ist von Vorwirkungen im hier verstandenen Sinne auch nicht die Rechtsprechung des BVerwG zur „Vorwirkung“ der FFH-Richtlinie erfasst: vgl. BVerwGE 107, 1 ff.; 110, 302 ff.; 112, 140 ff.; 116, 254 ff.; diese Rechtsprechung betrifft Fälle nach Fristablauf, dazu *Schließky*, DVBl. 2003, 631, 640; *Kühling*, DVBl. 2006, 857, 860; *Fisahn/Mushoff*, EuR 2005, 222, 227 ff.

455 EuGH, Rs. C-129/96, Slg. 1997, I-7411 (Wallonie); bestätigt hat er diese Rechtsprechung in EuGH, Rs. C-14/02, Slg. 2003, I-443, Rn. 58 (ATRAL); Rs. C-157/02, Slg. 2004, I-1477, Rn. 66 (Rieser); Rs. C-144/04, Slg. 2005, I-9981, Rn. 67 (Mangold); bereits in der Rechtssache *Teuling* hatte sich GA *Mancini* in den Schlussanträgen dazu geäußert und argumentiert, die Gesetzgebungsfreiheit der Mitgliedstaaten unterliege nach Erlass einer Richtlinie gewissen Einschränkungen, Rs. 30/85, Slg. 1987, 2497, Rn. 7 (Teuling) - der EuGH wählte in diesem Fall eine Lösung, die es ihm ermöglichte, zum damaligen Zeitpunkt von einer Stellungnahme zu dem Problem abzusehen.

456 EuGH, Rs. C-129/96, Slg. 1997, I-7411, Rn. 43 (Wallonie).

Frist erreicht wird.[457] Der Gerichtshof leitete anschließend aus Art. 10 Abs. 2 EG i.V.m. Art. 249 Abs. 3 EG sowie der Richtlinie selbst eine Verpflichtung der Mitgliedstaaten ab, während der Umsetzungsfrist „den Erlass von Vorschriften zu unterlassen, die geeignet sind, das in dieser Richtlinie vorgeschriebene Ziel ernstlich in Frage zu stellen."[458] Es sei an den nationalen Gerichten, zu prüfen, ob eine vor Ablauf der Umsetzungsfrist erlassene Vorschrift die Verwirklichung des in der Richtlinie gesteckten Ziels „ernstlich in Frage stellt" bzw. vereitelt. Dazu hat der EuGH ihnen jedoch konkrete Prüfungsanweisungen an die Hand gegeben.[459]

b) Frustrationsverbot

aa) Normgebungsebene

Die Entscheidung *Wallonie* hat verdeutlicht, dass die Wirkungen einer Richtlinie während der Umsetzungsfrist in ihrem Umfang beschränkt sind. Die Mitgliedstaaten sind in diesem Zeitraum noch nicht zu einer Umsetzung der Richtlinie verpflichtet. Jedoch müssen die Mitgliedstaaten während der Umsetzungsfrist die erforderlichen Maßnahmen ergreifen, um sicherzustellen, dass das in der Richtlinie vorgeschriebene Ziel bei Ablauf der Umsetzungsfrist erreicht wird und die Mitgliedstaaten ihre Umsetzungspflicht erfüllt haben. Die nationale Normgebungsebene ist damit nach Inkrafttreten einer Richtlinie nicht mehr völlig frei in ihren Entscheidungen.

Allerdings ist nicht schon jede nach diesem Zeitpunkt neu erlassene Vorschrift, die mit der Richtlinie kollidieren könnte, verboten. Es besteht keine Stillhalteverpflichtung im Sinne einer absoluten Sperrwirkung.[460] Der Gerichtshof hat lediglich die Vorwirkung von Richtlinien entsprechend dem völkerrechtlich anerkannten Frustrationsverbot, das im Gemeinschaftsrecht aus der Pflicht zur loyalen Zusammenarbeit gemäß Art. 10 Abs. 2 EG resultiert, konkretisiert.[461] Ein solches verlangt, Rechtsakte zu unterlassen, die das Erreichen des Richtlinienziels bei Ablauf der Umsetzungsfrist „ernstlich in Frage stellen". Das Frustrationsverbot ist zudem nicht nur rein formal, sondern auch in materieller Hinsicht zu verstehen, d.h. auch im Fall einer formal einwandfreien Umsetzung zum Zeitpunkt des Fristablaufs, kann ein Verstoß gegen das Frustrationsverbot

---

457 EuGH, Rs. C-129/96, Slg. 1997, I-7411, Rn. 44 (Wallonie).

458 EuGH, Rs. C-129/96, Slg. 1997, I-7411, Rn. 45 (Wallonie).

459 EuGH, Rs. C-129/96, Slg. 1997, I-7411, Rn. 46 ff. (Wallonie).

460 Vgl. *Weiß*, DVBl. 1998, 568, 573.

461 Vgl. *Weiß*, DVBl. 1998, 568, 573; *Ehricke*, ZIP 2001, 1311, 1314; *Kühling*, DVBl. 2006, 857, 859.

vorliegen, sofern vor Fristablauf geschaffene richtlinienwidrige Maßnahmen faktisch nachwirken.[462]

Die Beschränkung auf ein Frustrationsverbot ist zu begrüßen, da so der durch den EG-Vertrag bzw. die Richtlinie den Mitgliedstaaten bis zum Ablauf der Umsetzungsfrist eingeräumte Handlungsspielraum anerkannt und damit die Rechtssetzungsfreiheit der Mitgliedstaaten in verhältnismäßiger Weise beschränkt wurde.[463] Gleichzeitig gewährleistet das präventive Verbot bestimmter Maßnahmen eine ordnungsgemäße Umsetzung der Richtlinie zum Zeitpunkt des Fristablaufs.[464]

bb) Normanwendungsebene

In der bereits besprochenen Entscheidung *Adeneler* hat der EuGH jüngst die Geltung des Frustrationsverbotes vor Ablauf der Umsetzungsfrist auch für die Normanwendungsebene bestätigt. Nachdem er zunächst eine allgemeine Verpflichtung der nationalen Gerichte, das innerstaatliche Recht vor Ablauf der Umsetzungsfrist richtlinienkonform auszulegen, abgelehnt hatte[465], rekurrierte er im Anschluss daran auf seine *Wallonie*-Rechtsprechung. Alle „Träger öffentlicher Gewalt der Mitgliedstaaten (sind) verpflichtet, die volle Wirksamkeit des Gemeinschaftsrechts zu garantieren", so dass die in dem *Wallonie*-Urteil etablierte Unterlassenspflicht „auch für nationale Gerichte" gelte.[466] Daraus folge, „dass die Gerichte der Mitgliedstaaten ab dem Zeitpunkt des Inkrafttretens einer Richtlinie es soweit wie möglich unterlassen müssen, das innerstaatliche Recht in einer Weise auszulegen, die die Erreichung des mit dieser Richtlinie verfolgten Zieles nach Ablauf der Umsetzungsfrist ernsthaft gefährden würde".[467]

Bereits im Vorfeld der Entscheidung war die Geltung des in der Entscheidung *Wallonie* etablierten Frustrationsverbotes für alle Träger öffentlicher Gewalt überwiegend anerkannt.[468] Neben der Judikative sind davon auch die Rechtsan-

---

462 So *Ehricke*, ZIP 2001, 1311, 1317.

463 Vgl. *Leible/Sosnitza*, NJW 1998, 2507, 2508; *Weiß*, DVBl. 1998, 568, 574.

464 *Bühring/Lang*, ZEuP 2005, 88, 97.

465 EuGH, Rs. C-212/04, Slg. 2006, I-6057, Rn. 115 (Adeneler).

466 EuGH, Rs. C-212/04, Slg. 2006, I-6057, Rn. 122 (Adeneler).

467 EuGH, Rs. C-212/04, Slg. 2006, I-6057, Rn. 123 (Adeneler).

468 Für die Judikative etwa VGH Mannheim, Beschl. v. 12.5.2005, NVwZ 2005, 1098, 1099; in der Literatur statt vieler *Ehricke*, EuZW 1999, 553, 557; *Leible/Sosnitza*, NJW 1998, 2507, 2508; *Kühling*, DVBl. 2006, 857, 864; *Herrmann*, Richtlinienumsetzung, 119; *Staudinger*, JR 1999, 198, 199; *Roth*, EWS 2005, 385, 387.

wendung durch nationale Verwaltungsstellen[469] sowie Maßnahmen seitens staatlich kontrollierter Unternehmen[470] erfasst.

Fraglich ist jedoch, inwiefern durch die Normanwendungsebene, speziell durch die Judikative, vor Fristablauf überhaupt die Verhinderung bzw. „ernstliche Gefährdung" der Erreichung des Richtlinienziels zu besorgen ist.[471] Der Gesetzgeber ist aufgrund der Gewaltenteilung nicht an die Auslegung durch die Rechtsprechung gebunden. Eine richtlinienwidrige Auslegung - auch wenn sie in evidentem Widerspruch zum Richtlinieninhalt steht - kann mangels Bindungswirkung keine Auswirkungen auf eine fristgemäße richtlinienkonforme Umsetzung haben.[472] Nach erfolgter Umsetzung bindet das Umsetzungsgesetz die Gerichte, die aufgrund nationalen Rechts dann auch schon vor Ablauf der Umsetzungsfrist zu einer Auslegung im Lichte der Richtlinie verpflichtet sind.[473] Erfolgt keine oder eine unzureichende Umsetzung durch den Gesetzgeber, greifen nach Ablauf der Umsetzungsfrist die Grundsätze der unmittelbaren Wirkung und der richtlinienkonformen Auslegung.[474] Dadurch ist ohne weiteres die Einhaltung der Richtlinienziele möglich, da die Rechtsprechung nicht an ihre vorherige Auslegung gebunden ist. Das Frustrationsverbot für die Judikative dürfte daher wohl nur dann relevant sein, wenn die Wirkung von zu entscheidenden Fällen über den Ablauf der Umsetzungsphase hinaus reicht, d.h. wenn die Entscheidungen rechtskräftig und irreversible Rechtszustände schaffen.[475]

c) Abgrenzung der Vorwirkung von den Instituten der unmittelbaren Wirkung und der richtlinienkonformen Auslegung

Die Vorwirkung von Richtlinien ist in sachlicher Sicht streng von den Instituten der unmittelbaren Wirkung und der richtlinienkonformen Auslegung zu unterscheiden. Letztere stellen Sanktionsmechanismen dar, um Umsetzungsdefizite

---

469 Vgl. *Hofmann*, Vorwirkung von Richtlinien, § 16 Rn. 54 ff., der darauf hinweist, dass Verwaltungsstellen vor Ablauf der Umsetzungsfrist untersagt sei, vollendete Tatsachen zu schaffen, auch wenn dies regelmäßig nicht zu befürchten sein werde.

470 Vgl. *Bühring/Lang*, ZEuP 2005, 88, 95 ff.

471 Für die Judikative *Kühling*, DVBl. 2006, 857, 864; *Junker/Aldea*, EuZW 2007, 13, 15; *Roth*, EWS 2005, 385, 387; hinsichtlich nationaler Verwaltungsstellen argumentiert *Hofmann*, Vorwirkung von Richtlinien, § 16 Rn. 58 f., dass die Schaffung vollendeter Tatsachen beispielsweise bei einem Planfeststellungsverfahren aufgrund seiner Breitenwirkung oder immer dort eintreten könnte, wo die Verwaltung gesetzgebungsähnliche Funktionen wahrnehme.

472 Vgl. *Ehricke*, EuZW 1999, 553, 557.

473 Ebenso VGH Mannheim, Beschl. v. 12.5.2005, NVwZ 2005, 1098, 1099.

474 Vgl. *Junker/Aldea*, EuZW 2007, 13, 15.

475 Vgl. *Hofmann*, ZIP 2007, 2113, 2116.

der Mitgliedstaaten zu beseitigen bzw. auszugleichen. Sie knüpfen daher zwangsläufig an den Ablauf der Umsetzungsfrist an.[476]

Die Vorwirkungen einer Richtlinie sollen allein den Umsetzungserfolg als solchen mit Ablauf der Umsetzungsfrist gewährleisten.[477] Im Zeitraum vor Ablauf der Umsetzungsfrist greifen damit noch keine „spezifischen Regelungsanordnungen" einer Richtlinie wie dies der Fall bei einer unmittelbaren Wirkung ist.[478] Eine Berufung auf in einer Richtlinie enthaltene Rechte ist ausgeschlossen. Auch hat die Entscheidung *Adeneler* jüngst hervorgehoben, dass noch keine Verpflichtung der nationalen Gerichte besteht, das innerstaatliche Recht bereits im Einklang mit der Richtlinie auszulegen. Sofern die Mitgliedstaaten während der Umsetzungsfrist eine Rechtslage schaffen, welche die Erreichung des Richtlinienziels zum Ablauf der Umsetzungsfrist „ernstlich in Frage" stellt bzw. dazu führt, dass der Mitgliedstaat die Umsetzungsverpflichtung nicht mehr rechtzeitig erfüllt, so können Sanktionen daran erst nach Ablauf der Umsetzungsfrist anknüpfen.[479]

Denn erst „mit dem Ablauf der Umsetzungsfrist wird die materielle Wirkung der Richtlinie durch eine Nichtumsetzung in vollem Umfang in Frage gestellt".[480] Es sind dann die Institute der unmittelbaren Wirkung und der richtlinienkonformen Auslegung, die den „materiellen Regelungsauftrag der Richtlinie" durchsetzen sollen.[481] Im Fall der unmittelbaren Wirkung geschieht dies entweder durch die Heranziehung der Richtlinienbestimmungen zur positiven Regelung eines Sachverhaltes (Ersetzungswirkung) oder durch die Nichtanwendung der richtlinienwidrigen nationalen Vorschriften (Ausschlusswirkung). Die

---

476 Ebenso *von Oettingen/Rabenschlag*, ZEuS 2006, 363, 371.

477 So auch *von Danwitz*, JZ 2007, 697, 702.

478 *von Danwitz*, JZ 2007, 697, 702; a.A. *Hofmann*, Vorwirkung von Richtlinien, § 16 Rn. 21, der - wenn auch als „ultima ratio" - eine unmittelbare Wirkung vor Fristablauf anerkennt: „eine Ausnahme von dem Grundsatz, wonach die Verpflichtung der Gerichte und Verwaltung zu [...] unmittelbarer Anwendung von Richtlinien erst mit Ablauf der Umsetzungsfrist beginnt"; ähnlich *Gassner*, NVwZ 1998, 1148, 1151: die Effektivitäts- und Sanktionsgesichtspunkte, die hinter der Konstruktion der unmittelbaren Wirkung stehen, seien auch in Fällen etwaiger Verstöße gegen das Frustrationsverbot einschlägig.

479 So auch *Kreft*, RdA 2006, Sonderbeilage Heft 6, 38, 42: Verstöße gegen das Frustrationsverbot ziehen nicht *per se* die Unanwendbarkeit des nationalen Rechts nach sich; *von Danwitz*, JZ 2007, 697, 702; ebenso wohl auch *Riesenhuber*, ERCL 2007, 62, 70: „Given the limited scope of this obligation, it must be doubted that it could serve as an argument to justify measuring the national law by the standards of the directive before the end of the transposition period."

480 *von Danwitz*, JZ 2007, 697, 702.

481 *von Danwitz*, JZ 2007, 697, 702.

Pflicht zur richtlinienkonformen Auslegung stellt sicher, dass die der Richtlinie widersprechenden Vorschriften im Lichte der Richtlinie auszulegen sind.

Nationale Maßnahmen können jedoch bereits vor Ablauf der Umsetzungsfrist einer Richtlinie mitunter von solchem Ausmaß sein, dass sie nicht nur die fristgemäße Erreichung des Richtlinienziels vereiteln, sondern die Erreichung des Richtlinienziels gänzlich unmöglich machen bzw. übermäßig erschweren, indem sie vollendete Tatsachen schaffen, so dass nach Ablauf der Umsetzungsfrist die Erreichung des „materiellen Regelungsauftrags" der Richtlinie auch nicht mehr durch die Institute der unmittelbaren Wirkung oder der richtlinienkonformen Auslegung möglich ist. Solche Fälle mögen rar sein, da in der Regel die Möglichkeit besteht, eine endgültige Vereitelung des Richtlinienziels nach Ablauf der Umsetzungsfrist durch eine richtlinienkonforme Auslegung bzw. durch eine unmittelbare Wirkung einzelner Richtlinienbestimmungen abzuwehren.[482]

Ein entsprechender Fall läge wohl aber vor, wenn beispielsweise die Gemeinschaft eine Richtlinie erlässt, welche die Menge der von den Mitgliedstaaten produzierten atomaren Abfälle begrenzt, ein Mitgliedstaat nach dem Erlass der Richtlinie dennoch in ein Nuklearprogramm investiert, was die Beachtung der Richtlinie nach Ablauf der Umsetzungsfrist zwangsläufig unmöglich macht oder über Gebühr erschwert.[483] Ein anderes Beispiel wäre etwa eine Vogelschutzrichtlinie der Gemeinschaft, nach der die Mitgliedstaaten verpflichtet sind, bestimmte Schutzmaßnahmen zugunsten einer bestimmten Spezies zu erlassen, u.a. etwa die Bereitstellung von Schutzreservaten. Wenn in einem Mitgliedstaat nur ein Gebiet die Anforderungen für solch ein Schutzreservat erfüllt, dieser Mitgliedstaat jedoch nach Inkrafttreten der Richtlinie in diesem Gebiet die Ansiedlung eines Industriegebietes genehmigt, so würden vollendete Tatsachen geschaffen, die nicht nur die Erreichung des Richtlinienziels zum Ablauf der Umsetzungsfrist vereiteln sondern vielmehr einen Umsetzungserfolg vollständig unmöglich machen.

In solchen Konstellationen ist schon vor Ablauf der Umsetzungsfrist die Anwendung der Maßnahme zu verhindern, d.h. es besteht eine Pflicht für die nationalen Gerichte zur Nichtanwendung entsprechender gesetzlicher Maßnahmen bzw. zur Aufhebung entsprechender Maßnahmen der Verwaltung.[484] Die Nicht-

---

[482] Siehe auch *Kühling*, DVBl. 2006, 857, 864.

[483] Beispiel von GA *Jacobs*, Schlussanträge in Rs. C-129/96, Slg. 1997, I-7411, Rn. 40 (Wallonie).

[484] GA *Jacobs* argumentiert, dass dann sogar die Kommission befugt wäre, den Gerichtshof mit der Angelegenheit als Eilsache zu befassen, um die Anwendung der Maßnahmen zu verhindern (GA *Jacobs*, Schlussanträge in Rs. C-129/96, Slg. 1997, I-7411, Rn. 41 (Wallonie)) - denkbar ist die Einleitung eines Vertragsverletzungsverfahrens gemäß Art.

anwendung stellt allerdings keine unmittelbare Wirkung der Richtlinie dar, sondern resultiert aus der Pflicht zur loyalen Zusammenarbeit.[485]

Anders liegt es in einer Konstellation, wie sie der Entscheidung *ATRAL*[486] zugrunde lag: der belgische Gesetzgeber hatte im April 1999 eine Verordnung erlassen, die das Inverkehrbringen von Alarmsystemen von einer vorherigen Genehmigung abhängig machte. Diese Verordnung stand im Widerspruch zu einer Richtlinie, die kurz zuvor in Kraft getreten war, und die den Marktzugang von Alarmsystemen ohne ein vorheriges Genehmigungsverfahren eröffnete, sofern die Alarmsysteme aus Materialien bestanden, die die Richtlinie vorschrieb. Die Umsetzungsfrist der Richtlinie sollte im April 2000 ablaufen. Der EuGH kam zu dem Ergebnis, dass die Verordnung geeignet war, die Erreichung des in der Richtlinie vorgeschriebenen Ziels „ernstlich in Frage zu stellen" und daher der belgische Staat sie nicht hätte erlassen dürfen.[487] In diesem Fall war es allerdings so, dass es dem Gesetzgeber lediglich nicht mehr möglich war, fristgemäß einen richtlinienkonformen Zustand herzustellen, nicht hingegen ist die grundsätzliche Erreichung des Richtlinienziels unmöglich geworden. Dann bleibt aber die nationale Regelung trotz des Verstoßes gegen das Frustrationsverbot bis zum Ablauf der Umsetzungsfrist weiter in Kraft, d.h. in so einem Fall ist die Nichtanwendung der nationalen Regelung vor Fristablauf noch nicht möglich. Erst nach Fristablauf greifen die Sanktionskategorien der unmittelbaren Wirkung bzw. der richtlinienkonformen Auslegung zur Durchsetzung des „materiellen Regelungsauftrags" der Richtlinie.

2. Die Entscheidung *Mangold*

Fraglich ist, ob die soeben skizzierten Unterschiede zwischen dem Institut der unmittelbaren Wirkung und dem der Vorwirkung einer Richtlinie nach der Entscheidung *Mangold*[488] noch Bestand haben. Diese Entscheidung, in welcher der EuGH erstmals zur Auslegung der Richtlinie 2000/78/EG[489], eine der auf Art. 13 EG gestützten Antidiskriminierungsrichtlinien[490], Stellung bezogen hat, hat

226 EG wegen Verletzung der Pflicht zur loyalen Zusammenarbeit verbunden mit einem Antrag auf Erlass einer einstweiligen Anordnung gemäß Art. 243 EG.

485 So im Ergebnis auch *Ruffert*, in: Calliess/Ruffert (Hrsg.), EUV/EGV (3. Aufl.), Art. 249 EG Rn. 46.

486 EuGH, Rs. C-14/02, Slg. 2003, I-4431 (ATRAL).

487 EuGH, Rs. C-14/02, Slg. 2003, I-4431, Rn. 59 (ATRAL).

488 EuGH, Rs. C-144/04, Slg. 2005, I-9981 (Mangold).

489 RL 2000/78/EG zur Etablierung eines Rahmens für Gleichbehandlung in Beschäftigung und Beruf, die die Gründe Religion und Weltanschauung, Alter, Behinderung und sexuelle Orientierung abdeckt, ABl. 2000 L 303/16.

490 Vgl. daneben noch RL 2000/43/EG zur Anwendung des Gleichbehandlungsgrundsatzes ohne Unterschied der Rasse und der ethnischen Herkunft, ABl. 2000 L 180/22; RL

sowohl in der Literatur[491] als auch bei einigen Generalanwälten[492] für Aufsehen und ein überwiegend kritisches Echo gesorgt. Die Kritik betraf weniger die Auslegung der Antidiskriminierungsrichtlinie als vielmehr die Äußerungen des EuGH zu „europarechtlichen Grundfragen".[493]

a) Sachverhalt und Problemaufriss

Im zugrunde liegenden Ausgangsverfahren machte der 56 Jahre alte Arbeitnehmer *Mangold* die Unwirksamkeit einer Befristungsabrede geltend. Er hatte zuvor mit Wirkung zum 1. Juli 2003 mit dem Arbeitgeber *Helm* einen bis zum 28.2.2004 befristeten Arbeitsvertrag geschlossen. Die Befristungsabrede stützte sich ausschließlich auf § 14 Abs. 3 S. 4 i.V.m. S. 1 TzBfG, in der im Dezember 2002 erlassenen und nur bis zum 31.12.2006 gültigen Fassung. Danach dürfen Arbeitsverträge mit Arbeitnehmern ab 52 Jahren ohne Begrenzung der Dauer oder Anzahl der Verlängerungen sachgrundlos befristet werden. Das gilt nur dann nicht, wenn zu einem vorhergehenden unbefristeten Arbeitsvertrag mit demselben Arbeitgeber ein enger sachlicher Grund besteht. Im Jahr 2004 berief sich der Kläger vor dem Arbeitsgericht München u.a. auf die Unvereinbarkeit der gesetzlichen Reglung mit dem Verbot der Altersdiskriminierung gemäß Art.

2004/113/EG zur Verwirklichung des Grundsatzes der Gleichbehandlung von Männern und Frauen beim Zugang zu und bei der Versorgung mit Gütern und Dienstleistungen, ABl. 2004 L 373/37.

491 Vgl. *Bauer/Arnold*, NJW 2006, 6, 10 ff.; *Preis*, NZA 2006, 401 ff.; *Hailbronner*, NZA 2006, 811 ff.; *Thüsing*, ZIP 2005, 2149 ff.; *Schiek*, AuR 2006, 145 ff.; *Gas*, EuZW 200, 737; *Jans*, LIEI 2007, 53 ff.; *Muir*, ELRev. 2006, 879 ff.; *Kokott*, RdA 2006, Sonderbeilage Heft 6, 30, 32 ff.; *Reich*, EuZW 2006, 20 ff.; *Editorial Comments*, CMLRev. 20006, 1 ff.; *Kreft*, RdA 2006, Sonderbeilage Heft 6, 38, 41 ff.; *von Oettingen/Rabenschlag*, ZEuS 2006, 363 ff.; *T. Richter/Bouchouaf*, NVwZ 2006, 538 ff.; *Streinz*, JuS 2006, 357 ff.; *Riesenhuber*, ERCL 2007, 62 ff.; *Streinz/Herrmann*, RdA 2007, 165 ff.; *Kuras*, RdA 2007, 169 ff.; *Böhm*, JZ 2008, 324 ff.

Neben den hier allein interessierenden methodischen Fragestellungen im Hinblick auf die Wirkungen von Richtlinien wurden auch die Ausführungen zur Rechtfertigungsmöglichkeit im Fall einer Altersdiskriminierung und die damit verbundenen arbeitsmarktpolitischen Konsequenzen der Entscheidung kritisiert, die den deutschen Versuch der besseren Vermittelbarkeit und Beschäftigung älterer Arbeitnehmer zum Scheitern verurteilte; in dieser Hinsicht hat der EuGH jüngst seine Rechtsprechung präzisiert und noch einmal bekräftigt, dass den Mitgliedstaaten im Hinblick auf die Rechtfertigung von Diskriminierungen gemäß der Richtlinie 2000/78/EG ein „weiter Ermessensspielraum" zusteht - vgl. EuGH, Rs. C-411/05, Slg. 2007, I-8531, Rn. 68 (Palacios de la Villa); dazu *Budras*, FAZ Nr. 259 v. 7.11.2007, S. 31.

492 Vgl. GA *Geelhoed*, Schlussanträge in Rs. C-13/05, Slg. 2006, I-6567, Rn. 53 ff. (Navas); GA *Mazák*, Schlussanträge in Rs. C-411/05, Slg. 2007, I-8531, Rn. 79 ff. (Palacios de la Villa).

493 So *Streinz/Herrmann*, RdA 2007, 165.

6 Abs. 1 der Richtlinie 2000/78/EG, welches daraufhin den EuGH um Auslegung der betreffenden Richtlinienbestimmung im Wege der Vorabentscheidung bat. Im Falle der Unvereinbarkeit stelle sich zudem die Frage, ob das nationale Gericht richtlinienwidriges Recht unangewendet lassen müsse. Die Besonderheit war, dass die Umsetzungsfrist der Richtlinie noch nicht abgelaufen, dies vielmehr erst am 2.12.2006 der Fall war.

Der EuGH kam zu dem Ergebnis, dass § 14 Abs. 3 S. 4 i.V.m. S. 1 TzBfG eine unmittelbar auf dem Alter des Arbeitnehmers beruhende Ungleichbehandlung darstelle.[494] Eine solche könne zwar grundsätzlich gemäß Art. 6 Abs. 1 der Richtlinie zulässig sein, sofern sie objektiv und angemessen ist, durch ein im Rahmen des nationalen Rechts legitimes Ziel gerechtfertigt und als Mittel zur Erreichung dieses Ziels angemessen und erforderlich ist. Im vorliegenden Fall seien allerdings die gewählten Mittel zur Erreichung des legitimen Ziels - die Förderung der beruflichen Wiedereingliederung arbeitloser älterer Arbeitnehmer - unangemessen, da die Anwendung der in Frage stehenden nationalen Vorschrift darauf hinaus liefe, dass allen über 52jährigen Arbeitnehmern unbegrenzt häufig verlängerbare Arbeitsverträge angeboten werden können, gleichgültig ob und wie lange sie zuvor arbeitslos gewesen seien.[495]

In der Folge wies der Gerichthof das nationale Gericht an, die betreffende richtlinienwidrige Vorschrift „unangewendet“ zu lassen.[496] Problematisch war, dass die Umsetzungsfrist der Richtlinie noch nicht abgelaufen war. Zudem handelte es sich um eine Rechtsstreitigkeit zwischen Privaten. Es ist damit fraglich, ob der EuGH die Nichtanwendung der nationalen Bestimmung zulässigerweise anordnen durfte. Er berief sich zunächst auf seine Vorwirkungsrechtsprechung.

b) Verstoß gegen das Frustrationsverbot

Unter Verweis auf die *Wallonie*-Rechtsprechung stufte der EuGH die Neufassung des Art. 14 Abs. 3 S. 4 TzBfG als einen Verstoß gegen das Frustrationsverbot ein. Es spiele keine Rolle, dass § 14 Abs. 3 S. 4 TzBfG nicht in Umsetzung der Richtlinie 2000/78/EG erlassen worden ist[497], denn das Frustrationsverbot gelte unabhängig davon, ob die fragliche, nach Inkrafttreten der Richtli-

---

[494] EuGH, Rs. C-144/04, Slg. 2005, I-9985, Rn. 54 (Mangold).

[495] EuGH, Rs. C-144/04, Slg. 2005, I-9985, Rn. 65 (Mangold).

[496] EuGH, Rs. C-144/04, Slg. 2005, I-9985, Rn. 78 (Mangold).

[497] Das Gesetz über Teilzeitarbeit und befristete Arbeitsverträge und zur Änderung und Aufhebung arbeitsrechtlicher Bestimmungen (TzBfG) ist in Umsetzung der Richtlinie 1999/70/EG zu der EGB-UNICE-CEEP-Rahmenvereinbarung über befristete Arbeitsverträge, ABl. 1999 L 175/43, ergangen und bereits am 1. Januar 2001 in Kraft getreten. § 14 Abs. 3 TzBfG wurde dann durch das „Erste Gesetz für moderne Dienstleistungen am Arbeitsmarkt“ vom 23. Dezember 2002 (BGBl. 2002 I S. 14607) geändert, welches zum 1.1.2003 in Kraft getreten ist. Eingefügt wurde der neue Satz 4.

nie, erlassene nationale Vorschrift die Umsetzung bezwecke oder nicht.[498] Auch sei nicht entscheidend, dass § 14 Abs. 3 S. 4 TzBfG bereits am 31.12.2006 und damit nur wenige Wochen nach Ablauf der Umsetzungsfrist wieder außer Kraft tritt. Zum einen habe die Bundesrepublik eine Zusatzfrist in Anspruch genommen. Planmäßig wäre die Umsetzungsfrist bereits am 2.12.2003 abgelaufen. Der EuGH verwies auf § 18 Abs. 2 der Richtlinie 2000/78/EG, wonach im Falle einer Zusatzfrist der betreffende Mitgliedstaat der Kommission jährlich Bericht über die von ihm ergriffenen Maßnahmen zur Bekämpfung der Diskriminierung wegen des Alters, [...] und über die Fortschritte, die bei der Umsetzung der Richtlinie jeweils erzielt sind, erstatten muss.[499] Dies impliziere, dass der Mitgliedstaat, der ausnahmsweise in den Genuss einer längeren Umsetzungsfrist kommt, schrittweise konkrete Maßnahmen ergreift, um seine Regelung schon dem in der Richtlinie vorgeschriebenen Ergebnis anzunähern. Dieser Verpflichtung würde jedoch jegliche praktische Wirksamkeit genommen, wenn es dem Mitgliedstaat gestattet wäre, während der Frist zur Umsetzung der Richtlinie Maßnahmen zu erlassen, die mit deren Zielen unvereinbar sind.[500] Zum anderen bestünde für einen Großteil von Arbeitnehmern trotz des Außerkrafttretens von § 14 Abs. 3 S. 4 TzBfG die definitive Gefahr des Ausschlusses von der Garantie eines festen Beschäftigungsverhältnisses, da sie dann unter die Regelung des § 14 Abs. 3 S. 1 TzBfG fielen.[501]

aa) Präzisierung der Vorwirkungsrechtsprechung

Diese Ausführungen bestätigen bzw. präzisieren die in der Entscheidung *Wallonie* etablierte Vorwirkungsrechtsprechung hinsichtlich des für den Normgeber geltenden Frustrationsverbotes. Es gilt unabhängig davon, ob es sich um Umsetzungsmaßnahmen handelt oder nicht.[502] Somit sind alle vom Gesetzgeber erlassenen Maßnahmen daran zu messen, inwieweit sie geeignet, sind die Erreichung eines Richtlinienziels zu vereiteln bzw. ernstlich zu gefährden. Auch der Übergangscharakter einer nationalen Vorschrift muss einer Anwendung des Frustrationsverbotes nicht entgegenstehen. In der Entscheidung *Wallonie* hieß es noch, dass das nationale Gericht bei der Prüfung, ob nationale Gesetze gegen das Frustrationsverbot verstoßen, auch die Befugnis des Gesetzgebers in Betracht ziehen müssen, vorläufige Vorschriften zu erlassen oder die Richtlinie schrittweise umzusetzen und dass in diesen Fällen die mangelnde Übereinstim-

---

498 EuGH, Rs. C-144/04, Slg. 2005, I-9981, Rn. 68 (Mangold).

499 EuGH, Rs. C-144/04, Slg. 2005, I-9981, Rn. 71 (Mangold).

500 EuGH, Rs. C-144/04, Slg. 2005, I-9981, Rn. 72 (Mangold).

501 EuGH, Rs. C-144/04, Slg. 2005, I-9981, Rn. 73 (Mangold).

502 Dies hatte der EuGH bereits in der Entscheidung *ATRAL* implizit entscheiden: EuGH, Rs. C-14/02, Slg. 2003, I-4431, Rn. 58, 59 (ATRAL).

mung mit der Richtlinie das darin vorgeschriebene Ziel nicht zwangsläufig in Frage stellt.[503] Diese Aussage ist im Lichte der *Mangold*-Entscheidung restriktiv auszulegen. Auch wenn eine nationale Vorschrift - wie vorliegend § 14 Abs. 3 S. 4 TzBfG - bereits wenige Wochen nach Ablauf der Umsetzungsfrist einer Richtlinie außer Kraft tritt, ist stets sorgfältig zu prüfen, inwieweit dadurch eine Vereitelung des Richtlinienziels zu besorgen ist. Der Gerichtshof stellte im vorliegenden Fall insbesondere darauf ab, ob die Vorschrift einen irreversiblen Rechtsverlust für bestimmte Personengruppen hervorruft. Übergangsregelungen sind somit immer dann unzulässig, wenn sie vollendete Tatsachen schaffen, die sich auf durch die Richtlinie geschützte Personen oder Sachverhalte nachteilig auswirken.[504]

Zudem hat der EuGH in der Entscheidung *Mangold* ein über ein reines Frustrationsverbot hinaus gehendes „Gebot der schrittweisen Verbesserung"[505] bzw. eine „Annäherungspflicht"[506] etabliert. Die Mitgliedstaaten sind in Fällen einer längeren Umsetzungsfrist verpflichtet, schrittweise Maßnahmen zu erlassen, um die nationalen Reglungen dem in der Richtlinie vorgeschriebenen Ergebnis anzunähern. Dies gilt jedoch nur für die Ausnahmefälle, in denen den Mitgliedstaaten eine verlängerte Umsetzungsfrist eingeräumt wurde.[507] Eine Ausweitung der Vorwirkungen dahin, dass ein allgemeines Verbesserungsgebot besteht, hat der EuGH nicht begründet.[508] Schließlich folgt aus der Entscheidung *Mangold*, dass Vorschriften, die während der Umsetzungsfrist erlassen werden, die Erreichung des Richtlinienziels auch und vor allem dann „ernstlich in Frage stellen", wenn sie in der Richtlinie enthaltene Individualrechte irreversibel verletzen.[509]

bb) Unmittelbare Wirkung vor Fristablauf?

Fraglich ist, ob die Vorwirkung der Richtlinie vorliegend die Nichtanwendung der nationalen Bestimmung bereits vor Fristablauf rechtfertigt. Wie gesehen, wird der „materielle Regelungsauftrag" einer Richtlinie grundsätzlich erst nach Fristablauf durch die Sanktionsmechanismen der unmittelbaren Wirkung und der richtlinienkonformen Auslegung realisiert. Nur in Ausnahmefällen kommt

---

503 EuGH, Rs. C-129/1996, Slg. 1997, I-74, Rn. 49 (Wallonie).

504 Vgl. *Hofmann*, Vorwirkung von Richtlinien, § 16 Rn. 15.

505 *Kühling*, DVBl. 2006, 857, 859.

506 *von Oettingen/Rabenschlag*, ZEuS 2006, 363, 376.

507 EuGH, Rs. C-144/04, Slg. 2005, I-9985, Rn. 72 (Mangold): der Mitgliedstaat, der *ausnahmsweise* in den Genuss einer längeren Umsetzungsfrist kommt, müsse schrittweise konkrete Maßnahmen ergreifen (Hervorhebung durch die Verfasserin).

508 Vgl. *Kühling*, DVBl. 2006, 857, 859, in diese Richtung auch *von Oettingen/Rabenschlag*, ZEuS 2006, 363, 376.

509 Vgl. zu diesem Aspekt *von Oettingen/Rabenschlag*, ZEuS 2006, 363, 376.

auch schon vor Fristablauf die Nichtanwendung einer nationalen Maßnahme in Betracht, die gegen das Frustrationsverbot verstoßen hat, wobei der Geltungsgrund dieser Nichtanwendung dann die aus Art. 10 Abs. 2 EG resultierende Pflicht zur loyalen Zusammenarbeit ist. Maßgeblich war damit allein, ob die Vorschrift des § 14 Abs. 3 S. 4 TzBfG zu einer vollständigen Vereitelung des Richtlinienziels führt oder nicht. Diese Ausgangslage hat der Generalanwalt in seinen Schlussanträgen verkannt, als er unter Berufung auf die Rechtssache *Rieser* die Unanwendbarkeit des nationalen Rechts ausschloss.[510] Der Gerichtshof hatte in dieser Entscheidung jedoch nur festgestellt, dass die Vorwirkung einer Richtlinie nicht das Recht eines Einzelnen einschließt, sich vor den nationalen Gerichten auf die Richtlinie vor Ablauf der Umsetzungsfrist zu berufen, um die Nichtanwendung einer *bestehenden* nationalen Vorschrift, die gegen diese Richtlinie verstößt, zu erreichen.[511] Im Verfahren *Rieser* ging es gerade nicht wie im Verfahren *Mangold* um Maßnahmen, die nach Inkrafttreten der Richtlinie erlassen wurden und die Erreichung des Richtlinienziels „ernstlich in Frage" stellten, sondern um bereits bestehende, d.h. vor Erlass der Richtlinie in Kraft getretene, richtlinienwidrige Regelungen. Diese Rechtssache ist daher nicht als Referenz zur Beurteilung der Zulässigkeit einer Nichtanwendung im Fall *Mangold* heranzuziehen. Entscheidend ist allein, ob eine vollständige Vereitelung des Richtlinienziels zu besorgen ist. Wenn ja, ist eine Nichtanwendung aufgrund von Art. 10 Abs. 2 EG zulässig. Dann spielt es auch keine Rolle, dass es sich im zugrunde liegenden Verfahren um eine Zivilrechtsstreitigkeit handelt, da eben kein Fall einer unmittelbaren Wirkung vorliegt.

Eine endgültige Frustration des Umsetzungsziels war jedoch im Ausgangsfall zu verneinen. Problematisch war bereits, dass der EuGH diese Prüfung vorliegend im Unterschied zu der Entscheidung *Wallonie* nicht dem nationalen Gericht überlassen hat.[512] Damit dürfte er wohl unzulässigerweise eine Prüfung nationalen Rechts auf Gemeinschaftsrechtskonformität im Rahmen eines Vorabentscheidungsverfahrens vorgenommen haben.[513] Zudem überzeugt die Einschätzung des EuGH nicht. Er hat ausgeführt, „dass ein beachtlicher Teil der Arbeitnehmer, auf die die im Ausgangsverfahren streitige Regelung des § 14 Abs. 3 S. 4 TzBfG anwendbar ist - darunter Herr Mangold -, das 58. Lebensjahr bereits vollendet haben und somit weiter unter die Sonderregelung des § 14 Abs. 3 S. 1 TzBfG fallen, so dass für diese Personengruppe die Gefahr des Aus-

---

510 GA *Tizzano*, Schlussanträge in Rs. C-144/04, Slg. 2005, I-9981, Rn. 110 (Mangold).

511 EuGH, Rs. C-157/02, Slg. 2004, I-1477, Rn. 67 (Rieser) (Hervorhebung durch die Verfasserin).

512 So lag es aber schon im Fall *ATRAL*; auch hier hatte der EuGH, zudem noch ohne nähere Begründung, ein Verstoß gegen das Frustrationsverbot von sich aus bejaht - vgl. EuGH, Rs. C-14/02, Slg. 2003, I-4431, Rn. 58 f. (ATRAL).

513 Dies kritisiert auch *Reich*, EuZW 2006, 20, 21.

schlusses von der Garantie eines festen Beschäftigungsverhältnisses in Form eines unbefristeten Arbeitsvertrags bereits definitiv eingetreten ist, unabhängig davon, dass die Altersgrenze von 52 Jahren nur bis Ende 2006 gilt.“ Der EuGH stützt sich auf einen drohenden irreversiblen Rechtsverlust einzelner Personengruppen aufgrund der nach Inkrafttreten der Richtlinie erlassenen nationalen Regelung. Dies vereitelt indes nicht gänzlich die Möglichkeit, das Ziel der Richtlinie zu erreichen. Die Nichtanwendung der nationalen Regelung ist mithin nicht auf die Pflicht zur loyalen Zusammenarbeit zu stützen.

Unzutreffend hat daher das BAG im Anschluss an das *Mangold*-Urteil § 14 Abs. 3 S. 4 TzBfG für unanwendbar erklärt[514]mit der Begründung, der EuGH habe zulässigerweise auch „aus dem Ziel und Zweck der Richtlinie 2000/78/EG i.V.m. den für die Vorwirkung von Richtlinien geltenden Grundsätzen“ die Unanwendbarkeit von § 14 Abs. 3 S. 4 TzBfG hergeleitet.[515] Der EuGH sei nach Auffassung des BAG befugt, den „bestehenden Konflikt zwischen den Grundsätzen der Verbindlichkeit des Richtlinienziels für die zur Vertragstreue verpflichteten Mitgliedstaaten und der fehlenden unmittelbaren Geltung der Richtlinie 2000/78/EG unter Privaten zu Gunsten eines Vorrangs der Vertragstreue (aufzulösen)“.[516] Das BAG übersieht hierbei das Fehlen der erforderlichen Ausnahmesituation, welche die Nichtanwendung der nationalen Regelung als Folge der Vorwirkung der Richtlinie bereits vor Fristablauf gerechtfertigt hätte.[517]

Zu prüfen bleibt, ob der Ausspruch der Unanwendbarkeit durch den EuGH damit die Anerkennung einer unmittelbaren Wirkung bereits vor Fristablauf und auch zwischen Privaten bedeutet.[518] Bricht der EuGH mit seiner bisherigen Dogmatik bezüglich der innerstaatlichen unmittelbaren Wirkung von Richtlinien und vernachlässigt die Umsetzungsfrist[519] bzw. das Verbot einer unmittelbaren horizontalen Wirkung oder reiht sich die Entscheidung weiterhin nahtlos in die ständige Rechtsprechung zur unmittelbaren Wirkung von Richtlinien ein?[520] Im Ergebnis ist ein Bruch mit der bisherigen Dogmatik bereits an dieser

---

514 BAG, NZA 2006, 1162 ff.

515 BAG, NZA 2006, 1162, 1166 (Rn. 26 ff.).

516 BAG, NZA 2006, 1162, 1166 (Rn. 26 ff.).

517 Im Übrigen erfuhr die BAG-Entscheidung auch Kritik dafür, dass kein Vertrauensschutz gewährt worden ist. Gegenwärtig ist gegen die Entscheidung eine Verfassungsbeschwerde (2 BvR 2661/06) vor dem BVerfG anhängig - vgl. dazu *Budras*, FAZ Nr. 259 v. 7.11.2007, S. 31; *Steiner*, NZA 2008, 73, 75 f.

518 So wohl *Bauer/Arnold*, NJW 2006, 6, 9; vgl. auch *Gas*, EuZW 2005, 737; *Kreße*, ZGS 2007, 215, 216; widersprüchlich *Schmidt*, ZGS 2006, 408.

519 *Epiney*, NVwZ 2006, 1244, 1246.

520 *von Oettingen/Rabenschlag*, ZEuS 2006, 363, 377 ff.

Stelle zu verneinen, da der EuGH die Unanwendbarkeit nicht auf den Verstoß gegen das Frustrationsverbot stützt, sondern auf einen weiteren Begründungsansatz. Darauf ist im Folgenden näher einzugehen.

c) Verstoß gegen das Verbot der Altersdiskriminierung

Der Grund für die Nichtanwendung des § 14 Abs. 3 S. 4 TzBfG ist nicht durch eine unmittelbare Wirkung der Richtlinie 2000/78/EG bedingt, sondern liegt in dessen Verstoß gegen das allgemeine Verbot der Altersdiskriminierung, das nach Auffassung des EuGH in der Richtlinie verankert ist und auf den sich der EuGH im Anschluss an die Vorwirkungsausführungen maßgeblich stützt.[521] Dies belegt bereits ein Blick auf die englische bzw. französische Übersetzung des Urteils. Während es in der deutschen Fassung in Randnummer 74 heißt: „Zweitens ist zu beachten" lautet es dort: „Second *and above all*" bzw. „En second lieu *et surtout*". Nach Auffassung des EuGH schafft die Richtlinie 2000/78/EG lediglich einen Rahmen zur Bekämpfung der Altersdiskriminierung, sie sei hierfür aber nicht konstitutiv.[522] Es obliege dem nationalen Gericht, „die volle *Wirksamkeit des allgemeinen Verbotes der Diskriminierung wegen des Alters* zu gewährleisten, indem er jede entgegenstehende Bestimmung des nationalen Rechts unangewendet lässt, auch wenn die Frist für die Umsetzung der Richtlinie noch nicht abgelaufen ist."[523]

Auch dieser Lösungsansatz wirft jedoch methodische Fragen und Probleme auf. Umstritten ist etwa, ob der EuGH damit lediglich Bezug auf den allgemeinen gemeinschaftsrechtlichen Gleichheitssatz genommen hat[524] oder vielmehr erstmals ein spezielles Diskriminierungsverbot wegen des Alters anerkannt hat.[525]

---

[521] Ebenso *Hofmann*, Vorwirkung von Richtlinien, § 16 Rn. 16; *von Oettingen/Rabenschlag*, ZEuS 2006, 363, 379; *Streinz/Herrmann*, RdA 2007, 165, 169; *Schürnbrand*, JZ 2007, 910, 911; GA *Mazak*, Schlussanträge in Rs. C-411/05, Slg. 2007, I-8531, Rn. 131 f. (Palacios de la Villa).

[522] EuGH, Rs. C-144/04, Slg. 2005, I-9981, Rn. 74-76 (Mangold); kritisch hierzu *Riesenhuber*, ERCL 2007, 62, 66: „Indeed, how could it be possible to establish merely a „framework" that determines the details of non-discrimination laws but not the prohibition as such? Both aspects, the prohibition of discrimination and the particulars of its application, are indivisible."

[523] EuGH, Rs. C-144/04, Slg. 2005, I- 9981, Rn. 78 (Mangold) (Hervorhebung durch die Verfasserin).

[524] So *von Oettingen/Rabenschlag*, ZeuS 2006, 363, 377; *Brock/Windeln*, EWiR 2005, 869, 870; *Bauer/Arnold*, NJW 2006, 1, 10; *Kuras*, RdA 2007, 169, 174; GA *Geelhoed*, Schlussanträge in Rs. C-13/05, Slg. 2006, I-6467, Rn. 53 (Navas); GA *Sharpston*, Schlussanträge in Rs. C-227/04 P, Slg. 2007, I-6767, Rn. 58 (Lindorfer).

[525] So die überwiegende Auffassung in der Literatur, etwa *T. Richter/Bouchouaf*, NVwZ 2006, 538, 539; *Bouchouaf/Britz/T. Richter*, JZ 2007, 43, 44; *Reichhold*, JZ 2006, 549; *Kokott*, RdA 2006, Sonderbeilage Heft 6, 30, 36; *Kreft*, RdA 2006, Sonderbeilage Heft

Einzelne Autoren haben das Urteil in einer ersten Reaktion gar dahin gedeutet, der EuGH habe ein allgemeines Diskriminierungsverbot im Arbeitsrecht aufgestellt, das auch den nationalen privaten Arbeitgeber binde.[526] Dieses Verständnis ist zurückzuweisen. Zwar handelt es sich um eine zivilrechtliche Streitigkeit, in Frage stand aber nicht die europarechtliche Vereinbarkeit einer Handlung eines Privaten, sondern von § 14 Abs. 3 S. 4 TzBfG, einer Maßnahme des Gesetzgebers.[527] Bleibt die Frage, ob der EuGH in der Entscheidung *Mangold* ein spezielles Diskriminierungsverbot wegen des Alters entwickelt oder sich auf den allgemeinen Gleichheitssatz gestützt hat, der materiell jeden Anknüpfungspunkt einer unterschiedlichen Behandlung erfasst, auch die unterschiedliche Behandlung aufgrund des Alters.[528] Dieser Aspekt und die dadurch bedingten unterschiedlichen Auswirkungen für die Prüfung eines Falles[529] sind für die vorliegende Untersuchung allerdings nicht weiter relevant, so dass er im Folgenden nicht weiter zu vertiefen ist. Vieles spricht dafür, dass sich der EuGH in der Entscheidung *Mangold* mit Blick auf Art. 21 der Grundrechtecharta, welcher eine ausdrückliche Gewährleistung eines speziellen Diskriminierungsverbotes wegen des Alters enthält[530], auf dieses gestützt hat.[531]

6, 38, 42; *Editorial Comments*, CMLRev. 2006, 1, 8; *Preis*, NZA 2006, 401, 402; *Hailbronner*, NZA 2006, 811, 814; *Schiek*, AuR 2006, 145, 146; *Reich*, EuZW 2006, 20, 21; *Jans*, LIEI 2007, 53, 63 ff.; *Muir*, ELRev. 2006, 879, 889; *von Danwitz*, JZ 2007, 697, 704.

526 *Thüsing*, ZIP 2005, 2149; *Reichhold/Heinrich*, JZ 2007, 196, 196: „Aus dem konsequent zu Ende gedachten „Mangold"-Urteil hätte folgen können, dass der dort behauptete *„allgemeine Grundsatz der Gleichbehandlung"* auch eine Diskriminierung wegen Krankheit *zwischen Privaten* verbieten müsste" (Hervorhebung durch die Verfasserin); vgl. auch das Vorabentscheidungsersuchen des BAG vom 27.6.2006 in der Rechtssache *Bartsch* (3 AZR 352/05, NZA 2006, 1276 ff., beim EuGH anhängig unter Rs. C-427/06, ABl. 2006 L 303/16), mit dem das BAG u. a. um Antwort auf die Frage bittet, ob das gemeinschaftsrechtliche Verbot der Diskriminierung wegen des Alters auch anwendbar zwischen privaten Arbeitgebern und Arbeitnehmern ist.

527 *Preis*, NZA 2006, 401, 402.

528 So *von Oettingen/Rabenschlag*, ZEuS 2006, 363, 377.

529 Vgl. zu den Auswirkungen für die Prüfung eines Falles, wenn dieser im Lichte eines besonderen Verbotes der Diskriminierung aufgrund des Alters und nicht des allgemeinen Gleichheitsgrundsatzes untersucht wird, die Ausführungen der GA *Sharpston*, Schlussanträge in Rs. C-227/04 P, Slg. I-2007, 6767, Rn. 60 ff. (Lindorfer).

530 Art. 21 Abs. 1: „Diskriminierungen, insbesondere wegen des Geschlechts, der Rasse, der Hautfarbe, der ethnischen oder sozialen Herkunft, der genetischen Merkmale, der Sprache, der Religion oder der Weltanschauung, der politischen oder sonstigen Anschauung, der Zugehörigkeit zu einer nationalen Minderheit, des Vermögens, der Geburt, einer Behinderung, des Alters oder der sexuellen Ausrichtung, sind verboten." (ABl. 2000 C 364/1). Art. 21 Abs.1 unterscheidet sich damit von Art. 13 EG, der anders als die speziellen Diskriminierungsverbote im Hinblick auf die Staatsangehörigkeit oder das Geschlecht kein unmittelbar anwendbares Diskriminierungsverbot darstellt, auf das sich

Gegen die Anerkennung eines speziellen Diskriminierungsverbotes aufgrund des Alters als solches bestehen keine Einwände. Insbesondere vermag das Argument, dass dadurch Art. 13 EG bzw. den Antidiskriminierungsrichtlinien kein eigenständiger Anwendungsbereich mehr verbleibe, nicht zu überzeugen.[532] Diese haben die Funktion, das Verbot der Altersdiskriminierung zu konkretisieren und sind damit weiterhin bedeutsam für die effektive Durchsetzung desselbigen.[533]

Von Interesse sind vorliegend die Konsequenzen, die sich aus der Heranziehung eines allgemeinen Rechtsgrundsatzes im Zusammenspiel mit Richtlinien ergeben. Wie gesehen, hat der EuGH das nationale Gericht angewiesen, die innerstaatliche Vorschrift wegen Verstoßes gegen den allgemeinen Rechtsgrundsatz der Altersdiskriminierung nicht anzuwenden. Diese Pflicht zur Nichtanwendung ist an sich nicht zu beanstanden, da den unmittelbar wirkenden allgemeinen Rechtsgrundsätzen des Gemeinschaftsrechts unproblematisch Anwendungsvor-

---

Einzelne berufen können, sondern lediglich eine Kompetenzgrundlage, die den Rat ermächtigt, Vorkehrungen zu treffen, um Diskriminierungen aus den dort genannten Gründen zu bekämpfen (*Epiney*, in: Calliess/Ruffert (Hrsg.), EUV/EGV (3. Aufl.), Art. 13 EG Rn. 1; *Streinz*, in: ders. (Hrsg.), EUV/EGV, Art. 13 EG Rn. 17; *Lenz*, in: Lenz/Borchardt (Hrsg.), EUV/EGV, Art. 13 EG Rn. 11; *Jochum*, ZRP 1999, 279, 280; *Jans*, LIEI 2007, 53, 54; jüngst auch EuGH, Rs. C-13/05, Slg. 2006, I-6467, Rn. 55 (Navas); a.A. *Holoubek*, in: Schwarze (Hrsg.), EUV/EGV, Art. 13 EG Rn. 9; differenzierter *Bouchouaf/T. Richter*, Jura 2006, 651, 654 f., die Art. 13 EG ein materiellrechtliches Diskriminierungsverbot entnehmen, nicht hingegen subjektive Rechte).

531 Ebenso *von Danwitz*, JZ 2007, 697, 704; zuzugeben ist, dass der EuGH nicht auf Art. 21 Grundrechtecharta Bezug nimmt, sondern statt dessen auf die gemeinsamen Verfassungstraditionen der Mitgliedstaaten sowie verschiedene internationale Übereinkommen verweist; zu Recht kritisch zu dieser Begründung bzw. den mangelnden Begründungsaufwand *Reich*, EuZW 2006, 20, 21; *Jans*, LIEI 2007, 53, 65; *Riesenhuber*, ERCL 2007, 62, 71; *Streinz/Herrmann*, RdA 2007, 165, 169; *Böhm*, JZ 2008, 324 ff.

532 *Hailbronner*, NZA 2006, 811, 814: „Frage der Umsetzung von Antidiskriminierungsrichtlinien (wäre) weitgehend belanglos, da die in Art. 13 EG niedergelegten Diskriminierungsverbote als Grundlage für ein umfassendes Antidiskriminierungsrecht herangezogen werden könnten, […] ohne dass den von den Mitgliedstaaten verabschiedeten Richtlinien noch große Bedeutung zukäme."; vgl. auch *Epiney*, in: Calliess/Ruffert (Hrsg.), EUV/EGV (3. Aufl.), Art. 13 EG Rn. 1, die bereits vor der Entscheidung *Mangold* gegen ein unmittelbar wirkendes spezielles Diskriminierungsverbot aufgrund des Alters eingewandt hatte, dass dann eine Rechtssetzung durch die europäischen Organe nicht mehr nötig sei.

533 Dazu *T. Richter/Bouchouaf*, NVwZ 2006, 538, 540; *Jans*, LIEI 2007, 53, 58; so implizit auch der EuGH in der Rechtssache *Mangold*: die Antidiskriminierungsrichtlinien stecken den „allgemeinen Rahmen" zur Diskriminierungsbekämpfung ab und treffen beispielsweise Regelungen hinsichtlich der „Bereitstellung geeigneter Rechtsbehelfe, der Beweislast, der Viktimisierung, des sozialen Dialogs sowie der positiven und anderen spezifischen Maßnahmen" (EuGH, Rs. C-144/04, Slg. 2005, I-9981, Rn. 76 (Mangold)).

rang vor entgegenstehendem nationalem Recht zukommt.[534] Fraglich ist jedoch, ob es vorliegend überhaupt zulässig war, die Regelung des § 14 Abs. 3 S. 4 TzBfG am Maßstab des allgemeinen Verbots der Altersdiskriminierung zu messen. Das Verbot hat eine normative Ausgestaltung in der Richtlinie 2000/78/EG gefunden, deren Umsetzungsfrist zu diesem Zeitpunkt noch nicht abgelaufen war. Für den EuGH ist dies unerheblich. Nach seiner Auffassung kann die Wahrung des Verbots der Altersdiskriminierung „nicht vom Ablauf der Frist abhängen, die den Mitgliedstaaten zur Umsetzung einer Richtlinie eingeräumt worden ist, die die Schaffung eines allgemeinen Rahmens zur Bekämpfung der Diskriminierung wegen des Alters bezweckt."[535]

Verschiedene Autoren haben hingegen Befürchtungen formuliert, dass es in Zukunft durch die Heranziehung von allgemeinen Rechtsgrundsätzen zu einer „Überlagerung von Richtlinienrecht" bzw. zu einer „Auflösung des Unterschiedes zwischen unmittelbar anwendbarem Gemeinschaftsrecht und den Richtlinienwirkungen"[536] kommen könnte. Es sei nicht schwer, einzelne Richtlinienbestimmungen jeweils als Normierung bestimmter allgemeiner Rechtsgrundsätze auszulegen und infolgedessen etwa entgegenstehendes nationales Recht unangewendet zu lassen, auch wenn eine unmittelbare Wirkung der Richtlinie aufgrund fehlender Voraussetzungen oder bestehender Grenzen ausscheiden muss.[537] Diesen Befürchtungen ist im Folgenden nachzugehen.

d) Das Zusammenwirken von Richtlinien und allgemeinen Rechtsgrundsätzen

Die Lösung in der Rechtssache *Mangold* folgt aus der Bindung der Mitgliedstaaten an die Gemeinschaftsgrundrechte, die zu den allgemeinen Rechtsgrundsätzen des Gemeinschaftsrechts gehören.[538] Eine solche Bindung ist nach ständiger Rechtsprechung anerkannt, wenn eine konkrete nationale Regelung in den „Anwendungsbereich des Gemeinschaftsrechts" fällt.[539] Dies ist der Fall,

---

[534] Der EuGH verweist in der Entscheidung *Mangold* auf das Urteil *Simmenthal II* (EuGH, Rs. 106/77, Slg. 1978, 629, Rn. 21), vgl. auch *Kreft*, RdA 2006, Sonderbeilage Heft 6, 38, 42.

[535] EuGH, Rs. C-144/04, Slg. 2005, I-9981, Rn. 76 (Mangold).

[536] *Hailbronner*, NZA 2006, 811, 814.

[537] *Editorial Comments*, CMLRev. 2006, 1, 8; ebenso *Ross*, ELRev. 2006, 476, 495: "What other "general principles" will circumvent the need to apply the case law of directives?"; kritisch auch *Walzel/Becker*, Jura 2007, 653, 661.

[538] Dazu eingehend *Wallrab*, Gemeinschaftsgrundrechte; *Winkler*, Grundrechte der Europäischen Union, 119 ff.

[539] EuGH, Rs. C-260/89, Slg. 1991, I-2925, Rn. 42 (ERT); Rs. C-2/92, Slg. 1994, I-955, Rn. 16 (Bostock); Rs. C-13/05, Slg. 2006, I-6467, Rn. 56 (Navas); Rs. C-81/05, Slg. 2006, I-7569, Rn. 35 (Cordero Alonso); sofern dies nicht der Fall ist, lehnt der EuGH eine Gel-

wenn ein Mitgliedstaat „Gemeinschaftsrecht durchführt."[540] Ausdrückliche Bestätigung findet die Grundrechtsbindung in Art. 51 Abs. 1 S. 1 der Charta der Grundrechte. Dort heißt es: „Diese Charta gilt [...] für die Mitgliedstaaten ausschließlich bei der Durchführung des Rechts der Union."

Eine Durchführung des Gemeinschaftsrechts liegt insbesondere bei der Umsetzung von Richtlinien vor.[541] Der Anwendungsbereich des Gemeinschaftsrechts ist dabei nicht nur hinsichtlich solcher nationaler Vorschriften eröffnet, die als ausdrückliches Ziel die Umsetzung der Richtlinie verfolgen, sondern - vom Zeitpunkt des Inkrafttretens der Richtlinie an - auch schon hinsichtlich vorher bestehender nationaler Vorschriften, die geeignet sind, die Vereinbarkeit des nationalen Rechts mit der Richtlinie zu gewährleisten.[542] In beiden Fällen sind die Gemeinschaftsgrundrechte durch die mitgliedstaatlichen Träger öffentlicher Gewalt zwingend zu beachten. Unerheblich ist, ob die Mitgliedstaaten Umsetzungsspielräume ausnutzen, welche die Richtlinie etwa durch unbestimmte Rechtsbegriffe oder Wahlmöglichkeiten einräumt oder ob die Mitgliedstaaten durch die Richtlinienvorgaben fest gebunden sind.[543] Im ersten Fall kann die

---

tung der Gemeinschaftsgrundrechte ab - EuGH, Rs. C-328/04, Slg. 2005, I-8577, Rn. 12 f. (Vajnai); vgl. aber die anhängige Vorlagefrage des BAG, „ob das Primärrecht der EG ein Verbot der Diskriminierung wegen des Alters enthält, dessen Schutz die Gerichte der Mitgliedstaaten auch dann zu gewährleisten haben, wenn die möglicherweise diskriminierende Behandlung keinen gemeinschaftsrechtlichen Bezug aufweist": Vorlagebeschluss vom 27.6.2006 (3 AZR 352/05, NZA 2006, 1276 ff.), beim EuGH anhängig unter Rs. C-427/06 (ABl. 2006 L 303/16).

540 EuGH, Rs. 5/88, Slg. 1989, 2609, Rn. 19 (Wachauf); Rs. C-2/92, Slg. 1994, I-955, Rn. 16 (Bostock); Rs. C-292/97, Slg. 2000, I-2737, Rn. 37 (Karlsson); verb. Rs. C-20/00 und C-64/00, Slg. 2003, I-7411, Rn. 88 (Booker Aquacultur); Rs. C-442/00, Slg. 2002, I-11915, Rn. 30 (Caballero); die zweite - kontroversere - Konstellation einer Grundrechtsbindung der Mitgliedstaaten betreffen nationale Maßnahmen im Rahmen der Grundfreiheiten. Diese ist vorliegend ohne Interesse.

541 EuGH, Rs. C-442/00, Slg. 2002, I-11915, Rn. 30 ff. (Caballero); verb. Rs. C-20/00 und C-64/00, Slg. 2003, I-7411, Rn. 88 (Booker Aquacultur): vgl. auch eingehend GA *Mischo*, Schlussanträge in verb. Rs. C-20/00 und C-64/00, Slg. 2003, I-7411, Rn. 50-58 (Booker Aquacultur); EuGH, Rs. C-540/03, Slg. 2006, I- 5769, Rn. 105 f. (Parlament/Rat).

542 EuGH, Rs. C- 81/05, Slg. 2006, I-7569, Rn. 29 (Cordero Alonso).

543 Eine Grundrechtsbindung im Fall von Ermessenspielräumen war bislang umstritten: dafür *Ladenburger*, in: Tettinger/Stern (Hrsg.), Europäische Grundrechte - Charta, Art. 51 Rn. 35; *Kühling*, Grundrechte, 583, 608 f.; *Wallrab*, Gemeinschaftsgrundrechte, 87; *von Danwitz*, JZ 2007, 697, 704; dagegen etwa *Rengeling/Szczekalla*, Grundrechte in der Europäischen Union, Rn. 310 ff. (313); der EuGH hat in der Entscheidung über die Rechtmäßigkeit der Familienzusammenführungsrichtlinie klargestellt, dass eine Grundrechtsbindung besteht: EuGH, Rs. C-540/03, Slg. 2006, I- 5769, Rn. 104 ff. (Parlament/Rat): „soweit die Richtlinie den Mitgliedstaaten einen Ermessensspielraum belässt, (ist) dieser weit genug, um ihnen die Anwendung der Vorschriften der Richtlinie in einer mit den

Beachtung der Gemeinschaftsgrundrechte dazu führen, dass sich diese Ermessensspielräume auf Null reduzieren und die Mitgliedstaaten zu „zwingenden Rechtsangleichungsanordnungen“ verpflichten.[544]

Verstöße der Mitgliedstaaten bei der Richtlinienumsetzung gegen Gemeinschaftsgrundrechte können die Nichtanwendung der nationalen Regelung nach sich ziehen. Dies ist bereits möglich, wenn die Umsetzungsfrist der Richtlinie, die den Anwendungsbereich des Gemeinschaftsrechts eröffnet hat, noch nicht abgelaufen ist.[545] Erforderlich ist allerdings, dass sich die Nichtanwendung allein aus dem Gemeinschaftsgrundrecht ergibt und keine Umsetzung der Richtlinienbestimmung darstellt.[546]

Problematisch ist, wenn die Richtlinie, die den Anwendungsbereich des Gemeinschaftsrechts überhaupt erst eröffnet, eine Bestimmung enthält, die einen allgemeinen Rechtsgrundsatz in Form eines Gemeinschaftsgrundrechts „normativ positiviert“.[547] Hier darf der EuGH nicht die Beschränkungen, die mit den Wirkungen von Richtlinien verbunden sind, im Wege des Rückgriffs auf allgemeine Rechtsgrundsätze unterlaufen.[548] Den allgemeinen Rechtsgrundsätzen darf nicht ein Grad an Selbstständigkeit dergestalt zuerkannt werden, dass eine Berufung auf sie anstelle oder unabhängig von der Gesetzgebung möglich wäre.[549] Im Fall ihrer Konkretisierung durch Richtlinien ist es zum einen unzulässig, dass die allgemeinen Rechtsgrundsätze zur „selbständigen Schöpfung und Begründung von Rechten oder Pflichten“ jenseits der Richtlinie führen[550], da hierdurch beispielsweise eine Umgehung der Grenzen der unmittelbaren Wirkung erfolgen könnte. Zum anderen darf die zeitliche Anwendbarkeit allgemeiner Rechtsgrundsätze in solchen Fällen nicht unabhängig vom Lauf der Umsetzungsfrist bestehen.[551] Würde man einen allgemeinen Rechtsgrundsatz in Fällen, in denen eine Richtlinie überhaupt erst den Anwendungsbereich des Gemeinschaftsrechts eröffnet und zugleich eine normative Ausgestaltung eines all-

---

Erfordernissen des Grundrechtsschutzes im Einklang stehenden Weise zu ermöglichen“ - dazu *Lindner*, EuZW 2007, 71 ff.

544 *von Danwitz*, JZ 2007, 697, 704.

545 So etwa im Hinblick auf einen Verstoß einer nationalen Regelung gegen den allgemeinen Gleichheitssatz EuGH, Rs. C- 81/05, Slg. 2006, I-7569, Rn. 47 (Cordero Alonso).

546 Dies betont *von Danwitz*, JZ 2007, 697, 704.

547 *von Danwitz*, JZ 2007, 697, 704.

548 GA *Mazak*, Schlussanträge in Rs. C-411/05, Slg. 2007, I-8531, Rn. 138 (Palacios de la Villa); ebenso *Böhm*, JZ 2008, 324, 328.

549 GA *Mazak*, Schlussanträge in Rs. C-411/05, Slg. 2007, I-8531, Rn. 137 (Palacios de la Villa).

550 *Reich*, EuZW 2007, 198, 199.

551 *von Danwitz*, JZ 2007, 697, 705.

gemeinen Rechtsgrundsatzes darstellt, vor Ablauf der Umsetzfrist anwenden, dann käme dies einer unmittelbaren Wirkung der betreffenden Richtlinienbestimmung bereits zu diesem Zeitpunkt gleich.[552]

Im Fall *Mangold* bestand die Besonderheit, dass das Verbot der Altersdiskriminierung zwar in Art. 1 der Richtlinie 2000/78/EG seinen gesetzlichen Niederschlag gefunden hat. Der Anwendungsbereich des Gemeinschaftsrechts war allerdings bereits dadurch eröffnet, dass der geänderte § 14 Abs. 3 TzBfG eine Maßnahme zur Umsetzung der Richtlinie 99/70/EG darstellte.[553] Es war somit nicht die Richtlinie 2000/78/EG, die den Anwendungsbereich überhaupt erst eröffnet hat und um deren Umsetzung es ging. Bei der Umsetzung von Richtlinie 99/70/EG waren damit grundsätzlich die allgemeinen Rechtsgrundsätze zu berücksichtigen. Formal gesehen ist diese Betrachtung sicherlich zutreffend, im praktischen Ergebnis liegt gleichwohl eine gewisse Umgehung der Grenzen der Wirkungen der Richtlinie 2000/78/EG vor.

Die Konstellation in der Rechtssache *Mangold* wirft nämlich die weitere Frage auf, ob zu den zu berücksichtigenden Rechtsgrundsätzen im Fall der Umsetzung der Richtlinie 99/70/EG zulässigerweise auch das allgemeine Verbot der Diskriminierung wegen des Alters zählt. Dies betrifft die generelle Frage, ob eine nationale Regelung, die unter einem „spezifischen" Aspekt in den Anwendungsbereich des Gemeinschaftsrechts fällt, in vollem Umfange der Bindung an die Gemeinschaftsgrundrechte unterworfen.[554] Mit diesem Probem hat sich der EuGH bisher - soweit ersichtlich - nicht beschäftigt, wenn es um die Bindung der Mitgliedstaaten an Gemeinschaftsgrundrechte ging, und auch in der Literatur finden sich hierzu kaum Stellungnahmen.

Zu berücksichtigen ist, dass eine generelle Bindung der Mitgliedstaaten an Gemeinschaftsgrundrechte gerade nicht gewollt ist, sondern nur dann, wenn der „Anwendungsbereich des Gemeinschaftsrechts" eröffnet ist. In der Fassung von Art. 51 Abs. 1 S. 1 der Charta der Grundrechte kommt diese restriktive Haltung deutlich zum Ausdruck: die Mitgliedstaaten sind danach „ausschließlich bei der Durchführung des Rechts der Union" an die Gemeinschaftsgrundrechte gebunden.[555] Bedenkt man, dass die tatbestandlichen Anwendungsbereiche der ge-

[552] *von Danwitz*, JZ 2007, 697, 705.

[553] EuGH, Rs. C-144/04, Slg. 2005, I-9981, Rn. 75 (Mangold); unzutreffend *von Oettingen/Rabenschlag*, ZEuS 2006, 363, 378, wonach die Richtlinie 2000/78/EG den Anwendungsbereich eröffnet.

[554] *von Danwitz*, JZ 2007, 697, 705.

[555] Vgl. zu den unterschiedlichen Interpretationen dieser Regelung *Ladenburger*, in: Tettinger/Stern (Hrsg.), Europäische Grundrechte - Charta, Art. 51 Rn. 23, der darin keine Beschränkung des durch die Rechtsprechung des EuGH etablierten Umfangs der Bindung der Mitgliedstaaten an die Gemeinschaftsgrundrechte sieht; a.A. *Borowsky*, in: Meyer (Hrsg.), Charta der Grundrechte, Art. 51 Rn. 29.

meinschaftsrechtlichen Gleichheitssätze sehr weit gefasst sind, so würde es der angestrebten Eingrenzung einer Bindung der Mitgliedstaaten an Gemeinschaftsgrundrechte widersprechen, wenn jedwede Richtlinienumsetzung eine umfassende Bindung der Mitgliedstaaten an alle Gemeinschaftsgrundrechte eröffnen würde.[556]

Die Anwendbarkeit von Gemeinschaftsgrundrechten ist daher konkret nach dem jeweiligen „Gegenstand" und den „Zielen" sowie dem „Schutzzweck" der Gemeinschaftsregelung, die durchzuführen ist und überhaupt erst das mitgliedstaatliche Recht dem gemeinschaftlichen Grundrechtsstandard unterwirft, auszurichten; die Anwendbarkeit der allgemeinen Rechtsgrundsätze ist mithin inhaltlich auf diejenigen Zielsetzungen zu beschränken, die von der Gemeinschaftsregelung erfasst sind.[557] Nur der umzusetzende Rechtsakt vermittelt die Grundrechtsbindung der Mitgliedstaaten und bestimmt entsprechend seinem Inhalt die Reichweite der Bindung.[558] Auf diese Weise ist es möglich, einer umfassenden Bindung der Mitgliedstaaten insbesondere an die gemeinschaftsrechtlichen Diskriminierungsverbote entgegenzusteuern.[559]

Im Fall *Mangold* ist es nach diesen Maßstäben im Ergebnis zweifelhaft, ob § 14 Abs. 3 S. 4 TzBfG als Umsetzungsmaßnahme der Richtlinie 99/70/EG am Maßstab des Verbots der Altersdiskriminierung, sei es nun als Ausprägung des allgemeinen Gleichheitssatzes oder als spezielles Diskriminierungsverbot, zu messen war. Die Rahmenvereinbarung über befristete Arbeitsverträge, die die Richtlinie 99/70/EG durchführt, bezweckt maßgeblich die Verbesserung der Lebens- und Arbeitsbedingungen der Arbeitnehmer in der Europäischen Gemeinschaft, indem die Qualität befristeter Arbeitsverhältnisse verbessert wird; es soll ein Rahmen geschaffen werden, der den Missbrauch durch aufeinander folgende befristete Arbeitsverträge oder -verhältnisse verhindert (§ 1 der Rahmenvereinbarung).

---

556 Zu dem Problem einer Grundrechtsbindung der Mitgliedstaaten hinsichtlich mitgliedstaatlichen Handelns, das tatbestandlich als Ungleichbehandlung im Sinne unionsrechtlicher Gleichheitssätze gilt, *Ladenburger*, in: Tettinger/Stern (Hrsg.), Europäische Grundrechte - Charta, Art. 51 Rn. 40; dazu auch die Vorlage des BAG an den EuGH vom 27.6.2006 in der Rechtssache *Bartsch* (3 AZR 352/05, NZA 2006, 1276 ff., beim EuGH anhängig unter Rs. C-427/06, ABl. 2006 L 303/16), in der das BAG fragt, ob das in der Kompetenzregelung des Art. 13 EG genannte Ziel der Bekämpfung einer Diskriminierung u.a. wegen des Alters bereits einen gemeinschaftsrechtlichen Bezug herstellt für eine unmittelbare Anwendung des allgemeinen Gleichheitssatzes und das darin enthaltene Diskriminierungsverbot wegen des Alters.

557 So mit Nachdruck *von Danwitz*, JZ 2007, 697, 705.

558 *Winkler*, Grundrechte der Europäischen Union, 127.

559 Hierzu *Ladenburger*, in: Tettinger/Stern (Hrsg.), Europäische Grundrechte - Charta, Art. 51 Rn. 40.

Befristet beschäftigte Arbeitnehmer sollen in ihren Beschäftigungsbedingungen nur deswegen, weil für sie ein befristetes Arbeitsverhältnis gilt, gegenüber vergleichbaren Dauerbeschäftigten nicht schlechter gestellt sein, es sei denn, die unterschiedliche Behandlung ist aus sachlichen Gründen gerechtfertigt (§ 4 Abs. 1 der Rahmenvereinbarung). Die Richtlinie hat nicht zum Ziel, Diskriminierungen aufgrund des Alters zu verhindern. Von dem „Gegenstand", den „Zielen" sowie dem „Schutzzweck" der Richtlinie 99/70/EG her ist somit eine umfassende Unterwerfung unter den allgemeinen Rechtsgrundsatz des Diskriminierungsverbotes wegen des Alters wohl eher abzulehnen.

3. Fazit

Der EuGH hat auch in der Entscheidung *Mangold* nicht mit der bisherigen Richtliniendogmatik gebrochen und keine unmittelbare Wirkung von Richtlinien vor Fristablauf anerkannt.[560] Damit hält er auch die Unterschiede in sachlicher und zeitlicher Hinsicht zwischen der Vorwirkung und der unmittelbaren Wirkung einer Richtlinie aufrecht. Der EuGH hat sich in seinen Entscheidungsgründen zunächst zwar auf die *Wallonie*-Rechtsprechung gestützt, die Unanwendbarkeit von § 14 Abs. 3 S. 4 TzBfG resultierte jedoch allein aus dem Verstoß gegen den allgemeinen Rechtsgrundsatz des Verbotes der Altersdiskriminierung. Auch diese Lösung ist nicht unproblematisch. Zu befürchten ist eine Umgehung der spezifischen „Wertungsgrundlagen" der Richtlinienwirkungen mit der Folge, dass es in bestimmten Fällen im Ergebnis doch zu einer unmittelbaren Wirkung vor Fristablauf kommt. Es ist Aufgabe des EuGH, in der nahen Zukunft das bislang dogmatisch noch nicht gefestigte Konzept der Zusammenwirkung von Richtlinien und allgemeinen Rechtsgrundsätzen unter Beachtung der aufgezeigten Grenzen weiter zu entwickeln.

II. Normstrukturelle Voraussetzungen

Im folgenden Abschnitt ist zu erörtern, ob der Gerichtshof die Erfüllung der normstrukturellen Voraussetzungen weiterhin als ein erforderliches Kriterium für die Anerkennung einer unmittelbaren Wirkung von Richtlinien ansieht. Diesbezügliche Zweifel[561] sind bedingt durch eine Reihe von Entscheidungen des Gerichtshofs, die auf den ersten Blick von seiner traditionellen Rechtsprechung abweichen.[562] Wie gesehen, hat der Gerichtshof die Kriterien der hinrei-

---

[560] Ebenso *von Oettingen/Rabenschlag*, ZEuS 2006, 363, 379; *Streinz/Herrmann*, RdA 2007, 165, 169; unzutreffend die Auffassung von *Kreße*, ZGS 2007, 215, 216, der auf den Aspekt des allgemeinen Gleichheitssatzes nicht einmal eingeht.

[561] Vgl. *Gassner*, FS Oppermann, 503, 512 ff.

[562] EuGH, Rs. C-72/95, Slg. 1996, I-5403, Rn. 56 und 60 f. (Kraaijeveld); Rs. C-435/97, Slg. 1999, I-5613, Rn. 69 (WWF); Rs. C-287/98, Slg. 2000, I-6917, Rn. 32 (Linster); Rs.

chenden Bestimmtheit und Unbedingtheit regelmäßig verneint, sofern den Mitgliedstaaten Gestaltungsspielräume verbleiben.[563] In den besagten Entscheidungen hat er die Einräumung von Ermessensspielräumen hingegen nicht als hinderlich angesehen, eine Berufung Einzelner auf die Richtlinien zuzulassen, um eine gerichtliche Überprüfung der Einhaltung der Ermessensspielräume zu erreichen. Es handelt sich hierbei um einen Ansatz, den der Gerichtshof bereits in seiner frühen Unmittelbarkeitsrechtsprechung etabliert hatte[564], der dann aber über Jahre hinweg nicht mehr in Erscheinung getreten ist. Erst seit Ende der 1990iger Jahre hat der Gerichtshof ihn wieder aufgegriffen. Im Folgenden ist diese Rechtsprechung kursorisch nachzuzeichnen und zu bewerten.

1. Rechtsprechung zur Überprüfung von Ermessensspielräumen

Die umstrittene Rechtsprechung hat ihren Ursprung in der Entscheidung *Verbond van Nederlandse Ondernemingen (VNO)*[565], der ein Rechtsstreit aus Anlass der Anfechtung einer Entscheidung der niederländischen Steuerverwaltung zugrunde lag. Eine der Vorlagefragen betraf die Auslegung des Art. 11 der zweiten Mehrwertsteuerrichtlinie,[566] welcher in seinem Abs. 1 das Recht auf Abzug der Umsatzsteuer, die dem Steuerpflichtigen für an ihn gelieferte Gegenstände in Rechnung gestellt worden ist, festsetzte. Allerdings ist den Mitgliedstaaten aufgrund anderer Richtlinienbestimmungen die Möglichkeit eingeräumt, dazu bestimmte Abweichungen und Ausnahmen festzulegen. Davon hatte der niederländische Gesetzgeber Gebrauch gemacht und eine Vorschrift erlassen, welche den Abzug der Umsatzsteuer für bestimmte Gegenstände nur eingeschränkt zuließ.

Fraglich war, ob der Kläger sich auf Art. 11 Abs. 1 der Richtlinie berufen konnte, um ein Recht auf unbeschränkten Abzug der Umsatzsteuer geltend zu machen. Dem schien die fehlende Bestimmtheit und Unbedingtheit der Vorschrift entgegenzustehen, da die Richtlinie den Mitgliedstaaten die Möglichkeit einräumte, davon Ausnahmen zu zulassen. Der EuGH hat in der Folge jedoch den in Art. 11 Abs. 1 niedergelegten Grundsatz des Vorsteuerabzugs für ausdrücklich und hinreichend genau befunden. Lediglich hinsichtlich der Ausnahmen stand den Mitgliedstaaten ein Ermessen zu.[567] Es obliege „den staatlichen Ge-

C-365/98, Slg. 2000, I-4619, Rn. 32 (Brinkmann II); Rs. C- 127/02, Slg. 2004, I-7405 (Waddenzee).

563 Vgl. § 2, A., II., 2., c).

564 EuGH, Rs. 51/76, Slg. 1977, 113 (VNO); Rs. 38/77, Slg. 1977 (Enka); Rs. 21/78, Slg. 1978, 2327 (Delkvist).

565 EuGH, Rs. 51/76, Slg. 1977, 113 (VNO).

566 RL 67/228/EWG zur Harmonisierung der Rechtsvorschriften der Mitgliedstaaten über die Umsatzsteuer (ABl. 1967 L 71/1303).

567 EuGH, Rs. 51/76, Slg. 1977, 113, Rn. 25/29 (VNO).

richten, festzustellen, ob die in Frage stehende nationale Maßnahme den Ermessensspielraum der Mitgliedstaaten überschreitet und somit nicht als rechtmäßige Ausnahme oder Abweichung von dem in Art. 11 Abs. 1 niedergelegten Grundsatzes des sofortigen Vorsteuerabzuges gelten kann".[568]

Der Gerichtshof hat diese Rechtsprechung in den eingangs erwähnten Entscheidungen wieder aufgegriffen. Gegenstand war in der Regel die nicht ordnungsgemäß umgesetzte UVP-Richtlinie.[569] Einzelne Bürger waren gerichtlich gegen die Genehmigungen von verschiedenen Projekten vorgegangen, da vor der Genehmigung keine Umweltverträglichkeitsprüfung im Sinne der Richtlinie vorgenommen wurde. Die nationalen Gerichte sahen hierin die Möglichkeit eines Gemeinschaftsrechtsverstoßes, waren aber unsicher, ob die UVP-Richtlinie unmittelbare Wirkung entfaltet, so dass sich die Kläger der Ausgangsverfahren darauf berufen konnten. Gemäß Art. 2 Abs. 1 der UVP-Richtlinie treffen die Mitgliedstaaten die erforderlichen Maßnahmen, damit vor der Erteilung der Genehmigung die Projekte, bei denen insbesondere aufgrund ihrer Art, ihrer Größe oder ihres Standortes mit erheblichen Auswirkungen auf die Umwelt zu rechnen ist, eine Umweltverträglichkeitsprüfung durchlaufen. Gemäß Art. 4 Abs. 1 der UVP-Richtlinie sind jedoch grundsätzlich nur bestimmte Projekte einer Umweltverträglichkeitsprüfung zu unterziehen. Nach Art. 4 Abs. 2 der UVP-Richtlinie gilt dies für die übrigen Projekte nur, sofern ihre Merkmale nach Auffassung der Mitgliedstaaten dies erfordern. Somit verfügen die Mitgliedstaaten hier über einen Ermessensspielraum für die Frage, ob diese Gegenstand der Umweltverträglichkeitsprüfung sein müssen. Aus diesem Grund lag der Einwand nahe, es fehle Art. 2 Abs. 1 der UVP-Richtlinie an hinreichender Bestimmtheit und Unbedingtheit, so dass eine unmittelbare Wirkung ausscheiden müsse.[570]

Der Gerichthof führte unter Hinweis auf die Entscheidung *VNO* aus, dass „in den Fällen, in denen die Gemeinschaftsbehörden die Mitgliedstaaten durch eine Richtlinie zu einem bestimmten Verhalten verpflichten, [...] die *praktische Wirksamkeit* einer solchen Maßnahme abgeschwächt (würde), wenn die Bürger sich vor Gericht hierauf nicht berufen könnten und nationale Gerichte sie nicht als Bestandteil des Gemeinschaftsrechts berücksichtigen könnten, um zu prüfen,

---

568 EuGH, Rs. 51/76, Slg. 1977, 113, Rn. 25/29 (VNO).

569 EuGH, Rs. C-72/95, Slg. 1996, I-5403, Rn. 56 und 60 f. (Kraaijeveld); Rs. C-435/97, Slg. 1999, I-5613, Rn. 69 (WWF); Rs. C-287/98, Slg. 2000, I-6917, Rn. 32 (Linster); vgl. auch EuGH, Rs. 365/98, Slg. 2000, I-4619, Rn. 32 (Brinkmann II): dieser Entscheidung lag die RL 92/80/EWG zur Annäherung der Verbrauchssteuern auf andere Tabakwaren als Zigaretten, ABl. 1992 L 316/10, zugrunde bzw. EuGH, Rs. C- 127/02, Slg. 2004, I-7405 (Waddenzee): diese Entscheidung hatte die RL 92/43/EWG zur Erhaltung der natürlichen Lebensräume sowie der wild lebenden Tiere und Pflanzen (FFH-Richtlinie), ABl. 1992 L 206/7, zum Gegenstand.

570 EuGH, Rs. C-72/95, Slg. 1996, I-5403, Rn. 47 (Kraaijeveld).

ob der nationale Gesetzgeber im Rahmen der ihm vorbehaltenen Befugnis, Form und Mittel für die Umsetzung der Richtlinie zu wählen, innerhalb des in der Richtlinie vorgesehenen Ermessensspielraums geblieben ist".[571] Der Ermessensspielraum der Mitgliedstaaten sei durch die in Art. 2 Abs. 1 der Richtlinie festgelegte generelle Pflicht begrenzt, die Projekte, bei denen insbesondere aufgrund ihrer Art, ihrer Größe oder ihres Standortes mit erheblichen Auswirkungen auf die Umwelt zu rechnen ist, einer Untersuchung ihrer Auswirkungen zu unterziehen.[572] Weiter hieß es, „[...] dass sich Einzelne dann, wenn der Gesetzgeber oder die Verwaltung eines Mitgliedstaates das ihnen durch [...] (eine) Richtlinie eingeräumte Ermessen überschritten haben, vor dem Gericht eines Mitgliedstaates gegenüber den nationalen Stellen auf diese Bestimmung berufen und dadurch erreichen können, dass diese nationale Vorschriften oder Maßnahmen außer Betracht lassen, die mit diesen Bestimmungen unvereinbar sind".[573] Den Klägern in den Ausgangsverfahren wurde im Ergebnis die Befugnis zugesprochen, sich auf die Richtlinie zu berufen, um überprüfen zu lassen, ob die mitgliedstaatlichen Stellen in den betreffenden Fällen rechtmäßig von ihrem Ermessen Gebrauch gemacht haben, die Projekte nicht einer Umweltverträglichkeitsprüfung zu unterziehen. Spätere Entscheidungen, die nicht die UVP-Richtlinie zum Gegenstand hatten, bestätigen diese Rechtsprechung.[574]

2. Rechtliche Würdigung

Fraglich ist, wie diese Entscheidungen zur Überprüfung von Ermessensgrenzen einzuordnen sind bzw. im Einklang mit der bisherigen Rechtsprechung des Gerichtshofs stehen. Der Gerichtshof hat in den Urteilen weder den Terminus „unmittelbare Wirkung" noch die Kriterien verwendet, die er üblicherweise in Bezug auf eine unmittelbare Richtlinienwirkung herangezogen hat.[575]

a) Richtlinie als Maßstabsnorm

Daher sehen einige Autoren in der Rechtsprechungssequenz keine Anerkennung einer unmittelbaren Wirkung der betreffenden Richtlinienbestimmungen. Der EuGH habe nicht auf die Erfordernisse der hinreichenden Bestimmtheit und Unbedingtheit Bezug genommen, d.h. er habe nicht den Inhalt der betreffenden Richtlinienbestimmungen untersucht, um ihre Anwendbarkeit bejahen oder ver-

---

571 EuGH, Rs. C-72/95, Slg. 1996, I-5403, Rn. 56 (Kraaijeveld) (Hervorhebung durch die Verfasserin).

572 EuGH, Rs. C-72/95, Slg. 1996, I-5403, Rn. 50 (Kraaijeveld).

573 EuGH, Rs. C-435/97, Slg. 1999, I-5613, Rn. 71 (WWF).

574 EuGH, Rs. C-365/98, Slg. 2000, I-4619, Rn. 32 (Brinkmann II); EuGH, Rs. C-127/02, Slg. 2004, I-7405, Rn. 66 (Waddenzee).

575 Vgl. *Hilson/Downes*, ELRev. 1999, 121, 137.

neinen zu können, sondern er sei sogleich auf die Frage eingegangen, ob der nationale Gesetzgeber oder die Verwaltung innerhalb der von der Richtlinie gezogenen Grenzen ihres Entscheidungsspielraums geblieben seien.[576] Die Möglichkeit der Berufung Einzelner auf die Richtlinienbestimmungen sei dadurch bedingt, dass der Richtlinie aufgrund des Vorrangs des Gemeinschaftsrechts die Funktion einer Maßstabsnorm für die Überprüfung von nationalen Bestimmungen auf ihre Gemeinschaftskonformität zukomme.[577] Voraussetzung für eine solche Rechtmäßigkeitsprüfung sei allein die bindende Wirkung der Richtlinie nach Ablauf der Umsetzungsfrist.[578]

Dieser auf der Annahme eines weiten Vorrangverständnisses basierenden Theorie ist zuzugeben, dass der Gerichtshof in seinen Entscheidungen nie den Terminus „unmittelbare Wirkung" verwendet hat, sondern die dahingehend formulierten Vorlagefragen sogar umformuliert hat[579] und sich statt dessen zur Begründung seines Ergebnisses allein auf die zwingende Wirkung der Richtlinien und die notwendige Erhaltung ihrer nützlichen Wirksamkeit berief.[580] Der dieser Auffassung zugunde liegende weite Vorrangbegriff ist jedoch abzulehnen.[581] Nach dem engen Vorrangbegriff kann keine Pflicht der Träger nationaler Staatsgewalt bestehen, Bestimmungen des innerstaatlichen Rechts am Maßstab nicht unmittelbar wirksamer Richtlinienbestimmungen zu messen und ggf. zu verwerfen.[582] Mangels unmittelbarer Wirkung fehlt es an einer für den nationa-

---

576 Vgl. GA *Léger*, Schlussanträge in Rs. C-287/98, Slg. 2000, I-6917, Rn. 41 ff. (Linster).

577 *Timmermanns*, CMLRev. 1979, 533, 549, der den Terminus des „legal review" einführte; *Bach*, JZ 1990, 1108, 1111; *Langenfeld*, DÖV 1992, 955, 963; *Nicolaysen*, EuR 1984, 380, 391; *Hilson/Downes*, ELRev. 1999, 121, 136 beziehen sich auf den Begriff des „public law effect".

578 EuGH, Rs. C-157/02, Slg. 2004, I-1477, Rn. 67 ff. (Rieser).

579 EuGH, Rs. C-435/97, Slg. 1999, I-5613 (WWF): die sechste Vorlagefrage ging dahin, ob die Richtlinienbestimmungen unmittelbare vertikale Wirkung entfalten. Der Gerichtshof legte die Frage hingegen dahin aus, dass das vorlegende Gericht wissen wolle, ob sich ein einzelner dann auf die betreffenden Richtlinienbestimmungen berufen kann, wenn der Gesetzgeber oder die Verwaltung eines Mitgliedstaats das durch diese Bestimmungen eingeräumte Ermessen überschreiten, und ob er dadurch erreichen kann, dass mit diesen Bestimmungen unvereinbare nationale Vorschriften oder Maßnahmen außer Acht gelassen werden (Rn. 71); vgl. ebenso die Umformulierung in EuGH, Rs. C-157/02, Slg. 2004, I-7405 , Rn. 19, 64 (Waddenzee).

580 EuGH, Rs. C-435/97, Slg. 1999, I-5613, Rn. 69 (WWF), Rs. C-287/98, Slg. 2000, I-9917, Rn. 32 (Linster).

581 Siehe § 2, A., I.

582 *Nettesheim*, in: Grabitz/Hilf (Hrsg.), EUV/EGV, Art. 249 EG Rn. 183; *Scherzberg*, Jura 1993, 225, 229; *Ruffert*, in: Calliess/Ruffert (Hrsg.), EUV/EGV (3. Aufl.), Art. 249 EG Rn. 102; *Buchberger*, ÖJZ 2001, 441, 446; *Schroeder*, in: Streinz (Hrsg.), EGV/EUV, Art. 249 EG Rn. 124; *Jarass*, Grundfragen, 104 f.; *Viebrock*, JZ 1991, 555, 556.

len Rechtsanwender überhaupt greifbaren Kontrollnorm, deren Anwendung zur Verwerfung nationalen Rechts führen könnte.[583] Die besagten Entscheidungen gehen daher im Ergebnis sehr wohl von einer unmittelbaren Wirkung der betreffenden Richtlinienbestimmungen aus.[584] Möglicherweise hat der EuGH jedoch aus Gründen des *effet utile* die normstrukturellen Anforderungen „beiseite" geschoben.[585] Er nimmt erstens keinen Bezug auf sie und zweitens hat der Gerichtshof in seiner traditionellen Rechtsprechung in der Regel bei Vorliegen von Ermessen die Kriterien der hinreichenden Bestimmtheit und Unbedingtheit als nicht erfüllt angesehen.[586] Ein gänzliches Absehen von den normstrukturellen Voraussetzungen in den hier interessierenden Entscheidungen ist damit aber nicht verbunden.

b) Vorliegen der normstrukturellen Anforderungen auch bei Ermessen

aa) Abhängigkeit der normstrukturellen Voraussetzungen von der Fallkonstellation

Sofern der Gerichtshof bislang das Vorliegen der normstrukturellen Voraussetzungen verneinte, ging es um eine positive Anwendung der betreffenden Richtlinienbestimmung, d.h. es stand eine unmittelbare Wirkung in Form der Ersetzungswirkung in Frage.[587] Im Unterschied dazu hat der Gerichtshof in den soeben besprochenen Fällen eine unmittelbare Wirkung nur anerkannt, soweit Ermessensfehler in Rede standen, d.h. es ging allein um die Prüfung der Richt-

---

583 *Nettesheim*, in: Grabitz/Hilf (Hrsg.), EUV/EGV, Art. 249 EG Rn. 184; auch *Beljin*, EuR 2002, 351 ff.

584 So auch GA *Kokott*, Schlussanträge in Rs. C-157/02, Slg. 2004, I-7405, Rn. 135 (Waddenzee); implizit auch *Skouris*, EBLR 2006, 241, 245; zudem hat der EuGH in diesen Entscheidungen die Formulierung aus der grundlegenden Entscheidung *Van Duyn* übernommen, mit der er einst die unmittelbare Wirkung begründet hat: „in den Fällen, in denen die Gemeinschaftsbehörden die Mitgliedstaaten durch eine Richtlinie zu einem bestimmten Verhalten verpflichten, würde die praktische Wirksamkeit einer solchen Maßnahme abgeschwächt, wenn die Bürger sich vor Gericht hierauf nicht berufen könnten und nationale Gerichte sie nicht als Bestandteil des Gemeinschaftsrechts berücksichtigen könnten [...]", vgl. EuGH Rs. 41/74, Slg. 1974, 1337, Rn. 12 (Van Duyn); Rs. C-72/95, Slg. 1996, I-5403, Rn. 56 (Kraaijeveld).

585 *Gassner*, FS Oppermann, 503, 516.

586 Vgl. auch GA *Fenelly*, Rs. C-256/98, Slg. 2000, I-2487, Rn. 16 (Kommission/Frankreich); *Hilson/Downes*, ELRev. 1999, 121, 137 „discretion falls foul of the classic conditions for direct effect".

587 EuGH, verb. Rs. C-6/90 und C-9/90, Slg. 1991, I-5357, Rn. 26 (Francovich); EuGH, Rs. C-236/92, Slg. 1994, I-483, Rn.14 (Comitato); Rs. C-157/02, Slg. 2004, I-1477, Rn. 40 f. (Rieser).

linienkonformität nationaler Maßnahmen.[588] In diesen Fällen der unmittelbaren Wirkung in Form der Ausschlusswirkung sind die normstrukturellen Anforderungen auch bei der Einräumung von Ermessen erfüllt.[589] Die Anforderungen an die hinreichende Bestimmtheit und Unbedingtheit einer Richtlinienbestimmung hängen von der jeweiligen Einzelfallkonstellation ab, in der die Richtlinie ins Spiel kommt.[590] Der Grad der Bestimmtheit und Unbedingtheit ist bei der Überprüfung einer nationalen Maßnahme auf ihre Vereinbarkeit mit der Richtlinie ein anderer als in Fällen, in denen ein Ergebnis positiv festgeschrieben sein muss und der Einzelne in der Regel eine konkrete Rechtsposition aus der Richtlinie herleiten möchte. Hinsichtlich der zweiten Konstellation blockiert Ermessen unstreitig eine unmittelbare Wirkung der Richtlinie. Dem nationalen Gesetzgeber steht ein Wahlrecht zu und das nationale Gericht darf sich nicht an die Stelle des nationalen Gesetzgebers setzen.[591] Der Gerichtshof hat beispielsweise in der Entscheidung *Francovich* zu Recht das Vorliegen der normstrukturellen Voraussetzungen verneint, da es hier konkret um die Herleitung einer Rechtsposition aus einer Richtlinie ging.[592]

Für die Überprüfung der Rechtmäßigkeit einer Norm sind die Kriterien der Bestimmtheit und Unbedingtheit bereits erfüllt, wenn ein Verstoß des Rechtsaktes gegen die Richtlinienbestimmung feststellbar ist. Bei Ermessen ist dies bei einer Ermessensüberschreitung gegeben.[593] Eine Ermessensüberschreitung wiederum ist feststellbar, sofern Richtlinien ein zwingender Mindeststandard bzw. hinreichend deutlich formulierte Ermessensgrenzen für die Ausübung des Wahlrechts zu entnehmen sind.[594] Damit erfüllen auch Richtlinienbestimmungen, die den Mitgliedstaaten Ermessen einräumen, die normstrukturellen Voraussetzungen, wenn es allein um die Überprüfung der Rechtmäßigkeit der mitgliedstaatlichen Maßnahmen geht.

Diese Lösung bestätigt, was Generalanwalt *Van Gerven* bereits 1992 in seinen Schlussanträgen zu einer Entscheidung im Hinblick auf die unmittelbare Wir-

---

[588] Ebenso GA *Kokott*, Schlussanträge in Rs. C-127/02, Slg. 2004, I-7405, Rn. 137 (Waddenzee).

[589] *Prechal*, Directives, 250 ff.; *Herrmann*, Richtlinienumsetzung, 51 ff.; *Jarass/Beljin*, EuR 2004, 714, 725; *Eilmansberger*, JBl. 2004, 287; *Hartisch*, Richtlinien in dreipoligen Beziehungen, 42 f.

[590] *Prechal*, Directives, 250; *Eilmansberger*, JBl. 2004, 283, 287; *Hartisch*, Richtlinien in dreipoligen Beziehungen, 42 f.

[591] So ausdrücklich auch EuGH, Rs. C-365/98, Slg. 2000, I-4619, Rn. 38 (Brinkmann II).

[592] Garantie für die Befriedigung nichterfüllter Ansprüche der Arbeitnehmer auf das Arbeitsentgelt.

[593] *Herrmann*, Richtlinienumsetzung, 53.

[594] *Schroeder*, in: Streinz (Hrsg.), EGV/EUV, Art. 249 EG Rn. 108.

kung von EGKS-Vertragsbestimmungen zum Ausdruck brachte: „Sofern und soweit eine Gemeinschaftsbestimmung für sich allein hinreichend brauchbar für die Anwendung durch das Gericht ist, entfaltet sie unmittelbare Wirkung. Die Deutlichkeit, Genauigkeit, Unbedingtheit, Vollständigkeit oder Perfektion der Norm und der Gesichtspunkt, dass diese keiner im Ermessen stehenden Durchführungsmaßnahme bedarf, sind in dieser Hinsicht nur Facetten ein und desselben Merkmals, das die Regelung aufweisen muss, nämlich, dass sie geeignet sein muss, vom Gericht auf einen Einzelfall angewandt zu werden."[595]

Richtlinienbestimmungen, die als Anspruchsgrundlage im Sinne einer Alternativnormierung herangezogen werden, müssen im Ergebnis diesen Anspruch entsprechend konkret und eindeutig formulieren, um den normstrukturellen Anforderungen für eine unmittelbare Wirkung zu genügen. Im Rahmen einer Rechtmäßigkeitskontrolle nationaler Maßnahmen sind weniger strenge Anforderungen an die Bestimmtheit bzw. Unbedingtheit der Richtlinienbestimmungen zu stellen. Ohne Relevanz sind die normstrukturellen Voraussetzungen jedoch auch hier nicht, da die Richtlinienbestimmungen zumindest die Ermessensgrenzen hinreichend deutlich formulieren müssen. Darauf wies der Gerichtshof in seinen besprochenen Entscheidungen regelmäßig hin.[596] Auch wenn er damit nicht ausdrücklich Bezug nahm auf die Kriterien der hinreichenden Bestimmtheit und Unbedingtheit, so hat er auf diese nicht verzichtet.[597]

bb) Rechtsprechungsbeispiel

Prechal weist in diesem Zusammenhang sehr anschaulich auf zwei weitere Entscheidungen des Gerichtshofes hin, die beide die Frage nach der unmittelbaren Wirkung der gleichen Bestimmung einer Richtlinie betrafen, jedoch zu unterschiedlichen Ergebnissen kamen.[598] Konkret ging es um Art. 4 Abs. 1 der Abfallrahmenrichtlinie.[599] Dieser besagt, dass „die Mitgliedstaaten die erforderlichen Maßnahmen treffen, um sicherzustellen, dass die Abfälle verwertet oder beseitigt werden, ohne dass die menschliche Gesundheit gefährdet wird und ohne dass Verfahren oder Methoden verwendet werden, welche die Umwelt schädigen können [...]".

---

595 GA *Van Gerven*, Schlussanträge in Rs. C-182/92, Slg. 1994, I-1209, Rn. 27 (Banks & Company Ltd.).

596 Vgl. EuGH, Rs. C-72/95, Slg. 1996, I-5403, Rn. 50 (Kraaijeveld); Rs. C-287/98, Slg. 2000, I-6917, Rn. 33 (Linster).

597 a.A. wohl *Skouris*, EBLR 2006, 241, 245.

598 *Prechal*, Directives, 251 f.

599 RL 75/442/EWG über Abfälle, ABl. 1975 L 194/47.

Der Gerichtshof hatte zunächst in der Entscheidung *Comitato* über die unmittelbare Wirkung dieser Vorschrift zu entscheiden.[600] In dem zugrunde liegenden Ausgangstreit hatten Private gegenüber einer staatlichen Behörde die Beeinträchtigung ihrer Rechte auf Umweltschutz geltend gemacht. Vor dem nationalen Gericht beriefen sie sich auf Art. 4 Abs. 1 der Abfallrahmenrichtlinie und forderten von der Behörde die Ergreifung konkreter Maßnahmen der Abfallbeseitigung. Das nationale Gericht legte dem Gerichtshof die Frage vor, ob Art. 4 Abs. 1 unmittelbare Wirkung habe. Dieser verneinte die Frage. Art. 4 Abs. 1 sei „[...] weder unbedingt noch hinreichend genau und damit nicht geeignet, Rechte zu verleihen, welche die Einzelnen gegenüber dem Staat geltend machen können."[601] Zudem stecke Art. 4 Abs.1 lediglich „[...] den Rahmen (ab), in dem die Tätigkeit der Mitgliedstaaten auf dem Gebiet der Behandlung der Abfälle stattfinden soll, und nicht als solche den Erlass konkreter Maßnahmen oder diese oder jene Methode der Abfallbeseitigung vorschreibt [...]"[602]. Die Kläger beriefen sich auf die Richtlinie, um positiv eine bestimmte Maßnahme herzuleiten. Dies lehnte der Gerichtshof aufgrund des Ermessens zu Recht ab. Damit ist aber nicht ausgeschlossen, dass sich die Einzelnen auf die Richtlinie berufen können, um überprüfen zu lassen, ob einzelne Maßnahmen sich im Rahmen des den Mitgliedstaaten eingeräumten Ermessenspielraums gehalten haben.[603]

Dies bestätigte der Gerichtshof im Rahmen eines Vertragsverletzungsverfahrens gegen die Republik Italien.[604] Fraglich war dort, ob die Verbringung von Abfällen in den Wasserlauf eines Flusses in einer Art und Weise, die die menschliche Gesundheit sowie die Umwelt gefährdet, gegen Art. 4 Abs. 1 der Abfallrahmenrichtlinie verstieß. Der Gerichtshof bekräftigte in dieser Entscheidung das den Mitgliedstaaten grundsätzlich zustehende Ermessen hinsichtlich der zu ergreifenden Maßnahmen der Abfallbeseitigung. Gleichwohl lege die Vorschrift „die Mitgliedstaaten hinsichtlich des zu erreichenden *Zieles* (fest)."[605] Diese Zielverbindlichkeit (keine Gefährdung der menschlichen Gesundheit, keine Schädigung der Umwelt) ermögliche eine Überprüfung, inwieweit die von den Mitgliedstaaten ergriffenen Maßnahmen dem entsprechen. Eine Ermessensüberschreitung kann nach Auffassung des EuGH wohl dann vorliegen, wenn eine richtlinienwidrige Aktivität fortbesteht, namentlich wenn dies zu einer signifikanten Beeinträchtigung der Umwelt über einen längeren Zeitraum führt, ohne

---

600 EuGH, Rs. C-236/92, Slg. 1994, I-483 (Comitato).

601 EuGH, Rs. C-236/92, Slg. 1994, I-483, Rn.14 (Comitato).

602 EuGH, Rs. C-236/92, Slg. 1994, I-483, Rn.14 (Comitato).

603 So auch die Einschätzung von *Prechal*, Directives, 251.

604 EuGH, Rs. C-365/97, Slg. 1999, I-7773 (Kommission/Italien).

605 EuGH, Rs. C-365/97, Slg. 1999, I-7773, Rn. 67 (Kommission/Italien).

dass die zuständigen Behörden eingreifen.[606] In der Folge können somit Einzelne unter Berufung auf die Abfallrichtlinie eine Überschreitung des Ermessensspielraums der Mitgliedstaaten bezüglich bestimmter Maßnahmen der Abfallbeseitigung rügen. Ausgeschlossen ist hingegen das Einfordern konkreter Maßnahmen.

cc) Problem eines möglichen Rechtsvakuums

Ein Problem, dass sich im Zusammenhang mit der unmittelbaren Wirkung von Richtlinienbestimmungen mit Ermessensspielräumen teilweise ergeben kann, sind mögliche Rechtslücken im nationalen Recht, wenn infolge der Rechtmäßigkeitskontrolle richtlinienwidriges Recht außer Anwendung bliebe, obwohl die Richtlinienbestimmung aufgrund des in ihr verankerten Ermessensspielraums selbst keine subsumtionsfähigen Vorgaben enthält. Bislang gültiges Recht wäre unanwendbar, gemeinschaftsrechtskonformes neues Recht noch nicht in Geltung gesetzt.[607] Rechtssicherheit und Rechtsklarheit könnten somit in den Mitgliedstaaten in nicht unerheblichem Maße Beeinträchtigungen erfahren bzw. die nationalen Gerichte vor die schwierige Frage gestellt werden, auf welcher Grundlage sie den anhängigen Rechtsstreit entscheiden sollen.

Diese Probleme stellten sich nicht in den eingangs skizzierten Verfahren, in denen es um die Überprüfung der Rechtmäßigkeit von Beschlüssen mitgliedstaatlicher Behörden ging, die bestimmte Projekte (neue Linienführung eines Deiches, Umstrukturierung eines Flughafens, Bau einer Autobahntrasse) ohne vorherige Umweltverträglichkeitsprüfung genehmigt hatten. Die Berufung auf die Richtlinie führt bei derartigen Fallgestaltungen notwendig zur Unanwendbarkeit der Beschlüsse wegen fehlender Richtlinienkonformität und somit zum Wegfall einer wirksamen Genehmigung der Projekte. Eine solche kann erst nach Durchführung einer Umweltverträglichkeitsprüfung erfolgen. All dies ist zwar mit erheblichem Aufwand, zeitlichen Verzögerungen und möglicherweise gar mit Nachteilen verbunden, sollte eine Umweltverträglichkeitsprüfung zu dem Ergebnis kommen, dass die Projekte gar nicht oder nur unter Auflagen zu genehmigen sind. Rechtslücken bzw. daraus resultierende Rechtsunsicherheit sind jedoch ausgeschlossen.

Anders verhält es sich, wenn die nationale Vorschrift die Rechtsgrundlage für die Entscheidung in Einzelfällen darstellt. Dies verdeutlicht der Sachverhalt, welcher der Entscheidung *Brinkmann II* zugrunde lag. Konkret stand die Richtlinienkonformität des deutschen Besteuerungsmodells für Zigarren und Zigaril-

---

[606] EuGH, Rs. C-365/97, Slg. 1999, I-7773, Rn. 68 (Kommission/Italien).

[607] Hierzu kritisch *Scherzberg*, Jura 1993, 225, 229; *Schwarz*, Direkte Verpflichtung des EU-Bürgers, 182 ff.; *Ruffert*, in: Calliess/Ruffert (Hrsg.), EUV/EGV (3. Aufl.), Art. 249 EG Rn. 102; *Buchberger*, ÖJZ 2001, 441, 446; *Herrmann*, Richtlinienumsetzung, 52; *Franzen*, Privatrechtsangleichung, 259.

los im Raum. Nach Einschätzung des EuGH entsprach das deutsche Besteuerungsmodell nicht den von der Richtlinie 92/80/EWG zur Annäherung der Verbrauchssteuern auf andere Tabakwaren als Zigaretten[608] vorgesehenen drei Besteuerungsmodellen, da es eine zusätzliche Mindeststeuer enthielt. Die Frage, die sich im Anschluss stellte, war, ob sich ein Einzelner auf die Richtlinie berufen kann, um zu erreichen, dass auf ihn allein das gegen die Richtlinie verstoßende Element der zusätzlichen Mindeststeuer nicht angewandt und er richtlinienkonform veranlagt wird. Der EuGH lehnte dies ab. Von den in der Richtlinie vorgesehenen drei Optionen für eine Besteuerung wäre im Ergebnis ein bestimmtes Modell positiv verbindlich gemacht worden, obwohl die Richtlinie dem Gesetzgeber eindeutig eine Wahlmöglichkeit einräumte, die einer Ersetzungsfunktion der Richtlinie entgegenstand.[609] Gleichzeitig entschied der Gerichtshof jedoch, dass sich der Einzelne auf die Richtlinie berufen kann, um zu erreichen, dass auf ihn das deutsche Besteuerungsmodell in seiner Gesamtheit nicht zum Zuge kommt.[610] Problematisch war nun, auf welcher Grundlage die Steuerfestsetzung erfolgen soll.

Aus diesem Grund verneinen einige Vertreter eine Nichtanwendungspflicht in Bezug auf das richtlinienwidrige nationale Recht.[611] Dem ist so jedoch nicht zuzustimmen. Eine Pflicht zur Nichtanwendung des nationalen Rechts scheidet nur aus, wenn auch das bereits bestehende richtlinienkonforme nationale Recht den Sachverhalt nicht abarbeiten kann. Zu beachten ist, dass die Richtlinienwidrigkeit einer nationalen Norm einen Verstoß gegen Gemeinschaftsrecht darstellt. Nach ständiger Rechtsprechung des EuGH sind die Mitgliedstaaten „nach dem in Art. 10 EG vorgesehenen Grundsatz der loyalen Zusammenarbeit verpflichtet, die rechtswidrigen Folgen eines Verstoßes gegen das Gemeinschaftsrechts zu beheben".[612] Die nationalen Gerichte und Verwaltungen müssen in solchen Konstellationen im Rahmen ihrer Zuständigkeiten alle erforderlichen Maßnahmen treffen, um den Sachverhalt dennoch einer Lösung aufgrund des übrigen nationalen Rechts zuzuführen, d.h. sie müssen alle Optionen nutzen, um mögliche Rechtslücken infolge der Nichtanwendung nationalen richtlinienwidrigen Rechts zu schließen. Zu denken ist beispielsweise an die Möglichkeit der analogen Anwendung von nationalen Vorschriften oder eines Rückgriffs auf allgemeine Grundsätze des nationalen Rechts.[613] Zudem sind die Gerichte an-

---

608 ABl. 1992 L 316/10.

609 EuGH, Rs. C-365/98, Slg. 2000, I-4619, Rn. 41 (Brinkmann II).

610 EuGH, Rs. C-365/98, Slg. 2000, I-4619, Rn. 33 (Brinkmann II).

611 Vgl. *Scherzberg*, Jura 1993, 225, 229.

612 EuGH, Rs. C-201/02, Slg. 2004, I-723, Rn. 64 (Wells).

613 Siehe GA *Saggio*, Schlussanträge in verb. Rs. C-240-244/98, Slg. 2000, I-4941, Rn. 39 (Océano).

gehalten, im Wege einer richtlinienkonformen Interpretation des verbleibenden nationalen Rechts zu versuchen, mögliche Lücken zu schließen.[614] Letzteres betont auch der EuGH, der auf die Problematik erstmals ansatzweise in der oben angesprochenen Rechtssache *Brinkmann II* einging.[615]

Betrachtet man diese Instrumente, so scheint es im Ergebnis schwer vorstellbar, dass Rechtslücken aufgrund der Nichtanwendbarkeit nationalen Rechts in Fallgestaltungen, die der Entscheidung *Brinkmann II* vergleichbar sind, entstehen können. Es mag zwar mit einigen Schwierigkeiten für die nationalen Gerichte bzw. die nationalen Verwaltungen verbunden sein, in diesen Konstellationen den jeweiligen Einzelfall einer abschließenden Lösung zuzuführen[616], aufgrund der oben angesprochenen weit reichenden gemeinschaftsrechtlichen Verpflichtung, Gemeinschaftsrechtsverstöße zu beseitigen, ist dies aber hinzunehmen und beispielsweise für deutsche Rechtsanwendungsinstanzen nicht neu.[617] Die Ablehnung einer Nichtanwendungspflicht nationaler Vorschriften aus Rechtssicherheitsgründen kommt damit nur als *ultima ratio* in Betracht. Die nationalen Stellen können dann lediglich die Richtlinienwidrigkeit der innerstaatlichen Vorschrift feststellen, haben den Sachverhalt aber auf der Grundlage dieser Vorschriften zu entscheiden. Für den Einzelnen besteht in diesem Fall allein die Möglichkeit eines gemeinschaftsrechtlichen Schadensersatzanspruchs gegen den Mitgliedstaat.

III. Ausschluss einer unmittelbaren Wirkung gegenüber bzw. zwischen Privatpersonen

Abschließend ist auf die *Grenzen* einer unmittelbaren Richtlinienwirkung im Lichte der jüngeren Rechtsprechung einzugehen. Fraglich ist, inwieweit die vom Gerichtshof in ständiger Rechtsprechung wiederholte Formel, dass eine Richtlinie selbst keine Verpflichtungen für Einzelne begründen kann und eine Richtlinienbestimmung als solche nicht in dieser Weise gegenüber einer derartigen Person wirken kann, nach wie vor Geltung beansprucht. Von Interesse sind Entscheidungen des EuGH, in denen er eine Berufung auf Richtlinien gegenüber bzw. zwischen Privatpersonen zugelassen hat. Damit verbunden waren Belastungen für den Einzelnen, die über eine nur mittelbare Wirkung aufgrund

---

614 Vgl. *Tridimas*, YEL 2002, 327, 332.

615 EuGH, Rs. C-365/98, Slg. 2000, I-4619, Rn. 41 (Brinkmann II).

616 So *Langenfeld*, DÖV 1992, 955, 963.

617 *Langenfeld*, DÖV 1992, 955, 963: So können etwa untergesetzliche Normen im Fall ihres Verstoßes gegen höherrangiges Recht weder im Gerichts- noch im Verwaltungsverfahren weiterhin zur Anwendung gelangen, so dass die Rechtsanwendungsinstanzen gehalten sind, den Sachverhalt unter Außerachtlassung der betreffenden Norm einer Lösung zuzuführen, auch dann wenn das höherrangige Recht keine auf den konkreten Einzelfall anwendbare Lösung bereithält.

einer richtlinienkonformen Auslegung des nationalen Rechts hinausgingen, so dass sich eine Abgrenzung zu den Verboten einer umgekehrt vertikalen bzw. horizontalen unmittelbaren Wirkung schwierig gestaltet.

1. Belastungen für Private durch Richtlinien in der Rechtsprechung des EuGH

a) Dreieckskonstellationen

Zum einen geht es um die Wirkungsweise von Richtlinien in sog. Dreieckskonstellationen. Diese sind dadurch gekennzeichnet, dass sich ein Privater gegenüber dem Staat auf eine ihn begünstigende Richtlinienvorschrift beruft, die Anwendung der Richtlinie durch den Staat aber zu Belastungen privater Dritter führt. Daher ist hier auch von einer „Doppelwirkung"[618] von Richtlinien oder von „Richtlinien mit belastender Drittwirkung"[619] die Rede. Die Besonderheit ist die Beteiligung des Staates, der durch sein „ambivalentes Handeln" eine Privatperson begünstigt, gleichzeitig eine andere belastet[620], so dass ein Spannungsverhältnis zwischen einer zulässigen vertikalen Richtlinienwirkung und einer an sich unzulässigen umgekehrt vertikalen unmittelbaren Wirkung vorliegt.

Der EuGH ließ gleichwohl in einer Reihe von Entscheidungen die gerichtliche Geltendmachung der Beachtung der Richtlinie durch einzelne Bürger zu und bejahte eine Verpflichtung staatlicher Stellen zur Anwendung der Richtlinie, ohne jedoch damit einhergehende belastende Wirkungen für private Dritte zu thematisieren. Die Rechtsprechung betraf zunächst Fälle auf dem Gebiet des Vergaberechts. Die unmittelbare Wirkung der Vergaberichtlinien bei Klagen gegen öffentliche Auftraggeber ging zu Lasten privater Konkurrenten, da diese einen bereits erteilten Zuschlag wieder verloren.[621] Darüber hinaus sind in diesem Zusammenhang die Entscheidungen zur unmittelbaren Wirkung der UVP-Richtlinie zu Lasten einzelner Projektträger zu nennen. Die jeweiligen Projekte dürfen nach einer Umweltverträglichkeitsprüfung möglicherweise nicht mehr errichtet werden bzw. bereits erteilte Genehmigungen sind zurück zu nehmen.[622]

---

618 Siehe etwa *Classen*, EuZW 1993, 83, 84; *Haneklaus*, DVBl. 1993, 129, 133; *Gassner*, FS Oppermann, 503.

619 In diesem Sinne etwa *Hauschild*, FS Baur, 101 ff.

620 *K. Fischer/Fetzer*, EWS 2004, 236.

621 Prominentestes Beispiel ist die Entscheidung EuGH, Rs. 103/88, Slg. 1989, 1861 (Costanzo); vgl. auch EuGH, Rs. C-76/97, Slg. 1998, I-5357, Rn. 42-52 (Tögel); Rs. C-258/97, Slg. 1999, I-1405, Rn. 34-39 (Hospital Ingenieure).

622 Grundlegend zur unmittelbaren Wirkung der UVP-Richtlinie, EuGH, Rs. C-431/92, Slg. 1995, I-2189 (Komission/Deutschland, „Großkrotzenburg"): hierbei handelte es sich allerdings nicht um eine Dreieckskonstellation, da kein Privater gegen die erteilte Geneh-

Zudem hat der EuGH in einem Fall entschieden, dass ein Wirtschaftsteilnehmer sich auf die Bestimmungen einer Richtlinie berufen konnte, um die Gültigkeit einer einem Konkurrenten erteilten Genehmigung für das In-Verkehr-Bringen eines Arzneimittels anzufechten.[623]

b) Belastende Wirkungen in Zivilrechtstreitigkeiten

Zum anderen hat der EuGH die Berufung auf eine Richtlinie in rein zivilrechtlichen Ausgangsverfahren zugelassen und die Unanwendbarkeit des richtlinienwidrigen nationalen Rechts angeordnet, was zu nachteiligen Konsequenzen für die jeweils andere Partei führte.[624] Im Unterschied zu den Dreieckskonstellationen sind diese Entscheidungen problematisch mit Blick auf den Ausschluss einer horizontalen unmittelbaren Richtlinienwirkung. Im Mittelpunkt stand die Richtlinie 83/189/EWG über ein Informationsverfahren auf dem Gebiet der Normen und technischen Vorschriften.[625] Diese Richtlinie schreibt den Mitgliedstaaten vor, alle Entwürfe sog. „technischer Vorschriften" vor ihrem Erlass der Kommission mitzuteilen, welche die Vorschriften im Anschluss auf ihre Vereinbarkeit mit dem Grundsatz des freien Warenverkehrs überprüft. Während dieser Überprüfung trifft die Mitgliedstaaten eine Stillhalteverpflichtung dahin, dass die Vorschriften nicht ergehen dürfen. Ungeklärt war, ob sich Einzelne vor den nationalen Gerichten auf die relevanten Bestimmungen der Richtlinie[626] berufen können, um einen Verstoß des Mitgliedstaats gegen die Verfahrensvorschriften geltend zu machen und welche rechtlichen Konsequenzen aus Verstößen gegen die Mitteilungspflicht zu ziehen sind.

Der EuGH hat in der Entscheidung *CIA Security*[627] erstmals zu diesen Fragen Stellung genommen und entschieden, dass Einzelne sich vor Gericht auf die Vorschriften der Richtlinie berufen können und dass eine nationale Vorschrift, die der Mitgliedstaat nicht gemäß der Richtlinie der Kommission mitgeteilt hat,

---

migung vorging, sondern die Behörde von Amts wegen die Umweltverträglichkeitsprüfung durchführen sollte; zur unmittelbaren Wirkung der UVP-Richtlinie in Dreieckskonstellationen im Anschluss EuGH, Rs. C-72/95, Slg. 1996, I-5403, Rn. 56-61 (Kraaijeveld); Rs. C-435/97, Slg. 1999, I-5613, Rn. 69 (WWF); Rs. C-287/98, Slg. 2000, I-6917, Rn. 32-38 (Linster).

[623] EuGH, Rs. C-201/94, Slg. 1996, I-5819, Rn. 35 ff. (Smith & Nephew und Primecrown).

[624] EuGH, Rs. C-194/94, Slg. 1996, I-2201 (CIA Security); Rs. C-443/98, Slg. 2000, I-7535 (Unilever); Rs. C-159/00, Slg. 2002, I-5031 (Sapod).

[625] RL 83/189/EWG über ein Informationsverfahren auf dem Gebiet der Normen und technischen Vorschriften, ABl. 1983 L 109/8, ersetzt durch RL 98/34/EG über ein Informationsverfahren auf dem Gebiet der Normen und technischen Vorschriften, ABl. 1998 L 204/37.

[626] Dies sind Art. 8 sowie Art. 9.

[627] EuGH, Rs. C-194/94, Slg. 1996, I-2201 (CIA Security).

unangewendet bleiben muss.[628] Die Entscheidung *CIA Security* hatte jedoch einen wettbewerbsrechtlichen Unterlassungsanspruch eines belgischen Unternehmens gegen zwei konkurrierende Unternehmen, d.h. eine zivilrechtliche Streitigkeit zum Gegenstand. Die beklagten Unternehmen hatten behauptet, die Klägerin verbreite Profukte, die dem belgischen Recht nicht entsprechen. Die relevanten Vorschriften verstießen ihrerseits gegen die Notifizierungspflicht. Darauf berief sich die Klägerin und hatte Erfolg: das belgische Gericht durfte die nationalen Vorschriften nicht anwenden, so dass die Beklagten aufgrund der Richtlinie den Prozess verloren. Zu dem Aspekt der fehlenden unmittelbaren Wirkung zwischen Privaten äußerte sich der EuGH nicht.[629]

Dies geschah erst in der Entscheidung *Unilever*[630], dem zweiten Urteil zu der Richtlinie 83/189/EWG. Zugrunde lag diesmal ein Rechtsstreit zweier Unternehmen um vertragliche Rechten und Pflichten. Konkret ging es um einen Kaufvertrag über Olivenöl, dessen Etikettierung nicht dem nationalen Recht entsprach. Der Käufer verweigerte daher die Bezahlung. Die nationale Regelung verstieß wiederum ihrerseits gegen die Richtlinie 83/189/EWG. Zu klären galt es, ob eine Heranziehung der Richtlinie auch in einem Rechtsstreit um vertragliche Rechte und Pflichten möglich ist. Der Generalanwalt lehnte dies mit Nachdruck ab und berief sich insbesondere auf Rechtssicherheitsaspekte.[631] Anders der EuGH: die Grundregel, wonach „eine Richtlinie nicht selbst Verpflichtungen Einzelner begründen und daher nicht als solche ihnen gegenüber herangezogen werden kann“, gelte nicht für den Fall, dass der Verstoß gegen eine Richtlinie „einen wesentlichen Verfahrensfehler darstellt, (der) die Unanwendbarkeit (nationalen Rechts) nach sich zieht“.[632] In so einer Konstellation lege die Richtlinie „keineswegs den materiellen Inhalt der Rechtsnorm (fest), auf deren Grundlage das nationale Gericht den bei ihm anhängenden Rechtsstreit zu entscheiden hat. Sie begründet weder Rechte noch Pflichten für den Einzelnen.“[633]

---

628 EuGH, Rs. C-194/94, Slg. 1996, I-2201, Rn. 42, 54 (CIA Security).

629 Anders der Generalanwalt, der sich mit diesem Einwand auseinandersetzt, ihn im Ergebnis aber ablehnt: „Fraglich ist, ob sich sagen lässt, dass die Richtlinie Privatpersonen Verpflichtungen auferlegt, wenn dem Antrag der CIA Security stattgegeben wird. Das Notifizierungsverfahren der Richtlinie erlegt den Mitgliedstaaten eine Reihe von Verpflichtungen auf. Die Richtlinie ist somit nach ihrem Inhalt nicht darauf gerichtet, Privatpersonen Pflichten aufzuerlegen, und deshalb kann sich nicht die Frage stellen, wie weit die Richtlinie unmittelbare Wirkungen hinsichtlich der Verpflichtungen von Privatpersonen hat. Die Richtlinie unterscheidet sich somit wesentlich von der Richtlinie, die Gegenstand des Urteils *Faccini Dori* war.“ - GA *Elmer*, Schlussanträge in Rs. C-194/94, Slg. 1996, I-2201, Rn. 70 f. (CIA Security).

630 EuGH, Rs. C-443/98, Slg. 2000, I-7535 (Unilever).

631 GA *Jacobs*, Schlussanträge in Rs. C-443/98, Slg. 2000, I-7535, Rn. 97 ff. (Unilever).

632 EuGH, Rs. C-443/98, Slg. 2000, I-7535, Rn. 50 (Unilever).

633 EuGH, Rs. C-443/98, Slg. 2000, I-7535, Rn. 51 (Unilever).

Die Nichtanwendung der entsprechenden nationalen Vorschrift verpflichtete die beklagte Partei allerdings zur Zahlung, die sie andernfalls erfolgreich hätte abwenden können.

Bestätigt hat der Gerichtshof diese Rechtsprechung in der Entscheidung *Sapod*[634]. Hier fügte er lediglich präzisierend hinzu, dass Verstöße gegen die Mitteilungspflicht zwar zur Unanwendbarkeit der betreffenden nationalen Regelung führen, dass sich jedoch die daraus zu ziehenden Konsequenzen, etwa die Nichtigkeit oder die Unanwendbarkeit des Vertrags zwischen den Parteien, nach nationalem Recht richten. Es sei Sache des nationalen Vertragsrechts, eine etwaige Sanktion gegen Verstöße zu begrenzen oder anzupassen.[635]

Neben den Rechtssachen *CIA Security*, *Unilever* und *Sapod* nennt die Literatur[636] weitere Entscheidungen einer unmittelbaren Richtlinienwirkung zu Lasten Einzelner[637], denen ebenso zivilrechtliche Streitigkeiten zugrunde lagen und wo sich eine Partei auf eine Richtlinie berief, um die Unvereinbarkeit von nationalem Recht mit derselben geltend zu machen. Die Berufung auf die Richtlinie erfolgte entweder auf Klägerseite, um ein klägerisches Begehren zu begründen[638] oder auf Beklagtenseite, um sich gegen das auf nationales Recht gestützte klägerische Begehren zu verteidigen.[639] Anders als *CIA Security*, *Unilever* oder *Sapod* hatten diese Entscheidungen indes Richtlinienbestimmungen zum Gegenstand, die keine Verfahrensvorschriften für die Mitgliedstaaten, sondern materielle Regelungen enthielten. Zudem hat der Gerichtshof nicht die Unanwendbarkeit des den Richtlinien widersprechenden nationalen Rechts ausgesprochen. Er beschränkte sich auf die inhaltlichen Auslegungsfragen bezüglich der relevanten Richtlinienbestimmungen.

---

634 EuGH, Rs. C-159/00, Slg. 2002, I-5031 (Sapod).

635 EuGH, Rs. C-159/00, Slg. 2002, I-5031, Rn. 52 (Sapod).

636 Vgl. *Herrmann*, Richtlinienumsetzung, 69 ff.; *Craig/de Búrca*, EU Law, 221 f.; *Eilmansberger*, JBl. 2004, 283, 284.

637 Etwa EuGH, Rs. C-441/93, Slg. 1996, I-1347 (Panagis Pafitis); Rs. C-180/95, Slg. 1997, I-2195 (Draehmpaehl); Rs. C-215/97, Slg. 1998, I-2191 (Bellone), Rs. C-481/99, Slg. 2001, I-9945 (Heininger); Rs. C-85/94, Slg. 1995, I-2955 (Piagème II), Rs. C-77/97, Slg. 1999, I-465 (Österreichische Unilever GmbH) - in diesem Zusammenhang wird auch genannt EuGH, Rs. C-129/94, Slg. 1996, I-1829 (Ruiz Bernáldez): hier lag zwar kein Zivilverfahren, sondern ein Strafverfahren zugrunde; es ging jedoch nicht um die strafrechtliche Verantwortlichkeit des Angeklagten, sondern um die Haftung für Personenschäden aus einem unter Alkoholeinfluss verursachten Verkehrsunfall, d.h. um eine zivilrechtliche Frage betreffend die Haftung des Haftpflichtversicherers.

638 EuGH, Rs. C-441/93, Slg. 1996, I-1347 (Pafitis); Rs. C-215/97, Slg. 1998, I-2191 (Bellone); Rs. C-481/99, Slg. 2001, I-9945 (Heininger); Rs. C-190/95, Slg. 1997, I- 2195 (Draehmpaehl).

639 EugH, Rs. C-85/94, Slg. 1995, I-2955 (Piagème II); Rs. C-77/97, Slg. 1999, I-465 (Österreichische Unilever GmbH).

Allerdings kam er hierbei am Ende stets zu dem Ergebnis, dass die Richtlinienbestimmungen den entsprechenden nationalen Regelungen entgegenstanden.[640] Auch formulierte der EuGH zum Teil sehr zugespitzt. In der Rechtssache *Ruíz Bernaldez* hieß es etwa, die in Streit stehende Richtlinie über die KfZ - Haftpflichtversicherung sei dahin auszulegen, dass ein Pflichtversicherungsvertrag *nicht vorsehen darf*, den Versicherungsschutz des Dritten auszuschließen.[641] In der Literatur hat man daraus vereinzelt, wenngleich ohne nähere Begründung, den Schluss gezogen, dass aufgrund der Vorgaben des EuGH eine Anwendung der nationalen Vorschriften im nationalen Prozess (wohl) ausgeschlossen war.[642]

Dem ist zu widersprechen. Den Urteilen ist nicht zu entnehmen, dass der Gerichtshof von seiner ständigen Rechtsprechung, wonach in zivilen Streitigkeiten Normenkollisionen zwischen nationalem Recht und Richtlinienbestimmungen mangels unmittelbarer Wirkung allein im Wege richtlinienkonformer Auslegung zu beheben und damit verbundene Nachteile durch nationales Recht vermittelt sind, abweichen wollte.[643] Der Gerichtshof hat in den besagten Entscheidungen das Gebot richtlinienkonformer Auslegung nicht in Bezug genommen. Dazu bestand für ihn mangels entsprechender Vorlagefragen keine Veranlassung.[644] In anderen Urteilen aus diesem Zeitraum mit vergleichbaren Sachverhalten hat er jedoch ausdrücklich auf seine ständige Rechtsprechung zur Lösung von Normenkollisionen in horizontalen Verhältnissen verwiesen und einmal mehr die Pflicht zur richtlinienkonformen Auslegung betont.[645]

Der Gerichtshof hat daher auch in den hier interessierenden Entscheidungen die nationalen Gerichte - wenngleich stillschweigend - lediglich dazu angehalten, Richtlinienkonformität im Wege der richtlinienkonformen Auslegung herzustellen. Eine Verpflichtung zur Nichtanwendung der nationalen Vorschriften ist demgegenüber nicht angedeutet. Sofern die nationalen Gerichte diesen Weg aus eigener Veranlassung einschlagen, ist dies nicht dem EuGH zuzuschreiben. Man mag ihm dann zwar aufgrund seines Schweigens vorwerfen, dass er es „je-

---

640 Vgl. *Lenz/Sif Tynes/Young*, ELRev. 2000, 509, 514; *Buchberger*, ÖJZ 2001, 441, 444.

641 EuGH, Rs. C-129/94, Slg. 1996, I-1829, Rn. 24 (Ruiz Bernáldez) (Hervorhebung durch die Verfasserin).

642 Vgl. etwa *Herrmann*, Richtlinienumsetzung, 69 und 72; *Craig/de Búrca*, EU Law, 222; *Hilson/Downes*, ELRev. 1999, 121, 126.

643 Vgl. auch *Buchberger*, ÖJZ 2001, 441, 443 f.; *Schwarz*, Direkte Verpflichtung des EU-Bürgers, 151.

644 Vereinzelt gingen die Generalanwälte auf die Rechtsfolgen der Unvereinbarkeit ein, indem sie sich zur Möglichkeit der richtlinienkonformen Auslegung äußerten: vgl. GA *Cosmas*, Schlussanträge in Rs. C-215/97, Slg. 1998, I-2191, Rn. 38 (Bellone).

645 EuGH, Rs. C-386/00, Slg. 2002, I-2209 (Axa); Rs. C-456/98, Slg. 2000, I-6007 (Centrosteel).

denfalls hinnehme, dass der staatliche Richter, der an die Grenzen der Auslegung stößt, die Normenkollision in einer Weise löst, dass er einzelne Bestimmungen des nationalen Rechts unangewendet lässt"[646], eine dahingehende gemeinschaftsrechtliche *Verpflichtung* hat er indes nicht ausgesprochen. Die letztgenannten Entscheidungen fügen sich somit in die gängige Richtliniendogmatik des Gerichtshofes ein. Festzuhalten bleibt aber, dass eine unmittelbare Richtlinienwirkung zu Lasten einzelner Personen aus den Entscheidungen *CIA Security, Unilever* und *Sapod* resultierte. Der EuGH hat die Unanwendbarkeit nationalen Rechts angeordnet und damit die Richtlinie 83/189/EWG unmittelbar zur Lösung zivilrechtlicher Streitigkeiten herangezogen.[647]

2. Meinungsstand in der Literatur

Die Urteile zu den Wirkungen von Richtlinien in dreipoligen Beziehungen sowie die Rechtsprechungssequenz *CIA Security, Unilever* und *Sapod* fanden große Resonanz.

a) Dreieckskonstellationen

Die multipolaren Fallgestaltungen beschrieb man als ein „Dilemma", das rechtlich schwer zu lösen sei.[648] Es stehen sich zwei Aspekte der Judikatur zur unmittelbaren Richtlinienwirkung gegenüber. Zum einen kann sich ein Einzelner zulässigerweise gegenüber dem Staat auf hinreichend bestimmte und unbedingte Richtlinienbestimmungen berufen, sofern die Umsetzungsfrist abgelaufen ist. Das Gesetzmäßigkeitsprinzip verpflichtet den Staat zur Befolgung der unmittelbar wirksamen Richtlinienvorschriften. Auf der anderen Seite ist dem Staat die Geltendmachung von Richtlinienbestimmungen zu Lasten von Privatpersonen versagt. Entsprechend gespalten waren die Ansichten in der Literatur: während einige Vertreter ebenso wie der EuGH eine unmittelbare Wirkung bejahten[649],

---

646 *Götz*, FS Ress, 485, 492; vgl. auch *Eilmansberger*, JBl. 2004, 283, 284: „So hat der Gerichtshof [...] die Berufung auf eine fehlerhaft umgesetzte Richtlinie entweder ausdrücklich für zulässig erklärt oder diese zumindest stillschweigend akzeptiert, indem er dem nationalen Gericht die erbetene Auslegung der Richtlinie *im Bewusstsein* geliefert hat, *dass dieses die Richtlinie in der Folge direkt anwenden würde.*" (Hervorhebung durch die Verfasserin).

647 So auch *Gassner*, FS Oppermann, 503, 509.

648 Vgl. *G. Winter*, DVBl. 1991, 657, 663; eingehend dazu die Studie von *Hartisch*, Richtlinien in dreipoligen Beziehungen, 55 ff.

649 *Pernice*, NVwZ 1990, 414, 425 f.; vgl. auch *Jarass*, NJW 1991, 2665, 2668; *H. G. Fischer*, NVwZ 1992, 635, 638; *Langenfeld*, DÖV 1992, 955, 961, die allein auf den formalen Aspekt abstellen, dass der Einzelne die unmittelbare Wirkung nicht gegenüber dem privaten Dritten, sondern gegenüber der staatlichen Verwaltung geltend macht; *Hauschild*, FS Baur, 101, 105 ff., ist der Auffassung, dass in dreipoligen Verhältnissen grundsätzlich nur mittelbare Belastungen für den privaten Dritten entstehen; zurückhal-

lehnten andere eine solche pauschal unter Berufung auf den Ausschluss von durch Richtlinien vermittelte Belastungen ab.[650]

Schließlich fanden sich Stimmen, die das „Dilemma" durch eine vermittelnde Ansicht zu lösen versuchten. Es sei zu unterscheiden zwischen rein „faktischen Belastungen" oder „rechtlichen Verpflichtungen" für den privaten Dritten, die aus der Anwendung der Richtlinie resultierten.[651] In den vom Gerichtshof entschiedenen vergaberechtlichen bzw. umweltrechtlichen Fällen habe sich der Anspruch des begünstigten Einzelnen unmittelbar gegen eine staatliche Stelle gerichtet, welche allein Adressat der Richtlinienverpflichtungen war. Die Belastungen der abgewiesenen Mitbewerber bzw. der Anlagenbetreiber folgten nur indirekt aus der Anwendung der verpflichtenden Bestimmungen, d.h. erweisen sich als rein faktischer Natur. Vorrang ist in einer solchen Konstellation der Berechtigung Einzelner gegenüber der Verhinderung von Belastungen anderer einzuräumen. Hat die Geltendmachung der Richtlinie gegenüber dem Staat hingegen gleichzeitig rechtliche Verpflichtungen privater Dritter zur Folge, so muss eine unmittelbare Wirkung ausscheiden.

b) Belastende Wirkungen in Zivilrechtsstreitigkeiten

aa) Widerspruch zur ständigen Rechtsprechung des EuGH

Noch eingehender als die Problematik der Wirkungsweise von Richtlinien in multipolaren Konstellationen wurde in der Literatur die Rechtsprechung zu den belastenden Richtlinienwirkungen in Zivilrechtsstreitigkeiten diskutiert. Dies war vor allem auch durch die eindeutige Positionierung des EuGH in der Entscheidung *Faccini Dori* bedingt. Der Gerichtshof hatte dort, wie gesehen, entgegen dem Widerstand zahlreicher Autoren und einiger Generalanwälte das Verbot der horizontalen unmittelbaren Wirkung bekräftigt und mit dem Kompetenzargument sogar ein zusätzliches Begründungsfundament geschaffen.

Anders als bei den Dreiecksbeziehungen lag somit kein Spannungsverhältnis vor, das es zu lösen galt. Vielmehr standen die Fälle *CIA Security*, *Unilever* und *Sapod prima facie* im Widerspruch zur ständigen Rechtsprechung des EuGH, was eindringliche Kritik nach sich zog.[652] Zugleich kam es zu Spekulationen, ob

---

tender *Jarass/Beljin*, JZ 2003, 768, 773; unentschieden *G. Winter*, DVBl. 1991, 657, 653.

650 Daher insgesamt gegen eine unmittelbare Wirkung von Richtlinien in Dreieckskonstellationen: *Papier*, DVBl. 1993, 809, 811 f.; *Royla/Lackhoff*, DVBl. 1998, 1116; *Lackhoff/Nyssens*, ELRev. 1998, 397 ff.; *Gassner*, FS Oppermann, 519 ff.; *Haneklaus*, DVBl. 1993, 129, 133 f.; *Steinberg*, AöR 120 (1995), 549, 580; differenzierend *Classen*, EuZW 1993, 83, 85.

651 *Kühling/Röckinghausen*, DVBl. 1999, 1614, 1618; *Albin*, NuR 1997, 29, 30.

652 Vgl. *Weatherill*, ELRev. 2001, 177, 182 f.; *Dougan*, CMLRev. 2002, 1503, 1507 ff.

diese Entscheidungen nicht erste Schritte zu einer Trendwende in der ständigen Rechtsprechung eingeleitet haben.[653] Dem stand entgegen, dass der Gerichtshof an anderer Stelle regelmäßig den Ausschluss der horizontalen unmittelbaren Wirkung unterstrichen hat.[654] Der Rechtsprechung war nicht mehr klar zu entnehmen, inwieweit sich Fälle, in denen Privatpersonen Belastungen hinzunehmen hatten, von anderen Sachverhalten, in denen das Verbot der horizontalen unmittelbaren Wirkung zum Tragen kam, unterscheiden.

Der Gerichtshof hat in der Entscheidung *Unilever* lediglich Folgendes zum Ausdruck gebracht: die Grundregel, nach der „eine Richtlinie nicht selbst Verpflichtungen Einzelner begründen und daher nicht als solche ihnen gegenüber herangezogen werden kann", gelte nicht, wenn der Verstoß gegen eine Richtlinie „einen wesentlichen Verfahrensfehler darstellt, (der) die Unanwendbarkeit [...] nach sich zieht", da hier die Richtlinie „keineswegs den materiellen Inhalt der Rechtsnorm" festlege, auf deren „Grundlage das nationale Gericht den bei ihm anhängenden Rechtsstreit zu entscheiden hat". „Sie begründet weder Rechte noch Pflichten für den Einzelnen."[655] Als gesichert galt damit, dass belastende Wirkungen von Richtlinien in den Rechtsbeziehungen zwischen Privaten immer dann zulässig sind, wenn ein Mitgliedstaat gegen eine Richtlinienbestimmung verstößt, die wesentliche Verfahrenspflichten für den Erlass mitgliedstaatlichen Rechts enthält, und in der Folge nationales Recht unangewendet bleibt. Die Belastung der Privaten sei hier nicht die Folge des Inhalts der Richtlinie, sondern die Folge des Verfahrensverstoßes des Mitgliedstaates gegen die Richtlinie.[656]

Darauf aufbauend suchten Vertreter in der Literatur allgemeingültige Kriterien zu entwickeln, die bestimmen, unter welchen Umständen belastende Richtlinienwirkungen in horizontalen Konstellationen generell dogmatisch zulässig sind.[657] Drei Ansätze haben besondere Beachtung gefunden.

---

653 *Abele*, EWS 2000, 546, 547; *Coppel*, ILJ 1997, 69, 73.

654 EuGH, Rs. C-192/94, Slg. 1996, I-1281 (El Corte Inglés); Rs. C-97/96, Slg. 1997, I-6843 (Daihatsu); Rs. C-456/98, Slg. 2000, I-6007 (Centrosteel): kritische Stimmen werfen in diesem Zusammenhang dem Gerichtshof "a slight form of schizophrenia" vor - *Prechal*, Directives, 261.

655 EuGH, Rs. C-443/98, Slg. 2000, I-7535, Rn. 50 f. (Unilever).

656 So auch *Jarass/Beljin*, EuR 2004, 714, 722 f.

657 Vgl. *Slot*, CMLRev. 1996, 1035; *Stuyck*, CMLRev. 1996, 1261; *Craig/de Búrca*, EU Law, 220 ff.; *Hilson/Downes*, ELRev. 1999, 121; *Lackhoff/Nyssens*, ELRev. 1998, 397; *Lenz/Sif Tynes/Young*, ELRev. 2000, 509, 514 ff.; *Dougan*, CLJ 2000, 586, 596 ff.; *Eilmansberger*, JBl. 2004, 283 ff. und 364 ff.; *Herrmann*, Richtlinienumsetzung, 73 ff.,78 ff.; *Prechal*, Directives, 261 ff. ; *Tridimas*, YEL, 2002, 327 ff.; *Gundel*, EuZW 2001, 397; *Weyer*, GPR 2004, 226, 227 ff.; *Figueroa Regueiro*, Jean Monnet Working Paper 7/02, abrufbar unter: http://www.jeanmonnetprogram.org/papers/02/020701.pdf; einen guten Überblick bieten *Jarass/Beljin*, EuR 2004, 714 ff.

bb) *Kriterien zur Abgrenzung zulässiger belastender Richtlinienwirkungen vom Verbot der horizontalen unmittelbaren Wirkung*

(1) Unterscheidung zwischen bloßen Belastungen und echten Rechtspflichten

Einige Vertreter verstehen die vom Gerichtshof aufgestellten Grenzen der unmittelbaren Wirkung nur dahin, dass keine rechtlichen *Verpflichtungen* für den Einzelnen begründet werden dürfen. Dies schließt nicht die generelle Berufung auf eine Richtlinie in einem Rechtsstreit zwischen Privaten aus, d.h. es lasse sich weder ein Gebot der Begünstigung noch ein Verbot der Belastung Privater ableiten. Im Ergebnis betrifft das Verbot der horizontalen unmittelbaren Wirkung nur echte Rechtspflichten; bloße faktische bzw. wirtschaftliche Nachteile für einzelne Bürger aufgrund einer Richtlinie sind zuzulassen.[658] Die englische Literatur fässt daher etwa auch Fälle wie *CIA Security* und *Unilever* unter dem Stichwort sog. „*incidental effects*"[659] zusammen: Richtlinien sind in horizontalen Konstellationen unmittelbar heranzuziehen, wenn sie einem Einzelnen keine direkten Verpflichtungen auferlegen, sondern die Berufung auf die Richtlinie allein zu „beiläufig belastenden Wirkungen"[660] führt.

Zentrale Bedeutung kommt dem Begriff der „Verpflichtung" zu. Meist findet man einen engen Verpflichtungsbegriff zugrunde gelegt. Nur die „Regulierung des Verhaltens Einzelner" und damit die „Einengung ihrer Handlungsfreiräume" seien darunter zu subsumieren. Sofern eine Richtlinienbestimmung ein Gebot oder Verbot der Unterlassung enthält bzw. auf die Vornahme bestimmter Handlungen ausgerichtet sei, stelle dies eine unzulässige Verpflichtung dar. [661] Darüber hinaus sei eine Verpflichtung anzunehmen, wenn eine Richtlinie einem Bürger ein Recht gewährt, das gegenüber einem anderen Bürger geltend zu machen ist, da dem eingeräumten Recht unmittelbar eine Verpflichtung eines anderen Bürgers gegenübersteht.[662]

(2) Entzug von Rechtspositionen

Ein weiterer Ansatz stellt nicht auf den Verpflichtungsbegriff ab, sondern differenziert danach, ob die Heranziehung einer Richtlinie dem Einzelnen eine eige-

---

658 Eingehend dazu *Eilmansberger*, JBl. 2004, 283, 292 ff.; vgl. auch *Schroeder*, in: Streinz (Hrsg.), EGV/EUV, Art. 249 EG Rn. 118; *Albin*, NuR 1997, 29, 30; *Beljin*, EuR 2002, 351, 365; *Rörig*, Direktwirkung von Richtlinien, 50 f.

659 *Craig/de Búrca*, EU Law, 220; *Dougan*, CMLRev. 2002, 1503, 1512; *Arnull*, ELRev. 1999, 1.

660 *Ruffert*, in: Calliess/Ruffert (Hrsg.), EUV/EGV (3. Aufl.), Art. 249 EG Rn. 84.

661 *Eilmansberger*, JBl. 2004, 283, 294; ebenso *Albin*, NuR 1997, 29, 32.

662 *Rörig*, Direktwirkung von Richtlinien, 50.

ne nationale Rechtsposition entzieht.[663] Die Berufung auf eine Richtlinie sei auch unter Privaten möglich, wenn die Gegenseite dadurch keines eigenen Rechtes verlustig geht.

In den klassischen horizontalen Konstellationen stehen sich Rechte der Einzelnen aus der Richtlinie einerseits und aus dem nationalen Recht andererseits gegenüber, die einander ausschließen. Im Fall *Faccini Dori* kollidierte beispielsweise das in der Richtlinie enthaltene Widerrufsrecht der Käuferin mit dem im nationalen Recht liegenden Kaufpreiszahlungsanspruch des Verkäufers. Im Fall *Unilever* habe die Gegenseite zwar auch Bestimmungen des nationalen Rechts geltend gemacht, diese haben ihr aber keine eigenen Rechte verliehen, sondern stellten objektive Bestimmungen dar.[664]

(3) Nichtanwendung nationalen richtlinienwidrigen Rechts

Verschiedene Autoren[665] sowie mehrere Generalanwälte[666] plädieren schließlich dafür, dass eine belastende Richtlinienwirkung dort möglich sein soll, wo es lediglich um die Nichtanwendung richtlinienwidrigen nationalen Rechts geht. Es hat sich eine Vielzahl verschiedener Bezeichnungen etabliert, um diese zulässige Richtlinienwirkung auch zwischen Privatpersonen zu beschreiben.

Die Rede ist von „Ausschlusswirkung"[667], „negativer unmittelbarer Wirkung"[668], „Verbotswirkung"[669] oder „effet d'exclusion" bzw. „invocabilité d'ex-

---

663 *Gundel*, EuZW 2001, 143 ff.; zustimmend *Lecheler*, Europarecht, 133.

664 *Gundel*, EuZW 2001, 143, 144.

665 Vgl. bereits die frühen Untersuchungen im Vorfeld der widersprüchlichen Urteile des EuGH von *Nicolaysen*, EuR 1984, 380, 391; *Bach*, JZ 1990, 1108, 1113; diese wieder aufgreifend und verfeinernd *Lenz/Sif Tynes/Young*, ELRev. 2000, 509, 517 ff.; *Herrmann*, Richtlinienumsetzung, 77 ff.; *Lenaerts/Corthaut*, ELRev. 2006, 287 ff.; *Slot*, CMLRev. 1996, 1035, 1049; *Prechal*, CMLRev. 2005, 1445, 1455 ff.; *Tridimas*, YEL 2002, 327 ff.; *Wank*, RdA 2004, 246, 250 ff.; *Weyer*, GPR 2004, 226, 227 ff.; *Streinz*, Europarecht, Rn. 450; *Nicolaysen*, Europarecht I, 338; *Figueroa Regueiro*, Jean Monnet Working Paper 7/02, 27 ff., abrufbar unter: http://www.jeanmonnet-program.org/papers/02/020701.pdf; widersprüchlich *Timmermanns*, CMLRev. 1979, 543 bzw. 550, der zwischen „direct effect" und „legal review" als zwei verschiedenen Konzepten unterscheidet und in der Folge einerseits einen sog. „mitigated horizontal direct effect" in Form der bloßen Ausschlusswirkung ablehnt, andererseits aber einen „legal review" auch in horizontalen Konstellationen zulassen möchte.

666 GA *Alber*, Schlussanträge in Rs. C-343/98, Slg. 2000, I- 6659, Rn. 29 ff. (Collino); GA *Saggio*, Schlussanträge in verb. Rs. C-240-244/98, Slg. 2000, I-4941; Rn. 30 ff. (Océano); GA *Ruiz-Jarabo Colomer*, Schlussanträge v. 6.5.2003 in verb. Rs. C-397-403/01, Slg. 2004, I- 8835, Rn. 58 (Pfeiffer).

667 *Eilmansberger*, JBl. 2004, 364, 367.

668 *Herrmann*, Richtlinienumsetzung, 77; *ders.*, EuZW 2006, 69, 70.

clusion“[670]. Ebenso wie die Termini differieren die dogmatischen Begründungen, die hinter diesem Konzept stehen.

(a) Neue Wirkungsdimension

Teilweise geht man von einer „neuen Wirkungsdimension“ von Richtlinien aus[671], deren dogmatische Basis im Vorrang des Gemeinschaftsrechts liege.[672] Diese Auffassung beruht auf einem engen Verständnis des Konzeptes der unmittelbaren Wirkung. Sie subsumiert im Unterschied zur hier vertretenen Lösung darunter nur die Begründung subjektiver Rechte für Einzelne, die eine direkte Anwendung von nicht umgesetzten Richtlinienbestimmungen zur Entfaltung bringt.[673] Allein in diesen Fällen müssen die Vorraussetzungen der unmittelbaren Wirkung vorliegen bzw. greifen die vom EuGH entwickelten Grenzen, insbesondere das Verbot der horizontalen unmittelbaren Wirkung. Die Nichtanwendung richtlinienwidrigen nationalen Rechts sei demgegenüber kein Fall der unmittelbaren Wirkung, sondern resultiere allein aus dem Vorrang des Gemeinschaftsrechts.

Generalanwalt *Saggio* hat argumentiert, dass „eine ordnungsgemäße Anwendung des Grundsatzes des *Vorrangs* des Gemeinschaftsrechts vor dem nationalen Recht sowie das Erfordernis, eine einheitliche Anwendung der Gemeinschaftsrechtsbestimmungen sicherzustellen, dazu führen müssen, dass nicht umgesetzte Richtlinien, sobald der Zeitpunkt für ihre Umsetzung in nationales Recht verstrichen ist, die Wirkung haben müssen, die Anwendung der abweichenden nationalen Vorschriften auszuschließen, und zwar selbst dann, wenn sie [...] in horizontalen Beziehungen nicht unmittelbar wirksam sind, dem Einzelnen keine gerichtlich einforderbaren Rechte verleihen.“[674]

---

669 *Wank*, RdA 2004, 246, 250.

670 *Buchberger*, ÖJZ 2001, 441 ff.; *Schwarz*, Direkte Verpflichtung des EU-Bürgers, 147 ff.; *Lenz/Sif Tynes/Young*, ELRev. 2000, 509, 518 ff.

671 So *Schwarz*, Direkte Verpflichtung des EU-Bürgers, 147.

672 So GA *Saggio*, Schlussanträge in verb. Rs. C-240-244/98, Slg. 2000, I-4941, Rn. 30 ff. (Océano); GA *Ruiz-Jarabo Colomer*, Schlussanträge v. 6.5.2003 in verb. Rs. C-397-403/01, Slg. 2004, I- 8835, Rn. 58 sowie Schlussanträge v. 24.4.2004, Rn. 16 ff. (Pfeiffer); *Lenaerts/Corthaut*, ELRev. 2006, 287 ff.; *Lenz/Sif Tynes/ Young*, ELRev. 2000, 509, 517 ff.; *Figueroa Regueiro*, Jean Monnet Working Paper 7/02, 27 ff., abrufbar unter: http://www.jeanmonnetprogram.org/papers/02/020701.pdf.

673 *Lenaerts/Corthaut*, ELRev. 2006, 287, 290 f.; vgl. zu dem engen Begriffsverständnis des Instituts der unmittelbaren Wirkung bereits oben § 2, A., II, 3., b), aa).

674 GA *Saggio*, Schlussanträge in verb. Rs. C-240-244/98, Slg. 2000, I-4941, Rn. 30 (Océano) (Hervorhebung durch die Verfasserin).

(b) Fall der unmittelbaren Wirkung

Andere Vertreter in der Literatur betrachten die Nichtanwendung nationalen richtlinienwidrigen Rechts in horizontalen Konstellationen nicht als eine neue Wirkungsdimension, sondern sehen auch darin einen Fall der unmittelbaren Wirkung, der jedoch nicht unter die in den Entscheidungen *Marshall I* und *Faccini Dori* etablierte Grenze falle.[675] Zur Begründung wird auf die Entscheidung *Unilever* verwiesen. Der Gerichtshof habe dort zunächst das Verbot der unmittelbaren horizontalen Ersetzungswirkung bestätigt („eine Richtlinie kann nicht selbst Verpflichtungen Einzelner begründen und daher nicht als solche ihnen gegenüber herangezogen werden"), dann aber deutlich gemacht, dass diese Rechtsprechung nicht gelte, wenn die Unanwendbarkeit einer nationalen Vorschrift geltend gemacht werde.[676] Das Verbot der horizontalen unmittelbaren Wirkung umfasse lediglich die Begründung von echten Pflichten direkt durch die Richtlinie. Nicht ausgeschlossen seien belastende Folgen von unmittelbar wirksamen Richtlinienbestimmungen in horizontalen Konstellationen.[677]

Die Rechtssache *Unilever* belege, dass es allein im Fall der unmittelbaren Wirkung in Form der Ersetzungswirkung, d.h. der positiven Anwendung einer Richtlinienbestimmung auf einen konkreten Sachverhalt, zu einer unmittelbaren Pflichtenbegründung durch Richtlinienbestimmungen kommen könne. Eine unmittelbare Wirkung in Form der Ausschlusswirkung, d.h. die bloße Nichtanwendung nationalen richtlinienwidrigen Rechts, begründe keine Verpflichtungen durch die Richtlinie für den Einzelnen.[678] In Betracht komme lediglich eine „Verkürzung von Rechten Einzelner" bzw. eine „Erweiterung" von nach nationalem Recht bestehenden Pflichten infolge des Wegfalls richtlinienwidriger Befreiungstatbestände.[679] Generalanwalt *Alber* hat unterstrichen, dass im Fall der Nichtanwendung nationalen richtlinienwidrigen Rechts nicht die Richtlinie selbst zur Anwendung komme, sondern das nationale Recht die auf der Richtlinie beruhende Rechtswirkung für den Einzelnen vermittele.[680]

---

675 *Herrmann*, Richtlinienumsetzung, 84 f., *Prechal*, Directives, 268 f.; *Streinz*, Europarecht, Rn. 450; *ders.*, JuS 2006, 357, 360 f.

676 EuGH, Rs. C-443/98, Slg. 2000, I-7535, Rn. 50 f. (Unilever).

677 So *Herrmann*, EuZW 2006, 69; *von Oettingen/Rabenschlag*, ZEuS 2006, 363, 368; *Beljin*, EuR 2002, 351, 370.

678 *Beljin*, EuR 2002, 351, 370.

679 *Herrmann*, Richtlinienumsetzung, 80.

680 GA *Alber*, Schlussanträge in Rs. C-343/98, Slg. 2000, I-6659, Rn. 30 (Collino): „Freilich können sich aus einer derartigen Richtlinienbefolgung mittelbare bzw. faktische Belastungen oder Verpflichtungen für den einzelnen ergeben. Dies ist aber gemeinschaftsrechtlich unschädlich, solange die auf der Richtlinie beruhende Rechtswirkung für den einzelnen durch das nationale Recht vermittelt wird" - diese Argumentation aufgreifend *Kokott*, RdA 2006, Sonderbeilage zu Heft 6, 30, 35.

cc) Kritik

Auch wenn die soeben dargestellten Abgrenzungskriterien bestimmte Fallkategorien erklären mögen, bestehen insgesamt Bedenken hinsichtlich ihrer dogmatischen Tragfähigkeit.[681] Wie weiter unten noch näher ausgeführt, ist etwa die Abgrenzung zwischen „echten Rechtspflichten" und „bloßen Belastungen" im Einzelfall nicht immer leicht vorzunehmen.[682] Ebenso liegt es im Fall der Definition, wann konkret der Verlust einer nationalen Rechtsposition zu besorgen ist. Vor allem aber die Auffassung, wonach die Unanwendbarkeit richtlinienwidrigen nationalen Rechts auch in horizontalen Konstellationen zulässig sein soll, ist zahlreichen Einwänden ausgesetzt.

Die Mehrheit in der Literatur geht schon unzutreffend von einer „neuen Wirkungsdimension" aus. In jedem Fall handelt es sich bei der Nichtanwendung nationalen richtlinienwidrigen Rechts um eine Form der unmittelbaren Wirkung, zu diskutieren ist allein, ob sie ebenso den in *Faccini Dori* etablierten Grenzen unterliegen soll.[683] Wie die Arbeit gezeigt hat, ist von einem weiten Begriffsverständnis der unmittelbaren Wirkung auszugehen. Hierunter fallen nicht nur die unmittelbare Anwendung einer Richtlinienbestimmung auf einen konkreten Sachverhalt (sog. Ersetzungswirkung), sondern auch die bloße Nichtanwendung richtlinienwidrigen nationalen Rechts (sog. Ausschlusswirkung).[684] Dem richtig verstandenen Konzept der Nichtanwendung richtlinienwidrigen nationalen Rechts kann man daher nicht entgegenhalten, dass aufgrund des engen Vorrangbegriffs nur unmittelbar wirksame gemeinschaftsrechtliche Vorschriften Vorrang gegenüber entgegenstehendem nationalen Recht haben.[685]

Dennoch überzeugt das Konzept in der Sache nicht. Es ist nicht nachvollziehbar, warum eine unmittelbare Wirkung in Form der Ausschlusswirkung nicht

---

681 Vgl. auch schon *Dougan*, CLJ 2000, 586, 610: „neither of these explanations is free from doctrinal or practical complications".

682 Vgl. § 2, B., III., 3., a), bb).

683 So auch die Einschätzung von GA *Mazák* in seinen Schlussanträgen in Rs. C-411/05, Slg. 2007, I-8531, Rn. 127 (Palacios de la Villa), der feststellt, es werde eine „Ansicht (vertreten), dass Richtlinien wenigstens eine *ausschließende unmittelbare Wirkung* zuzumessen ist" (Hervorhebung durch die Verfasserin).

684 Siehe § 2, A., II., 3.

685 So aber *Buchberger*, ÖJZ 2001, 441, 444 ff.; *Dougan*, CMLRev. 2002, 1503, 1507; *Schwarz*, Direkte Verpflichtung des EU-Bürgers, 169 ff.; *Eilmansberger*, JBl. 2004, 364, 370; *Jarass/Beljin*, EuR 2004, 714, 724; zuletzt dezidiert *von Danwitz*, JZ 2007, 697, 702 f.; *Schwarz*, *Eilmannsberger* und *Jarass/Beljin* sind mit ihrer Kritik nicht konsequent, da sie gerade nicht von einem engen Verständnis der unmittelbaren Wirkung ausgehen, sondern die Ausschlusswirkung ebenso als einen Fall der unmittelbaren Wirkung einordnen.

auch den Grenzen der unmittelbaren Wirkung unterliegen soll.[686] Das Argument, im Fall der Ausschlusswirkung würden keine echten Pflichten begründet, hält lediglich einer formalen Betrachtung stand. Es macht „keinen Unterschied, ob eine Richtlinienverpflichtung selbst als solche zur Anwendung kommt oder ob sie auf die Weise wirksam wird, dass die Vorschriften des nationalen Rechts blockiert werden, die der Anwendung einer Vorschrift dieses Inhalts im nationalen Recht entgegenstehen".[687] Die Verpflichtung für den Einzelnen ist in der Richtlinie selbst begründet, wenn auch die abschließende Regelung des Sachverhaltes im Rahmen der nationalen Rechtsordnung erfolgt.[688] Die Frage, ob eine unmittelbare Wirkung auch zwischen Privatrechtssubjekten zulässig ist oder nicht, ist somit von der zufälligen Ausgestaltung der nationalen Rechtsordnung abhängig: fehlt es im nationalen Recht gänzlich an einer Regelung betreffend einer Richtlinienpflicht, ist es nicht möglich, einem Einzelnen diese Pflicht aufzuerlegen. Ist die Richtlinienpflicht schon im nationalen Recht verankert, für den konkreten Fall aber durch eine richtlinienwidrige nationale Regelung ausgeschlossen, soll eine Pflichtenbegründung für einen Einzelnen durch den Ausschluss der richtlinienwidrigen Regelung zulässig sein.[689] Diese „selektive Durchsetzung einzelner Richtlinienvorgaben" bedeutet für den Einzelnen im Ergebnis eine nicht hinnehmbare „Willkürlichkeit".[690]

Im Übrigen kommt es neben dem Aspekt der Pflichtenbegründung infolge der Richtlinie auch zu einer Verkürzung bzw. nachteiligen Veränderung von nationalen Rechtspositionen, sofern etwaige Befreiungstatbestände ausgeschlossen werden. Dem Einzelnen wäre die Möglichkeit genommen, sich auf Rechte zu berufen, die ihm nationale Vorschriften verleihen.[691] Insgesamt ist die Nichtanwendung nationalen richtlinienwidrigen Rechts, d.h. eine unmittelbare Wirkung in Form einer „Ausschlusswirkung" bzw. eine „negative unmittelbare Wirkung", eine „Verbotswirkung" oder ein „effet d'exclusion" in horizontalen Konstellationen abzulehnen.[692]

---

[686] So *Eilmansberger*, JBl. 2004, 364, 369; *Schürnbrand*, JZ 2007, 910, 911.

[687] *Eilmansberger*, JBl. 2004, 364, 370.

[688] *Langenfeld*, DÖV 1992, 955, 964.

[689] *Eilmansberger*, JBl. 2004, 364, 370; *Herresthal*, Rechtsfortbildung, 81; *ders.*, EuZW 2007, 396, 398; so auch *Kuras*, RdA 2007, 169, 173.

[690] *Schürnbrand*, JZ 2007, 910, 911; *Steindorff*, FS Everling, 1455, 1460; dies einräumend *Herrmann*, Richtlinienumsetzung, 80.

[691] Auf den Aspekt der Verkürzung nationaler Rechtspositionen gingen in jüngster Zeit insbesondere die Generalanwälte *Tizzano* und *Mazák* ein: GA *Tizzano*, Schlussanträge in Rs. C-144/04, Slg. 2005, I-9985, Rn. 106 (Mangold). GA *Mazák*, Schlussanträge in Rs. C-411/05, Slg. 2007, I-8531, Rn. 126 (Palacios de la Villa).

[692] So im Ergebnis, wenngleich mit teilweise unterschiedlicher Begründung auch *Eilmansberger*, JBl. 2004, 364, 370; *Herresthal*, Rechtsfortbildung, 78 ff.; *Canaris*, FS Schmidt,

3. Konkretisierung der Rechtsprechung durch den EuGH

In der jüngeren Vergangenheit war der Gerichtshof in den Entscheidungen *Wells*[693], *Berlusconi*[694] und *Pfeiffer*[695] erneut mit der Frage nach den Wirkungen von Richtlinien gegenüber bzw. zwischen Privaten konfrontiert. Mit Spannung wurde erwartet, inwieweit er die eingangs skizzierte Rechtsprechung konkretisieren bzw. modifizieren und auf die in der Wissenschaft entwickelten Ansätze eingehen würde. Die Entscheidung *Wells* bot Gelegenheit zur Stellungnahme hinsichtlich der Richtlinienwirkungen in Dreieckskonstellationen. In den Entscheidungen *Berlusconi* und *Pfeiffer* galt es, sich mit der Frage der Nichtanwendung nationalen richtlinienwidrigen Rechts in Rechtsstreitigkeiten gegenüber bzw. zwischen Privaten auseinanderzusetzen.

a) Die Entscheidung *Wells*

aa) Sachverhalt und Entscheidungsgründe

Der Entscheidung *Wells* lag, vereinfacht dargestellt, folgender Sachverhalt zugrunde: eine englische Behörde hatte einem Unternehmen eine staatliche Bergbaugenehmigung für einen Steinbruch erteilt ohne vorher eine entsprechende Umweltverträglichkeitsprüfung gemäß der UVP-Richtlinie durchzuführen. Eine Nachbarin klagte auf Rücknahme bzw. Änderung der Betriebsgenehmigung und berief sich unmittelbar auf die UVP-Richtlinie. Die britische Regierung machte geltend, dass die von der Klägerin begehrten Maßnahmen Beeinträchtigungen der Rechte des Steinbruchbetreibers nach sich ziehe, was gegen das Verbot der umgekehrt vertikalen Richtlinienwirkung verstoße.[696] Der Staat könne nicht verpflichtet sein, auf Antrag eines Privaten einem anderen Rechte zu entziehen.

Der Generalanwalt wies diesen Einwand zurück. Das Ausgangsverfahren sei zwischen der Nachbarin und der staatlichen Behörde anhängig. Es handele sich daher um einen „klassischen Fall der „vertikalen“ unmittelbaren Wirkung von Richtlinien“.[697] Der EuGH beschränkte sich nicht auf diese Feststellung, son-

---

41, 44; *Schürnbrand*, JZ 2007, 910, 911; GA *Tizzano*, Schlussanträge in Rs. C-144/04, Slg. 2005, I-9985, Rn. 106 (Mangold); GA *Mazák* Schlussanträge in Rs. C-411/05, Slg. 2007, I-8531, Rn. 127 (Palacios de la Villa); *von Danwitz*, JZ 2007, 697, 702 f.; *Schmidt*, ZGS 2006, 408 f.

693 EuGH, Rs. C-201/02, Slg. 2004, I-723 (Wells) - vgl. die Anmerkungen von *K. Fischer/Fetzer*, EWS 2004, 236 ff.; *Kerkmann*, DVBl. 2004, 1288 f.

694 EuGH, verb. Rs. C-387/02, C-391/02 und C-403/02, Slg. 2005, I-3565 (Berlusconi).

695 EuGH, verb. Rs. C-397-403/01, Slg. 2004, I-8835 (Pfeiffer).

696 EuGH, Rs. C-201/02, Slg. 2004, I-723, Rn. 55 (Wells).

697 GA *Léger*, Schlussanträge in Rs. C-201/02, Slg. 2004, I-723, Rn. 68 (Wells).

dern folgte einer differenzierenden Betrachtungsweise. Zwar stehe „der Grundsatz der Rechtssicherheit der Begründung von Verpflichtungen für den Einzelnen durch Richtlinien entgegen".[698] Eine unmittelbare Richtlinienwirkung sei gleichwohl nur dann ausgeschlossen, wenn eine „staatliche Verpflichtung unmittelbar im Zusammenhang mit der Verpflichtung eines privaten Dritten steht".[699] Demgegenüber würden „bloße negative Auswirkungen auf die Rechte Dritter, selbst wenn sie gewiss sind, es nicht (rechtfertigen), dem Einzelnen das Recht auf Berufung auf die Bestimmungen einer Richtlinie gegenüber dem betreffenden Mitgliedstaat zu versagen."[700] Zur Begründung verwies der EuGH auf seine bisherige Rechtsprechung zu Dreieckskonstellationen sowie auf die Entscheidungen *CIA Security* und *Unilever*.[701]

bb) Abgrenzung zwischen „Verpflichtungen" und „bloßen negativen Auswirkungen"

Die Berufung auf eine Richtlinie in dreipoligen Beziehungen darf nach Auffassung des EuGH nicht zur Folge haben, dass durch die Verpflichtung des Staates gleichzeitig unmittelbar Verpflichtungen für Private aus der Richtlinie entstehen.[702] Der Gerichtshof hat damit in der Entscheidung *Wells* den Ansatz einer Differenzierung zwischen „faktischen Belastungen" und „rechtlichen Verpflichtungen" aufgegriffen.[703] Unbeantwortet ließ er, wo die Grenzlinie zu ziehen ist. Vertreter in der Literatur stehen auf dem Standpunkt, dass allein „verwaltungsvermittelnde Belastungen" zulässig seien.[704] Durch Auslegung der relevanten Richtlinien sei festzustellen, ob eine Belastung verwaltungsvermittelt erfolge oder unmittelbar auf Rechtspositionen einwirke.[705] Pflichten des Einzelnen stünden in der Regel dann in unmittelbarem Zusammenhang mit einer Verpflichtung des Staates, wenn die in der Richtlinie enthaltene Regelung bereits greift, ohne das vorher zusätzlich ein Verwaltungsverfahren durchzuführen ist.[706] Im Bereich des Umweltrechts sei dies beispielsweise der Fall, wenn ein Einzelner sich gegenüber einer Behörde auf die Einhaltung bestimmter in einer Richtlinie enthaltener Emissionsgrenzwerte für Anlagenbetreiber beruft.[707] Hier

698 EuGH, Rs. C-201/02, Slg. 2004, I-723, Rn. 56 (Wells).

699 EuGH, Rs. C-201/02, Slg. 2004, I-723, Rn. 56 (Wells).

700 EuGH, Rs. C-201/02, Slg. 2004, I-723, Rn. 57 (Wells).

701 EuGH, Rs. C-201/02, Slg. 2004, I-723, Rn. 57 (Wells).

702 *Eilmansberger*, JBl. 2004, 364, 368.

703 Vgl. oben § 2, B., III., 2., a).

704 *Jarass/Beljin*, EuR 2004, 714, 728 ff.

705 *Jarass/Beljin*, EuR 2004, 714, 732.

706 *Jarass/Beljin*, EuR 2004, 714, 732.

707 *K. Fischer/Fetzer*, EWS 2004, 236, 237.

würde die Richtlinienpflicht der staatlichen Behörde unmittelbar im Zusammenhang mit der Verpflichtung des Anlagenbetreibers stehen, die besagten Grenzwerte einzuhalten, ohne dass es vorher eines Verwaltungsverfahrens bedürfe. In Fällen wie der Rechtssache *Wells* bestehe hingegen aufgrund der UVP-Richtlinie eine Verpflichtung der nationalen Behörde, eine Umweltverträglichkeitsprüfung durchzuführen, die zwar möglicherweise negative Auswirkungen, aber keine unmittelbare Verpflichtungen des Anlagenbetreibers nach sich ziehe.[708]

cc) Fazit

Die Entscheidung *Wells* konkretisiert erstmals, wann Richtlinien in Dreieckskonstellationen zulässigerweise belastende Wirkungen gegenüber Privaten entfalten können. Der EuGH hat das in den Fällen *CIA Security* sowie *Unilever* etablierte Konzept zulässiger „*incidental effects*" bestätigt, indem er auf diese Entscheidungen Bezug genommen und „bloße negative Auswirkungen" bzw. „beiläufige Belastungen" auf Rechte Dritter für zulässig erklärt hat.[709] Das in der Entscheidung *Wells* gefundene Ergebnis lässt sich zudem wohl auch auf Fallgestaltungen übertragen, in denen der Staat von Amts wegen die Vorgaben einer Richtlinie zu Lasten eines Einzelnen anwendet, ohne dass sich ein privater Dritter darauf beruft. Eine umgekehrt vertikale unmittelbare Wirkung ist damit insofern zulässig, als dadurch „bloße negative Auswirkungen" entstehen.[710]

Die Abgrenzung zwischen echten „rechtlichen Verpflichtungen" und „bloßen negativen Auswirkungen" für die Rechte Einzelner bereitet jedoch Schwierigkeiten.[711] Eine solche Abgrenzung scheint praktisch kaum möglich zu sein.[712] Insbesondere werden die jeweiligen Fälle nicht immer so eindeutig liegen werden wie die genannten Beispiele aus dem Umweltrecht. Auslegungszweifel sind somit vorprogrammiert.[713] Diese mag der EuGH in der Zukunft durch eine weitere Präzisierung der Rechtsprechung ausräumen. Insgesamt aber bleibt der Ein-

---

708 EuGH, Rs. C-201/02, Slg. 2004, I-723, Rn. 58 (Wells).

709 Vgl. *Baldus*, GPR 2004, 2004, 124, 125; siehe auch *Ross*, ELRev. 2006, 476, 489: „clue to the interface between direct effect and incidental effect case law".

710 Ebenso *Prechal*, Directives, 266; vgl. auch *Jarass/Beljin*, EuR 2004, 725 ff.

711 Vereinzelt wird eine solche Differenzierung bereits vom Ansatz her abgelehnt. Es gehe dem Gemeinschaftsgesetzgeber stets darum, „das Verhalten der Normunterworfenen zu steuern", so dass nicht von „bloßen Rechtsreflexen" des Handelns staatlicher Stellen gesprochen werden könne. Vielmehr lägen stets -„mitgliedstaatlich mediatisierte" - „finale Grundrechtseingriffe" vor: so *Gassner*, FS Oppermann, 503, 524.

712 So auch *Ruffert*, in: Calliess/Ruffert (Hrsg.), EUV/EGV (3. Aufl.), Art. 249 EG Rn. 93; kritisch ebenso *Prechal*, Directives, 265.

713 *Jarass/Beljin*, EuR 2004, 714, 733; vgl. auch *Ross*, ELRev. 2006, 476, 489: „the line between „direct link" and „mere adverse repercussions" hardly seems transparent".

Eindruck, dass „der Wunsch, eine bestimmte dogmatische Kategorie positiv zu vermeiden“ zur „Schaffung einer inhaltlich unklaren Negativkategorie“ führt.[714] Der Ausgang einzelner Fälle ist dadurch im Ergebnis schwierig vorhersehbar.

b) Die Entscheidung *Berlusconi*

In der Entscheidung *Berlusconi* stand der EuGH vor der Frage, ob die Nichtanwendung richtlinienwidriger innerstaatlicher Rechtsnormen zulässig ist, wenn sich der Staat gegenüber einem Einzelnen auf eine Richtlinie beruft. Diesen in der Wissenschaft allein für horizontale Konstellationen entwickelten Ansatz hat die Generalanwältin in ihren Schlussanträgen auf umgekehrt vertikale Konstellationen erstreckt. Dem schloss sich der Gerichtshof nicht an. Bereits in einem früherem Fall mit strafrechtlichem Kontext hatte der Gerichtshof *obiter* zum Ausdruck gebracht, dass „das Gemeinschaftsrecht keinen Mechanismus enthalte, der es dem nationalen Gericht erlaubt, von einer Vorschrift einer nicht umgesetzten Richtlinie abweichende nationale Vorschriften zu eliminieren, wenn diese Richtlinienvorschrift nicht vor dem nationalen Gericht in Anspruch genommen werden kann“.[715] Der Gerichtshof hatte in diesem Verfahren zuvor entschieden, dass sich die zuständige Behörde des Mitgliedstaates nicht auf eine Vorschrift der in Frage stehenden Richtlinien berufen konnte, um daraus die strafrechtliche Verantwortlichkeit des Angeklagten herzuleiten, weil dies zu einer Verschlechterung seiner Position geführt hätte. Der Ausschluss einer unmittelbaren Wirkung in Form der Ersetzungswirkung in umgekehrt vertikalen Rechtsbeziehungen betrifft gemäß dem *obiter* Ausspruch auch eine unmittelbare Wirkung in Form der Ausschlusswirkung. Bestätigt hat der EuGH dies in der Entscheidung *Berlusconi*.[716]

aa) Sachverhalt und Problemaufriss

Der frühere italienische Ministerpräsident *Berlusconi* war zusammen mit anderen Personen wegen Bilanzfälschung angeklagt. Während dessen Regierungszeit beschloss der italienische Gesetzgeber, die anwendbaren Straftatbestände zu reformieren. Vereinfacht gesagt, wurde das Strafmaß für Bilanzfälschung herabgesetzt, was insbesondere auch zu einer kürzeren Verjährung führte. Außerdem wurde die Verfolgung bestimmter Delikte von einem Strafantrag abhängig gemacht, und es wurden Toleranzgrenzen in das Gesetz eingefügt, un-

---

[714] *Baldus*, GPR 2004, 124, 125; ebenso *Ross*, ELRev. 2006, 476, 489: „invites the kind of micro-analysis...that can be notoriously unproductive in distinguishing and predicting case outcomes“.

[715] EuGH, Rs. C-168/95, Slg. 1996, I-4705, Rn. 39 f. (Arcaro).

[716] Vgl. auch *Satzger*, JZ 2005, 9998, 9999 - „Mit seinem Urteil begründet der EuGH damit eine gewisse Sonderstellung des Strafrechts, welches der Macht des Vorrangprinzips teilweise entzogen [...] wird.“

terhalb derer Ungenauigkeiten in einer Unternehmensbilanz nicht mehr strafbar sein sollten. Auf diese Gesetzesänderung haben sich die Angeklagten in den gegen sie durchgeführten Strafverfahren berufen. Sie waren der Meinung, dass ihnen die neue Rechtslage nach dem Grundsatz der rückwirkenden Anwendung des milderen Strafgesetzes zugute kommen müsse. Dies hätte zur Folge gehabt, dass die Angeklagten straffrei ausgegangen wären, teils wegen Verjährung, teils wegen Fehlens eines Strafantrags, teils wegen Unterschreitens der neu eingeführten Toleranzgrenzen. Das italienische Gericht hatte allerdings Zweifel an der Vereinbarkeit des neuen italienischen Bilanzstrafrechts mit verschiedenen Richtlinien zur Harmonisierung des Gesellschaftsrechts der Mitgliedstaaten[717], in denen detailliert geregelt ist, wie Unternehmensbilanzen auszusehen haben und die zudem vorsehen, dass die Mitgliedstaaten „angemessene Sanktionen" für den Fall androhen müssen, dass eine vorschriftsmäßige Offenlegung von Unternehmensabschlüssen unterbleibt.

Was die Auslegung des Begriffes der „angemessenen Sanktionen" anbetrifft, ist anerkannt, dass das Gemeinschaftsrecht den Mitgliedstaaten zwar einen gewissen Spielraum bei der Wahl der Art der Sanktionen lasse, doch müssen diese Sanktionen „wirksam, verhältnismäßig und abschreckend sein".[718] Sowohl die Generalanwältin als auch der Gerichtshof deuteten im Verfahren *Berlusconi* Zweifel an, ob die neuen italienischen Straftatbestände noch als wirksam, verhältnismäßig und abschreckend anzusehen sind,[719] da in einer Vielzahl von Fällen Bilanzfälschungen aufgrund der Strafantragserfordernisse, kurzer Verjährungsfristen sowie neu eingeführter Toleranzgrenzen nicht mehr wirksam zu ahnden sind.

Fraglich war, welche Auswirkungen ein Verstoß der nationalen Vorschriften gegen die Richtlinien im Rahmen der anhängigen Strafverfahren haben kann. Es galt, den Konflikt zwischen dem Vorrang von unmittelbar wirkendem Gemeinschaftsrecht, welcher die Nichtanwendung widersprechenden nationalen Rechts

---

717 Dies waren vorliegend die sog. erste, vierte und siebente gesellschaftsrechtliche Richtlinie - RL 68/151/EWG, ABl. 1968 L 65/8; RL 78/660/EWG, ABl. 1978 L 222/11; RL 83/349/EWG, ABl.1983 L193/1.

718 EuGH, verb. Rs. C-387/02, C-391/02 und C-403/02, Slg. 2005, I-3565, Rn. 64 f. (Berlusconi).

719 Die Generalanwältin behandelte diese Fragen sehr umfassend, vgl. GA *Kokott*, Schlussanträge in verb. Rs. C-387/02, C-391/02 und C-403/02, Slg. 2005, I-3565, Rn. 93-130 (Berlusconi); der Gerichtshof ging weniger ins Detail, insbesondere hat er sich nicht konkret zu den italienischen Vorschriften geäußert, doch ist er im Grundsatz der von der Generalanwältin vorgeschlagenen Linie zur Auslegung der gesellschaftsrechtlichen Richtlinien gefolgt, vgl. EuGH, verb. Rs. C-387/02, C-391/02 und C-403/02, Slg. 2005, I-3565, Rn. 54 ff. (Berlusconi).

fordert[720], und dem Grundsatz der Gesetzmäßigkeit der Strafen sowie dem Grundsatz, dass mildere Strafgesetze auch rückwirkend zugunsten des Angeklagten angewandt werden (*lex mitior*-Grundsatz)[721], zu lösen.[722] Die Generalanwältin nahm hier eine andere Einschätzung vor als der Gerichtshof.

bb) Schlussanträge der Generalanwältin

Sie vertrat den Standpunkt, dass nationale Gerichte ein nach der Tat erlassenes, milderes Strafgesetz in einem bei ihm anhängigen Strafverfahren nur zur Anwendung bringen dürfen, wenn es nicht den gemeinschaftsrechtlichen Vorgaben widerspricht, auch wenn diese Vorgaben in Richtlinien enthalten seien. Hingegen sei ein späteres Strafgesetz, das nicht den gemeinschaftsrechtlichen Vorgaben entspricht, auch dann nicht rückwirkend anzuwenden, wenn es das mildere Strafgesetz ist.[723] Die Generalanwältin plädierte hier zugunsten der Nichtanwendung von richtlinienwidrigem nationalen Recht in einer strafrechtlichen Fallkonstellation. Sie stützte ihre Auffassung im Wesentlichen auf zwei Gründe.

Zunächst sei bei dieser Lösung der Grundsatz der Gesetzmäßigkeit der Strafen gewahrt.[724] Es würde in den zugrunde liegenden Fällen nicht zu einer unmittelbaren Anwendung der Richtlinie gegenüber den Angeklagten im Sinne einer Ersetzungswirkung kommen, da die Bestrafung wegen Bilanzfälschung nicht aus der Richtlinie folgen würde. Vielmehr bestand zum Tatzeitpunkt das nationale italienische Gesetz, welches die Strafbarkeit vorsah. Die Richtlinien hätten in den vorliegenden Fällen damit allenfalls mittelbar nachteilige Auswirkungen, weil sie zur Anwendung der alten und nicht der neuen, milderen Rechtslage geführt hätten. Das sei aber das Wesen von Richtlinien, die vermittelt durch nationale Umsetzungsakte, auf die Rechtspositionen des Einzelnen einwirken und sich sowohl vorteilhaft als auch nachteilig für den einzelnen auswirken können, wie sich am Grundsatz der richtlinienkonformen Auslegung zeigen lasse.

Als zweiten Grund brachte die Generalanwältin vor, dass es auch der Grundsatz der rückwirkenden Anwendung des milderen Strafgesetzes in den zugrunde liegenden Fällen nicht gebieten würde, das neue statt des alten italienischen Straf-

---

720 EuGH, verb. Rs. C-387/02, C-391/02 und C-403/02, Slg. 2005, I-3565, Rn. 72 (Berlusconi).

721 Vgl. in Deutschland § 2 Abs. 3 StGB.

722 EuGH, verb. Rs. C-387/02, C-391/02 und C-403/02, Slg. 2005, I-3565, Rn. 68, 69, 73, 74 (Berlusconi).

723 GA *Kokott*, Schlussanträge in verb. Rs. C-387/02, C-391/02 und C-403/02, Slg. 2005, I-3565, Rn. 144 - 168 (Berlusconi).

724 GA *Kokott*, Schlussanträge in verb. Rs. C-387/02, C-391/02 und C-403/02, Slg. 2005, I-3565, Rn. 145 - 153 (Berlusconi).

gesetzes anzuwenden.[725] Zwar sei das „lex-mitior-Prinzip" inzwischen auch im Gemeinschaftsrecht als allgemeiner Rechtsgrundsatz anerkannt, aber bei der Anwendung dürften die Erwägungen, auf denen er beruht, nicht gänzlich außer Betracht gelassen werden, welches in erster Linie Billigkeitserwägungen seien. Insbesondere die Kohärenz der Rechtsordnung sei zu gewährleisten. In einem Fall mit Bezug zum Gemeinschaftsrecht rechtfertige sich danach aber die rückwirkende Anwendung des milderen Strafgesetzes nur, sofern der Vorrang des Gemeinschaftsrechts gewahrt bleibe, denn wenn das neue mildere Strafgesetz gemeinschaftswidrig sei, fördere der Gesetzgeber nicht die Kohärenz der Rechtsordnung, sondern schaffe einen Widerspruch zwischen nationalem Recht und Vorgaben des höherrangigen Gemeinschaftsrechts.

cc) Entscheidungsgründe des Gerichtshofs

Der Gerichtshof wich von diesem Lösungsvorschlag ab.[726] In einem sehr knapp begründeten Urteil betonte zwar auch er zunächst den Grundsatz des Vorrangs von unmittelbar wirkendem Gemeinschaftsrecht.[727] Anders als die Generalanwältin ließ er ihn jedoch hinter den beiden strafrechtlichen Grundsätzen zurücktreten. Die gesellschaftsrechtlichen Richtlinien hätten im vorliegenden Fall zur Maßstäblichkeit einer für die Angeklagten weniger günstigen Rechtslage geführt.

Zur Begründung wiederholte der Gerichtshof seine ständige Rechtsprechung, wonach eine „Richtlinie für sich allein und unabhängig von zu ihrer Durchführung erlassenen innerstaatlichen Rechtsvorschriften eines Mitgliedstaates nicht die Wirkung haben kann, die strafrechtliche Verantwortlichkeit der Angeklagten festzulegen oder zu verschärfen".[728] Der Gerichtshof lehnte damit ohne nähere Begründung eine unmittelbare Wirkung von Richtlinien in Form der Ausschlusswirkung in strafrechtlichen Fällen ab und bekräftigte einmal mehr die dort bestehenden Grenzen einer unmittelbaren Wirkung.

[725] GA *Kokott*, Schlussanträge in verb. Rs. C-387/02, C-391/02 und C-403/02, Slg. 2005, I-3565, Rn. 154-168 (Berlusconi).

[726] EuGH, verb. Rs. C-387/02, C-391/02 und C-403/02, Slg. 2005, I-3565, Rn. 70 ff. (Berlusconi).

[727] EuGH, verb. Rs. C-387/02, C-391/02 und C-403/02, Slg. 2005, I-3565, Rn. 72 (Berlusconi): wenn die vorlegenden Gerichte zu dem Ergebnis gelangen, dass die nationalen Vorschriften nicht den gemeinschaftsrechtlichen Vorgaben entsprechen, sind sie grundsätzlich gehalten, die betreffenden Vorschriften „aus eigener Entscheidungsbefugnis unangewendet zu lassen, ohne dass sie die vorherige Beseitigung dieser Bestimmungen auf gesetzgeberischem Wege oder durch irgendein anderes verfassungsgerichtliches Verfahren beantragen oder abwarten müssen".

[728] EuGH, verb. Rs. C-387/02, C-391/02 und C-403/02, Slg. 2005, I-3565, Rn. 74 (Berlusconi).

dd) Reaktionen

Die Entscheidung stieß in der Literatur auf unterschiedliche Reaktionen. Während einige Kommentatoren den Gerichtshof für seine Zurückhaltung lobten[729], kritisierten andere den Gerichtshof, er habe sich mit wesentlichen Fragen nicht auseinander gesetzt[730] bzw. seine Entscheidung basiere bereits auf einer falschen Grundannahme.[731]

Letztere Kritik macht geltend, dass sich vorliegend schon gar nicht die Frage des Vorrangs des Gemeinschaftsrechts stellte, da der Richtlinie aufgrund der Einräumung von Ermessensspielräumen keine unmittelbare Wirkung zukam. Dieses Argument verkennt, dass es sich nicht um eine Konstellation handelt, in der aus einer Richtlinie eine positive Alternativregelung auf den Fall angewandt werden sollte. Es ging vielmehr um eine Überprüfung der Richtlinienkonformität der nationalen Vorschriften. Wie erörtert, sind in so einem Fall Richtlinienbestimmungen auch dann „hinreichend bestimmt“ und „inhaltlich unbedingt“, wenn sie den Mitgliedstaaten Umsetzungsspielräume einräumen.[732] Die innerstaatlichen Vorschriften werden dahin gehend überprüft, ob sich der Gesetzgeber innerhalb der Umsetzungsspielräume gehalten hat. Daher ist es irrelevant, dass man im Fall *Berlusconi* der relevanten Richtlinienbestimmung, die lediglich „angemessene Sanktionen“ fordert, keine konkreten Anhaltspunkte zu Natur oder Höhe der Sanktionen entnehmen kann. Maßgeblich ist, dass die Auslegung dieser Richtlinienbestimmung durch die Generalanwältin bzw. den Gerichtshof ergeben hat, dass nicht irgendeine Sanktion ausreicht, sondern weitergehende Kriterien erfüllt sein müssen. Daran sind die nationalen Vorschriften zu messen. Die normstrukturellen Voraussetzungen für eine unmittelbare Richtlinienwirkung in Form der Ausschlusswirkung waren somit gegeben.

Schwerer wiegt demgegenüber die Kritik, der Gerichtshof setze sich mit der Rechtssache *Berlusconi* in Widerspruch zu den vorangegangenen Entscheidungen *Tombesi*[733] und *Niselli*[734], denen ähnlich gelagerte Sachverhalte zugrunde lagen. Es ging um Handlungen, die zum Zeitpunkt ihrer Begehung nach nationalem Recht strafbar waren, in der Folge jedoch aufgrund neuer innerstaatlicher Vorschriften der Strafbarkeit entzogen wurden. Die späteren Vorschriften genügten nicht den Anforderungen gemeinschaftsrechtlicher Richtlinien. Auch hier stand der Gerichtshof vor der Frage, ob diese Normen aufgrund der fehlen-

---

729 *Schwarze*, NJW 2005, 3458, 3462 f.

730 *Wegener/Lock*, EuR 2005, 802 ff.; *Gross*, EuZW 2005, 371, 372.

731 *Satzger*, JZ 2005, 998, 1000 f.

732 Vgl. § 2, B., II.

733 EuGH, verb. Rs. C-304/94, C-330/94, C-342/94 und C-224/95, Slg. 1997, I-3561 (Tombesi).

734 EuGH, Rs. C-457/02, Slg. 2004, I-10853 (Niselli).

den Richtlinienkonformität unangewendet bleiben sollten, so dass die Angeklagten der Ausgangsverfahren nach den ursprünglichen innerstaatlichen Vorschriften verurteilt würden oder ob diese Rechtsfolge ausscheiden müsse, da sonst die Richtlinie die strafrechtliche Verantwortlichkeit der Angeklagten auslöse. In der Entscheidung *Tombesi* hieß es, dass „die Handlungen, die zum Strafverfahren [...] geführt haben, im Zeitpunkt ihrer Begehung nach nationalem Recht gegebenenfalls strafbar waren. Unter diesen Umständen besteht kein Anlass sich zu fragen, welche Folgen sich aus dem Grundsatz der Gesetzmäßigkeit der Strafen für die Anwendung der Richtlinie [...] ergeben könnten."[735] In der Rechtssache *Niselli* hatte die Generalanwältin unter Berufung auf die Entscheidung *Tombesi* noch einmal hervorgehoben, dass die unmittelbare Anwendung der Richtlinie in dem Ausgangsrechtsstreit nicht die Wirkung hätte, die strafrechtliche Verantwortlichkeit allein aus der Richtlinie und unabhängig von zu ihrer Durchführung erlassenen innerstaatlichen Rechtsvorschriften zu begründen. Denn bliebe das nachträglich erlassene Gesetz unangewendet, beruhe die Strafbarkeit auf dem zur Tatzeit geltenden nationalen Recht. Die Richtlinie hätte lediglich die Wirkung, dass sich eine nach der Tat ergangene strafbefreiende Vorschrift nicht durchsetze.[736] Der Gerichtshof schloss sich dieser Begründung an und wiederholte das bereits in der Entscheidung *Tombesi* gefundene Ergebnis, das eine unmittelbare Wirkung in Form einer Ausschlusswirkung von Richtlinien auch in umgekehrt vertikalen Konstellationen zuließ.[737]

In der Entscheidung *Berlusconi* gab der EuGH hingegen nicht nur keine Begründung, warum diese für ähnlich gelagerte Fälle entwickelte Rechtsprechung nicht mehr gelten sollte, er verschwieg diese Präzedenzfälle vielmehr gänzlich, obwohl die Generalanwältin mehrfach darauf Bezug genommen hatte und der vorsitzende Richter der Kammer, die über die Rechtssache *Niselli* entschieden hatte, zugleich Berichterstatter im Verfahren *Berlusconi* war.[738] Der Gerichtshof scheint somit eine Abkehr von seiner Rechtsprechung in den Rechtssachen *Tombesi* und *Niselli* vollzogen zu haben.[739] Sie ist zu begrüßen. Ein gewichtiger Grund, der für das in der Entscheidung *Berlusconi* gefundene Ergebnis spricht, ist, dass in den besagten Fällen, entgegen der Ansicht der Generalanwältin[740],

---

735 EuGH, verb. Rs. C-304/94, C-330/94, C-342/94 und C-224/95, Slg. 1997, I-3561, Rn. 43 (Tombesi).

736 GA *Kokott*, Schlussanträge in Rs. C-457/02, Slg. 2004, I-10853, Rn. 58 (Niselli).

737 EuGH, Rs. C-457/02, Slg. 2004, I-10853, Rn. 30 (Niselli).

738 Dies kritisch anmerkend *Wegener/Lock*, EuR 2005, 802, 805; *Gross*, EuZW 2005, 371, 372.

739 So auch *Wegener/Lock*, EuR 2005, 802, 805.

740 GA *Kokott*, Schlussanträge in verb. Rs. C-387/02, C-391/02 und C-403/02, Slg. 2005, I-3565, Rn. 147 (Berlusconi): Es entspreche gerade dem Grundsatz der Gesetzmäßigkeit der Strafen, eine Tat stets an demjenigen Strafgesetz zu messen, das zum Zeitpunkt ihrer

nicht ohne weiteres ein Rückgriff auf die alten zum Tatzeitpunkt geltenden Rechtsvorschriften möglich ist, da diese mit Inkrafttreten der neuen Vorschriften automatisch außer Kraft treten und im Fall der Unanwendbarkeit der Neuregelung nicht wieder aufleben.[741] Darüber hinaus ist die Ablehnung der Nichtanwendung richtlinienwidrigen nationalen Rechts vor allem aus den bereits oben erwähnten Gründen, die generell gegen die Zulässigkeit dieses Konzeptes vorgebracht worden sind, gutzuheißen. Sowohl die Generalanwältin als auch der Gerichtshof haben sich in den Entscheidungen *Tombesi* und *Niselli* dem Problem der Grenzen der unmittelbaren Wirkung in umgekehrt vertikalen Fallgestaltungen durch eine rein formale Argumentation entzogen. Im Ergebnis ist allein aufgrund einer Richtlinie infolge des Ausschlusses des milderen Strafgesetzes ein schärferes Strafgesetz anwendbar, was ebenso eine unzulässige Pflichtenbegründung darstellt wie die Begründung der strafrechtlichen Verantwortlichkeit unmittelbar durch die Richtlinie.[742]

Der Gerichtshof hat sich in der Entscheidung *Berlusconi* zutreffend gegen die Nichtanwendung richtlinienwidrigen nationalen Rechts in umgekehrt vertikalen Konstellationen ausgesprochen. Wünschenswert wären aber eine Auseinandersetzung mit den im Vorfeld ergangenen, widersprechenden Entscheidungen *Tombesi* und *Niselli,* die in ihren rechtlichen Strukturen vergleichbar waren, sowie eine sorgfältigere Begründung des Ergebnisses gewesen, statt sich lediglich auf eine in ständiger Rechtsprechung verwendete Formel zu berufen.[743]

c) Die Entscheidung *Pfeiffer*

Schließlich lehnte der Gerichtshof in der Entscheidung *Pfeiffer* auch die Nichtanwendung richtlinienwidrigen nationalen Rechts in horizontalen Rechtsbeziehungen ab.

aa) Sachverhalt und Entscheidungsgründe

In den Ausgangsfällen der verbundenen Rechtssachen hatten sich mehrere Rettungsassistenten des Deutschen Roten Kreuzes gegen Art. 14 Abs. 2 des ein-

---

Begehung galt. So würde auch niemand ernsthaft an der fortdauernden Anwendbarkeit eines alten, milderen Strafgesetzes zweifeln, falls der Gesetzgeber zwischenzeitlich die Strafbarkeit verschärft hätte.

741 *Satzger*, JZ 2005, 998: „Geradezu willkürlich erscheint […] die Annahme, dasjenige nationale Recht sei hinzuzudenken, welches der […] Gesetzgeber durch die Gesetzesänderung ausdrücklich außer Kraft gesetzt hat.".

742 Vgl. die allgemeine Kritik gegen das Konzept der Nichtanwendung richtlinienwidrigen Rechts in Fällen, die den Grenzen der unmittelbaren Wirkung unterliegen, unter § 2, B., III., 2., b), cc).

743 So auch *Wegener/Lock*, EuR 2005, 802, 805.

schlägigen Tarifvertrags[744] gewandt. Diese Bestimmung dehnte die durchschnittliche wöchentliche Arbeitszeit auf 49 Stunden pro Woche aus. Diese Ausnahme war möglich gemäß § 7 Abs. 1 Nr. 1 lit. a ArbZG, wonach in einem Tarifvertrag abweichend von § 3 ArbZG (werktägliche Arbeitszeit von acht Stunden) die Arbeitszeit über zehn Stunden werktäglich auch ohne Ausgleich zu verlängern ist, wenn in die Arbeitszeit regelmäßig und in erheblichem Umfang Arbeitsbereitschaft fällt. Die Kläger hielten die wöchentliche Arbeitszeit von 49 Stunden für unzulässig, da § 7 Abs. 1 Nr. 1 lit. a ArbZG nicht mit Art. 6 Abs. 2 der Arbeitszeitrichtlinie[745] vereinbar sei, nach der die maximale wöchentliche Arbeitszeit nicht 48 Stunden übersteigen dürfe.

Der Gerichtshof schloss sich dieser Einschätzung an.[746] Er musste sich in der Folge allerdings mit der schwierigen Frage auseinandersetzen, welche rechtlichen Konsequenzen das nationale Gericht aus dieser Unvereinbarkeit zu ziehen hat. Zwar erfüllte Art. 6 Abs. 2 der Arbeitszeitrichtlinie alle normstrukturellen Voraussetzungen, um unmittelbare Wirkung zu entfalten, jedoch waren die Parteien des Ausgangsverfahrens Privatpersonen. Musste daher eine unmittelbare Wirkung nach ständiger Rechtsprechung ausscheiden oder war eine unmittelbare Wirkung in Form der Ausschlusswirkung zulässig, die zur Nichtanwendung der richtlinienwidrigen Bestimmung des § 7 Abs. 1 lit. a ArbZG führt, so dass der Rechtsstreit auf der richtlinienkonformen Norm des § 3 ArbZG zu lösen war? Letztere Lösung schlug der Generalanwalt aus *effet utile*-Erwägungen zunächst in seinen Schlussanträgen vor: „Das nationale Gericht (muss) die *volle Wirksamkeit des Gemeinschaftsrechts* dadurch gewährleisten, dass es erforderlichenfalls jede entgegenstehende Bestimmung des nationalen Rechts aus eigener Entscheidungsbefugnis unangewendet lässt, ohne dass es die vorherige Beseitigung dieser Bestimmung auf gesetzgeberischem Wege oder durch irgendein anderes verfassungsrechtliches Verfahren beantragen oder abwarten müsste“[747]

In Anbetracht der grundlegenden Fragen wurde der ursprünglich einer Kammer von fünf Richtern zugewiesene Fall an die Große Kammer verwiesen und die mündliche Verhandlung erneut eröffnet. Der Generalanwalt legte noch einmal Schlussanträge vor, die allein die Folgen der Unvereinbarkeit einer nationalen Vorschrift zur Umsetzung einer Richtlinie mit einer hinreichend genauen und unbedingten Richtlinienvorschrift bestimmen sollten.[748] Die mündliche Ver-

[744] Tarifvertrag über Arbeitsbedingungen für Angestellte, Arbeiter und Auszubildende des Deutschen Roten Kreuzes.

[745] RL 93/104/EG über bestimmte Aspekte der Arbeitszeitgestaltung, ABl. 1993, L 307/18.

[746] EuGH, verb. Rs. C-397-403/01, Slg. 2004, I-8835, Rn. 101 (Pfeiffer).

[747] GA *Ruiz-Jarabo Colomer*, Schlussanträge v. 6.5.2003 in verb. Rs. C-397-403/01, Slg. 2004, I-8835, Rn. 58 (Pfeiffer) (Hervorhebung durch die Verfasserin).

[748] GA *Ruiz-Jarabo Colomer*, Schlussanträge v. 24.4.2004 in verb. Rs. C-397-403/01, Slg. 2004, I-8835 (Pfeiffer).

handlung hatte zuvor bereits deutlich gemacht, dass der Gerichtshof eine Lösung über das Instrument der richtlinienkonformen Auslegung bevorzugte.[749] Dementsprechend widmete sich der Generalanwalt - anders als in seinen ersten Schlussanträgen - nun der „Umsetzbarkeit des Gedankens der richtlinienkonformen Auslegung".[750] Vom Ergebnis her will er allerdings weiterhin den Ausschluss des nationalen richtlinienwidrigen Rechts erreichen:[751] die dem Gerichtshof zugewiesene Rolle als Garant der einheitlichen Auslegung des Gemeinschaftsrechts hindere daran, es dem nationalen Gericht zu überlassen, „eine Vorschrift der innerstaatlichen Rechtsordnung *anzuwenden*, die im Widerspruch zum Wortlaut des Art. 6 Abs. 2 der Arbeitszeitrichtlinie steht".[752] Die betreffende nationale Bestimmung sei dahin auszulegen, „dass die betroffenen Arbeitnehmer nicht verpflichtet sind, durchschnittlich mehr als 48 Arbeitsstunden pro Woche zu leisten".[753]

Der Gerichtshof lehnte in seiner Entscheidung schließlich knapp aber eindeutig den Ausschluss nationalen richtlinienwidrigen Rechts in privatrechtlichen Streitigkeiten ab. Nach ständiger Rechtsprechung könne „eine klare, genaue und unbedingte Richtlinienbestimmung, mit der dem Einzelnen Rechte gewährt oder Verpflichtungen auferlegt werden sollen, im Rahmen eines Rechtsstreits, in dem sich ausschließlich Private gegenüberstehen, nicht als solche Anwendung finden".[754] Einzelne Autoren in der Literatur sind weiterhin auf dem Standpunkt, dass diese Formulierung nicht als Absage an eine zulässige unmittelbare Wirkung in Form der Ausschlusswirkung in horizontalen Konstellationen zu verstehen sei.[755] Zuzugeben ist, dass eine deutlichere Auseinandersetzung mit

---

749 Darauf weist der Generalanwalt in seinen zweiten Schlussanträgen hin: GA *Ruiz-Jarabo Colomer*, Schlussanträge v. 24.4.2004 in verb. Rs. C-397-403/01, Slg. 2004, I-8835, Rn. 17 ff. (Pfeiffer).

750 GA *Ruiz-Jarabo Colomer*, Schlussanträge v. 24.4.2004 in verb. Rs. C-397-403/01, Slg. 2004, I-8835, Rn. 17 ff. (Pfeiffer).

751 So auch die Einschätzung von *Klamert*, CMLRev. 2006, 1251, 1260: „passionate argument for an exclusionary effect of directives (effet d'exclusion) by virtue of consistent interpretation".

752 GA *Ruiz-Jarabo Colomer*, Schlussanträge v. 24.4.2004 in verb. Rs. C-397-403/01, Slg. 2004, I-8835, Rn. 44 (Pfeiffer) (Hervorhebung durch die Verfasserin).

753 GA *Ruiz-Jarabo Colomer*, Schlussanträge v. 24.4.2004 in verb. Rs. C-397-403/01, Slg. 2004, I-8835, Rn. 49 (Pfeiffer).

754 EuGH, verb. Rs. C-397-403/01, Slg. 2004, I-8835, Rn. 109 (Pfeiffer).

755 *Prechal*, Directives, 268, Fn. 358 behauptet, die Formulierung könne zwar als Ablehnung der Ausschlusswirkung gedeutet werden, ebenso aber lediglich als Ausschluss der Ersetzungswirkung in horizontalen Fallkonstellationen; auch *Herrmann*, EuZW 2006, 69, 70 und *Streinz/Herrmann*, RdA 2007, 165, 168 sind der Auffassung, dass der Gerichtshof in der Entscheidung der Ausschlusswirkung keine klare Absage erteilt habe, sondern einer Stellungnahme noch ausweichen wolle; *Jans*, LIEI 2007, 53, 61 f. deutet

dem Problem wünschenswert gewesen wäre, aus der Prozessgeschichte heraus folgt jedoch eindeutig das hier zugrunde gelegte Verständnis.[756]

Der Gerichtshof bekräftigte sodann seine Rechtsprechung zu dem Gebot der richtlinienkonformen Auslegung und verpflichtete das Gericht, die nationalen Bestimmungen richtlinienkonform auszulegen.[757] Man könnte somit meinen, der EuGH habe - wie im Fall *Berlusconi* - seine Judikatur zu den Grenzen der unmittelbaren Wirkung bestätigt. Bei genauerer Betrachtung ergibt sich ein anderes Bild.

bb) Grenzziehung zwischen richtlinienkonformer Auslegung und unmittelbarer Wirkung

Der Gerichtshof hat mit der Entscheidung *Pfeiffer* möglicherweise die Grenze von der richtlinienkonformen Auslegung zu einer unmittelbaren Wirkung überschritten, indem er den Umfang der Konformauslegungspflicht in horizontalen Beziehungen immer mehr ausgedehnt und deutlicher als je zuvor methodische Anstrengungen von den nationalen Gerichten verlangt hat, um die Richtliniengebote durchzusetzen.[758] Es bestehen Zweifel, ob der EuGH zwar formal die Nichtanwendung richtlinienwidrigen nationalen Rechts und damit eine unmittelbare Wirkung in Form der Ausschlusswirkung in horizontalen Konstellationen abgelehnt hat, das gleiche Resultat aber durch die „Hintertür“ im Wege der richtlinienkonformen Auslegung erreichen zu sucht.

(1) Analyse der bisherigen Rechtsprechung des EuGH

Wie in dieser Arbeit mehrfach beschrieben, ist die Grenze zwischen der richtlinienkonformen Auslegung/Rechtsfortbildung und der unmittelbaren Wirkung überschritten, wenn nicht mehr nationales Recht die Entscheidungsgrundlage des nationalen Richters darstellt, sondern die Richtlinie selbst.[759]

---

die Entscheidung dahin, dass der Gerichtshof damit die Ausschlusswirkung von Richtlinien auf solche Richtlinienarten beschränkt habe, die dem einzelnen keine Rechte einräumen: "The CIA Security type of horizontal effect only seems to be available when relying on directives that do not intend to grant rights to private individuals".

756 So auch GA *Mazak*, Schlussanträge in Rs. C-411/05, Slg. 2007, I-8531, Rn. 129 (Palacios de la Villa), der darauf hinweist, dass der Gerichtshof im Urteil *Pfeiffer* die entgegenstehende nationale Vorschrift gerade nicht für unanwendbar erklärt hat, „obwohl dies zur Erreichung des gewünschten Ziels ausgereicht hätte“.

757 EuGH, verb. Rs. C-397-403/01, Slg. 2004, I-8835, Rn. 110 ff. (Pfeiffer).

758 *Riesenhuber/Domröse*, RIW 2005, 47, 50; *Thüsing*, EWiR 2004, 1147, 1148; *Klamert*, CMLRev. 2006, 1251, 1259.

759 Vgl. oben § 2, A., III., 4., a), bb).

Der EuGH hat in der Vergangenheit den nationalen Gerichten in horizontalen Fallkonstellationen immer wieder auch methodische Vorgaben gemacht, um ein Auslegungsergebnis sicher zu stellen, das den Vorgaben der Richtlinien gerecht wird.[760] Zu berücksichtigen ist, dass der *effet utile* und die einheitliche Anwendung des Gemeinschaftsrechts nicht zuletzt auch durch die verschiedenen nationalen Methodenlehren immer wieder Einschränkungen erfahren haben[761], so dass der EuGH bemüht ist, gewisse einheitliche Standards vorzugeben. Indes hat der EuGH trotz seiner „Interventionen" von den nationalen Gerichten nie ein Judizieren *contra legem* verlangt, wodurch die Grenze von der richtlinienkonformen Auslegung/Rechtsfortbildung zu einer unzulässigen unmittelbaren horizontalen Wirkung überschritten worden wäre. [762]

Die Entscheidungen *Wagner Miret, Faccini Dori* und *El Corte Inglès* haben die Auslegbarkeit des innerstaatlichen Rechts eindeutig den nationalen Gerichten überlassen.[763] In den zugrunde liegenden Sachverhalten fehlte es an der Umsetzung von Richtlinienbestimmungen, die einem Einzelnen gemeinschaftsrechtliche Rechtspositionen eingeräumt hatten.[764] Grundsätzlich bestehe auch hier die Verpflichtung, zu versuchen, das Fehlen einer den Richtlinienvorgaben entsprechenden Vorschrift durch Auslegung des nationalen Rechts zu überwinden.[765] Jedoch hat der Gerichtshof ausdrücklich die fehlende Auslegungsfähigkeit des nationalen Rechts akzeptiert und vielmehr auf die Möglichkeit der Staatshaftung verwiesen.[766] Weniger zurückhaltend zeigte sich der Gerichtshof demge-

---

760 *Jann/Schima*, FS Rodríguez Iglesias, 283, 285.

761 Vgl. in diesem Zusammenhang die Ansätze für eine gemeineuropäische Methodenlehre des Rechts bei *Vogenauer*, ZEuP 2005, 234 ff.; grundlegend hierzu auch *Häberle*, Europäische Verfassungslehre, 121 ff.

762 Siehe dazu auch die Ausführungen von Generalanwalt *Van Gerven* in der *Barber*-Entscheidung: „...das Gemeinschaftsrecht (kann) bestimmten in der innerstaatlichen Rechtsordnung angewendeten Auslegungsmethoden Grenzen setzen, ohne selbstverständlich die staatlichen Gerichte zu einer bestimmten Interpretation *contra legem* zwingen zu können": GA *Van Gerven*, Schlussanträge in Rs. C-262/88, Slg. 1990, I-1889, Rn. 50 (Barber).

763 EuGH, Rs. C-334/92, Slg. 1993, I-6911, Rn. 22 (Wagner Miret); vgl. auch Rs. C-91/92, Slg. 1994, I-3325 Rn. 27 (Faccini Dori); Rs. C-192/94, Slg. 1996, I-1281, Rn. 22 (El Corte Inglés).

764 In der Entscheidung *Wagner Miret* ging es um einen Anspruch auf Arbeitsentgelt gegenüber einer staatlichen Garantieeinrichtung im Fall der Insolvenz des Arbeitgebers, im Fall *Faccini Dori* um ein Widerrufsrecht bei Verträgen, die im Rahmen einer Haustürsituation abgeschlossen wurden; die Rechtssache *El Corte Inglés* hatte ein Widerrufsrecht des Verbraucherkreditvertrages bei verbundenen Geschäften zum Gegenstand.

765 Dazu *Herrmann*, Richtlinienumsetzung, 159.

766 EuGH, Rs. C-334/92, Slg. 1993, I-6911, Rn. 22 (Wagner Miret); Rs. C-91/92, Slg. 1994, I-3325 Rn. 27 (Faccini Dori); Rs. C-192/94, Slg. 1996, I-1281, Rn. 22 (El Corte Inglés).

genüber in den Rechtssachen *Marleasing*[767], *Centrosteel*[768] und *Océano*[769] und gab den nationalen Gerichten konkret ein Auslegungsergebnis vor. Eine Analyse dieser Entscheidungen zeigt, dass auch hier stets ein Auslegungsspielraum im nationalen Recht gegeben war.

In der Entscheidung *Marleasing* ging es um die Gültigkeit eines Gesellschaftsvertrages. Die Klageparteien waren unterschiedlicher Auffassung über die Rechtsgründe, aufgrund derer die Nichtigkeit einer Aktiengesellschaft festgestellt werden kann. Ursache dieser Meinungsverschiedenheiten war, dass Spanien Art. 11 der Publizitätsrichtlinie[770], der eine abschließende Liste von Nichtigkeitsgründen enthielt, nicht in innerstaatliches Recht umgesetzt hatte und zudem in Spanien zu diesem Zeitpunkt die Nichtigkeit auch noch aus anderen Gründen eintrat. Das nationale Gericht legte daher die Frage vor, ob die Richtlinienbestimmung unmittelbar anzuwenden war, so dass eine Aktiengesellschaft nicht aus anderen als den in dieser Vorschrift genannten Gründen für nichtig erklärt werden konnte. Der Gerichtshof lehnte eine unmittelbare Wirkung aufgrund der horizontalen Fallkonstellation ab. Das Erfordernis der richtlinienkonformen Auslegung *verbiete* es aber, die nationalen Rechtsvorschriften über Aktiengesellschaften dergestalt auszulegen, dass die Nichtigkeit einer Aktiengesellschaft aus anderen als den in Art. 11 der Richtlinie abschließend aufgezählten Gründen ausgesprochen werde.[771]

Dieses Ergebnis wurde dahin verstanden, dass der EuGH die Frage der Auslegungsfähigkeit innerstaatlichen Rechts nicht mehr ausschließlich der nationalen Rechtsmethodik zuweist, sondern eine richtlinienkonforme Auslegung über die Grenzen des nach nationaler Rechtsmethodik möglichen hinaus verlangt, um dem Gemeinschaftsrecht zur Anwendung zu verhelfen.[772] Die konkret vom EuGH geforderte Auslegung war jedoch ohne weiteres möglich, denn es galt lediglich die Auslegung einer innerstaatlichen Generalklausel durch die Rechtsprechung auf die in der Richtlinie genannten Nichtigkeitsgründe zu beschränken.[773] Die Grenze zur unmittelbaren Wirkung war damit nicht überschritten.

---

767 EuGH, Rs. C-106/89, Slg. 1990, I-4135 (Marleasing).

768 EuGH, Rs. C-456/98, Slg. 2000, I-6007 (Centrosteel).

769 EuGH, verb. Rs. C-240-244/98, Slg. 2000, I- 4941 (Océano).

770 RL 68/115/EWG, ABl. 1968 L 65/8.

771 EuGH, Rs. C-106/89, Slg. 1990, I-4135, Rn. 9 (Marleasing) (Hervorhebung durch die Verfasserin).

772 *Stuyck/Wytinck* CMLRev. 1991, 205, 211; *de Búrca*, MLR 1992, 215, 223 ff.; *Betlem*, ERPL 1995, 1, 14; kritisch ebenso: *Müller-Graff*, DRiZ 1996, 305, 314, der darin eine Beschränkung der Auslegung des nationalen Rechts erblickte, die nichts anderes als eine unmittelbare Wirkung bedeutete.

773 So auch *Canaris*, FS Bydlinski, 47, 60; *Arnull*, European Union, 130; *Rodríguez Iglesias/Riechenberg*, FS Everling, 1213, 1221 ff.; vgl. im Übrigen die eingehenden Ausfüh-

Die Rechtssache *Centrosteel* betraf die Frage der Gültigkeit eines Handelsvertretervertrags. Die Klägerin, eine italienische Gesellschaft, war als Handelsvertreterin für die Beklagte tätig geworden und verlangte Zahlung einer Provision. Die Beklagte verweigerte dies mit der Begründung, es fehle schon an einem gültigen Handelsvertretervertrag, da die Klägerin nicht im Handelsvertreterregister eingetragen sei. Nach italienischem Recht muss eine Eintragung in selbigem vorliegen, um als Handelsvertreter tätig sein zu dürfen. Gemäß Art. 1418 des italienischen Zivilgesetzbuches ist ein Vertrag nichtig, wenn er gegen eine zwingende Vorschrift verstößt. Die italienischen Gerichte hatten in der Vergangenheit die Bestimmungen über die Eintragungspflicht der Handelsvertreter als zwingende Vorschriften eingestuft, so dass entsprechende Verträge mit einem nicht eingetragenen Handelsvertreter nichtig waren. Die Klägerin berief sich auf die Richtlinie zur Angleichung der Bestimmungen über Handelsvertreter.[774] Der EuGH hatte bereits entschieden, dass die Richtlinie einer nationalen Bestimmung entgegensteht, welche die Gültigkeit eines Handelsvertretervertrags von der Eintragung des Handelsvertreters in ein Handelsvertreterregister abhängig macht.[775] In der Entscheidung *Centrosteel* verpflichtete er das nationale Gericht, das innerstaatliche Recht in diesem Sinne auszulegen.[776]

Fraglich war erneut die Möglichkeit einer richtlinienkonformen Auslegung angesichts der italienischen Rechtslage. Richtlinienwidrig war nicht die nach italienischem Recht bestehende Eintragungspflicht als solche, sondern die Anordnung, dass ein Verstoß gegen die Eintragungspflicht zur Nichtigkeit des Vertrages führt.[777] Diese folgte aber nicht unmittelbar aus einer gesetzlichen Vorschrift, sondern aus einer Rechtsprechung, welche die Vorschriften des Handelsvertretergesetzes als zwingende Vorschriften i.S.d. Art. 1418 des italienischen Zivilgesetzbuches einstuften. Der EuGH forderte dementsprechend das vorlegende Gericht nur auf „bei der Anwendung einer gefestigten nationalen Rechtsprechung diese so auszulegen, dass sie im Einklang mit den Zielen der Richtlinie angewandt werden können.“[778] Eine Rechtsprechungsänderung hinsichtlich einer innerstaatlichen Generalklausel ist jedoch grundsätzlich möglich, so dass einer richtlinienkonformen Auslegung nichts im Wege stand.[779]

---

rungen des Generalanwaltes *Van Gerven*, Rs. C-106/89, Slg. 1990, I-4135, Rn. 8-10 (*Marleasing*).

774 RL 86/653/EWG, ABl. 1986 L 382/17.

775 EuGH, Rs. C-215/97, Slg. 1998, I-2191, Rn. 18 (Bellone).

776 EuGH, Rs. C-456/98, Slg. 2000, I-6007, Rn. 17 (Centrosteel).

777 GA *Jacobs*, Schlussanträge in Rs. C-456/98, Slg. 2000, I-6007, Rn. 4 (Centrosteel).

778 EuGH, Rs. C-456/98, Slg. 2000, I-6007, Rn. 17 (Centrosteel).

779 Der italienische *Corte di Cassazione* hatte im Vorfeld bereits seine Rechtsprechung geändert, so dass die Nichtbeachtung der Eintragungspflicht nicht mehr zur Nichtigkeit des

Der Entscheidung *Océano* lag schließlich die Frage zugrunde, inwieweit sich ein spanisches Gericht von Amts wegen für unzuständig erklären kann, wenn seine Zuständigkeit durch eine missbräuchliche Klausel in einem Vertrag zwischen einem Gewerbetreibendem und einem Verbraucher begründet würde. Unstreitig war sowohl nach nationalem Recht als auch nach der Richtlinie über missbräuchliche Klauseln in Verbraucherverträgen[780], dass Klauseln, die den Gerichtsstand am Sitz des Gewerbetreibenden begründen, missbräuchlich und daher nichtig sind.[781] Ungeklärt war, ob ein spanisches Gericht die Nichtigkeit missbräuchlicher Klauseln und damit seine Unzuständigkeit von Amts wegen prüfen kann. Dies war unter den spanischen Gerichten umstritten und wurde in der Regel verneint, da der *Tribunal Supremo* eine Überprüfung der Zuständigkeit von Amts wegen nur in Ausnahmefällen zulässt.[782] Das Ziel der Richtlinie, einen wirksamen Verbraucherschutz zu etablieren, war nach Auffassung des Gerichtshofs jedoch nur zu erreichen, wenn die Nichtigkeit missbräuchlicher Klauseln und damit die Unzuständigkeit von Amts wegen zu prüfen ist; er verpflichtete das nationale Gericht zu einer richtlinienkonformen Auslegung. „Das Erfordernis einer richtlinienkonformen Auslegung [...] (verlangt), dass das nationale Gericht der Auslegung den Vorzug gibt, die es ihm ermöglicht, seine Zuständigkeit von Amts wegen zu verneinen, wenn diese durch eine missbräuchliche Klausel vereinbart worden ist.“[783]

Der Generalanwalt hatte die Möglichkeit einer solchen Auslegung zuvor verneint, da ein Widerspruch zwischen dem nationalen Prozessrecht und den Anforderungen der Richtlinie vorliege. Dementsprechend hatte er in der Folge für die Unanwendbarkeit des nationalen richtlinienwidrigen Rechts in horizontalen Rechtsbeziehungen plädiert.[784] Entgegen der Auffassung des Generalwanwaltes

---

Vertrages führte: dazu GA *Jacobs*, Schlussanträge in Rs. C-456/98, Slg. 2000, I-6007, Rn. 36 (Centrosteel).

780 RL 93/13/EWG, ABl. 1993 L 95/29.

781 EuGH, verb. Rs. C-240-244/98, Slg. 2000, I-4941, Rn. 18, 21 (Océano).

782 EuGH, verb. Rs. C-240-244/98, Slg. 2000, I-4941, Rn. 18 (Océano).

783 EuGH, verb. Rs. C-240-244/98, Slg. 2000, I-4941, Rn 32 (Océano).

784 Der Generalanwalt hob hervor, dass „zwischen den nationalen Verfahrensvorschriften und der Richtlinie ein klarer und offener Widerspruch besteht, so dass ihre Anwendung zu völlig unterschiedlichen Ergebnissen führt“, so dass es „ganz offensichtlich [...] keine nationale Rechtsvorschrift (gibt), die so „ausgelegt“ werden könnte, dass das von der Richtlinie angestrebte Ziel erreicht würde“, GA *Saggio*, Schlussanträge in verb. Rs. C-240-244/98, Slg. 2000, I-4941, Rn. 28 (Océano). Das Problem ist jedoch, dass der Generalanwalt auf eine Vorschrift der spanischen Zivilprozessordnung abgestellt hat, welche die Möglichkeit einräumt, dass bei Verträgen zwischen einem Gewerbetreibendem und einem Verbraucher, abweichend von den allgemeinen Zuständigkeitskriterien als ausschließlich zuständig für Streitigkeiten aus dem Vertrag das Gericht am Sitz des Gewerbetreibenden vereinbart werden kann. Ein solcher Fall lag hier aber gerade nicht vor.

fehlte es vorliegend aber gerade an einer nationalen Vorschrift, die eine Prüfung der sich aus einer Gerichtsstandsklausel ergebenden Zuständigkeit von Amts wegen untersagte.[785] Es lag lediglich eine widersprüchliche Rechtsprechung der innerstaatlichen Gerichte vor. Infolge des Urteils des Gerichtshofs war nur ein Abweichen von derjenigen Rechtsprechung, die eine Prüfung von Amts wegen abgelehnt hatte, erforderlich, nicht von geschriebenem Recht. Damit war im Ergebnis auch in der Rechtssache *Océano* ohne weiteres die Auslegbarkeit des nationalen Rechts gegeben, so dass die Grenze zu einer unmittelbaren Wirkung in horizontalen Rechtsstreitigkeiten nicht überschritten worden ist.[786]

(2) Überschreitung der Grenze durch die Entscheidung Pfeiffer?

Diese Rechtslage scheint sich durch die Entscheidung *Pfeiffer* geändert zu haben. Erste Stimmen in der Literatur reichten von „Anbahnung einer weitreichenden Neuorientierung"[787] bis zu „Erweiterung der Richtlinienwirkung"[788]. Andere sehen in der Entscheidung eine „faktische Annäherung" an eine unmittelbare horizontale Drittwirkung.[789]

Der Gerichtshof hat sich hier in bisher nicht anzutreffender Intensität zum Instrument der richtlinienkonformen Auslegung geäußert. Er hat es sogar auf eine neue dogmatische Grundlage gehoben. Statt einer bloßen Bezugnahme auf Art. 249 Abs. 3 EG (i.V.m. Art. 10 EG) spricht der EuGH von einer dem EG-Vertrag immanenten Verpflichtung.[790] Gleichzeitig hat er in der Entscheidung die methodische Freiheit der nationalen Gerichte noch weitgehender eingeschränkt. Zwar findet sich mehrfach die Formulierung, das nationale Gericht solle eine richtlinienkonforme Auslegung des nationalen Rechts nur „so weit wie möglich" vornehmen und nur "soweit es innerhalb seiner Zuständigkeit liegt".[791] Andererseits sei das nationale Gericht verpflichtet, „alles zu tun, was in seiner Zuständigkeit liegt, um die Überschreitung der wöchentlichen Höchstarbeitszeit zu verhindern, die in Art. 6 Abs. 2 der Arbeitszeitrichtlinie auf 48 Stunden festgesetzt ist".[792] Ein nationales Gericht müsse „das gesamte nationale

---

Vielmehr war eine solche Regelung lediglich in einer missbräuchlichen und damit nichtigen AGB enthalten, so dass wirksam kein vertraglicher Gerichtsstand begründet wurde.

785 So auch *Herrmann*, Richtlinienumsetzung, 156.

786 *Herrmann*, Richtlinienumsetzung, 156.

787 *Riesenhuber/Domröse*, RIW 47, 51.

788 *Konzen*, ZfA 2005, 189, 202.

789 *Thüsing*, EWiR 2004, 1147, 1148.

790 EuGH, verb. Rs. C-397-403/01, Slg. 2004, I-8835, Rn. 114 (Pfeiffer).

791 EuGH, verb. Rs. C-397-403/01, Slg. 2004, I-8835, Rn. 113, 117, 118, 119 (Pfeiffer).

792 EuGH, verb. Rs. C-397-403/01, Slg. 2004, I-8835, Rn. 119 (Pfeiffer).

Recht berücksichtigen“ und “alles tun, was in seiner Zuständigkeit liegt, um die volle Wirksamkeit der Richtlinie zu gewährleisten”.[793] Darüber hinaus forderte der EuGH erstmals, dass wenn „es das nationale Recht durch die Anwendung seiner Auslegungsmethoden (ermöglicht), eine innerstaatliche Bestimmung unter bestimmten Umständen so auszulegen, dass eine Kollision mit einer anderen Norm innerstaatlichen Rechts vermieden wird, oder die Reichweite dieser Bestimmung zu diesem Zweck einzuschränken und sie nur insoweit anzuwenden, als sie mit dieser Norm vereinbar ist, so ist das nationale Gericht verpflichtet, die gleichen Methoden anzuwenden, um das von der Richtlinie verfolgte Ziel zu erreichen“.[794]

Das nationale Gericht hat damit Divergenzen zwischen Richtlinienvorgaben und dem nationalen Recht in gleicher Weise aufzulösen wie Normenkollisionen innerhalb des nationalen Rechts.[795] Dieses in anderem Kontext bereits bekannte Postulat der Nichtdiskriminierung gemeinschaftsrechtlich determinierter Sachverhalte gegenüber rein nationalen Konstellationen ist sowohl in Ansehung der *Pfeiffer*-Entscheidung als auch für andere Konstellationen problematisch.[796] Im Hinblick auf mögliche Divergenzen zwischen Richtlinienvorgaben und nationalem Recht liegt in der Regel zunächst schon gar keine Normenkollision im technischen Sinne vor, da eine solche - wie gesehen - nur im Fall der unmittelbaren Wirkung von Richtlinienbestimmungen möglich ist.[797] Dessen ungeachtet löst die Vorgabe, die nationale Bestimmung entweder entsprechend auszulegen bzw. ihre Reichweite einzuschränken und sie nur insoweit anzuwenden, als sie mit den Richtlinienvorgaben vereinbar ist, für die nationalen Gerichte eine Pflicht aus, auf die verschiedenen Instrumente der Rechtsfortbildung zurückzugreifen, vorliegend speziell auf die richtlinienkonforme Reduktion.

Im Unterschied zu den Entscheidungen *Marleasing*, *Centrosteel* oder *Océano* lag in der Rechtssache *Pfeiffer* mit § 7 Abs. 1 Nr. 1 a ArbZG jedoch eine eindeutige, der Richtlinie widersprechende nationale Vorschrift vor.[798] Eine richtlinienkonforme Reduktion dieser Bestimmung würde aufgrund ihres unmissverständlichen Wortlautes im Ergebnis auf eine völlige Außerkraftsetzung derselben hinauslaufen.[799] Wie erörtert, ist eine solche richtlinienkonforme Reduktion

---

793 EuGH, verb. Rs. C-397-403/01, Slg. 2004, I-8835, Rn. 118 und 119 (Pfeiffer).

794 EuGH, verb. Rs. C-397-403/01, Slg. 2004, I-8835, Rn. 116 (Pfeiffer).

795 Vgl. *Roth*, Richtlinienkonforme Auslegung, § 14 Rn. 31; *Prechal*, CMLRev. 2005, 1445, 1458.

796 Siehe etwa von *Schürnbrand*, JZ 2007, 910, 912 f.

797 So auch *Schürnbrand*, JZ 2007, 910, 912.

798 Überspitzt formuliert von *Staffhorst*, GPR 2005, 89, 91: “ein Fall unzweifelhafter und unverrückbarer mathematischer Wahrheit [...], dass 49 ungleich 48 ist”.

799 *Frenz*, DVBl. 2005, 40, 41.

„auf Null“ nicht möglich, da der nationalen Vorschrift dadurch jeder sinnvolle Anwendungsbereich entzogen wäre und damit die *contra legem*-Grenze der richtlinienkonformen Rechtsfortbildung sowie die Grenze zur unmittelbaren Richtlinienwirkung überschritten würde.[800] Aus diesen Gründen hatte etwa auch das BAG in seiner Entscheidung zum Bereitschaftsdienst von Ärzten die Möglichkeit einer richtlinienkonformen Auslegung des Arbeitszeitgesetzes zutreffend abgelehnt.[801] Eine richtlinienkonforme Reduktion musste damit im Fall *Pfeiffer* von vornherein ausscheiden. Die Instruktion durch den Gerichtshof verwundert daher.

Das Diktum des Gerichtshofs, wonach Divergenzen zwischen nationalem Recht und Richtlinienrecht in gleicher Weise aufzulösen seien wie Normwidersprüche im nationalen Recht ist aus einem anderen Aspekt auch über den Fall *Pfeiffer* hinaus problematisch. Nach deutschem Methodenverständnis lassen sich beispielsweise Normwidersprüche auf der Rechtsfolgenseite auch durch Auslegungsregeln vermeiden, die zur Folge haben, dass eine Vorschrift der anderen vorgeht und die verdrängte Vorschrift keine Anwendung findet. Zu denken ist hier etwa an die Regeln *„lex specialis derogat legi generali“, „lex superior derogat legi inferior“ oder „lex posterior derogat legi priori“*.[802] Bei der Auflösung von Divergenzen zwischen nationalem Recht und Richtlinienvorgaben würde die Anwendung solcher Regeln die Anerkennung einer unmittelbaren Wirkung der Richtlinie implizieren, die zur Nichtanwendung nationalen Rechts führt.[803]

Das Urteil *Pfeiffer* zielt im Ergebnis auf die Unanwendbarkeit der nationalen Bestimmung ab, sucht diese aber durch eine nicht unbedenkliche Erweiterung der Pflicht zu richtlinienkonformer Auslegung zu erreichen.[804] Die Ausgestaltung der Verpflichtung zu einer richtlinienkonformen Auslegung legt im Fall *Pfeiffer* in der Tat den Verdacht nahe, der EuGH „erkenne eine unmittelbare Wirkung von Richtlinien unter falschem Etikett an“.[805] Interessanterweise ent-

---

800 Vgl. oben § 2, A., III., 4., a), bb).

801 BAGE 105, 32 (49 f.).

802 *Engisch*, Einführung in das Juristische Denken, 212 f.; *Bydlinski*, Methodenlehre, 463 ff.; *Larenz*; Methodenlehre, 266 ff.

803 Dieses Ergebnis dennoch befürwortend *Roth*, Richtlinienkonforme Auslegung, § 14 Rn. 31, 54 ff.; *Riesenhuber/Domröse*, RIW 2005, 47, 51 f.

804 Zutreffend *Ross*, ELRev. 2006, 476, 491: „It might be wondered what, if anything, falls outside the art of the possible on the basis of this instruction“.

805 *Konzen*, ZfA 2005, 189, 200 f.; kritisch ebenso *Frenz*, DVBl. 2005, 40; *ders*., EWS 2005, 104, 105; *von Bogdandy* laut FAZ Nr. 263 v. 10.11.2004, S. 27: der EuGH halte an seiner These, dass Richtlinien nicht selbst für Private Verpflichtungen begründen könnten nur noch „in der Hülle“ fest; siehe auch *Hummel*, EuZW 2007, 268, 271: der „Unterschied zwischen einer Vorgabe eines bestimmten, dem Wortlaut der Richtlinie

schied das vorlegende Arbeitsgericht Lörrach den anhängigen Rechtsstreit nicht in diesem Sinne, da es den Wortlaut der tarifvertraglichen Bestimmung für eindeutig hielt, er also keiner richtlinienkonformen Auslegung zugänglich war.[806] Es bleibt damit abzuwarten, inwieweit die nationalen Gerichte diese vom Gerichtshof postulierte extensive Konformauslegungspflicht akzeptieren werden. Die Rechtsprechung des EuGH zur richtlinienkonformen Auslegung hat bislang die Gefolgschaft bei den nationalen Gerichten vor allem dadurch gefunden, dass der Gerichtshof die Begrenzung der Reichweite der Konformauslegungspflicht durch die nationalen methodenrechtlichen Regeln anzuerkennen schien, auch wenn er keine klaren Grenzen gezogen hat und wiederholt dezidierte Anleitungen zur richtlinienkonformen Auslegung gab.[807]

4. Rechtliche Würdigung

a) Kein dogmatisch widerspruchfreies Konzept hinsichtlich horizontaler Fallgestaltungen

Betrachtet man zusammenfassend die Rechtsprechung des EuGH der letzten Jahre hinsichtlich der Richtlinienwirkungen gegenüber bzw. zwischen Privatpersonen, ergibt sich folgender Befund: der Gerichtshof unterstreicht regelmäßig mit Nachdruck die rechtsstaatlichen Grenzen der unmittelbaren Wirkung und lehnt die Möglichkeit von „Verpflichtungen" für den Einzelnen durch Richtlinien ab.[808] In der Entscheidung *Wells* hat der EuGH erstmals formuliert, dass dem der Grundsatz der Rechtssicherheit entgegensteht.[809] Auch hat der Gerichtshof in den Entscheidungen *Berlusconi* und *Pfeiffer* die Möglichkeit der Nichtanwendung richtlinienwidrigen nationalen Rechts in umgekehrt vertikalen bzw. horizontalen Konstellationen abgelehnt. Dies ist zu begrüßen, da dieser Ansatz, wie erörtert, zahlreiche Schwächen aufweist. Der Gerichtshof hat sich zwar nicht näher mit dieser Problematik auseinander gesetzt, seine Entscheidungen lassen aber keinen anderen Schluss zu.

---

entsprechenden Auslegungsergebnisses und einer unmittelbaren Anwendung der Richtlinie (ist marginal)".

806 Vgl. die Entscheidung des Arbeitsgerichtes Lörrach v. 15.4.2005 (5 Ca 146/01), abrufbar unter: http://www.arbeitsgerichte.landbw.de/lag/home.nsf/unid/E3E1A3AC7985C600C-125702800407F19/$FILE/5-Ca-146-01.pdf , S. 9. Das Arbeitsgericht konnte dennoch zugunsten der Kläger entscheiden, da das ArbZG nach der *Jaeger*-Entscheidung des EuGH (EuGH, Rs. C-151/02, Slg. 2003, I-8389 (Jaeger)) zwischenzeitlich geändert wurde und keine tarifvertraglichen Ausnahmen über die Grenze der wöchentlichen Arbeitszeit von 48 Stunden mehr zuließ, so dass der Tarifvertrag des Deutschen Roten Kreuzes nun nationales Recht verletze.

807 So die Einschätzung von *Haltern*, Europarecht, 308.

808 Jüngst etwa EuGH, Rs. C-80/06, Slg. 2007, I-4473, Rn. 20 (Carp).

809 EuGH, Rs. C-201/02, Slg. 2004, I-723, Rn. 56 (Wells).

Diesen Aspekten stehen allerdings Entwicklungen in der Rechtsprechung gegenüber, die belegen, dass der Ausgangsbefund, so wie der EuGH ihn in den Entscheidungen *Marshall I* bzw. *Faccini Dori* für horizontale bzw. für umgekehrt vertikale Konstellationen einst aufgestellt hat, nicht mehr gilt. Der EuGH arbeitet an einer „Neubestimmung" seiner Rechtsprechung zu den Wirkungen von Richtlinien zwischen Privatpersonen.[810] Die eindeutig formulierten Grenzen haben aus Gründen des *effet utile* erhebliche Erosionen erfahren. Eine Ausnahme bilden lediglich Fallgestaltungen in einem strafrechtlichen Kontext. Hier hält der EuGH auch gegenwärtig noch ohne Einschränkungen an dem Grundsatz fest, dass „eine Richtlinie für sich allein und unabhängig von zu ihrer Durchführung erlassenen innerstaatlichen Rechtsvorschriften eines Mitgliedstaates nicht die Wirkung haben kann, die strafrechtliche Verantwortlichkeit derjenigen, die gegen die Richtlinie verstoßen, festzulegen oder zu verschärfen".[811] Ausdrückliche Bestätigung fand dies in der Entscheidung *Berlusconi.*[812] Demgegenüber hat der EuGH die Wirkungsweise von Richtlinien in horizontalen, teilweise aber auch in sonstigen umgekehrt vertikalen Konstellationen nicht unerheblich modifiziert.

Erstens hat er in seiner jüngeren Rechtsprechung anerkannt, dass das Verbot der horizontalen bzw. umgekehrt vertikalen unmittelbaren Wirkung kein umfassendes Belastungsverbot darstellt. Sowohl in zivilrechtlichen Streitigkeiten als auch in multipolaren Rechtsbeziehungen sind „bloße negative Auswirkungen" bzw. „beiläufige Belastungen" auf die Rechte Einzelner zulässig. Es ist nicht mehr möglich, pauschal von einem Verbot einer unmittelbaren horizontalen bzw. umgekehrt vertikalen Wirkung zu sprechen. Dieses Verbot ist vielmehr in seinem Umfang beschränkt und betrifft lediglich echte „Rechtspflichten".

Zweitens hat der Gerichtshof das so „eingeschränkte" Verbot einer unmittelbaren Wirkung zwischen Privaten zusätzlich relativiert, indem er in der Entscheidung *Pfeiffer* eine extensive Verpflichtung zu richtlinienkonformer Auslegung etabliert hat und von den nationalen Gerichten methodische Anstrengungen fordert, welche die Tragfähigkeit der *contra legem*-Grenze und damit die Grenzziehung des Instituts der richtlinienkonformen Auslegung zur unmittelbaren Wirkung immer mehr in Frage stellen.

Schließlich ist noch nicht absehbar, inwieweit der EuGH den mit der Rechtssache *Mangold* eingeschlagenen Weg im Hinblick auf Rechtsbeziehungen zwischen Privaten fortführt. Wie erörtert, hat der EuGH in dieser Entscheidung

---

810 So auch *von Bogdandy* laut FAZ Nr. 263 v. 10.11.2004, S. 27.

811 EuGH, Rs. 14/86, Slg. 1987, 2547, Rn. 20 (Pretore di Salò); Rs. C-168/95, Slg. 1996, I-4705, Rn. 37 (Arcaro).

812 Verb. Rs. C-387/02, C-391/02 und C-403/02, Slg. 2005, I-3565, Rn. 74 (Berlusconi).

entgegen vereinzelter Thesen[813] zwar keine unmittelbare Wirkung einer Richtlinie zwischen Privaten (und vor Fristablauf) zugelassen, sondern die Nichtanwendung der relevanten nationalen Bestimmung wegen deren Verstoßes gegen einen allgemeinen Rechtsgrundsatz des Gemeinschaftsrechts angeordnet.[814] Allerdings treffen die bereits im Zusammenhang mit dem Ablauf der Umsetzungsfrist von Richtlinien geäußerten Bedenken, die sich aus einem Zusammenspiel von Richtlinien und allgemeinen Rechtsgrundsätzen ergeben, auch im Zusammenhang mit den Richtlinienwirkungen in horizontalen Konstellationen nach Ablauf der Umsetzungsfrist zu. Es besteht die Gefahr, dass bei der normativen Wiedergabe eines allgemeinen Rechtsgrundsatzes durch eine Richtlinienbestimmung die Anwendung dieses allgemeinen Rechtsgrundsatzes in einer Streitigkeit zwischen Privaten (nach Ablauf der Umsetzungsfrist) das Verbot der horizontalen unmittelbaren Wirkung der Richtlinie umgeht.

Der Gerichtshof hat vor allem im Hinblick auf die Wirkungsweise von Richtlinien in horizontalen Beziehungen weitreichende Änderungen vorgenommen. Auch in Bezug auf umgekehrt vertikale Fallgestaltungen hat er zwar mit der Rechtssache *Wells* den Grundsatz, dass eine Berufung des Staates auf eine Richtlinie gegenüber einem Einzelnen nicht möglich ist, auf Fälle echter Rechtspflichten verengt. Insgesamt hat der EuGH hier jedoch, ebenso wie in strafrechtlichen Konstellationen, im Wesentlichen an seiner Rechtsprechungslinie festgehalten, und dies zu Recht. Wie gesehen, kann sich ein Mitgliedstaat nicht seiner Umsetzungsverpflichtung dadurch entziehen, dass er sich gegenüber Privatpersonen auf eine unmittelbare Richtlinienwirkung beruft. Ebenso wenig wie ihm dies in einem Vertragsverletzungsverfahren als Rechtfertigung für eine nicht oder unzureichend erfolgte Richtlinienumsetzung dienen kann.[815]

Im Zusammenhang mit horizontalen Konstellationen hält der Gerichtshof indes nur noch *formal* an dem Verbot einer unmittelbaren Wirkung fest, indem er stärker denn je versucht, mit dem Verbot verbundene Einschränkungen so gering wie möglich zu halten, um am Ende doch die aus gemeinschaftsrechtlicher Sicht wünschenswerten Ergebnisse zu erreichen bzw. die „Durchschlagskraft" von Richtlinien gegenüber den Bestimmungen des nationalen Rechts zu verstärken.[816] Aus rechtsdogmatischer Hinsicht ist dieses „maintaining but simultaniously mitigating a position of its own making"[817] bedenklich, und es stellt sich

813 *Gas*, EuZW 2005, 737; *Bauer/Arnold*, NJW 2006, 6, 9.

814 So auch *Streinz*, JuS 2006, 357, 361; *Streinz/Herrmann*, RdA 2007, 165, 169.

815 Vgl. § 2, A., II., 3., c), bb).

816 Ebenso die Einschätzung von *Waas*, EuZW 2007, 359, 362.

817 *Ross*, ELRev. 2006, 476, 486.

die Frage, ob dem nicht durch anderweitige Konsequenzen zu begegnen ist.[818] Im Folgenden seien daher kurz mögliche Alternativen aufgezeigt.

b) Konsequenzen

aa) Zukunft der Richtlinie als Rechtssetzungsinstrument[819]

(1) Reformüberlegungen in der Vergangenheit

Eine Konsequenz könnte die vollständige Abschaffung der Richtlinie als Gemeinschaftsrechtsquelle verbunden mit dem Rückgriff auf andere Rechtssetzungsformen sein. Dadurch würde die umfangreiche Kasuistik zu den einzelnen Richtlinienwirkungen, die durch die besondere rechtliche Struktur der Richtlinie bedingt ist, obsolet werden.

In der Vergangenheit haben sowohl auf europäischer politischer Ebene als auch in der Wissenschaft[820], immer wieder Reformüberlegungen im Hinblick auf die Handlungsformen der Europäischen Gemeinschaft stattgefunden. In den 1980iger bzw. bis Mitte der 1990iger Jahre bestand ein Bestreben, die europäischen Rechtsakte generell zu vereinheitlichen und zu vereinfachen sowie eine Normenhierarchie der verschieden Arten der Normen zu etablieren.[821] Dies sollte eine Differenzierung zwischen Akten von Gesetzesrang und Akten von Verordnungsrang bewirken.

---

818 Vgl. zu der Forderung nach notwendigen Veränderungen bereits *Schließky*, DVBl. 2003, 631, 640 f.

819 Besonders instruktiv *Prechal*, EuConst 2005, 481 ff.

820 Hier sei insbesondere auf die in der deutschen Litertaur vereinzelt erhobene Forderung einer Übertragung der Grundsätze der im Zuge der Föderalismusreform jedoch mittlerweile abgeschafften Rahmengesetzgebung auf Gemeinschaftsebene zu verweisen - vgl. etwa *Hilf*, EuR 1993, 1, 21; ablehnend *Kaltenborn*, AöR 128 (2003), 412 ff.; *G. Winter*, The Directive, 487, 504.

821 Vgl. Entschließung des Europäischen Parlaments vom 14. Februar 1984 zum Entwurf eines Vertrages zur Gründung einer Europäischen Union (Art. 42), ABl. 1984 C 77/33; Entschließung des Europäischen Parlaments zur Art der gemeinschaftlichen Rechtsakte vom 18.4.1991, ABl. 1991 C 129/136; Entschließung des Europäischen Parlaments vom 10. Februar 1994 zum Entwurf für eine Verfassung der Europäischen Union (Art. 31), ABl. 1994 C 61/155; Erklärung Nr. 16 der Schlussakte des Vertrages von Maastricht: „Die Konferenz kommt überein, dass die 1996 einzuberufende Regierungskonferenz prüfen wird, inwieweit es möglich ist, die Einteilung der Rechtsakte der Gemeinschaft mit dem Ziel zu überprüfen, eine angemessene Rangordnung der verschiedenen Arten von Normen herzustellen".

Siehe dazu den detaillierten Überblick bei *Diedrichsen*, System of Legal Acts, 315 ff.; vgl. auch *Jacqué*, CMLRev. 1985, 19, 37; *Curtin*, CMLRev. 1993, 17, 39 ff.; *Timmermanns*, YEL 1997, 1, 3.

Hinsichtlich der ersten Kategorie sollte wiederum die Differenzierung zwischen Richtlinie und Verordnung aufgehoben werden und an ihre Stelle das unmittelbar anwendbare „Europäische Gesetz" als neues Rechtsetzungsinstrument treten. In diesem „Europäischen Gesetz" sollten nur grundlegende Prinzipien und Regelungen zu finden sein, während die zuständigen Stellen auf Gemeinschaftsebene bzw. die Mitgliedstaaten ermächtigt werden sollten, Umsetzungsmaßnahmen zu erlassen.[822] Es bedurfte nach diesem Konzept daher weiterhin in der Regel einer Implementierung durch die Mitgliedstaaten.[823] Allerdings sollte sich im Fall der Nichtumsetzung der Einzelne unmittelbar auf das „Europäische Gesetz" - sofern es justiziabel ist - berufen können, da es im Unterschied zur Richtlinie ab seinem Inkrafttreten unmittelbar anwendbar sein sollte.[824]

Seit Mitte der 1990iger Jahre hatten dann Reformüberlegungen eingesetzt, die Richtlinie weitgehend durch Verordnungen zu ersetzen, d.h. die Gemeinschaft soll in der Regel nur noch Vollregelungen durch Verordnungen erlassen, die mit ihrem Erlass unmittelbare Wirkungen entfalten und Rechte und Pflichten für den Einzelnen begründen.[825] Auf Richtlinien soll nur noch in wenigen Fällen und möglichst nur noch in der Form sog. „Rahmenrichtlinien" zurückgegriffen werden, welche weniger schwerfällig sind und eine flexiblere Umsetzung garantieren.[826] Vorteil dieses Reformansatzes wäre, dass sich die kaum noch zu überblickende Richtliniendogmatik des Gerichtshofes damit als obsolet erweisen könnte, die Anwendung von Gemeinschaftsrecht durch die Rechtsanwendungsinstanzen erheblich vereinfacht sowie transparenter würde und die einheitliche Wirkung von Gemeinschaftsrecht in allen Mitgliedstaaten in vollem Umfang

---

822 Vgl. Art. 34 der Entschließung des Europäischen Parlaments vom 14. Februar 1984 zum Entwurf eines Vertrages zur Gründung einer Europäischen Union, ABl. 1984 C 77/33 : "Laws shall restrict themselves as far as possible to determining the fundamental principles governing common action and entrust the responsible authorities of the Union or the Member States with setting out in detail the procedures for their implementation."

823 Insofern wurde von einem sog. Europäische Rahmengesetz (das von der Regelungsstruktur mit der Richtlinie vergleichbar ist) gesprochen, das die Regel sein sollte, während ein Europäisches Gesetz, das Vollregelungen enthält (und damit der Verordnung entspricht) lediglich die Ausnahme sein sollte - vgl. *Diedrichsen*, System of Legal Acts, 315, 330.

824 *Jacqué*, CMLRev. 1985, 19, 37.

825 Vgl. etwa "Sutherland Bericht": „The Internal Market after 1992-Meeting the Challenges", S. 8 (1992) - SEC (92) 2044; "Molitor Bericht" (1995) - Dok. KOM (1995) 288; Weissbuch der Kommission „European Governance" (2001) - Dok. KOM (2001) 428, S. 26: „In Fällen, in denen unionsweit einheitliche Rechtsanwendung und Rechtssicherheit erforderlich sind, sollte auf Verordnungen zurückgegriffen werden. Dies kann insbesondere für die Vollendung des Binnenmarktes wichtig sein und hat den Vorteil, dass der für die Umsetzung von Richtlinien im innerstaatlichen Recht erforderliche Zeitaufwand vermieden wird."

826 Weissbuch der Kommission „European Governance" - Dok. KOM (2001) 428, S. 26.

gewährleistet wäre.[827] Hintergrund dieses Reformansatzes ist, dass Richtlinien in den vergangenen Jahren von ihrer Regelungsstruktur her *in praxi* bereits immer mehr Verordnungen entsprechen, d.h. detaillierte Regelungen enthalten, die den Mitgliedstaaten kaum noch Umsetzungsspielräume belassen.[828]

Gegen eine weitgehende Abschaffung der Richtlinie als Gemeinschaftsrechtsquelle sprechen jedoch gewichtige Gründe. Trotz aller konzeptuellen und praktischen Schwächen stellt die Richtlinie im Ergebnis das Rechtssetzungsinstrument der Gemeinschaft dar, das am Besten die ihm im System des EG-Vertrags zukommende Funktion zu erfüllen vermag - die Harmonisierung der nationalen Rechtsordnungen. Ermöglicht werden soll die flexible Integration von Gemeinschaftsrecht in die innerstaatlichen Rechtsordnungen, indem die gemeinschaftsrechtlichen inhaltlichen Vorgaben sich mit Mitteln des innerstaatlichen Rechts zur Geltung bringen und daher auf innerstaatliche Rechts- und Normstrukturen Rücksicht nehmen.[829] Angestrebt ist gerade keine völlige Rechtsvereinheitlichung, sondern lediglich eine Rechtsangleichung, die der Verwirklichung des Binnenmarktes genügt. Dieses Konzept einer harmonischen Einbettung des Gemeinschaftsrechts in bestehende Regelungszusammenhänge der nationalen Rechtsordnungen findet seine Begründung und Rechtfertigung zudem auch in Subsidiaritätsgesichtspunkten. So verankert beispielsweise Nr. 6 des Protokolls über die „Anwendung der Grundsätze der Subsidiarität und der Verhältnismäßigkeit“, das dem EG-Vertrag mit den Amsterdamer Beschlüssen hinzugefügt wurde, dass „unter sonst gleichen Gegebenheiten eine Richtlinie einer Verordnung und eine Rahmenrichtlinie einer detaillierten Maßnahme vorzuziehen“ wäre. Eine weitgehende Beseitigung dieses Instrumentes kooperativer Rechtsetzung ist somit nicht wünschenswert.[830]

Dies bedeutet nicht, dass das Rechtsinstrument der Richtlinie nicht dennoch eine „bessere Konturierung“[831] erfahren sollte im Hinblick auf das ihr gegenwärtig innewohnende Hauptproblem ihrer Rechtswirkungen bzw. die diesbezügliche ausufernde Dogmatik des Gerichtshofes. Die Reformüberlegungen der 1980iger bzw. frühen 1990iger Jahre könnten wieder aufleben. Sie sahen ein „Europäisches Gesetz“ vor, das aufgrund seiner grundsätzlichen Umsetzungs-

---

827 Daher dafür *Allott*, ELRev. 2000, 538, 545.

828 Dazu jüngst kritisch *von Danwitz*, JZ 2006, 1 ff.

829 Eingehend *Pernice*, EuR 1994, 325, 327.

830 Vgl. *Koopmans*, FS Everling, 694 ff.; zu den Vorteilen der indirekten Rechtssetzung durch Richtlinien jüngst noch einmal *von Danwitz*, JZ 2007, 697, 698, der auch darauf hinweist, dass aufgrund der Unterschiede der mitgliedstaatlichen Rechtsordnungen und der Anzahl zu ändernder Vorschriften die Gemeinschaftsorgane dieser Aufgabe gar nicht durch den Erlass von Verordnungen nachkommen könnten; a.A. *Everling*, FS Carstens, 95, 112.

831 *Schließky*, DVBl. 2003, 631, 641.

bedürftigkeit durch die Mitgliedstaaten und damit der Notwendigkeit eines zweistufigen Rechtssetzungsverfahrens einerseits eine harmonische Einbettung des Gemeinschaftsrechts in die mitgliedstaatlichen Rechtsordnungen ermöglichen sollte und andererseits trotz seiner Umsetzungsbedürftigkeit dennoch unmittelbare Wirkung besitzen sollte und daher dem Einzelnen im Falle der unterbliebenen Umsetzung eine Berufungsmöglichkeit auf die Gemeinschaftsregelung eingeräumt hätte. Zu denken wäre auch an eine Beibehaltung der Differenzierung zwischen Verordnung und Richtlinie. Hinsichtlich der Richtlinie wäre allerdings eine Formulierung zu wählen, wonach eine Umsetzung in nationales Recht erforderlich ist, aber die Mitgliedstaaten nicht mehr ausdrücklich als Adressaten der Richtlinie erscheinen, so dass einer unmittelbaren Wirkung auch gegenüber Privaten nichts mehr im Wege stünde.[832]

(2) Reformansätze im Verfassungsvertrag

Mit der Ausarbeitung des Vertrages über eine Verfassung für Europa[833] bot sich schließlich die Chance, die Richtlinie als Rechtssetzungsinstrument in ihrer rechtlichen Struktur zu reformieren. Innerhalb des Verfassungskonvents wurde eigens eine zuständige Arbeitsgruppe unter dem Titel „Vereinfachung“[834] eingerichtet, die sich mit der Neustrukturierung der Europäischen Sekundärrechtsakte auseinander setzte. Diese Arbeitsgruppe schlug im Ergebnis auf Unionsebene die Einführung einer Normenhierarchie vor, die so auch Niederschlag in dem Vertrag über eine Verfassung für Europa gefunden hatte.[835] Sie unterschied zwischen Regelungen mit Gesetzescharakter und Regelungen mit Verordnungscharakter.[836] Während erstere grundsätzlich im ordentlichen Gesetzgebungsverfahren vom Rat und dem Europäischen Parlament erlassen werden sollten[837], wären exekutive Maßnahmen Sache sowohl des Europäischen Rates, des Rates, der Kommission und der Europäischen Zentralbank und jeweils von diesen zu verabschieden.[838] Die Richtlinie sollte Gesetzgebungsakt sein und „Europäisches Rahmengesetz“ heißen, während die Verordnung zum „Europäischen Gesetz“ wurde.[839] Bei der Umbenennung der Richtlinie handelte es sich im Ergebnis al-

832 *Prechal*, EuConst 2005, 481 ff.

833 Der Vertrag über eine Verfassung für Europa wurde am 29. Oktober 2004 in Rom unterzeichnet und sollte zum 1.11.2006 in Kraft treten, ABl. 2004 L 310/1.

834 Schlussbericht der Gruppe IX „Vereinfachung“, CONV 424/02 vom 29. 11.2002.

835 Art. I-33 ff. VV.

836 Art. I-34 und I-35 VV - dazu *Liisberg*, Jean Monnet Working Paper 01/06, abrufbar unter: http://www.jeanmonnetprogram.org/papers/06/060101.pdf.

837 Art. I-34 Abs. 1 VV i.V.m. Art. III-396 VV.

838 Art. I-35 VV.

839 Art. I-33 Abs. 1 VV.

lein um eine begriffliche Änderung, welche nicht das Wesen der Richtlinie ändern sollte.[840] Zu einer sachlichen Änderung des Textes von Art. 249 Abs. 3 EG war es nämlich nicht gekommen.[841] Auch das „Europäische Rahmengesetz“ war weiterhin auf die Umsetzung durch den nationalen Gesetzgeber angewiesen, und eine direkte innerstaatliche Anwendung des Europäischen Rahmengesetzes war wiederum nur im Rahmen einer möglichen unmittelbaren Wirkung bzw. durch eine „rahmengesetzkonforme“ Auslegung des nationalen Rechts nach Ablauf der Umsetzungsfrist möglich.[842]

Mit dem Scheitern des Verfassungsprojektes entfallen schließlich auch die begrifflichen Neuerungen. Nach den negativen Referenden in Frankreich und den Niederlanden im Jahr 2005 sowie dem Ende der Reflexionsphase über die Zukunft des Verfassungsvertrages[843] hatte sich der Europäische Rat im Juni 2007 in Brüssel darauf verständigt, das „Verfassungskonzept“ endgültig „aufzugeben“.[844] Eine Regierungskonferenz wurde einberufen. Diese legte im Oktober einen Vertrag zur Änderung der bestehenden Verträge („Reformvertrag“) vor, welcher am 13. Dezember 2007 von den Staats- und Regierunsgchefs in Lissabon unterzeichnet wurde.[845] Inkrafttreten soll der „Vertrag von Lissabon“ nach der Ratifikikation durch alle Mitgliedstaaten zum 1. Januar 2009. Er verzichtet auf die zeitgemäßen Termini „Europäisches Gesetz“ bzw. „Europäisches Rahmengesetz“; vielmehr bleiben die bisherigen Bezeichnungen Verordnung bzw. Richtlinie erhalten.[846] Lediglich die Unterscheidung zwischen Gesetzgebungsakten und Rechtsakten ohne Gesetzescharakter wurde aus dem Verfassungsvertrag übernommen.[847] Im Ergebnis besteht die Richtlinie damit als Rechtsinstrument in unveränderter Bezeichnung fort. Dies hat zur Folge, dass

---

840 *Götz*, FS Ress, 485, 495.

841 *Ruffert*, in: Calliess/Ruffert (Hrsg.), VerfEU, Art. I-33 Rn. 21; *ders.*, in: Calliess/Ruffert (Hrsg.), EGV/EUV (3. Aufl.), Art. 249 EG Rn. 122.

842 *Götz*, FS Ress, 485, 496.

843 Erklärung der Staats- und Regierungschefs der Mitgliedstaaten der EU zur Ratifizierung des Vertrags über eine Verfassung für Europa vom 16. Juni 2005, abrufbar unter: http://www.consilium.europa.eu/ueDocs/cms_Data/docs/pressData/de/ec/85329.pdf.

844 Schlussfolgerungen des Vorsitzes des Europäischen Rates vom 21./22. Juni 2007, Ratsdok. 11177/07, Anlage I, S.15.

845 ABl. 2007 C 306/1; der EU-Vertrag behält seine bisherige Bezeichnung, der EG-Vertrag wurde in „Vertrag über die Arbeitsweise der Union“ (AEUV) umbenannt; näher zu der Entwicklung vom Verfassungsvertrag zum Vertrag von Lissabon unter § 3, C.

846 Vgl. den Wortlaut des neuen Art. 288 AEUV (ex 249 EG); dies zu Recht kritisierend *Oppermann*, DVBl. 2008, 473, 480.

847 Vgl. Art. 289 ff. AEUV.

„Effizienz, Rechtsklarheit und Rechtsschutz“ weiterhin nur auf der Basis der Rechtsprechung des EuGH zu gewährleisten sind.[848]

bb) *Umfassende unmittelbare Wirkung in horizontalen Konstellationen*

Dann stellt sich aber die Frage, ob nicht vor dem Hintergrund der jüngeren Rechtsprechung zu den Wirkungen von Richtlinien zwischen Privaten die Anerkennung einer umfassenden unmittelbaren Wirkung in jenen Rechtsbeziehungen aus rechtsdogmatischen Erwägungen die beste Lösung darstellen würde. Dies hätte zur Folge, dass eine Richtlinie in ihrer Gesamtheit zwar nicht schon mit Inkrafttreten, aber nach Ablauf der Umsetzungsfrist Privatpersonen begünstigen und verpflichten kann.[849] In diesem Zusammenhang ist nicht noch einmal auf die in der Vergangenheit diskutierten Argumente einzugehen, die für und gegen eine unmittelbare Wirkung in horizontalen Fallgestaltungen sprechen.[850] Der EuGH hat sich in der Entscheidung *Faccini Dori* ausdrücklich für ein Verbot einer unmittelbaren Wirkung ausgesprochen, die Einwände der Gegner eines solchen Verbotes reichten offenbar nicht für eine Änderung der Rechtsprechung aus.[851]

Fraglich ist jedoch, ob nicht die Rechtsprechungsentwicklungen der letzten Jahre dem Verbot der horizontalen unmittelbaren Wirkung die *raison d'être* genommen haben. Wie gesehen, hat der EuGH das Verbot zunehmend in seinem Umfang eingeschränkt und Belastungen Einzelner ausdrücklich zugelassen. Der praktische Unterschied zwischen „bloßen negativen Auswirkungen“ und echten Rechtspflichten kann für einen einzelnen Bürger oftmals verschwindend gering sein. So können „bloße negative Auswirkungen“ für eine Privatperson ebenso schwerwiegende Folgen bewirken wie eine durch eine Richtlinie auferlegte echte Rechtspflicht. Die Auferlegung der Kaufpreiszahlungspflicht im Fall *Unilever* aufgrund der Richtlinienwidrigkeit der nationalen Etikettierungsvorschriften unterscheidet sich nicht von der Konstellation im Fall *Faccini Dori*, wo sich die Frage stellte, ob sich der Verkäufer einer Sache aufgrund einer Richtlinie ein Widerrufsrecht entgegenhalten lassen muss, infolgedessen er seinen Kaufpreiszahlungsanspruch verliert. Im Übrigen ist das Verbot der horizontalen unmittelbaren Wirkung wegen der extensiv verstandenen Pflicht zur Konformauslegung

---

848 *Ruffert*, in: Calliess/Ruffert (Hrsg.), EGV/EUV (3. Aufl.), Art. 249 EG Rn. 122.

849 So ausdrücklich *G. Winter*, ZUR 2002, 313, 314: „Die Lösung kann nur in der Anerkennung von Direktwirkung „rundum“ liegen“, der im Anschluss gleichwohl Einschränkungen im strafrechtlichen Bereich macht.

850 Vgl. hierzu den guten Überblick über die wesentlichen Argumente bei *Schwarz*, Direkte Verpflichtung des EU-Bürgers, 127 ff.

851 So auch schon die Einschätzung von *Schwarz*, Direkte Verpflichtung des EU-Bürgers, 145.

in der Entscheidung *Pfeiffer* gefährdet. In *faktischer* Hinsicht hat der EuGH in den letzten Jahren das Verbot damit immer mehr ausgehöhlt.[852]

Darüber hinaus ist die jüngere Entwicklung der Rechtsprechung unter dem Gesichtspunkt der Rechtssicherheit des Einzelnen bedenklich. Dieser rechtsstaatliche Aspekt stellte ursprünglich einen der wesentlichen Gründe gegen die Zuerkennung einer unmittelbaren Wirkung gegenüber Privatpersonen dar.[853] Der Einzelne darf auf die Rechtslage der nationalen Rechtsordnung vertrauen und muss sich keinen unvorhergesehenen Belastungen aus Richtlinienbestimmungen ausgesetzt sehen. Wie gesehen, betont auch der EuGH in jüngeren Entscheidungen diesen Grundsatz. Die Rechtssicherheit des Einzelnen scheint jedoch gegenwärtig durch die umfassende Richtlinienkasuistik des EuGH in größerem Maße beeinträchtigt als im Falle einer unmittelbaren Wirkung zwischen Privaten. Bereits Anfang der 1990iger Jahre konstatierten Autoren, dass die „derzeitige Rechtslage eine Quelle vielfältiger Rechtsunsicherheiten ist".[854] Diese Situation hat sich weiter zugespitzt.

In den letzten Jahren ist die Richtliniendogmatik immer komplexer geworden, so dass die einzelnen Effekte der Wirkungen von Richtlinien zwischen Privaten durch eine unübersehbare Kasuistik kaum noch nachvollziehbar sind.[855] Der Gerichtshof hat mit seiner Rechtsprechung in Fällen wie *CIA Security*, *Unilever*, *Wells*, *Pfeiffer* zu viele und dogmatisch zum Teil wenig überzeugende Einschränkungen hinsichtlich der Grenzen einer unmittelbaren Wirkung geschaffen.[856] Die Herausbildung von unbestimmten Rechtsbegriffen bzw. Kriterien für die unmittelbare Anwendung von Richtlinien sowie die Etablierung einer extensiv verstandenen Konformauslegungspflicht bedingen sachlich schwer lösbare Abgrenzungsschwierigkeiten[857] sowie eine Kasuistik, deren Ergebnisse immer weniger vorhersehbar sind und daher in starkem Maße Rechtsunsicherheit hervorrufen. Die vorliegende Untersuchung hat gezeigt, wie schwierig es ist, *per definitionem* die Grenzlinie zwischen bloßen „negativen Auswirkungen" und echten „Rechtspflichten" zu ziehen. Darüber hinaus lässt die sehr weit verstandene Konformauslegungspflicht eine Verbiegung bzw. Denaturierung des Wort-

---

852 Vgl. *Körber*, EuZW 2001, 353: der EuGH bleibe „*formell* seiner Auffassung treu, dass die Missachtung von EG-Richtlinien durch einen Mitgliedstaat nicht unmittelbar zu Lasten Privater wirken kann" (Hervorhebung durch die Verfasserin); ebenso *von Bogdandy* laut FAZ Nr. 263 v. 10.11.2004, S. 27.

853 Dazu *Götz*, FS Ress, 485, 486 f.

854 *Emmert*, EWS 1992, 56, 66.

855 *Prechal*, Directives, 260; siehe auch die kritische Formulierung in *Editorial*, CMLRev. 2006, 1: „Horizontal Direct Effect - A Law of Diminishing Coherence?".

856 *Wegener/Lock*, EuR 2005, 802, 806.

857 *Brenn*, ÖJZ 2005, 41, 52.

lautes der betreffenden nationalen Bestimmungen befürchten. Damit besteht für den einzelnen Unionsbürger gegenwärtig das Risiko, im Einzelfall wegen einer Richtlinie unvorhergesehen in Anspruch genommen zu werden[858] Es ist zu bezweifeln, dass die Judikatur zu den Richtlinienwirkungen zwischen Privaten noch den Erwartungen an Transparenz und Rechtssicherheit genügt.[859] So zutreffend die Etablierung eines Verbotes der unmittelbaren Wirkung zwischen Privatpersonen aus Gründen der Rechtssicherheit war, so unzutreffend ist es, im Lichte der Rechtsprechungsentwicklungen weiter daran festzuhalten. Die zahlreichen Ausnahmen, die der EuGH zugelassen hat, empfehlen aus Gesichtspunkten des Vertrauensschutzes in ihrer Konsequenz, eine umfassende unmittelbare Wirkung von Richtlinien zwischen Privatpersonen anzunehmen.[860] Zu Recht wurde jüngst angemerkt, dass man sich „über Gemeinschaftsrecht informieren (kann), über künftige Differenzierungen in der Judikatur nicht".[861] Richtlinien sind zunehmend in alle Bereiche des Rechts vorgedrungen, mit der Folge, dass sowohl die Rechtsanwender als auch die Rechtsunterworfenen auf allen Rechtsgebieten mit dem Vorhandensein von Richtlinien rechnen müssen.[862] Die bewusste Wahrnehmung von Richtlinien ermöglicht heute zudem die obligatorische Veröffentlichung im Amtsblatt.[863]

Problematisch ist allein, ob nicht das erstmals in der Entscheidung *Faccini Dori* erwähnte Kompetenzargument gegen die Zuerkennung einer unmittelbaren Wirkung in horizontalen Konstellationen spricht. Danach würde eine Ausdehnung der unmittelbaren Wirkung auf den Bereich der Beziehungen zwischen den Bürgern bedeuten, „der Gemeinschaft die Befugnis zuzuerkennen, mit unmittelbarer Wirkung zu Lasten der Bürger Verpflichtungen anzuordnen, obwohl sie dies nur dort darf, wo ihr die Befugnis zum Erlass von Verordnungen zugewiesen ist".[864]

Zugegebenermaßen kommt kompetenzrechtlichen Aspekten ein großes Gewicht zu, bedenkt man, dass die Kompetenzabgrenzung zwischen der Europäischen Gemeinschaft und den Mitgliedstaaten in der Vergangenheit wiederholt zu Kontroversen geführt hat. Anlass sind Befürchtungen der Mitgliedstaaten, das in Art. 5 Abs. 1 EG verankerte Prinzip der begrenzten Einzelermächtigung werde

---

858 *Schwarz*, Direkte Verpflichtung des EU-Bürgers, 190.

859 Allgemein zur Richtlinie so schon *Hilf*, EuR 1993, 1, 2.

860 Ebenso die Einschätzung von *Baldus*, GPR 2004, 124, 125: „Die in Bezug genommene Rechtssicherheit wird auf Dauer freilich nur eine konsequente, privatrechtlicher Logik entsprechende Öffnung bringen können."

861 *Baldus*, GPR 2004, 124, 125.

862 *Götz*, NJW 1992, 1849, 1850.

863 Hierzu *Lackhoff/Nyssens*, ELRev. 1998, 397, 409 ff.

864 EuGH, Rs. C-91/92, Slg. 1994, I-3325, Rn. 24 (Faccini Dori).

auf europäischer Ebene verstärkt unterlaufen, so dass die mitgliedstaatlichen Kompetenzen immer mehr gefährdet werden. Die Entscheidung *Faccini Dori* ist wohl auch vor dem Hintergrund der kurz zuvor ergangenen Maastricht-Entscheidung zu sehen.[865] Dort hatte sich das BVerfG eingehend mit Kompetenzfragen beschäftigt und den Gemeinschaftsorganen für den Fall von Kompetenzüberschreitungen die Nichtanwendung europäischer Rechtsakte in Aussicht gestellt.[866] Dies erklärt die zusätzliche Begründung des Verbots der unmittelbaren Wirkung in horizontalen Konstellationen mit kompetenzrechtlichen Erwägungen. Auch in jüngerer Zeit sind Kompetenzfragen nach wie vor ein sensibles Thema. Es war ein Hauptanliegen des Verfassungsprojektes, eine bessere Kompetenzabgrenzung zu erreichen.[867] Das Ergebnis war die Auflistung konkreter Kompetenzkataloge[868], eine Effektivierung des Subsidiaritätsprinzips durch die Etablierung eines sog. Frühwarnsystems[869] und eine Stärkung der nationalen Parlamente.[870] Dies sind Elemente, die trotz des Scheiterns des Verfassungsvertrags nicht obsolet sind, sondern auch in dem Vertrag von Lissabon enthalten sind.[871]

865 So *Haltern*, Europarecht, 311.

866 BVerfGE 89, 155 (187 f.): „Würden etwa europäische Einrichtungen oder Organe den Unions-Vertrag in einer Weise handhaben oder fortbilden, die von dem Vertrag, wie er dem deutschen Zustimmungsgesetz zugrunde liegt, nicht mehr gedeckt wäre, so wären die daraus hervorgehenden Rechtsakte im deutschen Hoheitsbereich nicht verbindlich. Die deutschen Staatsorgane wären aus verfassungsrechtlichen Gründen gehindert, diese Rechtsakte in Deutschland anzuwenden."

867 Vgl. die Erklärung von Laeken zur Zukunft der Europäischen Union vom 15.12.2001, in der die Mitgliedstaaten dem Verfassungskonvent unter anderen die Aufgabe übertrugen, eine bessere Aufteilung und Festlegung der Zuständigkeiten in der Europäischen Union zu erreichen, abrufbar unter: http://european-convention.eu.int/pdf/LKNDE.pdf.

868 Vgl. Art. I-13, I-14 VV.

869 Vgl. Art. I-11, Abs. 3 S. 2, 3 VV sowie das Protokoll über die Anwendung der Grundsätze des Subsidiarität und der Verhältnismäßigkeit.

870 Vgl. Protokoll über die Rolle der nationalen Parlamente in der Europäischen Union.

871 Die Kompetenzabgrenzung erfolgt in diesem Fall noch mehr zugunsten der Mitgliedstaaten: in dem Artikel über die Grundsätze in Bezug auf die Zuständigkeiten heißt es, „dass die Union *ausschließlich* innerhalb der Grenzen der Zuständigkeiten tätig wird, die die Mitgliedstaaten ihr in den Verträgen übertragen haben" (Art. 5 Abs. 2 EU i.d.F. des Vertrags von Lissabon). Art. 4 Abs. 1 EU i.d.F. des Vertrags von Lissabon betont, dass alle der Union nicht in den Verträgen übertragenen Zuständigkeiten bei den Mitgliedstaaten verbleiben. Auch die Protokolle betreffend die nationalen Parlamente und die Grundsätze der Subsidiarität und der Verhältnismäßigkeit werden dem Reformvertrag beigefügt und durch großzügigere Abstimmungsfristen weiter gestärkt. Die Rolle der nationalen Parlamente wird im Vergleich zu den vereinbarten Bestimmungen des Verfassungsvertrags verbessert - Art. 12 EU i.d.F. des Vertrags von Lissabon spiegelt allgemein die Rolle der nationalen Parlamente wider: vgl. hierzu die Schlussfolgerungen des Vorsitzes des Europäischen Rates vom 21./22. Juni 2007, Ratsdok. 11177/07, Anlage I, S. 15 ff.

Bleibt die Frage, inwieweit vor diesem Hintergrund das Argument der Kompetenzabgrenzung den Ausschluss einer horizontalen Richtlinienwirkung erfordert bzw. rechtfertigt. Bereits in der Vergangenheit suchte man, diese Kompetenzbedenken wiederholt zu entkräften. Sie würden auch gegen eine vertikale unmittelbare Wirkung von Richtlinien bzw. gegen eine horizontale Drittwirkung primärrechtlicher Vorschriften sprechen.[872] Interessanterweise hat der EuGH in den jüngeren Entscheidungen *Wells* und *Pfeiffer* das Kompetenzargument nicht mehr aufgegriffen. Vielmehr führte er in der Entscheidung *Wells*, wie gesehen, erstmals und ausschließlich Aspekte der Rechtssicherheit an. Entscheidend für die Relevanz der Kompetenzbedenken ist, ob durch die Zuerkennung einer horizontalen unmittelbaren Richtlinienwirkung die Handlungsform der Richtlinie der Verordnung gleichgesetzt wird. Zutreffend dürfen grundsätzlich nämlich nur Verordnungen dem einzelnen Bürger unmittelbare Rechte und Pflichten auferlegen, während die Richtlinie ein Instrument zweistufiger Rechtssetzung ist und der Umsetzung durch die Mitgliedstaaten bedarf.

Eine Gleichsetzung zwischen Verordnung und Richtlinie liegt nicht vor, wenn man von der ursprünglichen *ratio* der unmittelbaren Wirkung von Richtlinien ausgeht. Dieses Rechtsinstitut stellt danach lediglich eine Sanktion dar, die nur unter engen Voraussetzungen greift, insbesondere erst nach Ablauf der Umsetzungsfrist und nur dann, wenn die normstrukturellen Voraussetzungen erfüllt sind.[873] Unter dieser Prämisse bedeutet die Zuerkennung einer unmittelbaren Wirkung auch in horizontalen Rechtsbeziehungen gerade keine *generelle* Anerkennung einer gemeinschaftsrechtlichen Kompetenz, „mit unmittelbarer Wirkung zu Lasten der Bürger Verpflichtungen anzuordnen".[874]

In diesem Zusammenhang ist gegenwärtig allerdings in der Tat problematisch, dass Richtlinien - nicht zuletzt auch wegen wiederkehrender Umsetzungsversäumnisse der Mitgliedstaaten - eine hohe Regelungsdichte aufweisen.[875] Das erschwert die Umsetzung für die Mitgliedstaaten erheblich, zumal in der Regel auch nur sehr kurze Umsetzungsfristen eingeräumt sind. Erneute Umsetzungsdefizite folgen. Aufgrund der detaillierten Richtlinienregelungen werden in der Regel aber die normstrukturellen Voraussetzungen auch für eine unmittelbare

---

[872] Statt vieler *Schwarz*, Direkte Verpflichtung des EU-Bürgers, 136, 196, 199; *Craig*, ELRev. 1997, 519, 522; a.A. *Schürnbrand*, JZ 2007, 910, 914, der das kompetenzrechtliche Argument mit Nachdruck verteidigt.

[873] Ebenso *Craig*, ELRev. 1997, 519, 523.

[874] Vgl. auch die Argumentation von *Giegerich*, EWS 2004, Heft 12, Die erste Seite: „die beschränkte Wirkung von Richtlinien knüpft der EG-Vertrag an ihre vollständige und zeitgerechte Umsetzung durch alle Mitgliedstaaten. Nirgendwo verbietet der Vertrag, bei Enttäuschung seiner Erwartung aus geeigneten Richtlinienbestimmungen unmittelbar Verpflichtungen für Private abzuleiten."

[875] Dazu jüngst *von Danwitz*, JZ 2006, 1, 5.

Wirkung in Form der Ersetzungswirkung erfüllt sein.[876] All dies führt dazu, dass sich das Rechtsinstitut der unmittelbaren Wirkung zu einem „Phänomen mit Breitenwirkung" entwickelt hat und gerade nicht mehr nur eine auf Ausnahmefälle eng begrenzte Sanktionskategorie darstellt.[877] Als Lösungsansätze zur Durchbrechung dieses „Teufelskreises" fordert man immer öfter eine Rücknahme der Regelungsdichte sowie die Einräumung realistischer Umsetzungsfristen.[878] Dem ist zuzustimmen. Aus kompetenzrechtlicher Sicht ist es geboten, dass die Richtlinie wieder als Instrument zur Festlegung bloßer Zielvorgaben dient. Das mindert Umsetzungsdefizite. Auch kommt dann das Instrument der unmittelbaren Wirkung nur in Ausnahmefällen zum Tragen. Eine Gleichsetzung von Richtlinie und Verordnung ist dann nicht mehr möglich.[879]

Das Kompetenzproblem, das der EuGH in der Entscheidung *Faccini Dori* als entscheidendes Argument angesehen hat, findet sich somit an anderer Stelle, steht aber nicht der Zuerkennung einer unmittelbaren Wirkung in horizontalen Konstellationen, die ausnahmsweise auch zur Auferlegung von Verpflichtungen für Private führen kann, entgegen.

C. Zwischenergebnis

Zusammenfassend ist für den ersten Teil dieser Arbeit festzustellen, dass die Rechtsprechung des EuGH hinsichtlich der Rechtswirkungen von Richtlinien in den letzten Jahren eine starke Dynamik aufweist. Nach den anfänglichen „Revolten" nationaler Gerichte gegen das Konzept der unmittelbaren Wirkung und der dadurch bedingten Zurückhaltung des EuGH[880] scheint ihm gegenwärtig die Lage günstig, mit seiner Richtlinienrechtsprechung fortzufahren. Die dadurch bedingten Erweiterungen der Wirkungsweise von Richtlinien sind nicht unbedenklich. Davon ausgenommen ist im Ergebnis wohl nur die Rechtsprechung zur unmittelbaren Wirkung von Richtlinienbestimmungen, die als Ermessensvorschriften konzipiert sind und den Mitgliedstaaten Gestaltungsspielräume einräumen. Die Untersuchung hat gezeigt, dass dies nicht im Widerspruch zu den

---

[876] Anders noch die Einschätzung des BVerfG in seinem „Kloppenburg"-Beschluss: Der Gerichtshhof hat Kriterien erstellt, „die - jedenfalls in der bisherigen Richtlinienpraxis - nur selten erfüllt sind". (BVerfGE 75, 223 (244)).

[877] So zutreffend *von Danwitz*, JZ 2006, 1, 5; ebenso *Gassner*, FS Oppermann, 503, 527, der von einem umgekehrten Regel-Ausnahme-Verhältnis zwischen gesetzesförmiger Richtlinienumsetzung und unmittelbarer Wirkung spricht.

[878] Vgl. *von Danwitz*, JZ 2006, 1, 5; im Hinblick auf eine Kompetenzbegrenzung der Union wegen ihrer demokratischen Legitimationsdefizite siehe *Emde*, Herrschaftslegitimation, 65, 77.

[879] So schon *Emmert*, EWS 1992, 56, 64; GA *Jacobs*, Schlussanträge in Rs. C-316/93, Slg. 1994, I-763, Rn. 25 (Vaneetveld).

[880] Eingehend *Haltern*, Europarecht, 294 ff.

normstrukturellen Voraussetzungen der hinreichenden Bestimmtheit und Unbedingtheit steht. Die diesbezüglichen Anforderungen richten sich je nach der konkreten Anwendung der Richtlinie im Einzelfall. Wenn sich ein Einzelner auf eine Richtlinie beruft, um lediglich die Rechtmäßigkeit mitgliedstaatlichen (Verwaltungs-) Handelns zu überprüfen, sind an die normstrukturellen Voraussetzungen geringere Anforderungen zu stellen als in Fällen, in denen eine Richtlinienbestimmung als Anspruchsnorm herangezogen wird. Entscheidend kommt es allein auf die Justiziabilität der Richtlinienbestimmungen, d.h. das *possumus* oder das *non possumus* des nationalen Richters an.[881]

Eine andere Einschätzung gilt für die übrigen Entscheidungen des EuGH jüngeren Datums. Hier ist zu beanstanden, dass im Interesse von *effet utile*-Bestrebungen rechtsdogmatische Erwägungen oftmals zu kurz kommen. Der EuGH zwar in diesen Entscheidungen weder eine unmittelbare Richtlinienwirkung vor Fristablauf noch zwischen Privaten ausdrücklich anerkannt. Gleichwohl drohen diese Voraussetzungen bzw. Grenzen einer unmittelbaren Richtlinienwirkung auf anderen Wegen umgangen zu werden.

Besonders hervorzuheben ist die Entscheidung *Mangold*, die zu Recht als „unberechenbare Rechtsprechung" mit „dogmatischen Defiziten" gilt.[882] Der EuGH suchte hier mit allen Mitteln eine richtlinienwidrige nationale Regelung zu eliminieren, obwohl die Umsetzungsfrist der Richtlinie noch nicht abgelaufen war und es sich überdies um eine zivilrechtliche Streitigkeit handelte. Die Lösung, die er wählt - die Heranziehung eines allgemeinen Rechtsgrundsatzes - ist äußerst bedenklich im Hinblick auf die Wertungsgrundlagen der Richtlinienwirkungen.

Problematisch sind darüber hinaus die weiteren Entscheidungen in Bezug auf die Richtlinienwirkungen zwischen Privatpersonen. Der Grundsatz, dass Richtlinien unmittelbar keine Verpflichtungen für Einzelne begründen können, ist in den letzten Jahren in großem Umfang relativiert worden, vor allem auch durch eine weitreichende Verpflichtung zu einer richtlinienkonformen Auslegung, welche die Tragfähigkeit der *contra legem*-Grenze in Frage stellt. Insgesamt ist daher nicht der Auffassung zuzustimmen, dass die Rechtsinstitute der unmittelbaren Wirkung bzw. der richtlinienkonformen Auslegung in der jüngeren Rechtsprechung eine „überzeugende Konsolidierung" erfahren haben.[883] Auch wenn man noch „keinen Anlass für eine dogmatische Generalüberholung bzw. Ablösung der konzeptionellen Grundlagen der Rechtswirkungen von Richtlinien" sehen mag[884], so hat der erste Teil dieser Arbeit gleichwohl Widersprüche

---

[881] Siehe bereits *Pescatore*, ELRev. 1983, 155, 177.

[882] So die Kritik von *Streinz*, JuS 2006, 357, 358 und 360.

[883] So aber *von Danwitz*, JZ 2007, 697.

[884] *von Danwitz*, JZ 2007, 2007, 697, 705.

aufgezeigt und daher Überlegungen hinsichtlich möglicher daraus zu ziehender Konsequenzen angestellt.[885] Es wurde deutlich, dass auch in Zukunft das Rechtsinstrument der Richtlinie unverzichtbar ist. Vor dem Hintergrund der jüngeren Rechtsprechungsentwicklungen mag es allerdings aus dogmatischen Gesichtspunkten und aus Aspekten des Vertrauensschutzes sinnvoll sein, in horizontalen Konstellationen eine umfassende unmittelbare Richtlinienwirkung zuzulassen.

---

[885] Vgl. auch den Ansatz von *Ross*, ELRev. 2006, 476, 497: „Instead of toiling to reconcile no-horizontal direct effect with incidental effect and the disapplication demanded by supremacy, the *argument moves to an exercise of judicial balancing* that must maximise effectiveness of national laws but within the limits represented by legal certainty, non retroactivity, non criminalisation as EC principles...The interests should be balanced rather than artificially classifying strands of case law that refuse to be woven into coherent principle". (Hervorhebung durch die Verfasserin).

§ 3 Rechtswirkungen von EU-Rahmenbeschlüssen

A. Der Rahmenbeschluss als Handlungsform im Rahmen der dritten Säule der Europäischen Union

I. Die dritte Säule der Europäischen Union

1. Aufbau eines Raums der Freiheit, der Sicherheit und des Rechts[886]

Bereits kurz nach Inkrafttreten der Römischen Verträge kam es zu ersten Ansätzen einer Zusammenarbeit der Mitgliedstaaten in den Bereichen Justiz und Inneres. Da die Mitgliedstaaten diese Bereiche traditionell als Kernbereich nationaler Souveränität ansehen, fand zunächst lediglich eine zwischenstaatliche Kooperation in Form von verschiedenen Arbeitsgruppen statt, die unverbindliche Regelungen ergab.[887]

Das Ziel der Vollendung des Binnenmarktes durch die Einheitliche Europäische Akte[888] und die damit verbundene vollständige Abschaffung der Kontrollen an den Binnengrenzen machte jedoch deutlich, dass eine verstärkte Zusammenarbeit der Mitgliedstaaten im Dienste der Sicherheit, d.h. die schrittweise Herausbildung eines einheitlichen Rechtsraums erforderlich wird.[889] Der Vertrag von Maastricht nahm daher das Unionsziel[890] der „Entwicklung einer engen Zusammenarbeit in den Bereichen Justiz und Inneres"[891] sowie Bestimmungen über diese Zusammenarbeit[892] in den Unionsvertrag auf. Die Kooperation der Mitgliedstaaten in der Justiz- und Innenpolitik erhielt damit erstmals einen primärrechtlichen funktionalen und institutionellen Rahmen.[893]

Sie umfasste inhaltlich neun Politikbereiche: die Asylpolitik, die Einwanderungspolitik und die Politik gegenüber Staatsangehörigen dritter Länder, die

---

886 Siehe dazu die eingehende Analyse von *Kraus-Vonjahr*, Aufbau eines Raums der Freiheit, der Sicherheit und des Rechts.

887 *Satzger*, in: Streinz (Hrsg.), EUV/EGV, Art. 29 EU Rn. 2 f.; *Jour-Schröder/Wasmeier*, in: von der Groeben/Schwarze (Hrsg.), EUV/EGV, Vorbem. zu Art. 29-42 EU Rn. 11 ff.

888 Vgl. Art. 8 lit. a EWGV.

889 *Jour-Schröder/Wasmeier*, in: von der Groeben/Schwarze (Hrsg.), EUV/EGV, Vorbem. zu Art. 29-42 EU Rn. 9.

890 Zum Normtypus der Unionsziele eingehend *Kotzur*, DÖV 2005, 313, 314 ff.

891 Art. B. Abs. 1 vierter Gedankenstrich EUV.

892 Art. K - K. 9 EUV.

893 *Suhr*, in: Calliess/Ruffert (Hrsg.), EUV/EGV (3. Aufl.), Art. 29 EU Rn. 4; *Di Fabio*, DÖV 1997, 89 ff.

Bekämpfung der Drogenabhängigkeit und von Betrügereien im internationalen Maßstab, die justizielle Zusammenarbeit in Zivil- und Strafsachen, die Zusammenarbeit im Zollwesen sowie die polizeiliche Zusammenarbeit zur Verhütung und Bekämpfung schwerer Formen der internationalen Kriminalität, wie Terrorismus und Drogenhandel, sowie die Einrichtung eines Systems des Informationsaustausches auf Unionsebene innerhalb eines europäischen Polizeiamtes. In Anlehnung an die Kennzeichnung der Europäischen Union als Säulen- oder Tempelmodell spricht man im Zusammenhang mit diesen Bestimmungen des Titels VI des Unionsvertrages seither von der „dritten Säule" der Europäischen Union in Abgrenzung zu den Europäischen Gemeinschaften (erste Säule) und der Gemeinsamen Außen- und Sicherheitspolitik (zweite Säule).[894]

Der Vertrag von Amsterdam brachte weit reichende Änderungen für die Justiz- und Innenpolitik mit sich[895], die seither unter einer neuen Zielsetzung stehen. Statt des bisherigen Unionsziels der Entwicklung einer engeren Zusammenarbeit in den Bereichen Justiz und Inneres, das der Verwirklichung der Freizügigkeit untergeordnet war[896], wurde in Art. 2 Abs. 1 vierter Spiegelstrich EU das eigenständige Vertragsziel eingeführt, einen „Raum der Freiheit, der Sicherheit und des Rechts zu erhalten und weiterzuentwickeln". Hinter diesem Konzept steht das Bestreben, die seit Maastricht eingeschlagene Entwicklung einer bis dahin in erster Linie durch wirtschaftliche Zielsetzungen bestimmte Gemeinschaft hin zu einer politischen Union gemeinsamer Werte und Rechtsgrundsätze weiter voranzutreiben.[897] Weite Bereiche der bisherigen dritten Säule wurden in den neuen Titel IV „Visa, Asyl, Einwanderung und andere Politiken betreffend den Freien Personenverkehr" des EG-Vertrags übernommen. Für die dritte Säule verblieb nur der Bereich der „Polizeilichen und Justiziellen Zusammenarbeit in Strafsachen" (PJZS), der seither in den Art. 29 - 42 EU geregelt ist.

2. Polizeiliche und Justizielle Zusammenarbeit in Strafsachen

Der durch den Vertrag von Amsterdam neu gefasste Art. 29 EU konkretisiert das allgemeine Ziel der Erhaltung und Weiterentwicklung der Union als „Raum der Freiheit, der Sicherheit und des Rechts" auf dem Gebiet der Verhütung und Bekämpfung der Kriminalität. Die Mitgliedstaaten sollen gemäß Art. 29 Abs. 1 EU ein gemeinsames Vorgehen im Bereich der PJZS entwickeln, um Kriminalität sowie Rassismus und Fremdenfeindlichkeit zu bekämpfen und dadurch den Bürgern in einem „Raum der Freiheit, Sicherheit und des Rechts" ein hohes

[894] *Harings*, Justiz und Inneres, 81, 92.

[895] Dazu etwa *Meyring*, EuR 1999, 309 ff.

[896] Art. K.1 EUV.

[897] *Wasmeier/Jour-Schröder*, in: von der Groeben/Schwarze (Hrsg.), EUV/EGV, Art. 29 EU Rn. 2.

Maß an Sicherheit zu bieten. Das gemeinsame Vorgehen umfasst gemäß Art. 29 Abs. 2 EU eine engere Zusammenarbeit der Polizei-, Zoll- und anderer Verwaltungsbehörden unter Einschaltung von Europol zum Zwecke der Gefahrenabwehr, eine engere Zusammenarbeit der justiziellen Behörden unter Einschaltung von Eurojust zum Zwecke der Strafverfolgung[898] sowie die Annäherung der Strafvorschriften der Mitgliedstaaten.

Diese primärrechtlich verankerten Ziele und Tätigkeiten erfuhren in der Folge eine Konkretisierung durch den Wiener Aktionsplan zur bestmöglichen Umsetzung der Bestimmungen des Amsterdamer Vertrags über den Aufbau eines Raums der Freiheit, der Sicherheit und des Rechts[899], die Beschlüsse von Tampere[900] sowie das Haager Programm zur Stärkung von Freiheit, Sicherheit und Recht in der Europäischen Union[901], die allesamt zahlreiche Maßnahmenkataloge zur Verwirklichung des Raums der Freiheit, der Sicherheit und des Rechts enthielten. Insbesondere die Vorgaben im Haager Programm spiegeln zudem die enorme Dynamik wider, welche die PJZS in den letzten Jahren infolge der Terroranschläge von New York, Madrid und London entwickelt hat. In regelmäßigen Abständen betonen seither die Mitgliedstaaten die große Bedeutung einer engeren grenzüberschreitenden PJZS sowie den Wunsch, die innere Sicherheit noch weiter zu stärken.[902]

3. Strukturmerkmale der dritten Säule der Europäischen Union

Während die Europäische Gemeinschaft eine supranationale Organisation mit eigener Rechtspersönlichkeit sowie eigenen Organen darstellt und ihr zustehende Kompetenzen nach der „Gemeinschaftsmethode“[903] ausübt, wird die PJZS im

---

898 Vgl. zur „institutionellen Kriminalitätsbekämpfung“ in der EU, auf die im Rahmen dieser Arbeit nicht eingegangen wird, etwa *von Bubnoff*, ZEuS 2002, 185.

899 ABl. 1999 C 19/1.

900 Schlussfolgerungen des Vorsitzes des Europäischen Rates vom 15./16. Oktober 1999 (Tampere), abrufbar unter: http://www.consilium.europa.eu/ueDocs/cms_Data-/docs/-pressData/de/ec/00200-r1.d9.htm.

901 ABl. 2005 C 53/1; vgl. auch Aktionsplan der Kommission zur Umsetzung des Haager Programms: „Das Haager Programm: Zehn Prioritäten für die nächsten fünf Jahre“, KOM (2005) 84 endg., den der Europäische Rat im Juni 2005 angenommen hat, ABl. 2005 C 198/1.

902 Vgl. Haager Programm, ABl. 2005 C 53/1: „Die Sicherheit der Europäischen Union und ihrer Mitgliedstaaten ist dringlicher denn je, insbesondere in Anbetracht der Terroranschläge, die am 11. September 2001 in den Vereinigten Staaten und am 11. März 2004 in Madrid verübt wurden.“; siehe zuletzt die Schlussfolgerungen des Vorsitzes des Europäischen Rates vom 21./22. Juni 2007, Ratsdok. 11177/07, Rn. 5, S. 15.

903 Danach treffen auf Initiative der Kommission in der Regel das Europäische Parlament und der Rat mit qualifizierter Mehrheit gemeinsam Entscheidungen, die für alle Mit-

Rahmen der dritten Säule regelmäßig nur als eine Form intergouvernementaler Kooperation der Mitgliedstaaten beschrieben, die keine supranationale Struktur aufweist.[904] Maßgebliches Entscheidungsgremium ist der Rat, der hier einstimmig handelt.[905] Der Einfluss der Kommission sowie des Europäischen Parlaments ist nur gering. Die Kommission ist nach Art. 36 Abs. 2 EU zwar in vollem Umfang an den Arbeiten in den Bereichen der PJZS beteiligt. Sie hat aber lediglich ein konkurrierendes Initiativrecht neben den Mitgliedstaaten[906], so dass ihr nicht die Rolle als „Motor der Union" bzw. „Hüterin des Unionsrechts" zukommt. Das Europäische Parlament verfügt im Legislativprozess nur über Anhörungsrechte.[907] Ihm stehen keine Mitbestimmungsbefugnisse zu, die es ihm ermöglichen, das Zustandekommen von Rechtsakten zu verhindern.

Im Unterschied zur ersten Säule der Europäischen Union ist darüber hinaus die Rechtskontrolle durch den EuGH eng begrenzt.[908] Eine dem Art. 220 EG vergleichbare Bestimmung fehlt. Art. 46 EU begründet grundsätzlich eine unionsrechtliche Rechtsprechungsbefugnis des EuGH, indem er die Vorschriften der Gemeinschaftsverträge „betreffend die Zuständigkeit des Gerichtshofs und die Ausübung dieser Zuständigkeiten" auf einzelne Bestimmungen des EU-Vertrags für anwendbar erklärt. Für den Bereich der PJZS gilt dies gemäß Art. 46 lit. b EU allerdings nur „nach Maßgabe" des mit dem Vertrag von Amsterdam eingefügten Art. 35 EU. Damit ist die dritte Säule der Europäischen Union seit dem Vertrag von Amsterdam im Grundsatz einer gerichtlichen Kontrolle unterworfen, jedoch reichen die Zuständigkeiten des EuGH gemäß Art. 35 EU weniger weit als im EG-Vertrag, so dass kein umfassendes Rechtsschutzsystem gewährleistet ist.[909]

---

gliedstaaten verbindlich sind. Zudem unterliegen alle Rechtsakte mit Außenwirkung einer umfassenden Rechtskontrolle des EuGH.

904 Vgl. dazu *Giegerich*, ZaöRV 67 (2007), 351, 352; siehe auch *Jour-Schröder/Wasmeier*, in: von der Groeben/Schwarze (Hrsg.), EUV/EGV, Vorbem. zu Art. 29 bis 42 EU, Rn. 3: „Teilt man das Unionsrecht schematisch in die Kategorien der intergouvernementalen Zusammenarbeit einerseits und der supranationalen Rechtsgemeinschaft einerseits ein, so ist die polizeiliche und justizielle Zusammenarbeit folglich eher dem ersten Bereich zuzuordnen"; dazu eingehend unter § 3, B., IV., 3., b), aa).

905 Art. 34 Abs. 2 S. 2 EU.

906 Art. 34 Abs. 2 S. 2 EU.

907 Art. 39 Abs. 1 EU; im Hinblick auf gemeinsame Standpunkte steht dem Europäischen Parlament nicht einmal ein Anhörungsrecht zu.

908 Vgl. dazu *Ludwig*, Rolle des Europäischen Gerichtshofs; *Pechstein*, EuR 1999, 1 ff.; *Albors-Llorens*, CMLRev. 1998, 1273 ff.; *Dörr/Mager*, AöR 125 (2000), 386 ff.

909 Vgl. *Harings*, Justiz und Inneres, 81, 92; dies hat auch der EuGH wiederholt unterstrichen: vgl. EuGH, Rs. C-105/03, Slg. 2005, I-5285, Rn. 35 (Pupino); Rs. C-354/04 P (Gestoras Pro Amnistia) und Rs. C-355/04 P (Segi), Slg. 2007, I-1579, Rn. 53.

Schließlich fehlt es im Rahmen der dritten Säule an Rechtssetzungsbefugnissen mit unmittelbarer Durchgriffswirkung. Wie die folgenden Ausführungen zeigen, enthält der EU-Vertrag zwar in Art. 34 Abs. 2 einen Katalog mit verschiedenen Handlungsformen, eine unmittelbare Wirkung dieser Instrumente ist jedoch entweder von deren Struktur her nicht vorgesehen oder vertraglich ausdrücklich ausgeschlossen.

II. Der Rahmenbeschluss

Ursprünglich standen infolge des Vertrags von Maastricht im Rahmen der dritten Säule als Handlungsformen lediglich „gemeinsame Standpunkte", „gemeinsame Maßnahmen" und „Übereinkommen" zur Verfügung.[910] Diese Instrumente erwiesen sich nicht als erfolgreich im Hinblick auf die Gestaltung einer gemeinsamen Politik im Bereich der PJZS. Insbesondere die „gemeinsame Maßnahme", deren rechtliche Bindungswirkung umstritten war, hat nicht die an sie gestellten Erwartungen erfüllt.[911] Mit dem Vertrag von Amsterdam erfolgte daher eine Neuregelung der unter der dritten Säule möglichen Rechtsakte. Während der Vertrag die „gemeinsamen Standpunkte" und „Übereinkommen" beibehielt, kam es zu einer Substituierung der „gemeinsamen Maßnahme" durch den „Rahmenbeschlusses" und den „Beschlusses". Zur Schaffung eines „Raums der Freiheit, der Sicherheit und des Rechts" haben die Mitgliedstaaten in der Folge im Wesentlichen auf die Handlungsform des Rahmenbeschlusses zurückgegriffen. Bevor dessen rechtliche Struktur (2.), das Zustandekommen (3.) sowie die gerichtliche Kontrolle (4.) näher beleuchtet werden, ist die zentrale Handlungsform der PJZS kurz von den übrigen Handlungsformen der dritten Säule abzugrenzen (1.), die seit dem Vertrag von Amsterdam in Art. 34 Abs. 2 S. 2 EU enumerativ aufgelistet sind.[912]

1. Abgrenzung zu den übrigen Handlungsformen der dritten Säule

„Gemeinsame Standpunkte" stellen eine Handlungsform dar, die gemäß Art. 34 Abs. 2 S. 2 lit. a EU ein Vorgehen der Union in einer gegebenen Frage bestimmt. Es entspricht überwiegender Auffassung, dass ein gemeinsamer Standpunkt eine bloße politische Absichtserklärung verkörpert und dieser weniger

---

910 Dazu *Jour-Schröder/Wasmeier*, in: von der Groeben/Schwarze (Hrsg.), EUV/EGV, Vorbem. zu Art. 29-42 EU Rn. 27 f.

911 *Wasmeier*, Rahmenbeschluss als Rechtssatzform, 59.

912 Anzumerken bleibt, dass Art. 34 Abs. 2 S. 2 EU keine abschließende Aufzählung enthält, der Rat neben den dort aufgelisteten Rechtsquellen weitere Rechtsakte erlassen kann wie beispielsweise Empfehlungen oder Entschließungen: vgl. *Suhr*, in: Calliess/Ruffert (Hrsg.), EUV/EGV (3. Aufl.), Art. 34 EU Rn. 10; *Satzger*, in: Streinz (Hrsg.), EUV/EGV, Art. 34 EU Rn. 6; *Röben*, in: Grabitz/Hilf (Hrsg.), EUV/EGV, Art. 34 EU Rn. 4.

unmittelbar zur Regelung eines Lebenssachverhaltes heranzuziehen ist.[913] Bislang war umstritten, inwieweit gemeinsame Standpunkte rechtsverbindlich sind.[914] Der EuGH hat jetzt klargestellt, dass die Mitgliedstaten „einem gemeinsamen Standpunkt nach dem Grundsatz der loyalen Zusammenarbeit [...] nachkommen müssen“[915] und damit die Bindungswirkung gemeinsamer Standpunkte bestätigt. Allerdings sollen gemeinsame Standpunkte als solche keine Rechtswirkungen gegenüber Dritten entfalten.[916]

Die „Übereinkommen“ gemäß Art. 34 Abs. 2 S. 2 lit. d EU stellen klassische völkerrechtliche Verträge dar, die der Ratifizierung durch die Mitgliedstaaten bedürfen, um diese rechtlich zu binden.[917]

Die Rechtsinstrumente „Rahmenbeschluss“ und „Beschluss“ sind bereits ohne Ratifikation für die Mitgliedstaaten verbindlich. Unzutreffend ist die Einschätzung, es handele sich hierbei um völkerrechtliche Verträge zwischen den Unionsstaaten.[918] Vielmehr stellen diese Handlungsformen verbindliche Beschlüsse einer zwischenstaatlichen Einrichtung dar, deren Bindungswirkung aus der besonderen vertraglichen Ermächtigung des Unionsrechts folgt.[919] Durch sie ist es somit möglich, relativ zügig rechtsverbindliche unionsrechtliche Regelungen zu schaffen. Der Rahmenbeschluss dient ebenso wie Richtlinien im Rahmen des Gemeinschaftsrechts gemäß Art. 34 Abs. 2 S. 2 lit. b S. 1 EU der „Angleichung der Rechts- und Verwaltungsvorschriften“, während der Beschluss gemäß Art. 34 Abs. 2 S. 2 lit. c EU „für jeden anderen Zweck anzunehmen ist, der mit den Zielen des VI. Titels des EU-Vertrages in Einklang steht, mit Ausnahme zur Angleichung der Rechts- und Verwaltungsvorschriften“.

---

913 *Monar*, ELRev. 1998, 320, 327; *Meyring*, EuR 1999, 309, 317.

914 Gegen eine Verbindlichkeit *Geiger*, EUV/EGV, Art. 34 EU Rn. 5; *Böse*, in: Schwarze (Hrsg.), EUV/EGV, Art. 34 EU Rn. 5; *Kraus-Vonjar*, Aufbau eines Raums der Freiheit, der Sicherheit und des Rechts, 223; *Monar*, ELRev. 1998, 320, 327; für eine rechtsverbindliche Wirkung *Satzger*, in: Streinz (Hrsg.), EUV/EGV, Art. 34 EU Rn. 8; *Wasmeier*, in: von der Groeben/Schwarze (Hrsg.), EUV/EGV, Art. 34 EU Rn. 5.

915 EuGH, Rs. C-354/04 P (Gestoras Pro Amnistía) und Rs. C-355/04 P (Segi), Slg. 2007, I-1579, Rn. 52.

916 Statt vieler *Wasmeier*, in: von der Groeben/Schwarze (Hrsg.), EUV/EGV, Art. 34 EU Rn. 5; ebenso EuGH, Rs. C-354/04 P (Gestoras Pro Amnistía) und Rs. C-355/04 P (Segi), Slg. 2007, I-1579, Rn. 52.

917 *Suhr*, in: Calliess/Ruffert (Hrsg.), EUV/EGV (3. Aufl.), Art. 34 EU Rn. 23.

918 So aber *Pechstein/Koenig*, Europäische Union, Rn. 216 ff., 245; vgl. auch BVerfG (Kammer), Beschl. v. 24.11.2005 (2 BvR 1667/05), Rn. 15: „Der Rahmenbeschluss bindet als *völkerrechtlicher Vertrag* die Mitgliedstaaten hinsichtlich des zu erreichenden Ziels“ (Hervorhebung durch die Verfasserin); wie hier *Geiger*, EUV/EGV, Art. 34 EU Rn. 6; *Giegerich*, ZaöRV 67 (2007), 351, 353; *Reichelt*, Rechtmäßigkeitskontrolle, 45 f.

919 *Griller*, Unterscheidung von Unionsrecht und Gemeinschaftsrecht, 45, 65 ff.

Fraglich ist das Verhältnis der verschiedenen Rechtsquellen zueinander, namentlich das von Rahmenbeschlüssen und Übereinkommen. Zur „Rechtsangleichung“ kommen sowohl der Rahmenbeschluss als auch das Übereinkommen als Handlungsformen in Betracht. Der Rahmenbeschluss ist das einfachere und effektivere Rechtsinstrument, erfordern doch Übereinkommen stets langwierige Ratifikationsprozesse, um innerstaatliche Wirksamkeit zu erlangen.[920] Bereits der *effet utile*, der nicht auf das Gemeinschaftsrecht der ersten Säule beschränkt ist,[921] sondern vielmehr eine spezielle Ausprägung der völkerrechtlichen teleologischen Interpretation von Verträgen darstellt[922] und damit auch im Bereich des Unionsrechts gilt, spricht für die Wahl des Rahmenbeschlusses. Zudem enthält der EU-Vertrag in Art. 34 EU keine Regelungen, wann ein bestimmtes Rechtsinstrument zu wählen ist.

Mit Blick auf rechtsstaatliche, insbesondere demokratietheoretische Aspekte sind einige Autoren der Auffassung, dass immer dann auf die Rechtsform des Übereinkommens zurückzugreifen ist, wenn bereits für den gemeinschaftlichen Rechtsakt und nicht erst für seine Umsetzung wegen seines Inhalts nach dem Verfassungsrecht eines Mitgliedstaates die Zustimmung durch die innerstaatlich hierzu berufenen Organe erforderlich ist, etwa wenn er in die Rechte der Individuen übermäßig eingreift.[923] Durch die Handlungsform des Übereinkommens wäre gewährleistet, dass der nationale Gesetzgeber mit einer Ablehnung des jeweiligen Zustimmungsgesetzes die Entstehung einer völkerrechtlichen Verpflichtung verhindern kann. Rahmenbeschlüsse sollen nach dieser Ansicht nur zulässig sein, wenn es um die Regelung untergeordneter Belange geht.[924]

Im Zusammenhang mit dem Verfahren betreffend die Rechtmäßigkeit des Rahmenbeschlusses über den Europäischen Haftbefehl hatten die Kläger geltend gemacht, zur Regelung der Materie wäre allein die Handlungsform des Übereinkommens zulässig gewesen.[925] Der Generalanwalt betonte in seinen

---

920 *Wasmeier*, in: von der Groeben/Schwarze (Hrsg.), EUV/EGV, Art. 34 EU Rn. 21.

921 *Reichelt*, Rechtmäßigkeitskontrolle, 65 f.; a.A. *Haratsch/Koenig/Pechstein*, Europarecht, Rn. 1148: „der *effet utile* Grundsatz leitet sich aus der besonderen supranationalen Qualität des Europäischen Gemeinschaftsrechts ab“; siehe auch *Mosiek*, Effet utile, 7 f.: „der *effet utile* Argumentation kommt mittlerweile eine spezifisch gemeinschaftsrechtliche Qualität zu“.

922 *K. Ipsen*, Völkerrecht, § 11 Rn. 16.

923 Vgl. *Streinz*, Europarecht, 2005, Rn. 477; *Tinkl*, ZIS 2007, 419.

924 *Tinkl*, ZIS, 419, 420.

925 Zur Begründung brachte man allerdings nicht die in der Literatur diskutierten rechtsstaatlichen Gründe vor (vgl. *Streinz*, JuS 2007, 164); die Kläger rügten, dass durch den Rahmenbeschluss keine Angleichung der Rechts- und Verwaltungsvorschriften, wie von Art. 34 Abs. 2 S. 2 lit. b EU gefordert, erfolgt, und dass der Rahmenbeschluss ein Über-

Schlussanträgen, dass keine Hierarchie zwischen den Handlungsformen der PJZS bestehe und auch keine Zuweisung einer bestimmten Materie an eine bestimmte Normenkategorie erfolge.[926] Der EuGH schloss sich dieser Sichtweise an. Art. 34 Abs. 2 EU stelle keine Rangfolge der in dieser Bestimmung aufgezählten unterschiedlichen Rechtsinstrumente auf, so dass dem Rat für die Regelung einer Materie die Wahl zwischen mehreren Instrumenten offen stehe, vorbehaltlich der durch die Natur des gewählten Instruments vorgegebenen Grenzen.[927] Es stehe „im Ermessen des Rates, dem Rechtsinstrument des Rahmenbeschlusses den Vorzug zu geben, wenn [...] die Voraussetzungen für den Erlass einer solchen Handlung vorliegen".[928] Dieser Entscheidung ist im Ergebnis zuzustimmen.[929] Der Wortlaut des Vertrages räumt dem Rat eindeutig Ermessen hinsichtlich der Wahl der entsprechenden Handlungsform ein. Daher trifft es auch nicht zu, die Entscheidung des EuGH verstoße gegen den ausdrücklichen Willen der Mitgliedstaaten.[930] Zudem hat *Tomuschat* im Hinblick auf die demokratietheoretischen Einwände zutreffend angemerkt, dass die Entscheidungsfunktion, die in der Bundesrepublik Deutschland Bundestag und Bundesrat in Bezug auf völkerrechtliche Verträge inne haben, *in praxi* eher gering sei, berücksichtigt man, dass die wesentlichen Entscheidungen bereits vor Unterzeichnung des völkerrechtlichen Vertrags getroffen werden und den demokratisch legitimierten Organen somit grundsätzlich nur eine „Nachbetrachtung" obliegt.[931]

Dem Rat steht bei der Wahl der zutreffenden Handlungsform im Ergebnis ein auch gerichtlich nicht überprüfbares politisches Ermessen zu.

2. Rechtliche Struktur von Rahmenbeschlüssen

Wie Richtlinien weisen Rahmenbeschlüsse eine besondere rechtliche Struktur auf. Sie dienen der Rechtsangleichung (a) und verpflichten die Mitliedstaaten, die Vorgaben des Rahmenbeschlusses in nationales Recht umzusetzen (b). Rahmenbeschlüsse bilden somit ebenso ein Instrument kooperativer zweistufiger Rechtssetzung, das allein an die Mitgliedstaaten adressiert ist. Den einzel-

---

einkommen ersetzt. Damit müsse aber ein Rechtsinstrument gleicher Natur gewählt werden: vgl. EuGH, Rs. C-303/05, Slg. 2007, I-3633, Rn. 25 f. (Advocaten voor de Wereld).

926 GA *Ruiz Jarabo Colomer*, Rs. C-303/05, Slg. 2007, I-3633, Rn. 52 (Advocaten voor de Wereld).

927 EuGH, Rs. C-303/05, Slg. 2007, I-3633, Rn. 37 (Advocaten voor de Wereld).

928 EuGH, Rs. C-303/05, Slg. 2007, I-3633, Rn. 41 (Advocaten voor de Wereld).

929 Vgl. schon *Wasmeier*, in: von der Groeben/Schwarze (Hrsg.), EUV/EGV, Art. 34 EU Rn. 21.

930 So aber die Einschätzung von *Tinkl*, ZIS 2007, 419, 421.

931 *Tomuschat*, EuGRZ 2005, 453, 456.

nen Bürger treffen in der Folge die Wirkungen eines Rahmenbeschlusses regelmäßig nur über den nationalen Umsetzungsakt. Anders als im Fall von Richtlinien schließt Art. 34 Abs. 2 S. 2 lit. b S. 2 EU eine unmittelbare Wirkung aus (c).

a) Mittel zur Rechtsangleichung

Zunächst gilt es zu klären, was konkret unter der „Angleichung der Rechts- und Verwaltungsvorschriften" im Rahmen der PJZS zu verstehen ist. Der Begriff der Rechtsangleichung ist wie im Gemeinschaftsrecht von dem der Rechtsvereinheitlichung zu unterscheiden. Es geht nicht um die vollständige Beseitigung der Unterschiede der jeweiligen nationalen Regelungen, sondern allein um eine Anpassung des Rechts der Mitgliedstaaten an einen europarechtlich definierten und zwingenden Mindeststandard.[932] Die anzugleichenden Rechtsvorschriften sind gemäß Art. 29 Abs. 2 dritter Spiegelstrich EU die Strafvorschriften der Mitgliedstaaten.[933]

Primäres Ziel der Angleichung der nationalen Strafvorschriften ist es, ein hohes Maß an Sicherheit zu gewähren, indem bestimmte Verhaltensweisen unionsweit unter Strafe gestellt werden, um dadurch sog. „Inseln der Straflosigkeit" zu beseitigen.[934] Darüber hinaus ist eine Rechtsangleichung zur Durchsetzung der maßgeblichen Integrationsstrategie der Europäischen Union auf dem Gebiet der Strafverfolgung erforderlich. Im Zusammenhang mit der Erleichterung und Beschleunigung der Zusammenarbeit der Justizbehörden (Art. 31 lit. a EU) hat die Union seit den Beschlüssen von Tampere das Prinzip der gegenseitigen Anerkennung ausländischer Entscheidungen von Strafgerichten und anderen Justizbehörden als den zentralen Grundsatz ausgemacht.[935] Diese Strategie, die ihren

---

932 *Vogel*, GA 2003, 314, 318.

933 Näher zur Harmonisierung des Strafrechts etwa *Vogel*, GA 2003, 314 ff.; *Weyembergh*, CMLRev. 2006, 1567 ff.; *Esser*, ZEuS 2004, 306 ff.; zu Kompetenzfragen jüngst eingehend *Calliess*, ZEuS 2008, 3 ff.; *Suhr*, ZEuS 2008, 45 ff.

934 *Vogel*, GA 2003, 314, 315.

935 Vgl. Schlussfolgerungen des Vorsitzes des Europäischen Rates vom 15./16. Oktober 1999 (Tampere), abrufbar unter: http://www.consilium.europa.eu/ueDocs/cms_Data/-docs/pressData/de/ec/00200-r1.d9.htm; 2001 wurde vom Rat ein detailliertes Maßnahmenprogramm verabschiedet, um das Prinzip der gegenseitigen Anerkennung gerichtlicher Entscheidungen in Strafsachen umzusetzen: ABl. 2001 C 12/10; im Haager Programm wurde jenes Bekenntnis erneut bekräftigt: ABl. 2005 C 53/1, 12, Ziff. 3.3.1.; auch der EuGH hat die zentrale Bedeutung dieses Prinzips anerkannt: EuGH, verb. Rs. C-187/01 und C-385/01, Slg. 2003, I-1345 (Gözütok); schließlich fand es Eingang in den Verfassungsvertrag (Art. III-270 Abs.1 VV): dazu allgemein *J. Hecker*, DÖV 2006, 273 ff.; *Nestler*, ZStW 116 (2004), 332, 335 ff.; *Gleß*, ZStW 116 (2004), 353 ff.; *Mitsilegas*, CMLRev. 2006, 1277 ff.; *Esser*, ZEuS 2004, 289 ff.; *Wasmeier*, ZStW 116 (2004), 320, 321 f.

Ursprung auf dem Gebiet des freien Warenverkehrs hat[936] und eine Abkehr von der traditionellen Rechtshilfe darstellt, resultiert aus der Erkenntnis, dass die ältere klassische Form der Kooperation von Staaten bei der Strafverfolgung in einem „Raum der Freiheit, der Sicherheit und des Rechts" als nicht mehr funktionsfähig angesehen werden kann, um eine effektive Strafrechtsverfolgung zu gewährleisten.[937] Konkret bedeutet das Prinzip der gegenseitigen Anerkennung, dass die Mitgliedstaaten verpflichtet sind, den freien Verkehr von Entscheidungen ausländischer Strafverfolgungsbehörden ohne inhaltliche Überprüfung der damit verbundenen Grundrechtseingriffe anzuerkennen.[938] Notwendige Voraussetzung für die Anerkennung ausländischer Entscheidungen der Strafgerichte bzw. der übrigen Justizbehörden ist gegenseitiges Vertrauen der Mitgliedstaaten in die Rechtsvorschriften der anderen Mitgliedstaaten. Dies ist jedoch problematisch, sofern es an einheitlichen strafrechtlichen Standards fehlt. Daher bedarf es gemäß Art. 29 Abs. 2 dritter Spiegelstrich EU einer schrittweisen Harmonisierung der jeweiligen Strafvorschriften der Mitgliedstaaten.[939]

aa) Harmonisierung des materiellen Strafrechts

Die Kompetenz zur Angleichung der nationalen Strafvorschriften bezieht sich gemäß Art. 31 lit. e EU allein auf das materielle Strafrecht. Danach kann die Union sowohl die Tatbestandsmerkmale als auch die Art und Höhe der Strafen regeln. Dem Wortlaut der Vorschrift nach ist allerdings nur eine Harmonisierungskompetenz für die Bereiche der organisierten Kriminalität, des Terrorismus und des illegalen Drogenhandels vorgesehen.[940] Diese Auflistung ist nicht abschließend, da sonst eine Diskrepanz zu Art. 29 Abs. 2 dritter Spiegelstrich EU entstehen würde, der als Bereiche der Zusammenarbeit auch die nichtorga-

---

936 Grundlegend EuGH, Rs. 120/78, Slg. 1979, 651 (Cassis de Dijon).

937 *Wasmeier*, ZStW 116 (2004), 320, 321.

938 Vgl. die Auffassung der Kommission: KOM (2000) 495 endg., Ziff. 3.1.; *Wasmeier*, in: von der Groeben/Schwarze (Hrsg.), EUV/EGV, Art. 31 EU Rn. 23 ff.; gegen das Prinzip der gegenseitigen Anerkennung werden zahlreiche verfassungsrechtliche Einwände erhoben, auf die im Rahmen dieser Arbeit jedoch nicht näher eingegangen werden kann. Einer der Haupteinwände ist, dass die Übertragung des Prinzips der gegenseitigen Anerkennung vom Binnenmarkt auf das Gebiet der Strafverfolgung zur Anwendung der jeweils punitivsten Strafrechtsordnung führe und damit die „freiheitssichernden Begrenzungen" auf das jeweils niedrigste Niveau in der Europäischen Union herabgesenkt werden, es somit zur Absenkung der Grundrechtsstandards komme: kritisch etwa *Nestler*, ZStW 116 (2004), 332 ff.; *Peers*, CMLRev. 2004, 5 ff.; *Mitsilegas*, CMLRev. 2006, 1277 ff.; a.A. *Wasmeier*, ZEuS 2006, 23, 32.

939 *Weyembergh*, CMLRev. 2006, 1567, 1574 ff. spricht in diesem Zusammenhang von der *„auxiliary function"* der Rechtsangleichung.

940 *Weyembergh*, CMLRev. 2006, 1567, 1568 ff.; *Brechmann*, in: Calliess/Ruffert (Hrsg.), EUV/EGV (2. Aufl.), Art. 31 EU Rn. 6; *J. Hecker*, DÖV 2006, 273, 279.

nisierte Kriminalität nennt.[941] Gleichwohl kommen Harmonisierungsmaßnahmen nur in Betracht, soweit dies „erforderlich“ ist, wie sich aus Art. 29 EU Abs. 2 dritter Spiegelstrich EU a. E. ergibt. Im Ergebnis ist nur eine Angleichung bestimmter, besonders schwerwiegender und grenzüberschreitender Deliktskategorien möglich.[942] Die Union hat in der Vergangenheit eine Vielzahl von Rahmenbeschlüssen zur Harmonisierung dieser Deliktskategorien erlassen. Beispielhaft seien hier der Rahmenbeschlss zur Bekämpfung von Geldfälschung[943], über Geldwäsche[944], zur Terrorismusbekämpfung[945], zur Bekämpfung des Menschenhandels[946], zur Bekämpfung der sexuellen Ausbeutung von Kindern und der Kinderpornographie[947], zur Festlegung von Mindestvorschriften über die Tatbestandsmerkmale strafbarer Handlungen und die Strafen im Bereich des illegalen Drogenhandels[948] erwähnt.[949]

---

[941] *Kraus-Vonjahr*, Aufbau eines Raums der Freiheit, der Sicherheit und des Rechts, 221; *Röben*, in: Grabitz/Hilf (Hrsg.), EUV/EGV, Art. 31 EU Rn. 17; *Satzger*, in: Streinz (Hrsg.), EUV/EGV, Art. 31 EU Rn. 12; *Wasmeier*, in: von der Groeben/Schwarze (Hrsg.), EUV/EGV, Art. 31 EU Rn. 59; skeptisch *Suhr*, in: Calliess/Ruffert (Hrsg.) EUV/EGV (3. Aufl.), Art. 31 EU Rn. 23: „methodisch bedenklich, von den Zielen auf die Kompetenzen jenseits des klaren Wortlauts zu schließen“.

[942] *Satzger*, in: Streinz (Hrsg.), EUV/EGV, Art. 31 EU Rn. 13.

[943] RB 2000/382/JI v. 29.5.2000 über die Verstärkung des mit strafrechtlichen und anderen Sanktionen bewehrten Schutzes gegen Geldfälschung im Hinblick auf die Einführung des Euro (ABl. 2000 L 140/1).

[944] RB 2001/500/JI v. 26.6.2001 über Geldwäsche sowie Ermittlung, Einfrieren, Beschlagnahme und Einziehung von Tatwerkzeugen und Erträgen aus Straftaten (ABl. 2001 L 182/1).

[945] RB 2002/475/JI v. 13.6.2002 zur Terrorismusbekämpfung (ABl. 2002 L 164/3).

[946] RB 2002/629/JI v. 19.7.2002 zur Bekämpfung des Menschenhandels (ABl. 2002 L 203/1).

[947] RB 2004/68/JI v. 22.12.2003 zur Bekämpfung der sexuellen Ausbeutung von Kindern und der Kinderpornographie (ABl. 2004 L 13/44).

[948] RB 2004/757/JI v. 25.10.2004 zur Festlegung von Mindestvorschriften über die Tatbestandsmerkmale strafbarer Handlungen und die Strafen im Bereich des illegalen Drogenhandels (ABl. 2004 L 335/8).

[949] Vgl. weiterhin etwa RB 2001/413/JI v. 28.5.2001 zur Bekämpfung von Betrug und Fälschung im Zusammenhang mit bargeldlosen Zahlungsmitteln (ABl. 2001 L 149/1); RB 2002/946/JI v. 28.11.2002 betreffend die Verstärkung des strafrechtlichen Rahmens für die Bekämpfung der Beihilfe zur unerlaubten Ein- und Durchreise und zum unerlaubten Aufenthalt (ABl. 2002 L 328/1); RB 2003/568/JI v. 22.7.2003 zur Bekämpfung der Bestechung im privaten Sektor (ABl. 2003 L 192/54); RB 2005/222/JI v. 24.2.2005 über Angriffe auf Informationssysteme (ABl. 2005 L 69/67); RB 2005/667/JI v. 12.7.2005 zur Verstärkung des strafrechtlichen Rahmens zur Bekämpfung der Verschmutzung durch Schiffe (ABl. 2005 L 255/164).

Die Rechtsangleichungskompetenz der Union ist jedoch nicht auf die Harmonisierung des materiellen Strafrechts gemäß Art. 31 lit. e EU beschränkt. Der EuGH hat jüngst hervorgehoben, dass „nichts den Schluss (zulässt), dass die Angleichung der Rechts- und Verwaltungsvorschriften der Mitgliedstaaten durch den Erlass von Rahmenbeschlüssen nach Art. 34 Abs. 2 lit. b EU ausschließlich die Strafvorschriften der Mitgliedstaten erfassen solle, die in Art. 31 Abs. 1 lit. e EU genannt sind [...]".[950]

bb) Harmonisierung strafprozessualer Vorschriften

Rahmenbeschlüsse sind damit auch zur Angleichung strafprozessualer Regelungen sowie zur Angleichung von Regelungen zur Strafvollstreckung möglich. Der EuGH hat bestätigt, was bereits bislang gängige Praxis war.

So hat der Rat beispielsweise zur Verwirklichung des Prinzips der gegenseitigen Anerkennung eine Vielzahl von Rahmenbeschlüssen gestützt auf Art. 31 lit. a, b EU erlassen. Besonders hervorzuheben ist in diesem Zusammenhang der „Rahmenbeschluss über den Europäischen Haftbefehl"[951], der in den letzten Jahren kontroverse Diskussionen hervorgerufen und neben nationalen Verfassungsgerichten[952] auch den EuGH[953] beschäftigt hat. Weitere Beispiele sind der „Rahmenbeschluss über die Vollstreckung von Entscheidungen über die Sicherstellung von Vermögensgegenständen oder Beweismitteln in der Europäischen Union"[954] sowie der „Rahmenbeschluss über die Anwendung des Grundsatzes der gegenseitigen Anerkennung von Geldstrafen und Geldbußen".[955] Noch keine Einigung im Rat ist über den weitreichenden Vorschlag der Kommission für einen „Rahmenbeschluss über die Europäische Beweisanordnung zur Erlangung von Sachen, Schriftstücken und Daten zur Verwendung in Strafverfahren"[956]

---

950 EuGH, Rs. C-303/05, Slg. 2007, I-3633, Rn. 32 (Advocaten voor de Wereld).

951 RB 2002/584/JI v. 13.6.2002 über den Europäischen Haftbefehl und die Übergabeverfahren zwischen den Mitgliedstaaten (ABl. 2002 L 190/1).

952 Neben dem BVerfG hatte auch das polnische, tschechische und zypriotische Verfassungsgericht über die Verfassungsmäßigkeit des jeweiligen nationalen Umsetzungsgesetzes zum Rahmenbeschluss über den Europäischen Haftbefehl zu befinden - eingehend *Komárek*, CMLRev. 2007, 9 ff.

953 Der EuGH hat jüngst den Rahmenbeschluss über den Europäischen Haftbefehl im Rahmen eines Vorabentscheidungsverfahrens für rechtmäßig befunden: EuGH, Rs. C-303/05, Slg. 2007, I-3633 (Advocaten voor de Wereld).

954 RB 2003/577/JI v. 22.7.2003 über die Vollstreckung von Entscheidungen über die Sicherstellung von Vermögensgegenständen oder Beweismitteln in der Europäischen Union (ABl. 2003 L 196/45).

955 RB 2005/214/JI v. 24.2.2005 über die Anwendung des Grundsatzes der gegenseitigen Anerkennung von Geldstrafen und Geldbußen (ABl. 2005 L 76/16).

956 KOM (2003) 688 endg.

erzielt. Ebenso wenig besteht bislang Einvernehmen hinsichtlich eines Vorschlags für einen „Rahmenbeschluss über die gegenseitige Anerkennung von Strafurteilen“.[957]

Darüber hinaus besitzt die Union eine Kompetenz zur Harmonisierung strafverfahrensrechtlicher Garantien. Diese folgt aus Art. 31 Abs. 1 lit. c EU, wonach die Vereinbarkeit der jeweils geltenden Vorschriften der Mitgliedstaaten zu gewährleisten ist.[958] Allerdings ist diese Vorschrift restriktiv auszulegen[959] und in jedem Fall gesondert zu prüfen, ob eine bestimmte Harmonisierungsmaßnahme auf dieser Vorschrift beruhen darf.[960] Zu beachten ist, dass die Mitgliedstaaten Art. 31 Abs. 1 lit. c EU als Kompetenzgrundlage nur für solche Maßnahmen heranziehen können, die die Kooperation der Behörden unmittelbar verbessern.[961] Im Unterschied zur Harmonisierung materieller Strafrechtsnormen sind aufgrund dieser engen Befugnis auf dem Gebiet des Strafverfahrensrechts deutlich weniger Rahmenbeschlüsse erlassen worden[962], so dass es bislang an rechtswirksamen Maßnahmen zur Sicherstellung eines gemeinsamen Mindeststandards von Verfahrensgarantien fehlt.[963] Mit dem „Rahmenbeschluss über die Stellung des Opfers im Strafverfahren“ aus dem Jahr 2001[964] hat der Rat erst eine konkrete Maßnahme erlassen. Dieser Rahmenbeschluss räumt dem Opfer Ansprüche auf Anhörung, auf aktive Verfahrensbeteiligung durch die Lieferung von Beweismaterial, auf Information über den Verfahrensgang, auf Schutz der persönlichen Sicherheit und der Privatsphäre sowie auf die Entscheidung über Schadensersatzansprüche im Rahmen des Strafverfahrens ein. Demgegenüber fehlt es bislang an Maßnahmen im Hinblick auf Beschuldigten- und Verteidigungsrechte.

Das Prinzip der gegenseitigen Anerkennung läuft daher gegenwärtig primär auf eine Steigerung der Effizienz der Strafverfolgung, nicht hingegen auf eine Stär-

---

957 Ratsdok. 5597/05.

958 *Brechmann*, in: Calliess/Ruffert (Hrsg.), EUV/EGV (2. Aufl.), Art. 31 EU Rn. 4; *Röben*, in: Grabitz/Hilf (Hrsg.), EUV/EGV, Art. 31 EU Rn. 8; *Geiger*, EUV/EGV, Art. 31 EU Rn. 4; *Wasmeier*, ZStW 116 (2004), 320, 323.

959 *Esser*, ZEuS 2004, 289, 308 f.; *J. Hecker*, DÖV 2006, 273, 280 („bescheideneres Konzept als das der Harmonisierung“).

960 *Wasmeier*, ZStW 116 (2004), 320, 323.

961 *J. Hecker*, DÖV 2006, 273, 280.

962 Vgl. etwa RB 2005/212/JI v. 24.2.2005 über die Einziehung von Erträgen, Tatwerkzeugen und Vermögensgegenständen aus Straftaten (ABl. 2005 L 68/49).

963 Kritisch dazu *Weyembergh*, CMLRev. 2005, 1567, 1577.

964 RB 2001/220/JI v. 15.3.2001 über die Stellung des Opfers im Strafverfahren (ABl. 2001 L 82/1).

kung des Schutzes der Persönlichkeitsrechte des Einzelnen hinaus.[965] Die Kommission hat sich vor diesem Hintergrund im Jahr 2003 zwar für eine Verbesserung der Verfahrensgarantien in Strafverfahren innerhalb der Europäischen Union ausgesprochen[966] und in der Folge Vorschläge für einen „Rahmenbeschluss über bestimmte Verfahrensrechte in Strafverfahren"[967] bzw. für einen „Rahmenbeschluss über den Schutz personenbezogener Daten"[968] gemacht. Über beide Vorschläge ist jedoch bislang keine Einigung im Rat erzielt worden.[969]

b) Umsetzungspflicht für die Mitgliedstaaten

Wie Richtlinien sind Rahmenbeschlüsse in nationales Recht umzusetzen. Die Mitgliedstaaten haben mit der Anlehnung des Rahmenbeschlusses an die Struktur der Richtlinie den Willen zum Ausdruck gebracht, dass auch dem Rahmenbeschluss eine rechtliche Bindungswirkung zukommen soll. Die nationalen Gesetzgeber sind dementsprechend unionsrechtlich zur Umsetzung verpflichtet.[970]

Unzutreffend ist die Aussage des BVerfG in der Entscheidung über die Verfassungsmäßigkeit des Umsetzungsgesetzes zum Europäischen Haftbefehl, dass die Mitgliedstaaten die Umsetzung verweigern können.[971] Faktisch besteht diese

965 Dies widerspricht dem erklärten Ziel des Rates, wonach es „die gegenseitige Anerkennung ermöglichen soll, nicht nur die Zusammenarbeit zwischen den Mitgliedstaaten, sondern auch den Schutz der Persönlichkeitsrechte zu verstärken" - vgl. Maßnahmenprogramm des Rates zur Umsetzung des Grundsatzes der gegenseitigen Anerkennung gerichtlicher Entscheidungen in Strafsachen, ABl. 2001 C 12/2.

966 KOM (2003), 75 endg.

967 KOM (2004) 328 endg.; dieser Vorschlag sieht unter anderem einheitliche Reglungen hinsichtlich der Vertretung durch einen Rechtsbeistand, der Inanspruchnahme eines Dolmetschers/Übersetzers, der Information des Beschuldigten über seine Rechte sowie hinsichtlich des Rechts inhaftierter Beschuldigter auf konsularischen Beistand vor; infolge zahlreicher Einwände einzelner Mitgliedstaaten wurde jener Vorschlag 2006 wesentlich verändert: vgl. hierzu *Rudolf/Giese*, ZRP 2007, 113 ff.

968 KOM (2005) 475 endg.; dieser Vorschlag enthält Vorschriften über die Vertraulichkeit und die Sicherheit der Datenverarbeitung, über Rechtsbehelfe, Haftung und Sanktionen.

969 Dies hat zu wiederholter Kritik Anlass gegeben: vgl. *Douglas-Scott*, ELRev. 2004, 219, 241; *Weyembergh*, CMLRev. 2006, 1567, 1576 f.; auch der Europäische Rat hat im Juni 2007 den Wunsch geäußert, dass die Arbeiten betreffend der Verfahrensrechte in Strafverfahren so schnell wie möglich fortgesetzt werden, damit zur Stärkung des Vertrauens in die Rechtssysteme anderer Mitgliedstaaten und somit zur Erleichterung der gegenseitigen Anerkennung gerichtlicher Entscheidungen beigetragen wird - vgl. Schlussfolgerungen des Vorsitzes des Europäischen Rates vom 21./22.6.2007, Ratsdok. 11177/07, Rn. 26 f.

970 *Huber*, ÖJZ 2007, 404, 406; *Winkler*, Grundrechte und Grundrechtsschutz, 19, 23: „unbedingte Umsetzungspflicht".

971 BVerfGE 113, 273 (301); kritisch dazu *Schroeder*, EuR 2007, 349, 362; *Wolf*, KJ 2005, 350 ff.; anders *Vogel*, JZ 2005, 801, 807, der zwar das BVerfG kritisiert, gleichwohl von

Möglichkeit zwar, rechtlich ist sie jedoch nicht gegeben.[972] An der Verbindlichkeit von Rahmenbeschlüssen fehlt es auch nicht deshalb, weil die Kommission die Umsetzung nicht sanktionieren kann, d.h. die Rahmenbeschlüsse nicht gerichtlich im Wege eines Vertragsverletzungsverfahrens durchzusetzen sind.[973]

Auch der Rahmenbeschluss bindet die nationalen Gesetzgeber aber nur hinsichtlich des Regelungsziels. Die Form und die Mittel der Umsetzung können sie frei wählen.[974] Die Übertragbarkeit der Rechtsprechung des EuGH hinsichtlich der Beschränkung der Umsetzungsfreiheit in Bezug auf Richtlinien auf Rahmenbeschlüsse ist fraglich. Wie im ersten Teil der Untersuchung ausgeführt, haben die Mitgliedstaaten die *praktische Wirksamkeit* der Richtlinien sicher zu stellen.[975] Eine Umsetzung genügt nur dann den gemeinschaftsrechtlichen Anforderungen, wenn der umzusetzende Rechtsakt ein hinlängliches Maß an Publizität, Klarheit und Bestimmtheit sowie einen zwingenden Charakter aufweist und vor nationalen Behörden und Gerichten durchsetzbar ist; daher reicht beispielsweise eine Umsetzung in Form von Verwaltungsvorschriften nicht aus.[976] Zu den Anforderungen an eine Umsetzung von Rahmenbeschlüssen hat sich der Gerichtshof bislang noch nicht geäußert. Der *effet utile* gilt jedoch, wie bereits erörtert, auch hier, so dass die vom EuGH in Bezug auf Richtlinien entwickelten Grundsätze zur Umsetzung wohl auch auf Rahmenbeschlüsse entsprechend anzuwenden sind.[977]

c) Ausschluss einer unmittelbaren Wirkung

Der Rahmenbeschluss weist in seiner Konzeption deutliche Parallelen zur Richtlinie auf. Diese Orientierung an „einem bekannten und bewährten Instrument des gemeinschaftsrechtlichen Normenarsenals" fand zunächst vielfach Zustimmung.[978] Der Rahmenbeschluss weicht jedoch in einem wesentlichen

---

einer Möglichkeit der Umsetzungsverweigerung ausgeht, wenn der Umsetzung „unüberwindbare verfassungsrechtliche Schranken entgegenstehen".

972 *Heger*, ZIS 2007, 221, 222: „Die Frage des „Ob" der Umsetzung verbietet sich von Europarechtswegen"; ebenso *Weißer*, ZIS 2006, 562, 569.

973 *Schroeder*, EuR 2007, 349, 362.

974 *Reichelt*, Rechtmäßigkeitskontrolle, 25 ff.; Böse, in: Schwarze (Hrsg.), EGV/EUV, Art. 34 EU Rn. 10.

975 EuGH, Rs. 48/75, Slg. 1976, 497, Rn. 69 ff. (Royer) (Hervorhebung durch die Verfasserin).

976 Vgl. dazu § 2, A., II., 2., b).

977 *Baddenhausen/Pietsch*, DVBl. 2005, 1562, 1564; *Kraus-Vonjahr*, Aufbau eines Raums der Freiheit, der Sicherheit und des Rechts, 223 f.; *Reichelt*, Rechtmäßigkeitskontrolle, 65 f.; *Rudolf/Giese*, ZRP 2007, 113, 115; *Schroeder*, EuR 2007, 349, 362.

978 *Meyring*, EuR 1999, 309, 317.

Merkmal von der Richtlinie ab. Eine unmittelbare Wirkung gemäß Art. 34 Abs. 2 S. 2 lit. b S. 2 EU ist ausdrücklich ausgeschlossen. Die Mitgliedstaaten wollten damit ersichtlich einer vergleichbaren Entwicklung der Rechtsprechung des EuGH wie im Hinblick auf die Fälle nicht rechtzeitiger Richtlinienumsetzung vorbeugen.[979]

In der Literatur finden sich dennoch Stimmen, die den Ausschluss der unmittelbaren Wirkung nur dahingehend verstehen, dass Rahmenbeschlüsse keine direkte Quelle von individuellen Rechten und Pflichten sein können.[980] Abgesehen davon seien Rahmenbeschlüsse aber als objektiver Kontrollmaßstab des nationalen Rechts heranzuziehen mit der Folge, dass sie dieses im Fall eines normativen Widerspruchs verdrängen.[981] Diese Auffassung ist abzulehnen. Wie im ersten Teil der Arbeit erörtert, ist das Konzept der unmittelbaren Wirkung nach zutreffendem Verständnis weit auszulegen und betrifft nicht nur die Begründung von individuellen Rechten im Sinne einer Ersetzungswirkung. Zu diesem Konzept zählen auch Fälle des bloßen Ausschlusses entgegenstehenden nationalen Rechts.[982] Eine solche unmittelbare Wirkung in Form der Ausschlusswirkung ist damit ebenso vom Ausschluss des Art. 34 Abs. S. 2 lit. b S. 2 EU erfasst.

3. Zustandekommen und Wirksamkeit von Rahmenbeschlüssen

Rahmenbeschlüsse fasst der Rat auf Initiative der Kommission oder eines bzw. mehrerer Mitgliedstaaten einstimmig. Der Rat handelt gemäß Art. 41 Abs. 1 EU, Art. 207 Abs. 3 EG i.V.m. Art. 7 GeschORat[983] als „Gesetzgeber".[984] Das

---

979 *Brechmann*, in: Calliess/Ruffert (Hrsg.), EUV/EGV (2. Aufl.), Art. 34 EU Rn. 9; *Harings*, Justiz und Inneres, 81, 88; *Monjal*, RTDE 37 (2001), 335, 357 f.; so auch BVerfGE 113, 273 (300): „Mit dem in den EU-Vertrag aufgenommenen Ausschluss der unmittelbaren Anwendbarkeit wollten die Mitgliedstaaten insbesondere verhindern, dass die Rechtsprechung des Europäischen Gerichtshofs zur unmittelbaren Anwendbarkeit von Richtlinien auch auf den Rahmenbeschluss erstreckt wird."

980 *de Witte*, Jurisdiktion des Gerichtshofs, 91, 96; *Wasmeier*, in: von der Groeben/Schwarze (Hrsg.), EUV/EGV, Art. 34 EU Rn. 11.

981 Vgl. *Röben*, in: Grabitz/Hilf (Hrsg.), EUV/EGV, Art. 34 EU Rn. 15; *Wasmeier*, in: von der Groeben/Schwarze (Hrsg.), EUV/EGV, Art. 34 EU Rn. 11; *Wouters/Naert*, CMLRev. 2004, 909, 918: „the Treaty does not preclude invoking a framework decision to set aside incompatible national legislation once the deadline for implementation has passed"; *de Witte*, Jurisdiktion des Gerichtshofs, 91, 96; *Monjal*, RTDE 37 (2001), 335, 363 ff. (365): "rien ne semble l'empecher de recourir au concept d'invocabilité d'exclusion".

982 Vgl. § 2, A., II., 3., a).

983 Beschluss 2004/338/EG, Euratom des Rates vom 22. März 2004 zur Festlegung seiner Geschäftsordnung, ABl. 2004 L 106/22.

984 *Schroeder*, EuR 2007, 349, 360.

Europäische Parlament ist nach Art. 39 EU anzuhören. Eine Veröffentlichung von Rahmenbeschlüssen im Amtsblatt der Europäischen Union ist im EU-Vertrag nicht vorgesehen. Art. 41 Abs. 1 EU verweist nicht auf Art. 254 EG. Die Mitgliedstaaten haben sich in der Erklärung Nr. 9 der Regierungskonferenz zum Vertrag von Amsterdam auf eine Veröffentlichung von Rahmenbeschlüssen verständigt.[985] Eine Veröffentlichung ist demgemäß nach Art. 17 Abs. 1 lit. d GeschORat vorgesehen.

4. Gerichtliche Kontrolle von Rahmenbeschlüssen

Im folgenden Abschnitt ist kurz auf die Frage der gerichtlichen Kontrolle von Rahmenbeschlüssen einzugehen. Auch wenn das Rechtsschutzsystem innerhalb der dritten Säule gemäß Art. 46 lit. b, Art. 35 EU gegenüber dem der ersten Säule Lücken aufweist, unterliegen Rahmenbeschlüsse einer zweifachen gerichtlichen Kontrolle. Zum einen ist eine Überprüfung der Rechtsmäßigkeit von Rahmenbeschlüssen durch den EuGH im Rahmen einer Nichtigkeitsklage nach Art. 35 Abs. 6 EU möglich, zum anderen kann der EuGH nach Art. 35 Abs. 1 EU im Wege der Vorabentscheidung über die Gültigkeit und die Auslegung von Rahmenbeschlüssen entscheiden.

a) Nichtigkeitsklage

Die Nichtigkeitsklage gemäß Art. 35 Abs. 6 EU kann ein Mitgliedstaat oder die Kommission wegen Unzuständigkeit, Verletzung wesentlicher Formvorschriften, Verletzung des EU-Vertrags oder einer bei seiner Durchführung anzuwendenden Rechtsnorm oder wegen Ermessensmissbrauchs erheben.[986] Nicht klageberechtigt sind hingegen das Europäische Parlament sowie natürliche oder juristische Personen. Die Klagefrist beträgt gemäß Art. 35 Abs. 6 S. 2 EU zwei Monate. Umstritten war der Rechtsfolgenausspruch im Fall der Begründetheit der Klage. Da es im EU-Vertrag an einer dem Art. 231 EG-Vertrag vergleichbaren Regelung, welche die Nichtigerklärung durch den EuGH anordnet, fehlt, gingen einige Autoren lediglich von der Rechtswidrigkeit der betreffenden Maßnahmen aus.[987] Andere erklärten Art. 231 EG über Art. 46 EU für anwendbar.[988] Diesem Verständnis folgte auch der EuGH, der jüngst die Nichtigkeit

---

[985] Erklärung Nr. 9: „Die Konferenz kommt überein, dass Initiativen für Maßnahmen nach Artikel K.6 Absatz 2 des Vertrags über die Europäische Union und vom Rat nach jenem Absatz angenommene Rechtsakte nach den entsprechenden Geschäftsordnungen des Rates und der Kommission im Amtsblatt der Europäischen Gemeinschaften veröffentlicht werden." (ABl. 1997 C 340/173).

[986] Dazu eingehend *Reichelt*, Rechtmäßigkeitskontrolle, 81 ff.

[987] *Classen*, Jurisdiktion des Gerichtshofs, 73, 83 f.; *Harings*, Justiz und Inneres, 81, 93.

[988] *Dörr/Mager*, AöR 125 (2000), 386, 417 f.; *Satzger*, in: Streinz (Hrsg.), EUV/EGV, Art. 35 EU Rn. 11.

eines gemäß Art. 35 Abs. 6 EU angefochtenen Rahmenbeschlusses festgestellt hat.[989]

b) Vorabentscheidungsverfahren

Die Auslegung von Rahmenbeschlüssen bzw. die Überprüfung ihrer Gültigkeit im Wege eines Vorabentscheidungsverfahrens gemäß Art. 35 Abs. 1 EU unterliegt einigen Besonderheiten. Ein solches Vorabentscheidungsverfahren ist für die Mitgliedstaaten nicht verbindlich, sondern nur statthaft, wenn ein Mitgliedstaat die Zuständigkeit des EuGH durch ausdrückliche Erklärung anerkennt (Art. 35 Abs. 2 EU). Sie können sich entscheiden zwischen einer Vorlagebefugnis entweder nur der letztinstanzlichen Gerichte oder einem Vorlagerecht aller nationaler Gerichte (Art. 35 Abs. 3 EU).[990] Auch wenn die Regelung des EU-Vertrags keine Verpflichtung zur Vorlage vorsieht und auch eine Auslegung sie nicht ergibt,[991] so können die Mitgliedstaaten ihrerseits eine solche Verpflichtung jedoch in ihr Recht einführen.[992] Sofern die Mitgliedstaaten einmal eine zuständigkeitsbegründende Erklärung abgegeben haben, sind sie daran gebunden. Sie ist für die Zukunft mit angemessener Frist nach allgemeinen völkerrechtlichen Grundsätzen widerrufbar.[993]

Hinzuweisen ist auf jüngst erfolgte Reformen zur Beschleunigung von Vorabentscheidungsverfahren betreffend den „Raum der Freiheit der Sicherheit und des Rechts". Der Präsident des EuGH hatte dem Rat im Jahr 2006 ein Reflexionspapier übermittelt.[994] Den Hintergrund bildete Art. III-369 Abs. 4 VV. Darin heißt es, dass der Gerichtshof bei Vorabentscheidungsverfahren, die eine inhaftierte Person betreffen, innerhalb kürzester Zeit entscheidet.[995] Der Gerichtshof

---

989 EuGH, Rs. C-176/03, Slg. 2005, I-7879, Rn. 53 (Kommission/Rat).

990 Bislang haben lediglich 14 Mitgliedstaaten die Erklärung abgegeben und überwiegend ein Vorlagerecht für alle Gerichte eingeräumt - Spanien (nur Vorlageberechtigung letztinstanzlicher Gerichte), Belgien, Deutschland, Finnland, Frankreich, Griechenland, Italien, Luxemburg, Niederlande, Österreich, Portugal, Schweden, Tschechien, Ungarn: vgl. *Rudolf/Giese*, ZRP 2007, 113, 115.

991 *Harings*, Justiz und Inneres, 81, 92.

992 *Classen*, Jurisdiktion des Gerichtshofs, 73, 83 ff.; *Dörr/Mager*, AöR 125 (2000), 386, 409; Deutschland hat im Rahmen der zuständigkeitsbegründenden Erklärung eine Vorlagepflicht für die letztinstanzlichen Gerichte bestimmt, BGBl. I 1998, 2035.

993 *Classen*, Jurisdiktion des Gerichtshofs, 73, 86 f.; *Pechstein*, in: Streinz (Hrsg.), EUV/EGV, Art. 35 EU Rn. 3; *Dörr/Mager*, AöR 125 (2000), 386, 410; a.A. *Röben*, in: Grabitz/Hilf (Hrsg), EUV/EGV, Art. 35 EU Rn. 10: „nicht widerrufbar".

994 Zum Inhalt dieses Schreibens siehe *Editorial Comments*, CMLRev. 2007, 1.

995 Dies wurde im Haager Programm dahingehend präzisiert, dass es erforderlich sei, den Gerichtshof in die Lage zu versetzen, rasch entscheiden zu können. Daher solle über eine Lösung nachgedacht werden für die zügige und zweckentsprechende Bearbeitung von

hat zur Umsetzung dieser Regelung in dem Reflexionspapier die Einführung einer speziellen Kammer vorgeschlagen, die mit allen Verfahren in diesem Bereich beschäftigt ist. Im Hinblick auf das Verfahren hat der Gerichtshof zwei Optionen entwickelt. Die erste Option sieht nicht wie sonst üblich im Rahmen von Vorabentscheidungsverfahren die Beteiligung aller Mitgliedstaaten und Institutionen vor, während nach der zweiten Option weiterhin die Beteiligung aller Mitgliedstaaten vorgesehen ist, jedoch das Verfahren strengeren praktischen Regeln folgt.

Der Rat hat im April 2007 bezugnehmend auf das Reflexionspapier seine Zustimmung für ein solches Eilvorlageverfahren im gesamten „Raum der Freiheit, der Sicherheit und des Rechts" bekundet.[996] Gleichzeitig betonte der Rat jedoch, dass die Ausgestaltung des Eilvorlageverfahrens dem Bedürfnis nach schnellen Entscheidungen in dringlichen Verfahren und der Notwendigkeit einer effektiven Beteiligungsmöglichkeit der Mitgliedstaaten sowie der Aufrechterhaltung des Sprachenregimes des Gerichtshofs gleichermaßen Rechnung tragen müsse. Der Rat konnte sich daher eine Beschleunigung des Vorabentscheidungsverfahrens lediglich auf der Grundlage der zweiten Option vorstellen. Auch hier waren nach Auffassung des Rates aber noch Änderungen und Präzisierungen erforderlich.

Nachdem der Gerichtshof schließlich förmliche Vorschläge zur Einführung einer Eilvorlage vorgelegt hatte, erfolgte auf deren Grundlage im Dezember 2007 eine Änderung der Satzung sowei der Verfahrensordnung des Gerichtshofs durch einstimmigen Ratsbeschluss.[997] Neu eingefügt in die Satzung des Gerichtshofs wurde Art. 23 lit. a, der unterscheidet zwischen dem bereits vorhandenen beschleunigten Verfahren (Art. 104 lit. a der geltenden Verfahrensordnung) und dem neuen Eilverfahren (Art. 104 lit. b der Verfahrensordnung in der am 15.1.2008 beschlossenen Fassung). Art. 23 lit. a Abs. 3 der Satzung erlaubt nun die Begrenzung der Verfahrensbeteiligten während des schriftlichen Verfahrens[998] und in Fällen äußerster Dringlichkeit sogar das Entfallen des schriftli-

---

Vorabentscheidungsverfahren im Bereich der Freiheit, der Sicherheit und des Rechts: ABl. 2005 C 53/11.

996 Vgl. Pressemitteilung in Englisch abrufbar unter: http://www.consilium.europa.eu/-ueDocs/cms_Data/docs/pressData/en/jha/93741.pdf.

997 Veröffentlicht wurden diese Änderungen am 29.1. 2008 im Amtsblatt, ABl. 2008 L 24/42; in Kraft getreten sind sie am 1.3.2008.

998 Art. 104 lit. b, § 2 der Verfahrensordnung normiert, dass nur der Mitgliedstaat, zu dem das vorlegende Gericht gehört, sich an dem schriftlichen Teil des Eilverfahrens beteiligen kann; andere Mitgliedstaaten haben lediglich die Möglichkeit, sich in der mündlichen Verhandlung zu den Vorlagefragen zu äußern; zu beachten ist jedoch, dass neben dem Mitgliedstaat, dem das vorlegende Gericht angehört, auch die Parteien am Ausgangsverfahren, die Kommission sowie gegebenenfalls die anderen betroffenen Institutionen die Möglichkeit haben, schriftliche Stellungnahmen einzureichen.

chen Verfahrens. Dementsprechend kommt der mündlichen Verhandlung eine zentrale Rolle im Eilverfahren zu. Zuständig für Vorabentscheidungsverfahren, die im Eilverfahren behandelt werden sollen, ist eine gesonderte Kammer mit fünf Richtern.

Eine Beschleunigung des Vorabentscheidungsverfahrens in den betreffenden Konstellationen ist aus rechtsstaatlichen Gesichtspunkten zu begrüßen. Insgesamt unterliegt eine gerichtliche Kontrolle von Rahmenbeschlüssen jedoch aufgrund der Besonderheiten der Art. 35 Abs. 6 EU (fehlende Individualklagemöglichkeit) sowie von Art. 35 Abs. 1 EU (fehlende Verbindlichkeit des Vorabentscheidungsverfahrens) einigen Einschränkungen. Die Beschleunigung des Vorabentscheidungsverfahrens im Rahmen der dritten Säule ist damit für viele Fälle ohne Relevanz, wenn es schon an der Möglichkeit eines Vorabentscheidungsverfahrens an sich fehlt. In den Mitgliedstaaten, die eine zuständigkeitsbegründende Erklärung nicht abgegeben haben, ist es den einzelnen Bürgern nicht möglich, eine gerichtliche Überprüfung von Rahmenbeschlüssen am Maßstab der Unionsgrundrechte anzustrengen. Diese Lücken im Rechtsschutzsystem mögen unbedenklich gewesen sein, solange Rahmenbeschlüsse keinerlei innerstaatliche Wirkungen entfalten und einen Einzelnen nicht unmittelbar belasten.[999] Sofern Rahmenbeschlüsse jedoch weitergehende Rechtswirkungen entfalten, wirft dieser Zustand Probleme auf. Die PJZS stellt einen für Private sehr sensiblen Bereich dar.[1000] Haben Wirkungen von Rahmenbeschlüssen für den einzelnen Unionsbürger unmittelbar Grundrechtsbeschränkungen zur Folge, ist dies mit den eingeschränkten Rechtsschutzmöglichkeiten aus rechtsstaatlichen Gesichtspunkten schwerlich vereinbar.[1001]

III. Zwischenergebnis

Der Rahmenbeschluss entspricht nach seiner Regelungsstruktur der Richtlinie der Europäischen Gemeinschaft. Er dient der Angleichung der Rechts- und Verwaltungsvorschriften und ist für die Mitgliedstaaten hinsichtlich des zu erreichenden Ziels verbindlich. Gegenwärtig ist der Rahmenbeschluss die wichtigste Handlungsform einer dynamischen PJZS. Die Anzahl der Rahmenbeschlüsse auf dem Gebiet des Straf- und Strafverfahrensrechts ist in den letzten Jahren rapide gestiegen. Die Mitgliedstaaten kommen auch hier ihren Umset-

---

999 *Satzger*, in: Streinz (Hrsg.), EUV/EGV, Art. 35 EU Rn. 9; *Dörr/Mager*, AöR 125 (2000), 386, 417; *Pechstein*, EuR 1999, 1, 22.

1000 *Egger*, EuZW 2005, 652, 656; *Albors-Llorens*, CMLRev. 1998, 1273, 1287.

1001 *Dörr/Mager*, AöR 125 (2000), 386, 417 fordern daher etwa im Fall der Anerkennung einer unmittelbaren Wirkung von Rahmenbeschlüssen eine Direktklagemöglichkeit für Individuen vor den europäischen Gerichten.

zungspflichten nur ungenügend nach.[1002] Da es sowohl an einem zentralen Sanktionsmechanismus wie dem Vertragsverletzungsverfahren gemäß Art. 226 EG als auch an einer unmittelbaren Wirkung von Rahmenbeschlüssen gemäß Art. 34 Abs. 2 S. 2 lit. b S. 2 EU fehlt, ist die Wirksamkeit bzw. einheitliche Anwendung von Rahmenbeschlüssen im Ergebnis nicht unerheblich beeinträchtigt.

Zwar ist zu Recht einzuwenden, dass auch eine unmittelbare Wirkung von Rahmenbeschlüssen, sofern sie denn grundsätzlich möglich wäre, nur in geringem Umfang zu einer Effektifierung beitragen könnte. Wie im ersten Teil der Untersuchung gesehen, hat sich in den letzten Jahren nichts an der ständigen Rechtsprechung geändert, dass im Fall einer fehlenden oder unzureichenden Umsetzung eine unmittelbare Wirkung in strafrechtlichen Fällen ausgeschlossen ist, d.h. die Begründung einer Strafbarkeit aufgrund einer Richtlinie ist nicht möglich.[1003] Die bislang verabschiedeten Rahmenbeschlüsse sind jedoch überwiegend allein auf eine Optimierung der Strafrechtsverfolgung und der Harmonisierung strafrechtsbegründender Tatbestände ausgerichtet, während Beschuldigtenrechte sowie prozessuale Verfahrensgarantien nur vereinzelt Eingang in die europäische Gesetzgebung gefunden haben.[1004] Dementsprechend müsste eine unmittelbare Wirkung von Rahmenbeschlüssen im Ergebnis aufgrund des Verbotes einer umgekehrt vertikalen Wirkung ohnehin in der Regel ausscheiden.

Ungeklärt war, ob durch den vertraglichen Ausschluss der unmittelbaren Wirkung von Rahmenbeschlüssen auch die übrigen, im ersten Teil der Arbeit skizzierten dezentralen Sanktionsmechanismen nicht in Betracht kommen. Dies betraf vor allem die Frage, in welchem Umfang Rahmenbeschlüsse bei der Auslegung des nationalen Rechts zu berücksichtigen sind. Der EuGH nahm dazu in

---

1002 Dazu etwa *Wouters/Naert*, CMLRev. 2004, 909, 911: „it has become clear that what is needed most, is the implementation of policies and instruments that have already been agreed upon"; vgl. auch die Einschätzungen der Kommission in ihrer Mitteilung an den Rat und das Europäische Parlament betreffend die Bilanz des Tampere Programms, KOM (2004), 401, S. 5; ebenso der mahnende Hinweis im Haager Programm: „Der Europäische Rat erinnert daran, dass die Rechtsinstrumente zur Verbesserung der justiziellen Zusammenarbeit in Strafsachen [...] unverzüglich ratifiziert und wirksam umgesetzt werden müssen", ABl. 2005 C 53/1, 12.

1003 Vgl. dazu § 2, B., III., 4., a).

1004 Vgl. zu dieser unausgewogenen Regelungskonzeption *Weyembergh*, CMLRev. 2006, 1567, 1570: „most approximation has concerned substantive criminal law and, in particular, the definitions of offences"; *Douglas Scott*, ELRev. 2004, 219 ff.; *Fletcher*, ELRev. 2006, 862, 870; *Esser*, ZEuS 2004, 289, 290.

der *Pupino*-Entscheidung, in der er das erste Mal im Wege eines Vorabentscheidungsverfahrens einen Rahmenbeschluss auszulegen hatte[1005], Stellung.

B. Die *Pupino*-Entscheidung des EuGH

I. Sachverhalt und Problemaufriss

Der Entscheidung lag ein Strafverfahren gegen eine italienische Kindergärtnerin wegen „Missbrauchs disziplinarischer Mittel" sowie „erschwerter Körperverletzung" an einigen ihr anvertrauter Kinder zugrunde. Die Staatsanwaltschaft hatte zum Schutz der kindlichen Zeugen ein der Hauptverhandlung vorgeschaltetes Beweissicherungsverfahren unter geschützten Bedingungen beantragt. Nach Ansicht des Ermittlungsrichters war dieser Antrag nach italienischem Recht abzulehnen, da das Verfahren der Beweissicherung außerhalb der Hauptverhandlung absoluten Ausnahmecharakter habe und nur in den gesetzlich ausdrücklich vorgesehenen Fällen möglich sei. Ein solcher Ausnahmefall lag nicht vor. Der Ermittlungsrichter zog jedoch in Erwägung, dass diese Beschränkung der Anwendung des Verfahrens der Beweissicherung Art. 2, 3 und 8 des „Rahmenbeschlusses über die Stellung des Opfers in Strafverfahren" verletze.[1006] Dieser Rahmenbeschluss ordne für „besonders gefährdete Opfer" eine spezifische Behandlung an. Er legte daher dem EuGH die Frage vor, ob die Bestimmungen des Rahmenbeschlusses dahin auszulegen seien, dass ein nationales Gericht die Möglichkeit haben muss, Kleinkindern, die Opfer von Misshandlungen geworden sind, zu erlauben, außerhalb der öffentlichen Gerichtsverhandlung auszusagen.

Einige Mitgliedstaaten hatten daraufhin die Unzulässigkeitseinrede erhoben. Die Antwort des Gerichtshofs sei für die Entscheidung des Ausgangsrechtsstreits nicht von Nutzen. Zwar sei die Umsetzungsfrist abgelaufen, Rahmenbeschlüsse entfalten jedoch weder unmittelbare Wirkungen noch können sie eine Verpflichtung des nationalen Gerichts zu konformer Auslegung des innerstaatlichen Rechts schaffen. Konkret ging es um die Frage, ob über eine völkerrechtsfreundliche Auslegung hinausgehend auch eine der richtlinienkonformen Auslegung vergleichbare unionsrechtliche Pflicht zur Konformauslegung des innerstaatlichen Rechts besteht.

[1005] GA *Kokott*, Schlussanträge in Rs. C-105/03, Slg. 2005, I- 5285, Rn. 1 (Pupino); die Zuständigkeit des EuGH war hier gemäß Art. 35 Abs. 1 EU gegeben, da es sich um ein Vorabentscheidungsersuchen eines italienischen Ermittlungsrichters handelte und Italien eine zuständigkeitsbegründende Erklärung gemäß Art. 35 Abs. 3 lit. b EU abgegeben hatte.

[1006] RB 2001/220/JI (ABl. 2001 L 82/1).

1. Völkerrechtsfreundliche Auslegung

Eine Berücksichtigung des Rahmenbeschlusses auf der Grundlage der völkerrechtsfreundlichen bzw. völkerrechtskonformen Auslegung nationalen Rechts wurde bereits bislang bejaht.[1007] Dieser allgemein anerkannte Auslegungsgrundsatz[1008] resultiert im deutschen Recht aus der dem Grundgesetz immanenten Verfassungsentscheidung für eine „offene Staatlichkeit“ und dem damit verbundenen Gebot der Herstellung einer weitmöglichsten Harmonie von Völkerrecht und innerstaatlichem Recht.[1009] Die deutschen Fachgerichte sind verpflichtet, im Rahmen ihrer Zuständigkeiten bei der Erfüllung völkerrechtlich begründeter Verpflichtungen der Bundesrepublik mitzuwirken und alle Handlungen zu unterlassen, welche eine Verletzung zwischenstaatlicher Verträge mit sich bringen könnten.[1010] Dies geschieht durch die Berücksichtigung völkerrechtlicher Bestimmungen als Auslegungsdirektive im Hinblick auf das gesamte deutsche Recht, auch dann, wenn diese nicht in Umsetzung bestimmter völkerrechtlicher Bestimmungen ergangen sind.[1011]

Die völkerrechtsfreundliche Auslegung ist wie die verfassungskonforme Auslegung als Konfliktvermeidungsregel zu verstehen. Wenn einer innerstaatlichen Rechtsnorm innerhalb des Wortlauts mehrere Deutungen zukommen, sind die nationalen Gerichte verpflichtet, derjenigen Auslegung den Vorzug einzuräumen, die gleichzeitig den Anforderungen des Völkerrechts genügt.[1012]

2. Unionsrechtliche Pflicht zu rahmenbeschlusskonformer Auslegung?

Eine Verpflichtung zur Berücksichtigung von Rahmenbeschlüssen kraft *Unionsrecht* im Wege rahmenbeschlusskonformer Auslegung wurde überwiegend abgelehnt. Sie unterscheidet sich strukturell von einer bloß völkerrechtsfreundlichen Auslegung und bewirkt einen stärkeren Einfluss von Rahmenbeschlüssen in den innerstaatlichen Rechtsordnungen.[1013] Die völkerrechtsfreundliche Aus-

---

[1007] So etwa *Harings*, Justiz und Inneres, 81, 88; *Satzger*, in: Streinz (Hrsg.), EUV/EGV, Art. 34 EU Rn. 9; *Hillgruber*, JZ 2005, 841.

[1008] Vgl. zum Grundsatz der völkerrechtsfreundlichen Auslegung im deutschen Recht *Bleckmann*, DÖV 1979, 309, 312; *Rojahn*, in: von Münch/Kunig (Hrsg.), GG-Kommentar, Bd. II, Art. 24 Rn. 1 ff.; aus der Rechtsprechung etwa BVerfGE 64, 1 (20); im Hinblick auf die EMRK insbesondere BVerfGE 111, 307 (328 f.): „konventionsgemäße Auslegung“; zu jenem Grundsatz in anderen Rechtsordnungen siehe *Prechal*, Directives, 181 f.

[1009] *Rojahn*, in: von Münch/Kunig (Hrsg.), GG-Kommentar, Bd. 2, Art. 24 Rn. 1.

[1010] *Gärditz/Gusy*, GA 2006, 225, 232.

[1011] *Bleckmann*, DÖV 1979, 309, 312.

[1012] *Rojahn*, in: von Münch/Kunig (Hrsg.), GG-Kommentar, Bd. 2, Art. 24 Rn. 3.

[1013] *Herrmann*, EuZW 2005, 436, 437.

legung hat ihren Geltungsgrund allein im nationalen Recht. Dies folgt daraus, dass sich allgemein der Rang und die Geltung von völkerrechtlichen Normen aus Sicht der einzelnen Staaten stets nur nach dem innerstaatlichen Recht richten.[1014] Demgegenüber bedeutet eine *unionsrechtliche* Pflicht zur Konformauslegung nationalen Rechts im Lichte von Rahmenbeschlüssen, dass die Rechtsprechung des Gerichtshofs den Inhalt dieser Pflicht ebenso wie bei dem Gebot der richtlinienkonformen Auslegung maßgeblich bestimmt.[1015] In der Folge ist das gesamte innerstaatliche Recht, einschließlich verfassungsrechtlicher Bestimmungen, im Lichte von Rahmenbeschlüssen auszulegen, während dies im Rahmen der völkerrechtsfreundlichen Auslegung in der Regel nicht der Fall wäre.[1016] Sowohl die Generalanwältin als auch der Gerichtshof haben in der Entscheidung *Pupino* eine solche Pflicht zur rahmenbeschlusskonformen Auslegung gestützt auf Art. 34 Abs. 2 S. 2 lit. b EU (i.V.m. dem Grundsatz der loyalen Zusammenarbeit) angenommen.

II. Schlussanträge der Generalanwältin

Die Generalanwältin berief sich auf den vergleichbaren Wortlaut von Art. 34 Abs. 2 S. 2 lit. b EU und Art. 249 Abs. 3 EG. Eine unmittelbare Wirkung von Rahmenbeschlüssen sei zwar ausgeschlossen, Rahmenbeschlüsse seien jedoch ebenso wie Richtlinien hinsichtlich des zu erreichenden Ziels verbindlich.[1017] Es sei vor allem jene Verbindlichkeit gewesen, die den EuGH veranlasst hatte, die Lehre von der richtlinienkonformen Auslegung zu entwickeln.[1018] Im Übrigen existiere auch im Unionsrecht trotz des Fehlens einer dem Art. 10 EG vergleichbaren Vorschrift im EU-Vertrag der Grundsatz der Unionstreue bzw. loyalen Zusammenarbeit. Art. 10 EG enthalte „Selbstverständlichkeiten", die auch im Unionsrecht gelten, ohne dass sie einer ausdrücklichen Erwähnung bedürfen.[1019]

III. Entscheidungsgründe des Gerichtshofs

Der Gerichtshof folgte im Wesentlichen der Argumentation der Generalanwältin, fügte dieser aber auch noch weitere Gesichtspunkte hinzu. Er stellte zu-

[1014] *Herdegen*, Völkerrecht, § 22 Rn. 6.

[1015] Zu den Unterschieden zwischen richtlinienkonformer und völkerrechtsfreundlicher Auslegung *Herrmann*, Richtlinienumsetzung, 100 f.

[1016] So erfolgt grundsätzlich auch keine Auslegung von Verfassungsrecht am Maßstab von völkerrechtlichen Verträgen sondern nur ausnahmsweise, wenn jene Verträge einen „internationalen Wertkonsens widerspiegeln", *Tomuschat*, HdBStR, Bd. VII, § 172 Rn. 28.

[1017] GA *Kokott*, Schlussanträge in Rs. C-105/03, Slg. 2005, I-5285, Rn. 28 (Pupino).

[1018] GA *Kokott*, Schlussanträge in Rs. C-105/03, Slg. 2005, I-5285, Rn. 28 (Pupino).

[1019] GA *Kokott*, Schlussanträge in Rs. C-105/03, Slg. 2005, I-5285, Rn. 27 (Pupino).

nächst fest, dass „sich der Wortlaut des Artikels 34 Abs. 2 lit. b EU sehr eng an den Wortlaut des Art. 249 Abs. 3 EG anlehnt".[1020] Rahmenbeschlüsse haben insofern „zwingenden Charakter", als sie für die Mitgliedstaaten hinsichtlich des zu erreichenden Ziels verbindlich sind. Aus diesem zwingenden Charakter folge, dass die nationalen Gerichte eine Verpflichtung zu rahmenbeschlusskonformer Auslegung des nationalen Rechts haben.[1021] Dem stehe auch nicht der geringere Integrationsgrad der dritten Säule, der sich nicht zuletzt an dem weniger weit reichenden Rechtsschutzsystem zeigt, entgegen.[1022] Vielmehr sei es „völlig verständlich, dass die Verfasser des Vertrages über die Europäische Union es für angebracht hielten, im Rahmen von Titel VI dieses Vertrages den Rückgriff auf Rechtsinstrumente mit analogen Wirkungen wie im EG-Vertrag vorzusehen, um einen wirksamen Beitrag zur Verfolgung der Ziele der Union zu leisten."[1023]

Weiterhin führte der Gerichtshof aus, dass die Zuständigkeit des Gerichtshofs im Hinblick auf Vorabentscheidungsverfahren „ihrer praktischen Wirksamkeit im Wesentlichen beraubt würde, wenn die Einzelnen nicht berechtigt wären, sich auf Rahmenbeschlüsse zu berufen, um vor den Gerichten der Mitgliedstaaten eine ihnen konforme Auslegung des nationalen Rechts zu erreichen."[1024]

Die Tatsache, dass die richtlinienkonforme Auslegung bislang stets auf Art. 249 Abs. 3 (i.V.m. Art. 10 EG) gestützt worden ist und es im Rahmen des EU-Vertrags an einer Art. 10 EG vergleichbaren Bestimmung fehlt, ändere an der Pflicht zu rahmenbeschlusskonformer Auslegung nichts. Vielmehr stelle die Europäische Union gemäß Art. 1 Abs. 2, 3 EU eine neue Stufe bei der Verwirklichung einer immer engeren Union der Völker Europas dar, wobei die Aufgabe der Union darin bestehe, die Beziehungen zwischen den Mitgliedstaaten kohärent und solidarisch zu gestalten. „Die Union könnte ihre Aufgabe kaum erfüllen, wenn der Grundsatz der loyalen Zusammenarbeit, der insbesondere bedeutet, dass die Mitgliedstaaten alle geeigneten Maßnahmen allgemeiner oder besonderer Art zur Erfüllung ihrer Verpflichtungen nach dem Recht der EU treffen, nicht auch im Rahmen der polizeilichen und justiziellen Zusammenarbeit in Strafsachen gelten würde."[1025]

1020 EuGH, Rs. C-105/03, Slg. 2005, I-5285, Rn. 33 (Pupino).

1021 EuGH, Rs. C-105/03, Slg. 2005, I-5285, Rn. 34 (Pupino).

1022 EuGH, Rs. C-105/03, Slg. 2005, I-5285, Rn. 35 (Pupino).

1023 EuGH, Rs. C-105/03, Slg. 2005, I-5285, Rn. 36 (Pupino).

1024 EuGH, Rs. C-105/03, Slg. 2005, I-5285, Rn. 38 (Pupino).

1025 EuGH, Rs. C-105/03, Slg. 2005, I-5285, Rn. 42 (Pupino).

IV. Rechtliche Würdigung

Die Entscheidung *Pupino* fand ein überwiegend positives Echo[1026], teilweise stieß sie aber auch auf massive Kritik.[1027] In der Zwischenzeit haben sich zudem mehrere nationale Verfassungsgerichte zu der Wirkungsweise bzw. der Rechtsnatur von Rahmenbeschlüssen geäußert, als sie über die Verfassungsmäßigkeit der Umsetzungsgesetze zum Rahmenbeschluss über den Europäischen Haftbefehl zu entscheiden hatten.[1028] Auch hier ergibt sich ein differenziertes Meinungsspektrum.[1029] Die in den Diskussionen im Einzelnen aufgeworfenen Aspekte sind im Folgenden nachzuzeichnen und zu bewerten.

1. Das Gebot der rahmenbeschlusskonformen Auslegung

a) „Geltungsgrund" und Reichweite

Der EuGH hat in der Entscheidung *Pupino* zum ersten Mal eine unmittelbar *unionsrechtliche* Befugnis und Pflicht nationaler Gerichte etabliert, innerstaatliches Recht im Lichte von Rahmenbeschlüssen auszulegen.[1030] Im Wege einer weitreichenden Rechtsfortbildung hat der Gerichtshof die richtlinienkonforme Auslegung aus dem gemeinschaftsrechtlichen Kontext gelöst und auf eine Handlungsform der PJZS übertragen. Gestützt hat der EuGH die unionsrechtli-

---

[1026] Vgl. *Adam*, EuZW 2005, 558, 561; *Herrmann*, EuZW 2005, 436; *Fetzer/Groß*, EuZW 2005, 550; *B. Hecker*, Europäisches Strafrecht, § 10 Rn. 85; *Lorenzmeier*, ZIS 2006, 576, 582; *Egger*, EuZW 2005, 652 ff.; *Skouris*, ZEuS 2005, 463, 476; *Streinz*, JuS 2005, 1023, 1025 f.; *Gärditz/Gusy*, GA 2006, 193; *Labayle*, RTDE 42 (2006), 1, 29 ff.; *Giegerich*, ZaöRV 67 (2007), 351, 376; differenzierend *Weißer*, ZIS 2006, 562, 575.

[1027] Etwa *Hillgruber*, JZ 2005, 841; *von Unger*, NVwZ 2006, 46; *Tinkl*, StV 2006, 36 ff.; *Klink/Proelß*, DÖV 2006, 469, 472 f.; *Chalmers*, ELRev. 2005, 773, 774; in der Tagespresse wurde die Tragweite falsch eingestuft: vgl. *Müller*, FAZ Nr. 138 v. 17.6.2005, S. 2: „Die Luxemburger Richter haben entschieden, dass EU-Rahmenbeschlüsse *unmittelbare Wirkung* haben - obwohl der EU-Vertrag das ausdrücklich verneint." (Hervorhebung durch die Verfasserin).

[1028] Vgl. BVerfGE 113, 273 ff.;

Urteil des Polnischen Verfassungsgerichtshofs (Trybunal Konstytucyiny) v. 27.4.2005, Nr. P 1/05, deutsche Zusammenfassung abrufbar unter: http://www.trybunal.gov.-pl/eng/summaries/documents/P_1_05_DE.pdf;

Urteil des Verfassungsgerichtshofs von Zypern v. 7.11.2005 - 294/2005, abgedruckt in Griechisch mit kurzer englischer Zusammenfassung in: Ratsdok. Nr. 14281/01;

Urteil des Tschechischen Verfassungsgerichtshofs (Ústavni Soud) v. 3.5.2006 - Pl. ÚS 66/04, in Englisch erhältlich unter: http://test.concourt.cz/angl_verze/doc/pl-66-04.html.

[1029] Einen guten Überblick m.w.N. bietet *Komárek*, CMLRev. 2007, 9 ff.

[1030] *B. Hecker*, Europäisches Strafrecht, § 10 Rn. 85; *Baddenhausen/Pietsch*, DVBl. 2005, 1562, 1565; *Hummrich*, DRiZ 2005, 361, 363.

che Pflicht zur rahmenbeschlusskonformen Auslegung - ebenso wie die richtlinienkonforme Auslegung - auf die in Art. 34 Abs. 2 S. 2 lit. b EU verankerte Umsetzungsverpflichtung sowie auf die Pflicht der Mitgliedstaaten zur loyalen Zusammenarbeit. Nicht haltbar sind vor diesem Hintergrund Einschätzungen in der Literatur, wonach der EuGH in der Entscheidung *Pupino* lediglich eine Verpflichtung zur unionsrechtskonformen Auslegung begründet hat, die einen besonderen Unterfall der völkerrechtskonformen Auslegung darstellt.[1031] Wie gesehen, geht eine unmittelbar auf Unionsrecht gestützte Pflicht zur Konformauslegung vielmehr über die im nationalen Recht wurzelnde Verpflichtung zur völkerrechtsfreundlichen Auslegung hinaus, indem auch unionsrechtliche Anforderungen die zeitliche und inhaltliche Reichweite determinieren.[1032]

Dies bedeutet im Ergebnis für die Reichweite der Pflicht zur rahmenbeschlusskonformen Auslegung, dass den „aus dem Gemeinschaftsrecht übernommenen Elementen im Unionsrecht grundsätzlich der gleiche Inhalt wie im Gemeinschaftsrecht zuzumessen ist".[1033] Zu verweisen ist damit auf die im ersten Teil der Arbeit gemachten Ausführungen im Zusammenhang mit der richtlinienkonformen Auslegung.[1034] Die Auslegungspflicht beginnt ebenso zwar erst mit Ablauf der Umsetzungsfrist, erfasst aber das gesamte geltende nationale Recht.[1035] Zudem kommt auch dem Gebot der rahmenbeschlusskonformen Auslegung im Verhältnis zu den nationalen Auslegungsregeln der Status einer „interpretatorischen Vorrangregel" zu. Nicht zulässig ist eine rahmenbeschlusskonforme Rechtsfortbildung über den Wortlaut einer nationalen Bestimmung hinaus, wenn sie zu Lasten des Beschuldigten wirkt, da aus dem strafrechtlichen Bestimmtheitsgrundsatz des Art. 103 Abs. 2 GG die überragende Bedeutung der Wortlautgrenze folgt.[1036] Daneben gelten für die Pflicht zu rahmenbeschlusskonformer Auslegung auch die übrigen Grenzen der richtlinienkonformen Auslegung. Dies haben sowohl die Generalanwältin[1037] als auch der Gerichtshof[1038] in der Rechtssache *Pupino* betont.

[1031] *Haratsch/Koenig/Pechstein*, Europarecht, Rn. 1148.

[1032] Vgl. § 3, B., I.

[1033] GA *Kokott*, Schlussanträge in Rs. C-467/05, Slg. 2007, I-5557, Rn. 46 (Dell'Orto).

[1034] Vgl. § 2, A., III., 3.

[1035] So auch *Huber*, ÖJZ 2007, 404, 407.

[1036] Vgl. im Hinblick auf eine richtlinienkonforme Rechtsfortbildung im Strafrecht *Satzger*, Internationales und Europäisches Strafrecht, § 8 Rn. 84.

[1037] GA *Kokott*, Schlussanträge in Rs. C-105/03, Slg. 2005, I-5285, Rn. 39 ff. (Pupino).

[1038] EuGH, Rs. C-105/03, Slg. 2005, I-5285, Rn. 44 ff. (Pupino).

b) Grenzen

Die nationale Rechtsmethodik einerseits und die allgemeinen Rechtsgrundsätze des Gemeinschaftsrechts andererseits begrenzen die Pflicht zur rahmenbeschlusskonformen Auslegung. Die nationale Rechtsmethodik verwehrt den nationalen Gerichten ein Judizieren *contra legem.*[1039] Dies ist eine Präzisierung des bis zu jenem Zeitpunkt im Zusammenhang mit der richtlinienkonformen Auslegung verwendeten Begriffs der Auslegung „so weit wie möglich“. Im Hinblick auf die allgemeinen Rechtsgrundsätze sind insbesondere der Grundsatz der Rechtssicherheit sowie das Rückwirkungsverbot zu beachten. Die rahmenbeschlusskonforme Auslegung darf nicht dazu führen, dass „auf der Grundlage eines Rahmenbeschlusses unabhängig von einem zu seiner Durchführung erlassenen Gesetz die strafrechtliche Verantwortlichkeit derjenigen, die gegen die Vorschriften dieses Beschlusses verstoßen, festgelegt oder verschärft wird.“[1040]

Dies bedeutet, dass lediglich eine Konformauslegung, die keine Grundlage mehr im nationalen Recht findet, ausgeschlossen ist. Ein Abweichen von einer bisherigen Auslegungspraxis zum Nachteil eines Beschuldigten infolge einer rahmenbeschlusskonformen Auslegung ist möglich, wenn ein so gefundenes Auslegungsergebnis seine Grundlage in dem nationalen Gesetz selbst findet. Eine strafbarkeitserweiternde Auslegung eines vorhandenen nationalen Strafgesetzes im Lichte eines Rahmenbeschlusses, jedoch im Rahmen der nationalen Auslegungsregeln, ist somit im Fall einer unzureichenden oder nicht erfolgten Umsetzung eines Rahmenbeschlusses von der Pflicht zur rahmenbeschlusskonformen Auslegung erfasst.[1041]

Im Fall *Pupino* galt es zudem die Besonderheit zu berücksichtigen, dass der zugrunde liegende Sachverhalt das Strafprozessrecht betraf. Die Generalanwältin hob hervor, dass der Grundsatz der Gesetzmäßigkeit der Strafen lediglich eine spezielle Ausprägung des Grundsatzes der Rechtssicherheit im materiellen Strafrecht darstelle und nicht bei einer Verpflichtung zu konformer Auslegung im Rahmen des Strafprozessrechts greife, wo es nicht um die Begründung der strafrechtlichen Verantwortlichkeit geht, sondern um das Erkenntnisverfahren.[1042] Dieser Einschätzung schloss sich der EuGH an. In dem zugrunde liegenden Verfahren gehe es nicht um den Umfang der strafrechtlichen Verantwortlichkeit der Betroffenen, sondern um den Verfahrensablauf und die Modalitäten der Beweiserhebung.[1043]

1039 EuGH, Rs. C-105/03, Slg. 2005, I-5285, Rn. 47 (Pupino).

1040 EuGH, Rs. C-105/03, Slg. 2005, I-5285, Rn. 45 (Pupino).

1041 Vgl. § 2, A., III., 4., b), aa).

1042 GA *Kokott*, Schlussanträge in Rs. C-105/03, Slg. 2005, I-5285, Rn. 42 (Pupino).

1043 EuGH, Rs. C-105/03, Slg. 2005, I-5285, Rn. 46 (Pupino).

c) Bedeutung

Die Anerkennung einer Pflicht zur rahmenbeschlusskonformen Auslegung hat weitreichende Konsequenzen. Zunächst kommt dieser Verpflichtung eine „hohe Praxisrelevanz“ zu angesichts der zahlreichen in der Vergangenheit erlassenen Rahmenbeschlüsse zum materiellen und prozessualen Strafrecht.[1044] Der Rechtsanwender im Strafrecht muss nun stets die Rechtssetzungspraxis der Union in der dritten Säule mit berücksichtigen.[1045] Dies ermöglicht eine effektivere Durchsetzung der Vorgaben von Rahmenbeschlüssen.[1046] Aus rechtlicher Sicht bedeutet die Übertragung des Gebots der richtlinienkonformen Auslegung auf die dritte Säule und die Etablierung einer unionsrechtlichen Konformauslegungspflicht nationalen Rechts im Lichte von Rahmenbeschlüssen die prinzipielle Anerkennung der Parallelität zwischen der EG-Richtlinie und dem EU-Rahmenbeschluss sowie eine Annäherung ihrer Rechtswirkungen.[1047] Die These, wonach alle dem sekundären Gemeinschaftsrecht bekannten supranationalen Wirkungen bei Rahmenbeschlüssen ausgeschlossen sind[1048], ist damit nicht mehr aufrechtzuerhalten. Diese Fortentwicklung des Unionsrechts zielt ersichtlich auf eine zunehmende europäische Integration. Deutlich macht dies ein Blick auf den zeitlichen und sachlichen Kontext der Entscheidung.

2. Der EuGH als Integrationsmotor nach dem Scheitern des Verfassungsvertrags

Wenige Wochen zuvor war der Ratifikationsprozess des im Jahr 2004 unterzeichneten Europäischen Verfassungsvertrages[1049] durch die negativen Referenden in Frankreich und den Niederlanden ins Stocken geraten.[1050] Es war zu jenem Zeitpunkt nicht absehbar, wann bzw. ob überhaupt der Europäische Verfassungsvertrag in Kraft treten würde. Die Mitgliedstaaten hatten sich Mitte 2005 im Europäischen Rat auf eine Reflexionsphase verständigt, in der man ü-

---

1044 *B. Hecker*, Europäisches Strafrecht, § 10 Rn. 88.

1045 *Lorenzmeier*, ZIS 2006, 576, 582.

1046 *Weyembergh*, CMLRev. 2005, 1567, 1595.

1047 *B. Hecker*, Europäisches Strafrecht, § 10 Rn. 85; *Streinz*, FS Otto, 1029, 1045.

1048 *Haratsch/Koenig/Pechstein*, Europarecht, Rn. 1147; *Satzger*, in: Streinz (Hrsg.), EUV/-EGV, Art. 34 EU, Rn. 9; *Geiger*, EUV/EGV, Art. 34, Rn. 1, 6; *Böse*, in: Schwarze (Hrsg.), EUV/EGV, Art. 34 EU, Rn. 6; *Kraus-Vonjahr*, Aufbau eines Raums der Freiheit, der Sicherheit und des Rechts, 224.

1049 ABl. 2004 C 310/1.

1050 Vgl. zu dem Verfassungsprozess nach den gescheiterten Referenden und zu möglichen Wegen aus der Krise *Geerlings* DVBl. 2006, 129 ff.; *Mayer*, JZ 2007, 593 ff.

ber die Zukunft des Verfassungsprojektes nachdenken wollte.[1051] Die gescheiterten Referenden hatten die Europäische Union zweifelsohne in eine politische Krise versetzt. Für die europäische Integration bedeutete dies einen herben Rückschlag angesichts der zahlreichen Reformen, die der Europäische Verfassungsvertrag vorsah.

Diese betrafen vor allem die PJZS.[1052] In struktureller Sicht sollte die dritte Säule der Gemeinschaftsmethode unterworfen werden, und die bisher in ihr verankerten Bestimmungen sollten sich zusammen mit den durch den Vertrag von Amsterdam in den EG-Vertrag ausgegliederten Bereichen innerhalb der Regelungen betreffend den „Raum der Freiheit, der Sicherheit und des Rechts" wiederfinden.[1053] Neben der Aufhebung der Säulenstruktur sah der Verfassungsvertrag eine Reihe institutioneller Neuerungen vor. Das ordentliche Gesetzgebungsverfahren[1054] sollte das Regelverfahren[1055] werden, so dass die vollständige Beteiligung des Parlaments gewährleistet sein würde. Im Rat sollte künftig statt des Einstimmigkeitsprinzips für die Zusammenarbeit in Strafsachen grundsätzlich die Beschlussfassung mit qualifizierter Mehrheit Platz greifen.[1056] Ziel

---

1051 Erklärung der Staats- und Regierungschefs der Mitgliedstaaten der EU zur Ratifizierung des Vertrags über eine Verfassung für Europa vom 16. Juni 2005, abrufbar unter: http://www.consilium.europa.eu/ueDocs/cms_Data/docs/pressData/de/ec/85329.pdf; zur Bewertung dieser Reflexionsphase und zu weiteren Schritten vgl. die Schlussfolgerungen des Vorsitzes des Europäischen Rates vom 15./16. Juni 2006, Ratsdok., 10633/1/06, Rn. 42-49.

1052 Vgl. dazu *Müller-Graff*, FS Zuleeg, 605 ff.; *Kainer*, Raum der Freiheit, der Sicherheit und des Rechts nach dem Verfassungsvertrag, 283 ff.; *Böse*, Polizeiliche und justizielle Zusammenarbeit in Strafsachen, 151 ff.

1053 Art. I-42 VV; im dritten Teil des Verfassungsvertrages sollte ein eigenes Kapitel IV über den „Raum der Freiheit, der Sicherheit und des Rechts" eingeführt werden (Art. III-257 bis Art. III-277 VV.

1054 Art. III-396 VV.

1055 Art. I-34 Abs. 1 VV.

1056 Art. I-23 Abs. 3 VV, Art. I-25 Abs. 1, 2 VV; Einstimmigkeitserfordernisse sollten dann nur noch im Zusammenhang mit der Errichtung der europäischen Staatsanwaltschaft (Art. II-274 Abs. 1 VV), bei der operativen polizeilichen Zusammenarbeit nationaler Behörden (Art. III-275 Abs. 3 VV) sowie bei der grenzüberschreitenden Ausübung von Hoheitsrechten durch nationale Behörden (Art. III-277 VV) fortbestehen. Diese verfahrensrechtliche Neuerung wurde teilweise recht kritisch beurteilt, da aufgrund des Übergangs vom Einstimmigkeitsprinzip zum Prinzip der qualifizierten Mehrheit die „mittelbare demokratische Legitimation der Rechtssetzung" über die gewählten Vertretungen der Regierungen zu einem gewissen Teil aufgegeben würde. Insbesondere wird eingewandt, dass, wenn bestimmte Mitgliedstaaten gegen die Kriminalisierung eines bestimmten Verhaltens sind, sich die Frage stelle, ob eine solche Strafnorm dann zum strafrechtlichen Mindeststandard innerhalb der EU gehören sollte: „Wo der Einsatz von Strafrecht aus der Sicht eines Mitgliedstaates nicht überzeugend begründet werden kann, ist von der Schaffung eines strafrechtlichen Mindeststandards auf Ebene der EU abzusewar es, den bisherigen Behinderungen der Verhandlungen, die im Ergebnis oftmals dazu führten, dass die Inhalte der Rechtsakte lediglich Ausdruck eines sehr kleinen gemeinsamen Nenners waren, entgegen zu wirken.[1057] Schließlich sollte künftig eine umfassende Rechtskontrolle durch den EuGH stattfinden.[1058] Darüber hinaus sollten infolge der Auflösung der Säulenstruktur an die Stelle der speziellen Handlungsformen nach Art. 34 Abs. 2 EU mit „Europäischen Gesetzen“ und „Europäischen Rahmengesetzen“ die allgemeinen Rechtsakte des Verfassungsvertrages treten[1059], so dass die bisherige Unterscheidung zwischen Richtlinien und Rahmenbeschlüssen entfallen wäre. Eine unmittelbare Wirkung der verabschiedeten Rechtsakte war nicht mehr ausgeschlossen, denn Art. 34 Abs. 2 lit. b S. 2 EU bzw. Art. 34 Abs. 2 lit. c S. 2 EU fanden im Verfassungsvertrag keine Entsprechung. Mit dem Verfassungsvertrag sollte die PJZS in der „europäischen Normalität“ ankommen.[1060]

Das Inkrafttreten des Verfassungsvertrags war nach den negativen Referenden in Frankreich und den Niederlanden ungewiss geworden. Die dadurch hervorgerufene politische Krise schien den EuGH auf den Plan zu rufen, erneut - wie schon zuvor in Krisenzeiten in der Geschichte der Europäischen Union[1061] - als „Motor der Integration“ hervorzutreten und durch seine Rechtsprechung einem Stillstand des Integrationsprozesses entgegenzusteuern. Vor dem Hintergrund des nicht absehbaren Schicksals des Europäischen Verfassungsvertrags sind in jüngerer Zeit Tendenzen unverkennbar, einzelne Reformansätze des Verfas-

hen.“ - vgl. *Böse*, Polizeiliche und justizielle Zusammenarbeit in Strafsachen, 151, 152 ff.

1057 Schlussbericht der Gruppe X „Freiheit, Sicherheit und Recht“ des Europäischen Konvents, CONV 426/02, S.13.

1058 *Kainer*, Raum der Freiheit, der Sicherheit und des Rechts nach dem Verfassungsvertrag, 283, 298 f.

1059 Art. I-33 VV; dazu *Kokott/Rüth*, CMLRev. 2003, 1315, 1325.

1060 *Böse*, Polizeiliche und justizielle Zusammenarbeit in Strafsachen, 151; jene „Supranationalisierung“ darf nicht darüber hinweg täuschen, dass auch im Verfassungsvertrag weiterhin Souveränitätsvorbehalte zugunsten der Mitgliedstaaten enthalten waren: der Europäische Rat sollte eine starke Rolle im Raum der Freiheit, der Sicherheit und des Rechts behalten, indem er auch in Zukunft die „strategischen Leitlinien für die gesetzgeberische und operative Programmplanung“ festlegen sollte (Art. III-258 VV); der Einfluss der Regierungen wäre somit weiterhin sichergestellt gewesen. Zudem sollten die Mitgliedstaaten über ein Initiativrecht im Rahmen der PJZS verfügen (Art. I-42 Abs. 3, Art. III-264 VV), so dass die Kommission in jenen Bereichen nicht wie üblich ein Initiativmonopol erhalten hätte - dazu *Kainer*, Raum der Freiheit, der Sicherheit und des Rechts nach dem Verfassungsvertrag, 283, 301 ff.

1061 Vgl. *Calliess*, NJW 2005, 929, 931; *Everling*, JZ 2000, 217, 224.

sungsvertrags in höchstrichterlicher Rechtsfortbildung auf Grundlage des bestehenden Unionsrechts in dieses einführen.[1062]

Insbesondere die vorgesehene „Überwindung der Säulenstruktur" bzw. die „Förderung einer Vergemeinschaftung gegenüber intergouvernementalen Strukturen" und damit auch eine Stärkung des *effet utile* europäischer Rechtssetzung sind die vornehmsten Ziele.[1063] In der Entscheidung *Pupino* geschieht dies durch die Annäherung der Wirkung von EU-Rahmenbeschlüssen und EG-Richtlinien, indem die dem Gemeinschaftsrecht entspringende Pflicht zu richtlinienkonformer Auslegung auf die dritte Säule übertragen wird. Darüber hinaus finden sich weitere anschauliche Beispiele in der neueren Rechtsprechung des EuGH, welche die angestrebte Überwindung der Säulenstruktur dokumentieren, und auf die im Folgenden kurz einzugehen ist.

a) Weitere Rechtsprechungsbeispiele

aa) Anreicherung judikativer Kompetenzen in der dritten Säule

Zum einen ist es zur Ausweitung der Rechtsprechungskompetenzen des EuGH und einer damit verbundenen Zunahme der Rechtsschutzmöglichkeiten innerhalb der dritten Säule gekommen. Wie erwähnt, bestehen rechtsstaatliche Bedenken im Hinblick auf die eingeschränkten Rechtsschutzmöglichkeiten gegen Rahmenbeschlüsse, sofern diese innerstaatliche Rechtswirkungen erlangen. Infolge der enormen Dynamik der PJZS ist es im Zuge der Terrorismusbekämpfung zudem zum Erlass von Maßnahmen gekommen, die Grundrechtsbeschränkungen nach sich gezogen haben, gegen die nach dem EU-Vertrag keinerlei Rechtsschutzmöglichkeiten bestehen. Konkret hatten die Mitgliedstaaten in Umsetzung der Resolution 1373 (2001) des UN Sicherheitsrats, die alle Staaten zu größtmöglicher Gewährung von Hilfe und Unterstützung bei strafrechtlichen Ermittlungen und Strafverfahren im Zusammenhang mit der Finanzierung terroristischer Handlungen verpflichtet, zwei gemeinsame Standpunkte - gestützt auf Art. 15 und 34 EU - angenommen, die in Ansätzen die Harmonisierung strafrechtlicher Vorschriften enthielten.[1064] Der gemeinsame Standpunkt über die Anwendung besonderer Maßnahmen zur Bekämpfung des Terrorismus[1065], der

[1062] *Thym*, NJW 2006, 3249, 3250; *Streinz*, in: FS Otto, 1029, 1045 f.; *Adam*, EuZW 2005, 558, 561: „EuGH als Katalysator zur Erreichung der Verfassungsziele", eingehend zur Verfassungsentwicklung durch den EuGH *Peters*, Verfassung Europas, 401 ff.

[1063] *Streinz*, FS Otto, 1029, 1045 f.

[1064] Gemeinsamer Standpunkt 2001/930/GASP vom 27. Dezember 2001 über die Bekämpfung des Terrorismus (ABl. 2001 L 344/90); Gemeinsamer Standpunkt 2001/931/GASP vom 27. Dezember 2001 über die Anwendung besonderer Maßnahmen zur Bekämpfung des Terrorismus (ABl. 2001 L 344/93).

[1065] Gemeinsamer Standpunkt 2001/931 vom 27.12.2001, ABl. 2001 L 344/93.

in der Folge zweimal aktualisiert worden ist[1066], enthielt zudem im Anhang eine Liste, in die Personen, Vereinigungen oder Körperschaften aufgenommen wurden, die an terroristischen Handlungen beteiligt waren. Damit berühren die gemeinsamen Standpunkte, die als Handlungsformen nur politische Absichtserklärungen verkörpern sollen, die Rechtsstellung einzelner Unionsbürger.[1067]

Art. 46 EU i.V.m. Art. 35 EU sieht keine Rechtsschutzmöglichkeiten gegen gemeinsame Standpunkte vor. Wiederholt wurden diese Rechtsschutzlücken innerhalb der dritten Säule kritisiert, widersprechen sie doch einer auf der Rechtsstaatlichkeit beruhenden Europäischen Union, wie es aus Art. 6 Abs. 1 EU hervorgeht.[1068] Die Rechtsschutzlücken sind zudem im Hinblick auf das Verhältnis zwischen EuGH und EGMR von Bedeutung.[1069] Der EGMR hatte im Jahr 2005 in der wegweisenden *Bosphorus*-Entscheidung seine Zuständigkeit für die Überprüfung von Maßnahmen der Mitgliedstaaten zurückgenommen, die in Erfüllung gemeinschafts- und unionsrechtlicher Pflichten ergangen sind.[1070] Dies jedoch nur, da nach Auffassung des EGMR eine Vermutung der Rechtmäßigkeit jener Maßnahmen bestehe, solange auf Gemeinschafts- bzw. Unions-

---

[1066] Gemeinsamer Standpunkt 2002/340 vom 2.5.2002, ABl. 2002 L 116/75; Gemeinsamer Standpunkt 2002/462 vom 17.6.2002, ABl. 2002, L 160/32.

[1067] Daher merkten einige Autoren zu Recht kritisch an, dass der gemeinsame Standpunkt vorliegend nicht die korrekte Handlungsform darstellt, vgl. *Douglas-Scott*, ELRev. 2004, 219, 233; zwar hat der Rat grundsätzlich „für die Regelung einer Materie die Wahl zwischen mehreren Instrumenten", dies jedoch nur „vorbehaltlich der durch die Natur des gewählten Instruments vorgegebenen Grenzen": so EuGH, Rs. C-303/05, Slg. 2007, I-3633, Rn. 37 (Advocaten voor de Wereld).

[1068] Vgl. *Labayle*, RTDE 42 (2006), 1, 32; *Scott*, ELRev. 2004, 219 ff.; *Giegerich*, ZaöRV 67 (2007), 351, 358; GA *Poiares Maduro*, Schlussanträge in Rs. C-160/03, Slg. 2005, I-2077, Rn. 17 (Spanien/Eurojust): „In einer *Rechtsunion* ist es wesentlich, dass die Maßnahmen der Organe und Stellen der Union der Nachprüfung durch ein Gericht der Union unterzogen werden können, wenn sie dazu bestimmt sind, Rechtswirkung gegenüber Dritten zu entfalten" (Hervorhebung durch die Verfasserin); vgl. auch die Einschätzung des damaligen Präsidenten des EuGH *Rodriguez Iglesias* vor dem Verfassungskonvent, CONV 572/03, 1-2: „The rule of law is an essential part of any constitutional system and it is the Court's responsibility to ensure that it is observed [...]. In this regard, the current situation is not entirely satisfactory. One can point to the fact that the transition from the European Communities to the European Union did not entail a corresponding extension of the guarantees of the observance of the law. Instead it resulted in a situation in which the mechanisms for judicial protection vary [...]".

[1069] Dazu *Haltern*, JZ 2007, 772, 777 f.

[1070] EGMR, Urteil v. 30.6.2005 - Application No. 45036/98 (Bosphorus), NJW 2006, 197 ff.; vgl. die Analyse von *Bröhmer*, EuZW 2006, 71 ff.; zur Rechtsprechung des EGMR hinsichtlich des Menschenrechtsschutzes der EMRK und dem Recht der EU im Vorfeld der *Bosphorus* Entscheidung siehe etwa *Laier*, EGMR als europäischer Verfassungsgerichtshof, 125 ff.; *Goerlich*, Der Europäische Gerichtshof für Menschenrechte, 101, 114 ff.

ebene in materieller und prozessualer Hinsicht ein Grundrechtsschutz gewährleistet wird, der „wenigstens als gleichwertig zu dem von der Konvention gewährten Schutz anzusehen ist".[1071] Diese Vermutung sei widerlegbar, wenn „in einem bestimmten Fall anzunehmen ist, dass der Schutz von Konventionsrechten offensichtlich unzureichend ist".[1072] Fehlende Rechtsschutzmöglichkeiten im Rahmen der dritten Säule bei zunehmender Zahl grundrechtsrelevanter Maßnahmen könnten einem „gleichwertigen" prozeduralen Grundrechtsschutz entgegenstehen.[1073]

Diesen Problemen ist der Gerichtshof in einem Teilbereich entgegengetreten.[1074] In zwei gleichlautenden Grundsatzentscheidungen, die im Zuge von Rechtsmittelverfahren ergangen sind, setzte er sich über den eindeutigen Wortlaut des Art. 46 und 35 EU sowie die in der Literatur[1075] anerkannte und vom EuG[1076] bestätigte Auffassung hinweg, dass nur Rahmenbeschlüsse, Beschlüsse und Übereinkommen einer Kontrolle durch Gemeinschaftsgerichte unterliegen und nahm eine Jurisdiktion auch im Hinblick auf gemeinsame Standpunkte an.[1077]

Gegenstand der Rechtsmittelverfahren war der oben angesprochene gemeinsame Standpunkt über die Anwendung besonderer Maßnahmen zur Bekämpfung des Terrorismus. Die Kläger, Vereinigungen, die Teil der baskischen Unabhängigkeitsorganisation *ETA* oder mit dieser verbunden sind, sowie Individuen, die in diesen Vereinigungen herausgehobene Funktionen bekleiden, wurden in die Liste im Anhang des gemeinsamen Standpunktes aufgenommen. Sie reichten daraufhin eine Schadensersatzklage beim EuG ein und machten den Schaden

---

1071 EGMR, Urteil v. 30.6.2005 - Application No. 45036/98 (Bosphorus), NJW 2006, 197, Rn. 155.

1072 EGMR, Urteil v. 30.6.2005 - Application No. 45036/98 (Bosphorus), NJW 2006, 197, Rn. 156.

1073 So auch *Feik*, Kompetenzen und Organe, 9, 17, nach dessen Auffassung der fehlende individuelle Rechtsschutz gegen Unionsrechtsakte als „offensichtlich unzulänglicher" Rechtsschutz durch den EGMR gewertet und daher die Vermutung der EMRK-Konformität widerlegt werden könnte.

1074 Vgl. hingegen die restriktive Haltung des EuGH betreffend Rechtsschutzmöglichkeiten gegen eine Maßnahme von Eurojust: EuGH, Rs. C-160/03, Slg. 2005, I-2077, Rn. 37 ff. (Spanien/Eurojust). Der Generalanwalt hatte hier zuvor in seinen Schlussanträgen eingehend eine Klagemöglichkeit gestützt auf Art. 35 Abs. 6 EU zu begründen gesucht, GA *Poiares Maduro*, Schlussanträge in Rs. C-160/03, Slg. 2005, I-2077, Rn. 20 f. (Spanien/Eurojust).

1075 *Suhr*, in: Calliess/Ruffert (Hrsg.), EUV/EGV (3. Aufl.), Art. 35 EU Rn. 9, 13; *Wasmeier*, in: von der Groeben/Schwarze (Hrsg.), EUV/EGV, Art. 35 EU Rn. 6, 18.

1076 Vgl. EuG, Rs. T-338/02, Slg. 2004, II-1647, Rn. 38 (Segi).

1077 EuGH, Rs. C-354/04 P (Gestoras Pro Amnistía) und Rs. C-355/04 P (Segi), Slg. 2007, I-1579, Rn. 52 ff.

geltend, der ihnen durch die zu Unrecht erfolgte Aufnahme in die Liste entstanden ist. Hilfsweise wendeten sie ein, dass ihnen kein wirksamer Rechtsbehelf zusteht, um gegen die Aufnahme in die Liste vorzugehen.

Das EuG wies die Schadensersatzklage als unzulässig ab. Zudem sei es „wegen der Wahl eines gemeinsamen Standpunktes und nicht beispielsweise eines Beschlusses nach Art. 34 EU unmöglich, die Rechtmäßigkeit der Aufnahme (der Kläger) in diesen Anhang insbesondere durch ein Ersuchen um Vorabentscheidung über die Gültigkeit in Frage zu stellen".[1078] Dem widersprach der EuGH. Zunächst betonte er zwar noch einmal, dass im Rahmen der dritten Säule ein Rechtsschutzsystem geschaffen worden ist, in dem die Zuständigkeiten des Gerichtshofs weniger weit reichen als im Rahmen des EG-Vertrags.[1079] Zugleich machte er entsprechend seiner Rechtsprechung zur Individualklagebefugnis nach Art. 230 Abs. 4 EG[1080] deutlich, dass es Sache der Mitgliedstaaten sei, das gegenwärtig geltende System zu ändern.[1081] Infolgedessen lehnte der EuGH auch die Klage auf Schadensersatz als unzulässig ab, indem er kurz und knapp darlegte, dass Art. 35 EU dem Gerichtshof „keinerlei Zuständigkeit für eine Schadensersatzklage" verleiht.[1082]

Im Anschluss daran weitete er jedoch seine judikativen Kompetenzen aus und bejahte die Möglichkeit eines Vorabentscheidungsverfahrens bzw. einer Nichtigkeitsklage im Zusammenhang mit gemeinsamen Standpunkten. Zur Begründung dieses Ergebnisses stellte der EuGH maßgeblich darauf ab, inwieweit die Handlungsformen des Art. 34 EU geeignet sind, Rechtswirkungen gegenüber Dritten zu entfalten. Dies sei bei gemeinsamen Standpunkten grundsätzlich nicht der Fall, so dass sie auch nicht in Art. 35 Abs. 1 bzw. Abs. 6 EU als möglicher Gegenstand eines Vorabentscheidungsverfahrens bzw. einer Nichtigkeitsklage genannt sind.[1083] Jedoch könnten in Ausnahmefällen auch gemeinsame Standpunkte Rechtswirkungen gegenüber Dritten entfalten. Dann müssen sie aber Gegenstand eines Vorabentscheidungsverfahrens bzw. einer Nichtigkeitsklage sein können. Der Gerichtshof führte aus:

1078 EuG, Rs. T-338/02, Slg. 2004, II-1647, Rn. 38 (Segi).

1079 EuGH, Rs. C-354/04 P (Gestoras Pro Amnistía) und Rs. C-355/04 P (Segi), Slg. 2007, I-1579, Rn. 50.

1080 EuGH, Rs.C-50/00 P, Slg. 2002, I-6677, Rn. 45 (Unión de Pequeños Agricultores).

1081 EuGH, Rs. C-354/04 P (Gestoras Pro Amnistía) und Rs. C-355/04 P (Segi), Slg. 2007, I-1579, Rn. 54.

1082 EuGH, Rs. C-354/04 P (Gestoras Pro Amnistía) und Rs. C-355/04 P (Segi), Slg. 2007, I-1579, Rn. 46.

1083 EuGH, Rs. C-354/04 P (Gestoras Pro Amnistía) und Rs. C-355/04 P (Segi), Slg. 2007, I-1579, Rn. 52.

„Das Verfahren, in dem der Gerichtshof im Wege der Vorabentscheidung entscheiden kann, soll die Wahrung des Rechts bei der Auslegung und Anwendung des Vertrags sichern; diesem Ziel liefe es zuwider, Art. 35 Abs. 1 EU eng auszulegen. Die Möglichkeit, den Gerichtshof um Vorabentscheidung zu ersuchen, muss daher in Bezug auf alle Maßnahmen des Rates unabhängig von ihrer Rechtsnatur oder Form offen stehen, sofern sie Rechtswirkungen gegenüber Dritten erzeugen sollen [...]“.[1084]

Bei Anhängigkeit eines Rechtsstreits bei einem nationalen Gericht, der *incidenter* die Frage der Gültigkeit oder der Auslegung eines gemeinsamen Standpunktes aufwirft, sowie bei ernstlichen Zweifeln dieses Gerichtes im Hinblick auf die Frage, ob dieser gemeinsame Standpunkt in Wirklichkeit Rechtswirkungen gegenüber Dritten erzeugen soll, könne dieses Gericht sich mit einem Vorabentscheidungsverfahren an den Gerichtshof wenden. Es sei dann „Sache des Gerichtshofs, gegebenenfalls festzustellen, dass der gemeinsame Standpunkt Rechtswirkungen gegenüber Dritten erzeugen soll, ihn dementsprechend richtig einzustufen und im Wege der Vorabentscheidung zu entscheiden“.[1085] Der EuGH wäre ebenfalls „für die Überprüfung der Rechtmäßigkeit solcher Handlungen zuständig, wenn eine Klage von einem Mitgliedstaat oder von der Kommission erhoben würde und die Voraussetzungen von Art. 35 Abs. 6 EU gegeben wären.“[1086]

Auch wenn der Gerichtshof in diesen Entscheidungen zunächst unterstrichen hat, dass es grundsätzlich Sache der Mitgliedstaaten sei, ein anderes Rechtsschutzsystem im Rahmen der dritten Säule zu schaffen und aus diesem Grund die Möglichkeit einer Schadensersatzklage abgelehnt hat, hat er im Ergebnis die Möglichkeit zu einer umfänglichen Prüfung der gemeinsamen Standpunkte am Maßstab der Unionsgrundrechte im Rahmen eines Vorabentscheidungsverfahrens bzw. einer Nichtigkeitsklage eröffnet, sofern die gemeinsamen Standpunkte Rechtswirkungen für Dritte erzeugen.[1087]

Damit ist er zum einen in einem Teilbereich den eingangs angesprochenen rechtsstaatlichen Bedenken hinsichtlich der eingeschränkten Rechtsschutzmöglichkeiten in der dritten Säule begegnet bzw. den Forderungen des EGMR in der *Bosphorus*-Entscheidung nachgekommen, einen gleichwertigen, nicht notwendigerweise identischen, prozeduralen Grundrechtsschutz auf Unionsebene zu gewährleisten. Zum anderen hat der EuGH erneut die Annäherung der dritten

---

[1084] EuGH, Rs. C-354/04 P (Gestoras Pro Amnistía) und Rs. C-355/04 P (Segi), Slg. 2007, I-1579, Rn. 53.

[1085] EuGH, Rs. C-354/04 P(Gestoras Pro Amnistía) und Rs. C-355/04 P (Segi), Slg. 2007, I-1579, Rn. 54.

[1086] EuGH, Rs. C-354/04 P (Gestoras Pro Amnistía) und Rs. C-355/04 P (Segi), Slg. 2007, I-1579, Rn. 55.

[1087] *Haltern*, JZ 2007, 537, 547; wann dies der Fall ist, hat der EuGH in jener Entscheidung noch offen gelassen. Es wird jedoch bereits spekuliert, dass der EuGH hier eine großzügige Interpretation vornehmen wird.

Säule an das Gemeinschaftsrecht weiter verfolgt, indem er seine Jurisdiktion ausgeweitet und damit die Unterschiede seiner Kompetenzen im Gemeinschaftsrecht und im Rahmen der dritten Säule verringert hat.[1088] Zutreffend ist darauf hingewiesen worden, dass sich der EuGH zur Begründung der weiten Auslegung des Art. 35 Abs. 1 EU vor allem auch des Wortlautes des Art. 220 EG, der seine Kompetenzen im Gemeinschaftsrecht festlegt, bedient hat:[1089] „das Verfahren, in dem der Gerichtshof im Wege der Vorabentscheidung entscheiden kann, (soll) die *Wahrung des Rechts bei der Auslegung und Anwendung des Vertrags* sichern".[1090]

bb) Strafrechtsanweisungskompetenz für die Europäische Gemeinschaft

Eine weitere Entscheidung zur Überwindung der Säulenstruktur bzw. zur Stärkung der Vergemeinschaftung gegenüber intergouvernementalen Strukturen betrifft die Anerkennung einer partiellen strafrechtlichen Regelungskompetenz der Europäischen Gemeinschaft im Bereich des Umweltstrafrechts.[1091] Auch hier hat der EuGH den Ansatz des Verfassungsvertrags vorweg genommen, die PJZS der Gemeinschaftsmethode zu unterwerfen, indem er die Kompetenzen der Europäischen Gemeinschaft ausgeweitet und in einem bestimmten Umfang strafrechtliche Rechtsangleichungskompetenzen der supranationalen Ebene zugeordnet hat. Geht schon mit der Anerkennung einer Pflicht zur rahmenbeschlusskonformen Auslegung die Möglichkeit einer verbesserten Durchsetzung der Rahmenbeschlussvorgaben einher, so vergrößert auch eine gemeinschaftsrechtliche Strafrechtskompetenz die Harmonisierungskraft in den entsprechenden Bereichen, da eine Vertragsverletzungsklage der Nichtumsetzung von Richtlinien begegnen kann.[1092]

Bis zu der Entscheidung des EuGH wurde dem Gemeinschaftsgesetzgeber zur effektiven Verwirklichung der von ihm verfolgten Politiken überwiegend allein eine „Kompetenz zur Sanktionsanweisung", nicht hingegen eine „Kompetenz zur Strafrechtsanweisung" zugestanden, d.h. er kann den Mitgliedstaaten in einer Richtlinie vorgeben, wirksame, angemessene und abschreckende Sanktionen zur effektiven Durchsetzung des Richtlinienziels vorzusehen, nicht hingegen selbst die Art der Sanktionen vorschreiben. Es war nach dieser Auffassung

---

1088 *Haltern*, JZ 2007, 772, 777 sowie *ders.*, JZ 2007, 537, 547.

1089 *Haltern*, JZ 2007, 772, 777.

1090 EuGH, Rs. C-354/04 P (Gestoras Pro Amnistía) und Rs. C-355/04 P (Segi), Slg. 2007, I-1579, Rn. 53 (Hervorhebung durch die Verfasserin).

1091 EuGH, Rs. C-176/03, Slg. 2005, I-7879 (Kommission/Rat); siehe dazu *Streinz*, JuS 2006, 164 ff.; *Heger*, JZ 2006, 310 ff.; *Labayle*, RTDE 42 (2006), 1, 6 ff.; *Calliess*, ZEuS 2008, 23 ff.; *Suhr*, ZEuS 2008, 45, 57 ff.

1092 Zu diesem Aspekt GA *Ruiz-Jarabo Colomer*, Schlussanträge in Rs. C-176/03, Slg. 2005, I-7879, Rn. 4 (Kommission/Rat).

vielmehr allein Sache der Mitgliedstaaten, darüber zu entscheiden, ob die entsprechenden Sanktionen eine Pönalisierung bestimmter Verhaltensweisen erfordern oder nicht.[1093] Praktisch relevant wurde die Problematik im Zusammenhang mit dem Rahmenbeschluss über den Schutz der Umwelt durch das Strafrecht[1094], den der Rat gestützt auf Art. 31 lit. e EU verabschiedet hatte, während die Kommission der Auffassung war, dass jene Regelungen der in Art. 175 EG verankerten umweltrechtlichen Kompetenz der Gemeinschaft unterfallen.[1095]

Der EuGH hat im Rahmen der von der Kommission erhobenen Nichtigkeitsklage in einer Grundsatzentscheidung der Europäischen Gemeinschaft eine teilweise „Kompetenz zur Strafrechtsanweisung" zugesprochen und den Rahmenbeschluss wegen Verstoßes gegen Art. 47 EU für nichtig erklärt.[1096] Das Strafrecht falle zwar ebenso wie das Strafprozessrecht grundsätzlich nicht in die Zuständigkeit der Gemeinschaft.[1097] Dennoch könne „dies den Gemeinschaftsgesetzgeber [...] nicht daran hindern, Maßnahmen in Bezug auf das Strafrecht der Mitgliedstaaten zu ergreifen, die seiner Meinung nach erforderlich sind, um die volle Wirksamkeit der von ihm zum Schutz der Umwelt erlassenen Rechtsnormen zu gewährleisten, wenn die Anwendung wirksamer, verhältnismäßiger und abschreckender Sanktionen durch die zuständigen nationalen Behörden eine zur Bekämpfung schwerer Beeinträchtigungen der Umwelt unerlässliche Maßnahme darstellt."[1098]

In der Folge dieser Entscheidung waren viele Fragen bezüglich des genauen Umfangs dieser Strafrechtsbefugnis offen. Aus dem Urteil ergibt sich, dass der Gemeinschaftsgesetzgeber zum Erlass von Rechtsakten befugt ist, welche die

---

[1093] Dazu eingehend *Satzger*, Europäisierung des Strafrechts, 393 ff.; *Streinz*, FS Otto, 1029, 1035 f.; *Heger*, JZ 2006, 310, 312; *Wasmeier/Jour-Schröder*, in: von der Groeben/Schwarze (Hrsg.), EUV/EGV, Art. 29 EU Rn. 54 f.

[1094] RB 2003/80/JI v. 27.1.2003 über den Schutz der Umwelt durch das Strafrecht, ABl. 2003 L 29/55; vgl. zur Kompetenzabgrenzung zwischen EG und EU auch schon die sog. Flughafentransit-Entscheidung des EuGH, Rs. C-170/96, Slg. 1998, I-2763 (Kommission/Rat), der eine Nichtigkeitsklage der Kommission gegen die gemeinsame Maßnahme 96/197/JI betreffend den Transit auf Flughäfen (ABl. 1996, L 63/8) wegen Verstoßes gegen Art. 100 c EG-Vertrag a. F. zugrunde lag.

[1095] Das gleiche Problem stellt sich aber ebenso im Hinblick auf eine Vielzahl anderer Rahmenbeschlüsse - vgl. hierzu die Übersicht im Anhang der Mitteilung der Kommission v. 24.11.2005, KOM (2005), 583 endg.

[1096] EuGH, Rs. C-176/03, Slg. 2005, I-7879, Rn. 53 (Kommission/Rat); dazu kritisch *Heger*, JZ 2006, 310 ff.; bereits im Flughafentransit-Urteil hatte der EuGH sich für zuständig erklärt, Handlungen im Rahmen der dritte Säule für nichtig erklären zu können, wenn diese in die vom EG-Vertrag begründeten Zuständigkeiten der Gemeinschaft fallen: EuGH, Rs. C-170/96, Slg. 1998, I-2763, Rn. 17 (Kommission/Rat).

[1097] EuGH, Rs. C-176/03, Slg. 2005, I-7879, Rn. 47 (Kommission/Rat).

[1098] EuGH, Rs. C-176/03, Slg. 2005, I-7879, Rn. 48 (Kommission/Rat).

Verhängung strafrechtlicher Sanktionen vorsehen, wenn er solche Sanktionen für erforderlich hält, um die volle Wirksamkeit der von ihm erlassenen Rechtsnormen zu gewährleisten, vorausgesetzt, die strafrechtlichen Maßnahmen sind zur Bekämpfung schwerer Beeinträchtigungen des betreffenden Bereichs unerlässlich.[1099] Dies lässt offen, ob die Gemeinschaft auch Art und Höhe der anzuwendenden Sanktionen vorschreiben darf. Zudem bezog sich der EuGH stark auf den damaligen Sachverhalt. Ungeklärt blieb damit auch, ob das Urteil auf den Bereich des Umweltrechts beschränkt ist.

Die Kommission legte die Entscheidung im Wesentlichen so aus, dass die Ausführungen des Gerichtshofs auch über den Bereich des Umweltschutzes hinaus Anwendung fänden. Die Entscheidung bestätige zudem die grundsätzliche Zuständigkeit des Gemeinschaftsgesetzgebers, im Rahmen der ersten Säule die erforderlichen Vorschriften in Bezug auf das Strafrecht der Mitgliedstaaten zu erlassen, um die volle Wirksamkeit der Gemeinschaftsrechtsnormen zu gewährleisten.[1100] Entsprechend dieser Auslegung hat die Kommission im Anschluss Vorschläge für eine Reihe von Richtlinien der Gemeinschaft vorgelegt, welche die Mitgliedstaaten verpflichten, in ihrem nationalen Recht strafrechtliche Sanktionen vorzusehen.[1101] Andere Stimmen befürworteten eine enge Auslegung der Entscheidung des Gerichtshofs zum Umweltstrafrecht. Sie beziehe sich ausschließlich auf die Umweltpolitik; jedenfalls liege es aber außerhalb der Zuständigkeit der Gemeinschaft, Art und Höhe der von den Mitgliedstaaten vorzusehenden strafrechtlichen Sanktionen festzulegen.[1102]

Der EuGH hat jüngst seine Rechtsprechung in diesem Zusammenhang präzisiert.[1103] Die Kommission hatte nach der Entscheidung zum Umweltstrafrecht erneut eine Nichtigkeitsklage angestrengt, diesmal gegen den „Rahmenbeschluss zur Verstärkung des strafrechtlichen Rahmens zur Bekämpfung der Verschmutzung durch Schiffe".[1104] Sie machte geltend, dass die darin getroffenen Regelungen der in Art. 80 Abs. 2 EG verankerten Kompetenz der Gemeinschaft hinsichtlich einer gemeinsamen Verkehrspolitik unterfallen. Der EuGH

[1099] So die Einschätzung von GA *Mazák*, Schlussanträge in Rs. C-440/05, Slg. 2007, I-9097, Rn. 102 (Kommission/Rat)

[1100] Vgl. die Äußerungen der Kommission in der Mitteilung v. 24.11.2005, KOM (2005) 583 endg.

[1101] Vgl. den geänderten Vorschlag für eine RL über strafrechtliche Maßnahmen zur Durchsetzung der Rechte des geistigen Eigentums (KOM (2006) 168 endg.) sowie Vorschlag für eine RL über den strafrechtlichen Schutz der Umwelt (KOM (2007) 51 endg.).

[1102] So das Vorbringen des Rates und Mitgliedstaaten im Verfahren vor dem EuGH, Rs. C-440/05, Slg. 2007, I-9097, Rn. 42 ff. (Kommission/Rat).

[1103] EuGH, Rs. C-440/05, Slg. 2007, I-9097 (Kommission/Rat); hierzu die Anmerkung von *Eisele*, JZ 2008, 251 ff.

[1104] RB 2005/667/JI v. 12.7.2005, ABl. L 255/164.

folgte der Argumentation der Kommission im Wesentlichen und erklärte auch diesen Rahmenbeschluss wegen Verstoßes gegen Art. 47 EU unter Berufung auf sein Urteil zum Umweltstrafrecht für nichtig.[1105] Die Strafrechtsanweisungskompetenz ist damit nicht auf den Bereich des Umweltrechts beschränkt. Allerdings machte der EuGH, entgegen der Auffassung der Kommission, deutlich, dass „die Bestimmung von Art und Maß der anzuwendenden strafrechtlichen Sanktionen dagegen [...] nicht in die Zuständigkeit der Gemeinschaft (fällt)".[1106] Der Gemeinschaftsgesetzgeber kann daher die Mitgliedstaaten nur zwingen, von der strafrechtlichen Ahndung Gebrauch zu machen, und vorschreiben, dass die Sanktionen wirksam, angemessen und abschreckend sind. Darüber hinaus sei er jedoch nicht befugt, die aufzuerlegenden Sanktionen näher festzulegen.[1107]

cc) *Anerkennung einer partiellen Rechtsverbindlichkeit der Grundrechtecharta*

Neben der Überwindung der Säulenstruktur ist schließlich auch das Bestreben des EuGH zu konstatieren, Aspekte des Verfassungsvertrages hinsichtlich des unionsrechtlichen Grundrechtsschutzes aufzugreifen. Maßgeblich ist in diesem Kontext das Urteil des Gerichtshofs[1108] betreffend die Rechtmäßigkeit der Familienzusammenführungsrichtlinie.[1109] Der EuGH nahm darin erstmalig Bezug auf die Charta der Grundrechte[1110] als einer Erkenntnisquelle europäischen Grundrechtsschutzes.[1111] Er entwickelte ihre rechtsdogmatische Einordnung fort und sprach ihr eine partielle Rechtsverbindlichkeit zu.[1112] Damit folgte der Gerichts-

---

[1105] EuGH, Rs. C-440/05, Slg. 2007, I-9097, Rn. 74 (Kommission/Rat).

[1106] EuGH, Rs. C-440/05, Slg. 2007, I-9097, Rn. 70 (Kommission/Rat).

[1107] GA *Mazák*, Schlussanträge in Rs. C-440/05, Slg. 2007, I-9097, Rn. 103 (Kommission/Rat); vgl. auch schon GA *Ruiz-Jarabo Colomer* Schlussanträge in Rs. C-176/03, Slg. 2005, I-7879, Rn. 83 ff. (Kommission/Rat).

[1108] EuGH, Rs. C-540/03, Slg. 2006, I- 5769 (EP/Rat).

[1109] Richtlinie 2003/86/EG v. 22.9.2003, ABl. 2003 L 251/12.

[1110] ABl. 2000 C 364/1.

[1111] EuGH, Rs. C-540/03, Slg. 2006, I-5769, Rn. 38 (EP/Rat); in der Folge hat er u. a. im Zusammenhang mit der Grundrechtskontrolle des Rahmenbeschlusses über den Europäischen Haftbefehl erneut die Charta herangezogen: EuGH, Rs. C-303/05, Slg. 2007, I-3633, Rn. 46 (Advocaten voor de Wereld).

[1112] Dazu *Thym* NJW 2006, 3249 ff.; *Szczekalla*, NVwZ 2006, 1019 ff.; *Fremuth*, EuZW 2006, 571 ff.; *Bouchouaf/Britz/Richter*, JZ 2007, 43 f.

hof dem EuG[1113] sowie verschiedenen Generalanwälten beim EuGH[1114], die sich bereits vorher mit dem Text beschäftigten und ihn unterstützend verwerteten.[1115]

Die Charta der Grundrechte sollte in den Verfassungsvertrag inkorporiert und dadurch mit Rechtsverbindlichkeit ausgestattet werden - ein Status, der ihr gegenwärtig als bloße „feierliche Erklärung" der Präsidenten des Europäischen Parlaments, des Rates und der Kommission nicht zukommt.[1116] Die Bezugnahme des EuGH auf die Charta der Grundrechte als Rechtserkenntnisquelle ist daher von dem Bestreben gekennzeichnet, negativen Auswirkungen für einen effektiven Grundrechtsschutz, die durch die ungewiss gewordene Inkorporierung der Grundrechtecharta bedingt sind, entgegenzutreten.[1117]

In seiner Argumentation stützt sich der Gerichtshof im Wesentlichen auf zwei Punkte.[1118] Zum einen unterstreicht er den Gedanken der Selbstbindung des Gemeinschaftsgesetzgebers. Dieser habe durch den Bezug auf die Charta in der

---

[1113] Vgl. etwa EuG, Rs. T-54/99, Slg. 2002, II-313, Rn. 48, 57 (Max.Mobil); EuG, Rs. T-177/01, Slg. 2002, II-2365, Rn. 42 (Jégo-Quéré); EuG, Rs. T-236/01, Slg. 2004, II-1181, Rn. 137 (Tokai Carbon).

[1114] Siehe GA *Tizzano*, Schlussanträge in Rs. C-173/99, Slg. 2001, I-4881, Rn. 26 ff. (BECTU): „Anerkennung und Bestätigung der bestehenden Grundrechte"; GA *Léger*, Schlussanträge in Rs. C-353/99 P, Slg. 2001, I-9565, Rn. 74 ff. (Hautala): Grundrechtecharta als Mittel der Identifikation und Auslegung des Gemeinschaftsrechts; GA *Mischo*, Schlussanträge in Rs. C-20/00, C-64/00, Slg. 2003, I-7411, Rn. 126 (Booker Aquaculture): „Ausdruck eines demokratisch zustande gekommenen politischen Konsenses darüber, was heute als Katalog der von der Gemeinschaftsrechtsordnung garantierten Grundrechte gelten kann"; GA *Alber*, Schlussanträge in Rs. C-63/01, Slg. 2003, I-14447, Rn. 84 (Evans): „Richtschnur"; GA *Maduro*, Schlussanträge in Rs. C-181/03 P, Slg. 2005, I- 199, Rn. 51 (Nardone): "Referenzkriterium"; GA *Kokott*, Schlussanträge in verb. Rs. C-387/02, C-391/02, C-403/02 Slg. 2005, I-3565, Fn. 83 (Berlusconi) sowie Schlussanträge in Rs. C-540/03, Slg. 2006, I-5769, Rn. 108 (EP/Rat): „Rechtserkenntnisquelle".

[1115] Auch das BVerfG hat in Entscheidungen bereits Bezug auf Bestimmungen der Grundrechtecharta genommen: vgl. etwa BVerfG, NJW 2002, 885 (Art. 51 Grundrechtecharta); BVerfG, NJW 2003, 1924, 1926 und BVerfG, NJW 2004, 2887 (jeweils Art. 47 Abs. 2 Grundrechtecharta).

[1116] Zum gegenwärtigen Status der Charta der Grundrechte etwa *Goerlich*, Europäische Rechteerklärungen, 9 ff.; zu ihrer Bedeutung trotz eines bereits gesicherten Grundrechtsbestands kraft allgemeiner Rechtsgrundsätze siehe *Kotzur*, JöR 55 (2007), 337, 346 f.

[1117] *Thym*, NJW 2006, 3249 f.: „kein Zufall, dass der Gerichtshof sein Schweigen zur Charta zum aktuellen Zeitpunkt beendet. Nach dem vorläufigen Scheitern des EU-Verfassungsvertrags [...] empfindet der EuGH offenbar die Notwendigkeit, selbst aktiv zu werden."; siehe auch *Arnull*, ELRev. 2006, 611, 612; *Drywood*, ELRev. 2007, 396, 401: "legitimate to question whether the Court is giving a gentle nudge to, at least partial implementation of the Constitutional Treaty".

[1118] Vgl. *Szczekalla*, NVwZ 2006, 1019 f.

Präambel der Familienzusammenführungsrichtlinie deren Bedeutung anerkannt.[1119] Zum anderen beruft er sich auf die Bekräftigungsfunktion der Charta als Kodifikation bestehender Gemeinschaftsgrundrechte.[1120]

b) Zwischenergebnis

Die genannten Rechtsprechungsbeispiele verdeutlichen allesamt die integrationsfreundliche Rolle, die der EuGH vor dem Hintergrund des ins Stocken geratenen Verfassungsprozesses in den letzten Jahren abermals eingenommen hat. Durch sie wirkt der Gerichtshof an einer „weichen" Konstitutionalisierung mit.[1121] Fraglich ist, inwieweit die Umsetzung einzelner Reformschritte des Verfassungsvertrags auf Grundlage der geltenden Verträge von seinen Kompetenzen gedeckt ist. Zwar hat der Europäische Rat im Juni 2006 zum Ausdruck gebracht, dass „die Möglichkeiten, die die derzeitigen Verträge bilden, bestmöglich ausgeschöpft werden sollten"[1122] und auch die Literatur hat nach den gescheiterten Referenden wiederholt eine integrative Rechtsprechung des Gerichtshofs begrüßt.[1123] Grundsätzlich ist jedoch „jeder Versuch, die [...] politisch nicht durchsetzbaren Verfassungsziele auf dem Wege der richterlichen Rechtsfortbildung zu erreichen, äußerst kritisch" zu betrachten.[1124]

[1119] EuGH, Rs. C-540/03, Slg. 2006, I-5769, Rn. 38 (EP/Rat), vgl. dazu *Bouchouaf/Britz/Richter*, JZ 2007, 43 f.: „Konstruktion der Bindungswirkung über sekundärrechtliche Verweisungen".

[1120] EuGH, Rs. C-540/03, Slg. 2006, I-5769, Rn. 38 (EP/Rat).

[1121] *Thym*, NJW 2006, 3249, 3250; *ders.*, Integration 2005, 307, 311.

[1122] Vgl. Schlussfolgerungen des Vorsitzes des Europäischen Rates vom 15./16. Juni 2006, Ratsdok. 10633/1/06, Rn. 46; das Europäische Parlament hat in der Folge der negativen Referenden wiederholt gefordert, dass von der Ermächtigung der „Brückenklausel" des Art. 42 EU Gebrauch gemacht werden solle. Danach kann der Rat auf Initiative der Kommission oder eines Mitgliedstaates nach Anhörung des Europäischen Parlamentes einstimmig beschließen, dass bestimmte in Art. 29 EU genannte Maßnahmen unter Titel IV des EG-Vertrags fallen, d.h. eine Vergemeinschaftung bestimmter Materien ohne Änderung der Verträge: vgl. etwa Standpunkt des Europäischen Parlaments, Parlamentarisches Treffen vom 8./9.5.2006, Rn. 8, abrufbar unter: http://www.futureofeurope.europarl.europa.eu/future/webdav/site/myjahiasite/shared/import/Home/EP_PE/chambre1/theme3/613190DE.pdf.

[1123] Etwa *Labayle*, RTDE 42 (2006), 1 ff.

[1124] Im Hinblick auf die *Pupino*-Entscheidung *Hummrich*, DRiZ 2005, 361, 364; *Herrmann*, EuZW 2005, 436, 437; *Adam*, EuZW 2005, 558, 561; a.A. *Schroeder*, EuR 2007, 349, 351: „Es existiert keine verfassungsrechtliche Schranke für den EuGH eine richterliche Angleichung der beiden Rechtsmaterien Unions- und Gemeinschaftsrecht herbeizuführen, weil eine *de lege ferenda* Lösung des Problems durch den Europäischen Verfassungsgeber gescheitert ist."

Im Rahmen der vorliegenden Untersuchung ist nicht näher auf die soeben skizzierten übrigen Rechtsprechungsbeispiele einzugehen. Genügen soll hier ein Verweis auf Analysen in der Literatur.[1125] Von Relevanz ist allerdings, ob die Übertragung der Pflicht zur richtlinienkonformen Auslegung auf die dritte Säule der Europäischen Union eine zulässige richterliche Rechtsfortbildung darstellte.

3. Zulässige richterliche Rechtsfortbildung?

a) Legitimation des EuGH zur Rechtsfortbildung im Allgemeinen

aa) Rechtsfortbildungskompetenz im Hinblick auf das Gemeinschaftsrecht

Es ist allgemein anerkannt, dass dem EuGH im Hinblick auf das Gemeinschaftsrecht eine rechtsfortbildende Funktion zustehen muss, um die supranationalen Gemeinschaften effektiv verwirklichen zu können.[1126] Das BVerfG hat in seiner Entscheidung zur Zulässigkeit der Etablierung der unmittelbaren Richtlinienwirkung durch den EuGH hervorgehoben, dass „die Mitgliedstaaten

[1125] Die Anerkennung der Rechtsverbindlichkeit der Grundrechtecharta wird überwiegend positiv bewertet. Der EuGH habe sich hierbei im Rahmen seiner richterlichen Kompetenzen gehalten. Der von ihm gewählte zweite Begründungsansatz - die Bekräftigungsfunktion der Charta als Kodifikation bereits bestehender Gemeinschaftsgrundrechte - verdeutliche, dass der EuGH nur von einer beschränkten Beachtlichkeit der Charta ausgehe und sie lediglich als ergänzende Erkenntnisquelle der anerkannten Rechtsquellen, nicht hingegen als eigenständige Rechtsquelle begreife. Der EuGH habe in seinem Urteil somit nicht Stellung zu der Frage nach der Rechtswirkung der Charta in dem Fall genommen, dass sie über die anerkannten Gemeinschaftsgrundrechte hinausginge. Die Entscheidung des EuGH impliziere, dass in so einer Konstellation der Charta gegenwärtig wohl eine rechtliche Bedeutung abgesprochen werden müsste: so übereinstimmend *Thym*, NJW 2006, 3249, 3250; *Fremuth*, EuZW 2006, 571, 572; *Szczekalla*, NVwZ 2006, 1019, 1020.

Zur Ausweitung der judikativen Kompetenzen des EuGH vgl. bereits *Ludwig*, Rolle des Europäischen Gerichtshofs, 158 ff., der die Jurisdiktion des EuGH bezüglich gemeinsamer Standpunkte davon abhängig macht, dass diese „rechtsverbindlich pflichtenbegründend wirken können“, wobei *Ludwig* dies zum Zeitpunkt seiner Untersuchung verneinte; siehe auch die eingehende - im Ergebnis affirmative - Analyse von *Haltern*, JZ 2007, 537, 546; *ders.*, JZ 2007, 772 ff.; zur Erweiterung des Individualrechtsschutzes in der dritten Säule und Souveränitätsaspekte jüngst *Goerlich*, Souveränität und Supranationalität (i.E.).

Zur Strafrechtsanweisungskompetenz der Gemeinschaft kritisch *Giegerich*, ZaöRV 67 (2007), 351, 368 ff.; *Streinz*, FS Otto, 1029, 1039 ff.; *ders.*, JuS 2006, 164 ff.; affirmativ *Böse*, GA 2006, 211 ff.

[1126] Vgl. eingehend zur Rechtsfortbildung durch den EuGH etwa *Ukrow*, Rechtsfortbildung, 68 ff.; *Bleckmann*, GS Constantinesco, 61 ff.; *Dänzer-Vanotti*, RIW 1991, 733 ff.; *Everling*, JZ 2000, 217 ff.; *Calliess*, NJW 2005, 929 ff.; *Hummer/Obwexer*, EuZW 1997, 295 ff.; *Borchardt*, GS Grabitz, 29 ff.

die Gemeinschaft mit einem Gericht ausstatten (wollten), dem Rechtsfindungswege offen stehen sollten, wie sie in jahrhundertelanger gemeineuropäischer Rechtsüberlieferung und Rechtskultur ausgeformt worden sind [...]", so dass es angesichts dessen verfehlt sei, zu meinen, „dem Gerichtshof der Gemeinschaften wäre die Methode der Rechtsfortbildung verwehrt".[1127]

Der EuGH hat in der Entscheidung *Brasserie du Pêcheur* Stellung zu seiner Kompetenz zur richterlichen Rechtsfortbildung genommen, wenngleich er im Sinne der französischen Doktrin nicht von Rechtsfortbildung, sondern lediglich von „Auslegung" sprach. Anlass waren zahlreiche kritische Stimmen, welche die Entwicklung des gemeinschaftsrechtlichen Staatshaftungsanspruchs der Mitgliedstaaten als ein Handeln *ultra vires* betrachteten.[1128] Auch die deutsche Regierung hatte im zugrunde liegenden Verfahren eingewandt, dass nur der Gesetzgeber einen solchen Staatshaftungsanspruch einführen könne und die Anerkennung eines solchen Anspruchs durch Richterrecht mit der Zuständigkeitsverteilung zwischen den Organen der Gemeinschaft und den Mitgliedstaaten sowie mit dem nach dem Vertrag vorgesehenen institutionellen Gleichgewicht unvereinbar wäre.[1129] Der Gerichtshof hielt diesen Auffassungen seine Auslegungskompetenzen gemäß Art. 234, 220 EG entgegen und verwies auf seine Aufgabe, die „Wahrung des Rechts" zu sichern.[1130]

Zutreffend bezieht sich die in Art. 220 EG umrissene Aufgabe des Gerichtshofs, das Recht zu wahren, neben dem geschriebenen Recht auch auf die Berücksichtigung von Rechtsprinzipien, allgemeinen Rechtsgrundsätzen und Gemeinschaftsgewohnheitsrecht, die zur Schließung von Lücken und zur Ergänzung des unvollständigen Gemeinschaftsrechts erforderlich sind.[1131] Darüber hinaus leitet sich die Kompetenz des EuGH zur Rechtsfortbildung des Gemeinschaftsrechts aus dem „dynamisch-evolutiven" Integrationsansatz des EG-Vertrags ab, der namentlich in dessen Präambel zum Ausdruck kommt.[1132] Dort heißt es, dass es der feste Wille der Mitgliedstaaten sei, „die Grundlagen für einen immer engeren Zusammenschluss der europäischen Völker zu schaffen". Dieser auf Wandel angelegte Integrationsauftrag der Präambel impliziert eine Offenheit

---

[1127] BVerfGE 75, 223 (243 f.).

[1128] Statt vieler *Hidien*, Gemeinschaftsrechtliche Staatshaftung, 5; *Prieß*, NVwZ 1993, 118, 125; *Dänzer-Vanotti*, RIW 1992, 733, 740 f.; *von Danwitz*, JZ 1994, 335, 338.

[1129] EuGH, verb. Rs. C-46/93 und C-48/93, Slg. 1996, I-1029, Rn. 24 (Brasserie du Pêcheur/Factortame).

[1130] EuGH, verb. Rs. C-46/93 und C-48/93, Slg. 1996, I-1029, Rn. 25-30 (Brasserie du Pêcheur/Factortame).

[1131] Vgl. etwa *Calliess*, NJW 2005, 929, 930; *Ukrow*, Rechtsfortbildung, 91 f.

[1132] *Ukrow*, Rechtsfortbildung, 93 ff.; *Hummer/Obwexer*, EuZW 1997, 295, 296; *Calliess*, NJW 2005, 929, 930.

des Gemeinschaftsvertrags[1133] sowie eine dem Gemeinschaftsrecht eigene „zweckrationale Dynamik“, deren Grenzen nicht von vornherein feststehen und die es erforderlich machen kann, nicht gewollte Lücken durch das richterliche Organ zu schließen.[1134]

bb) Rechtsfortbildungskompetenz im Hinblick auf das Unionsrecht

Fraglich ist, in welchem Umfang auch eine Rechtsfortbildung des *Unionsrechts* durch den EuGH möglich ist.[1135] Art. 46 lit. b EU i.V.m. Art. 35 EU weisen dem EuGH keine umfassenden Rechtsprechungskompetenzen im Bereich der PJZS zu.[1136] Entsprechend könnten auch die Befugnisse zur Rechtsfortbildung des Unionsrechts geringer ausfallen.

Allerdings nimmt Art. 46 EU in seinem einleitenden Satz auf die allgemeinen Bestimmungen betreffend die *Ausübung* der EuGH-Zuständigkeiten Bezug. Dies enthät einen Verweis auf Art. 220 EG, der - wie soeben erörtert - die maßgebliche Grundlage der Rechtsfortbildung im Hinblick auf das Gemeinschaftsrecht darstellt.[1137] Hinzu kommt, dass der Ausschluss bestimmter Rechtsfortbildungen - wie etwa die Anerkennung einer unmittelbaren Wirkung von Rahmenbeschlüssen - die grundsätzlich bestehende Möglichkeit einer Rechtsfortbildungskompetenz im Rahmen der dritten Säule zugleich doch impliziert.[1138] Schließlich wohnt auch dem EU-Vertrag ein „dynamisch-evolutiver“ Integrationsansatz inne. Dieser kommt etwa in Art. 1 Abs. 2 EU zum Ausdruck, der besagt, dass der EU-Vertrag eine „neue Stufe bei der Verwirklichung einer immer engeren Union der Völker Europas“ darstellt.

Problematisch könnte sein, dass Art. 35 Abs. 1 EU im Unterschied zu Art. 234 Abs. 1 EG dem EuGH nur die Möglichkeit einräumt, über die Auslegung und Gültigkeit von Sekundärrechtsakten zu entscheiden. Eine Auslegung des EU-Vertrages ist nicht ausdrücklich übertragen.[1139] Der Gerichtshof hat jüngst jedoch klargestellt, dass seine Zuständigkeit nach Art. 35 Abs. 1 EU es „notwen-

---

[1133] *H. P. Ipsen* spricht in diesem Zusammenhang von einer „Wandel-Verfassung“ (*H. P. Ipsen*, Verfassungsrolle des Europäischen Gerichtshofs, 50 f.) bzw. von „Zweckverbänden funktioneller Integration“ (*H. P. Ipsen*, Gemeinschaftsrecht, § 8 Rn. 24).

[1134] *Hummer/Obwexer*, EuZW 1997, 295, 296.

[1135] Dazu eingehend *Giegerich*, ZaöRV 67 (2007), 351, 366 ff.

[1136] Im Hinblick auf die zweite Säule der Europäischen Union, der Gemeinsamen Außen- und Sicherheitspolitik, ist eine Rechtsprechungskompetenz des EuGH gar in Gänze ausgeschlossen.

[1137] *Giegerich*, ZaöRV 67 (2007), 351, 366; vgl. auch die Ausführungen des GA *Poiares Maduro*, Schlussanträge in Rs. C-160/03, Slg. 2005, I-2077, Rn. 17 (Spanien/Eurojust).

[1138] *Giegerich*, ZaöRV 67 (2007), 351, 366.

[1139] *Giegerich*, ZaöRV 67 (2007), 350, 367.

dig einschließe, dass er sich, auch ohne entsprechende ausdrückliche Befugnis, zur Auslegung von Bestimmungen des Primärrechts [...] veranlasst sehen kann", um über die Gültigkeit und Auslegung von Sekundärrechtsakten zu entscheiden.[1140] In zwei Rechtsmittelverfahren hat der EuGH zudem die Formulierung des Art. 220 EG im Zusammenhang mit dem Vorabentscheidungsverfahren in der dritten Säule verwendet. Er hat hervorgehoben, dass das Vorabentscheidungsverfahren „die Wahrung des Rechts bei der Auslegung und Anwendung des *Vertrags* sichern soll."[1141] Eine Auslegung und evtl. Fortbildung des EU-Vertrages ist daher nicht durch die eingeschränkte Formulierung des Art. 35 Abs. 1 EU ausgeschlossen. In der dritten Säule sind im Ergebnis die Zuständigkeiten des EuGH nur „in der Breite, nicht hingegen in der Tiefe begrenzt".[1142]

cc) Grenzen der Rechtsfortbildungskompetenz

Die Rechtsfortbildung durch den EuGH unterliegt wie jede richterliche Rechtsfortbildung Grenzen. Zu unterscheiden ist primär zwischen Grenzen der horizontalen und vertikalen Kompetenzverteilung.[1143]

Betrachtet man die horizontalen Grenzen, so findet sich im Gemeinschafts- bzw. Unionsrecht kein Grundsatz der Gewaltenteilung im klassischen Sinne, d.h. die einzelnen Funktionsbereiche stehen nicht in einem bewussten „checks and balances"-Verhältnis zueinander, sondern sind vielmehr auf die einzelnen Gewalten verteilt. Indes ist auch im Gemeinschafts- bzw. Unionsrecht der „Grundsatz des institutionellen Gleichgewichts" anerkannt.[1144] Dieser verbietet im Ergebnis ebenso eine gesetzeskorrigierende Rechtsfortbildung. Aufgabe des Gerichtshofs ist es, das Recht zu wahren, so dass er an objektivierbare Rechtsgrundlagen gebunden ist.[1145] Dem Gerichtshof ist es untersagt, *contra legem* zu entscheiden. Unzulässig ist damit die Bildung von Normen, obwohl der Gesetzeber eine solche Regelung bewusst nicht getroffen hat.[1146] Bei der Auslegung

---

[1140] EuGH, Rs. C-303/05, Slg. 2007, I-3633, Rn. 18 (Advocaten voor de Wereld); *Giegerich*, ZaöRV 67 (2007), 351, 367 (Fn. 101) weist zutreffend darauf hin, dass der EuGH bereits in der Entscheidung *Pupino* den EU-Vertrag ausgelegt hat, um die Loyalitätspflicht herzuleiten.

[1141] EuGH, Rs. C- 354/04 P (Gestoras Pro Amnistía) und Rs. C-355/04 P (Segi), Slg. 2007, I-1579, Rn. 53 (Hervorhebung durch die Verfasserin).

[1142] So die richtige Einschätzung von *Giegerich*, ZaöRV 67 (2007), 351, 368.

[1143] *Ukrow*, Rechtsfortbildung, 172 ff. macht in seiner eingehenden Studie daneben zudem noch intraorganschaftliche und rechtsdogmatische Grenzen aus.

[1144] Dazu *Hummer/Obwexer*, EuZW 1997, 295, 298 f.; *Schweitzer/Hummer/Obwexer*, Europarecht, Rn. 653 ff.

[1145] *Dänzer-Vanotti*, RIW 1992, 733, 737.

[1146] *Dänzer-Vanotti*, RIW 1992, 733, 737; *Calliess*, NJW 2005, 929, 932.

der Vertragsbestimmungen bzw. sekundärem Recht ist dabei nicht nur auf die historischen Absichten des Gesetzgebers abzustellen, sondern aufgrund der dynamischen Entwicklung des Gemeinschafts- bzw. Unionsrechts auch auf den aktuellen Kontext.[1147] Darüber hinaus ist es nicht Aufgabe des Gerichtshofes, in den Bereich der politischen Gestaltung vorzudringen, welcher allein den demokratisch legitimierten Legislativorganen vorbehalten ist.[1148] Die Grenzziehung zwischen zulässigem Richterrecht und unzulässigem, rechtlich-politischen Gestalten ist seit jeher nicht immer einfach. Aufgrund der Komplexität staatlichen Handelns ist der Rückgriff auf Generalklauseln und unbestimmte Rechtsbegriffe häufig unvermeidbar, was die Delegation von Regelungsbefugnissen auf die Exekutive und Judikative impliziert.[1149]

Neben diesen interorganschaftlichen Grenzen ist zudem die Kompetenzverteilung zwischen den Gemeinschaften bzw. der Union und den Mitgliedstaaten als Grenze zu beachten.[1150] Durch eine Rechtsfortbildung des Gemeinschafts- bzw. Unionsrecht besteht regelmäßig die Möglichkeit der Einschränkung mitgliedstaatlicher Befugnisse.[1151] Das BVerfG hat daher trotz der grundsätzlichen Anerkennung einer Rechtsfortbildung durch den EuGH hervorgehoben, dass dem EuGH damit „keine Befugnis übertragen worden ist, auf diesem Wege Gemeinschaftskompetenzen beliebig zu erweitern".[1152] Der Gerichtshof muss sich damit an die den Europäischen Gemeinschaften bzw. der Union durch die Verträge zugewiesenen Kompetenzen halten.

Schließlich ist in jedem Fall eine umfassende Begründung der rechtsfortbildenden Entscheidungen erforderlich.[1153] Die relevanten Rechts- und Rechtserkenntnisquellen sind nachvollziehbar und plausibel darzulegen. Dies gewährleistet die Vorhersehbarkeit der Entscheidungen[1154], welche wiederum Voraussetzung für die Förderung der Akzeptanz rechtsfortbildender Entscheidungen innerhalb der Mitgliedstaaten und der nationalen Gerichte ist. Die Akzeptanzfähigkeit ist im Hinblick auf Entscheidungen des EuGH von besonderer Bedeutung, da es

---

1147 *Dänzer-Vanotti*, RIW 1992, 733, 737.

1148 *Bleckmann*, GS Constantinesco, 61, 74; *Dänzer-Vanotti*, RIW 1992, 733, 737; *Calliess*, NJW 2005, 929, 932.

1149 Vgl. dazu m.w.N. *Calliess*, NJW 2005, 929, 932.

1150 *Ukrow*, Rechtsfortbildung, 216 ff.

1151 *Everling*, JZ 2000, 217, 225; *Calliess*, NJW 2005, 929, 933.

1152 BVerfGE 75, 223 (243 f.).

1153 *Dänzer-Vanotti*, RIW 1992, 733, 737, *Calliess*, NJW 2005, 929, 933; *Hummer/Obwexer*, EuZW 1997, 295, 300; *Everling*, JZ 2000, 217, 227; eingehend und kritisch zur gegenwärtigen Begründungspraxis des EuGH *Müller/Christensen*, Methodik II, Rn. 751 ff.

1154 *Dänzer-Vanotti*, RIW 1992, 733, 737

bis auf wenige Ausnahmen an Möglichkeiten der zwangsweisen Durchsetzung der Entscheidungen fehlt.[1155]

b) Legitimation des EuGH zur Rechtsfortbildung im konkreten Fall

Vor dem Hintergrund dieser allgemeinen Parameter einer zulässigen Rechtsfortbildung durch den EuGH ist im Folgenden die Zulässigkeit der Parallelisierung des EU-Rahmenbeschlusses mit der EG-Richtlinie durch die Anerkennung einer Pflicht zur rahmenbeschlusskonformen Auslegung zu beurteilen.

Der EuGH stützt diese Pflicht auf die Umsetzungsverpflichtung der Mitgliedstaaten sowie das Gebot der loyalen Zusammenarbeit. Seine Argumentation kann nicht vollständig überzeugen. Es ist bereits fraglich, ob eine dem Art. 10 EG vergleichbare Loyalitätspflicht innerhalb des Unionsrechts existiert.[1156] Selbst wenn man mit dem EuGH davon ausgehen mag, dass sich im EU-Vertrag zahlreiche Bestimmungen anführen lassen, die eine solche Pflicht begründen[1157], ist dies für den vorliegenden Kontext nur von geringer Relevanz, denn das Loyalitätsgebot ist als Legitimationsgrundlage zur Begründung einer Konformauslegungspflicht ohnehin nur ergänzend heranzuziehen.

Wie im ersten Teil der Arbeit erörtert, ist maßgeblich für das Bestehen einer gemeinschaftsrechtlichen Pflicht zur richtlinienkonformen Auslegung allein die in Art. 249 Abs. 3 EG enthaltene Umsetzungsverpflichtung.[1158] Der EuGH kommt hier zu dem Schluss, dass aufgrund des vergleichbaren Wortlautes von Art. 34 Abs. 2 S. 2 lit. b EU mit Art. 249 Abs. 3 EG Rahmenbeschlüsse von „zwingendem" Charakter seien und es damit gerechtfertigt sei, auch eine Pflicht zu rahmenbeschlusskonformer Auslegung anzunehmen. Der vergleichbare Wortlaut belege, dass die Mitgliedstaaten „unabhängig vom gegenwärtigen In-

---

[1155] *Borchardt*, GS Grabitz, 29, 39; dazu auch *Ukrow*, Rechtsfortbildung, 226 f.; *Everling*, EuR 1994, 127, 131.

[1156] Vgl. etwa *Chalmers*, ELRev. 2005, 773, 774: "it takes some inventiveness to read specific judicial duties" out of Article 1 TEU, a provision defining in very general terms the tasks of the Union; kritisch auch *Fletcher*, ELRev. 2005, 862, 871.

[1157] *Weißer*, ZIS 2006, 562, 568; für eine Loyalitätspflicht im Unionsrecht ebenso *Zuleeg*, NJW 2000, 2846, 2847; *Herrmann*, EuZW 2005, 436, 437; *Adam*, EuZW 2005, 558, 561; *Labayle*, RTDE (42) 2006, 1, 24 f.; vgl. auch die Ausführungen des GA *Mengozzi* in seinen Schlussanträgen zu den Rechtssachen *Gestoras Pro Amnistia* und *Segi*, der u.a. auf den Grundsatz der loyalen Zusammenarbeit im Bereich der dritten Säule rekurriert, um die von ihm angenommene Zuständigkeit der nationalen Gerichte zur Überprüfung von unionsrechtlichen Maßnahmen zu bekräftigen, GA *Mengozzi*, Schlussanträge in Rs. C-354/04 P (Gestoras Pro Amnistía) und Rs. C-355/04 P (Segi), Slg. 2007, I-1579, Rn. 105 f.

[1158] Siehe § 2, A., III., 2.

tegrationsstand der Union" ursprünglich ebenso ein Rechtsinstrument mit analogen Rechtswirkungen gewollt haben.

Dem Wortlautargument kommt in der Tat starkes Gewicht zu. Für sich genommen, genügt es allerdings nicht zur Begründung einer unionsrechtlichen Konformauslegungspflicht des nationalen Rechts im Lichte von Rahmenbeschlüssen. Der EuGH berücksichtigt nicht hinreichend, dass die Handlungsformen „Richtlinie" und „Rahmenbeschluss" unterschiedlichen Regelungskontexten entspringen.[1159] Dieser systematische Einwand bedingt, dass der Integrationsstand der dritten Säule der Europäischen Union dem der ersten angenähert sein muss bzw. dass die beiden Pfeiler zumindest Berührungspunkte aufweisen, um dem vergleichbaren Wortlaut auch die gleichen Rechtswirkungen entnehmen zu können.[1160] Zurückzuweisen ist das Argument des EuGH, der Integrationsstand sei ohne Bedeutung. Auch die Generalanwältin hat in ihren Schlussanträgen richtigerweise darauf hingewiesen, dass der vergleichbare Wortlaut der betreffenden Bestimmungen noch nicht ohne weiteres vergleichbare Rechtswirkungen impliziert.[1161]

Bejaht man eine Annäherung der Integrationsdichte der dritten Säule an die erste Säule, so dass ein Abstellen auf den Wortlaut von Art. 34 Abs. 2 S. 2 lit. b EU möglich ist (aa), kann damit immer noch keine Pflicht zur rahmenbeschlusskonformen Auslegung angenommen werden. Zu untersuchen ist in einem weiteren Schritt, ob nicht der explizite Ausschluss der unmittelbaren Wirkung in Art. 34 Abs. 2 S. 2 lit. b S. 2 EU einem Transfer des Gebots der Konformauslegung entgegensteht (bb). Schließlich ist zu fragen, ob nicht aufgrund der geringen Mitwirkungsrechte des Europäischen Parlamentes im Rahmen der dritten Säule und der damit einhergehenden geringeren demokratischen Legitimation die vom EuGH getroffene Rechtsfortbildung ausgeschlossen sein muss (cc).

aa) Integrationsstand der dritten Säule der Europäischen Union

Die Auffassungen über die gegenwärtige Integrationsdichte der dritten Säule der Europäischen Union differieren erheblich.

1159 Insofern zutreffend *Hillgruber*, JZ 2005, 841, 842.

1160 Vgl. *Weißer*, ZIS 2006, 562, 565: „Um die Zulässigkeit dieses Transfers beurteilen zu können, muss zunächst eine Untersuchung der Unterschiede zwischen erster und dritter Unionssäule erfolgen."; *Fetzer/Groß*, EuZW 2005, 550: „Durchschlagend ist das Wortlautargument nur für den Fall, dass die PJZS zumindest in Art. 34 EU analog zum EG-Vertrag supranationale Elemente aufweist."

1161 GA *Kokott*, Schlussanträge in Rs. C-105/03, Slg. 2005, I-5285, Rn. 29 (Pupino): Ein „völkerrechtlicher Vertrag sei, nicht nur nach seinem Wortlaut, sondern auch unter Berücksichtigung seiner Ziele auszulegen".

(1) *Völkerrechtliche Betrachtungsweise*

Eine Ansicht betont die bereits erwähnten strukturellen Unterschiede zwischen der ersten und dritten Säule der Europäischen Union und erkennt der dritten Säule lediglich einen rein völkerrechtlichen Charakter zu.[1162] Ihr fehlen aufgrund der relativ schwachen Stellung der supranationalen Organe Kommission und Europäisches Parlament sowie der explizit ausgeschlossenen unmittelbaren Wirkung des Rechts „institutionelle und rechtsqualitative Merkmale" der ersten Säule.[1163] Diesem Verständnis ist auch das BVerfG in seiner viel beachteten Entscheidung zum Europäischen Haftbefehl[1164] gefolgt. Das Unionsrecht sei „trotz des fortgeschrittenen Integrationstandes weiterhin eine Teilrechtsordnung, die bewusst dem Völkerrecht zugeordnet ist."[1165] Die unionsrechtliche Handlungsform des Rahmenbeschlusses sei in ihrer „Konzeption" zwar der Richtlinie des supranationalen Gemeinschaftsrechts „nachgebildet", weiche jedoch „in mehrfacher Hinsicht von dieser Sekundärrechtsquelle" ab und stehe insbesondere „außerhalb der supranationalen Entscheidungsstruktur des Gemeinschaftsrechts".[1166] Das BVerfG begründet dies mit dem Einstimmigkeitserfordernis im Rat, dem bloßem Anhörungsrecht des Europäischen Parlaments sowie der fehlenden gerichtlichen Durchsetzbarkeit der erforderlichen Umsetzung durch die Mitgliedstaaten.[1167]

(2) *Besonderer rechtlicher Charakter der dritten Säule*

Eine unbesehene Gleichsetzung des Unionsrechts der dritten Säule mit dem Völkerrecht ist abzulehen. Der völkerrechtlichen Sicht ist zwar zuzugeben, dass die dritte Säule der Europäischen Union, wie eingangs gesehen, nach wie vor Strukturmerkmale aufweist, die sie von der ersten Säule unterschieden. Gleich-

---

[1162] *Satzger*, in: Streinz (Hrsg.), EUV/EGV, Art. 34 EU Rn. 2; *Geiger*, EUV/EGV, Art. 34 Rn. 1; *Böse*, in: Schwarze (Hrsg.), EUV/EGV, Art. 29 EU Rn. 2; *Hillgruber*, JZ 2005, 841 ff.

[1163] *J. Hecker*, DÖV 2006, 273.

[1164] Vgl. zu dieser Entscheidung etwa *Hinarejos Parga*, CMLRev. 2006, 583 ff.; *Vogel*, JZ 2005, 801; *Hummrich*, DRiZ 2005, 361 ff.; *Wolf*, KJ 2005, 350 ff.; *Tomuschat*, EuGRZ 2005, 453 ff.; *Knopp*, JR 2005, 448; *Masing*, NJW 2006, 264 ff.; *von Unger*, NVwZ 2005, 1266 ff.; *Hufeld*, JuS 2005, 865 ff.; vgl. auch den Abdruck des Protokolls der mündlichen Verhandlung bei *Schorkopf*, Der Europäische Haftbefehl vor dem Bundesverfassungsgericht, 142 ff.

[1165] BVerfGE 113, 273 (301).

[1166] BVerfGE 113, 273 (300 f); im Anschluss qualifizierte das BVerfG den Rahmenbeschluss in einem Kammerbeschluss gar als „völkerrechtlichen Vertrag": BVerfG (Kammer), Beschl. v. 24.11.2005 (2 BvR 1667/05), Rn. 15.

[1167] BVerfGE 113, 273 (301).

wohl haben die Verträge von Maastricht, Amsterdam und Nizza die dritte Säule allmählich immer stärker an die Strukturen des Gemeinschaftsrechts herangeführt. Es ist eine Integrationsdichte erreicht, die es nicht mehr rechtfertigt, sie als eine bloße Form intergouvernementaler Zusammenarbeit einzustufen (a).[1168] Darüber hinaus sind die erste und die dritte Säule durch Querverbindungen miteinander verknüpft (b).

(a) Strukturelle Annäherung der dritten an die erste Säule

Unter dem Vertrag von Maastricht stand der Kommission im Rahmen der dritten Säule kein Initiativrecht zu, die Auffassung des Parlaments war „gebührend zu berücksichtigen" und auch der Gerichtshof hatte nur ganz geringfügige Befugnisse. Im Übrigen standen den Mitgliedstaaten mit gemeinsamen Standpunkten, gemeinsamen Maßnahmen sowie Übereinkommen typische Handlungsformen des Völkerrechts zur Verfügung, wobei die gemeinsamen Standpunkte und Maßnahmen nur eingeschränkte Rechtsverbindlichkeit besaßen.[1169] Infolge dieser Strukturen entsprach die dritte Säule zu diesem Zeitpunkt in der Tat einer intergouvernementalen Zusammenarbeit.[1170]

Der Vertrag von Amsterdam brachte zahlreiche Veränderungen in institutioneller und instrumenteller Sicht für die dritte Säule mit sich. Die Beteiligungsweise der Kommission wurde durch die Einräumung eines Initiativrechtes in allen von der dritten Säule normierten Politikbereichen gestärkt (Art. 34 Abs. 2 EU). Der Vertrag von Amsterdam wertete zudem die parlamentarische Kontrolle in An-

---

[1168] So die ganz herrschende Auffassung: etwa *Dörr/Mager,* AöR 125 (2000), 386, 418 f.: „dem intergouvernementalem Erklärungsmodell der Union [...] wird der Boden entzogen"; *Harings*, Justiz und Inneres, 81, 94: „Dritte Säule bleibt vom Ausgangspunkt her Völkerrecht, öffnet sich aber gemeinschaftsrechtlichen Elementen"; *Jour-Schröder/Wasmeier*, in: von der Groeben/Schwarze (Hrsg.), EUV/EGV, Vorbem. zu Art. 29 - 42 EU Rn. 6: „PJZS als eine Übergangsform zwischen einer rein intergouvernementalen und einer supranationalen Entwicklungsstufe"; siehe auch *Suhr*, in: Calliess/Ruffert (Hrsg.), EUV/EGV (3. Aufl.), Art. 34 EU Rn. 19; *Müller-Graff*, Zusammenarbeit in den Bereichen Justiz und Inneres, 258, 278; *Schroeder*, Verfassungsrechtliche Beziehungen zwischen Europäischer Union und Europäischen Gemeinschaften, 373, 413; *Vedder*, Unterscheidung von Unionsrecht und Gemeinschaftsrecht, 7, 23 ff.; 40 ff.; *Röben*, in: Grabitz/Hilf (Hrsg.), EUV/EGV, vor Art. 29 EU Rn. 48; *Masing*, NJW 2006, 264, 266; *Wolf*, KJ 2005, 350, 352; *Weißer*, ZIS 2006, 562, 567; zurückhaltender *Griller*, Unterscheidung von Unionsrecht und Gemeinschaftsrecht, 45, 53 ff: „keine fundamentalen Änderungen hinsichtlich einer Annäherung von EU und EG", „bescheidene Ansätze der Angleichung der beiden Rechtsordnungen, aber sie sind gleichwohl nicht zu leugnen."

[1169] Näher dazu *Jour-Schröder/Wasmeier*, in: von der Groeben/Schwarze (Hrsg.), EUV/EGV, Vorbem. zu Art. 29-42 EU Rn. 24 ff.

[1170] Zutreffend daher die rechtliche Einordnung der Europäischen Union bzw. des Unionsrechts in BVerfGE 89, 155 (176).

sätzen durch ein Anhörungsrecht für das Europäische Parlament auf. Überdies kam es zu einer Öffnung der dritten Säule für die Jurisdiktion des EuGH. Der EU-Vertrag hat aus dem EG-Vertrag bekannte Mechanismen der gerichtlichen Kontrolle wie das Vorabentscheidungsverfahren bzw. die Nichtigkeitsklage übernommen. Schließlich wurde mit dem Rahmenbeschluss eine richtlinienähnliche verbindliche Rechtssetzungsform in das Unionsrecht eingefügt, die nach dem erklärten Willen der Mitgliedstaaten im Amtsblatt der EG zu veröffentlichen ist.[1171] Darin liegt zweifelsohne eine Fortentwicklung über rein intergouvernementale Handlungsformen hinaus.[1172] Im Übrigen erfolgte durch die Einführung des Art. 41 EU eine teilweise Inkorporierung des institutionellen Gemeinschaftsrechts in den EU-Vertrag.[1173]

Die dritte Säule besitzt damit noch keine vollständige supranationale Qualität. Sie hat sich jedoch in starkem Maße gemeinschaftsrechtlichen Elementen geöffnet.[1174] Dies übersieht das BVerfG in seiner Entscheidung zum Europäischen Haftbefehl. Von den vom BVerfG angeführten Argumenten für eine völkerrechtliche Einordnung der dritten Säule - Einstimmigkeitsprinzip, bloße Anhörung des Europäischen Parlaments sowie die fehlende Möglichkeit der zwangsweisen Durchsetzung der Umsetzungspflicht von Rahmenbeschlüssen - ist nur das letztgenannte zutreffend. Demgegenüber bestehen auch im supranationalen Gemeinschaftsrecht Verfahren, in denen Einstimmigkeit im Rat erforderlich ist bzw. das Europäische Parlament nur angehört wird.[1175] Es handelt sich somit nicht um Besonderheiten der dritten Säule.[1176]

(b) Querverbindungen zwischen erster und dritter Säule

Unabhängig von der strukturellen Annäherung der dritten an die supranationale erste Säule sind beide Pfeiler zudem durch Querverbindungen miteinander verknüpft.[1177] Art. 61 lit. a, e EG sieht vor, dass Maßnahmen nach Titel IV des EG-Vertrags zusammen mit Maßnahmen auf Grundlage von Titel VI des EU-

---

[1171] Erklärung Nr. 9 zur Schlussakte des Amsterdamer Vertrags (ABl. 1997 C 340/173).

[1172] *Masing*, NJW 2006, 264, 266; vgl. auch *Labayle*, RTDE 42 (2006), 1, 31: Les auteurs dur Traité „avaient entendu, à Amsterdam, pallier les dysfonctionnements du passé en introduisant des techniques législatives *contraignantes* au sein de l'espace de liberté, sécurité et justice.“ (Hervorhebung durch die Verfasserin).

[1173] *Schroeder*, EuR 2007, 349, 354.

[1174] *Harings*, Justiz und Inneres, 81, 94.

[1175] Art. 61 ff., 93, 175 Abs. 2, 308 EG.

[1176] *Wasmeier*, ZEuS 2006, 23, 28; *Schroeder*, EuR 2007, 349, 360.

[1177] *Schroeder*, Verfassungsrechtliche Beziehungen zwischen Europäischer Union und Europäischen Gemeinschaften, 373, 413; vgl. auch *Schmitz*, Integration, 157: „enger Zusammenhang zur Politik der Gemeinschaften“; *Fetzer/Groß*, EuZW 2005, 550, 551.

Vertrags zum Aufbau eines Raums der Freiheit, der Sicherheit und des Rechts beitragen. Umgekehrt kann gemäß Art. 42 EU der Rat auf Initiative der Kommission oder eines Mitgliedstaats und nach Anhörung des Europäischen Parlaments einstimmig beschließen, dass Maßnahmen in den in Art. 29 genannten Bereichen unter Titel IV des EG-Vertrags fallen. Aufgrund dieser Verschränkungen stehen die Bestimmungen der dritten Säule in „engem Zusammenhang" mit „supranationalen Gesetzgebungskompetenzen" und die Verwirklichung eines Raums der Freiheit, der Sicherheit und des Rechts befindet sich „an der Schnittstelle zwischen EU-Recht einerseits und EG-Recht andererseits".[1178] Letztlich handelt es sich nur um einen Teilbereich der zahlreichen Berührungspunkte zwischen der Europäische Union und der Europäischen Gemeinschaft, die als „verschiedene, aber integrierte Rechtsordnungen koexistieren".[1179]

(c) Fazit

Aufgrund der gestiegenen Integrationsdichte der dritten Säule sowie der Querverbindungen zwischen erstem und drittem Pfeiler war es im Ergebnis gerechtfertigt, auf den vergleichbaren Wortlaut zwischen Art. 34 Abs. 2 S. 2 lit. b EU und Art. 249 EG abzustellen.

bb) Ausschluss der unmittelbaren Wirkung von Rahmenbeschlüssen

In einem zweiten Schritt ist zu prüfen, ob der Zuerkennung einer unionsrechtlichen Pflicht zur rahmenbeschlusskonformen Auslegung nicht der vertragliche Ausschluss der unmittelbaren Wirkung von Rahmenbeschlüssen entgegensteht.[1180] Sowohl die unmittelbare Wirkung als auch die Konformauslegungspflicht stellen Sanktionsmechanismen dar. Beide Rechtsinstrumente besitzen jedoch, wie im Zusammenhang mit Richtlinien gesehen, eine unterschiedliche Reichweite.[1181] Die richtlinienkonforme Auslegung knüpft im Gegensatz zur unmittelbaren Wirkung immer an eine nationale Regelung an und findet ihre Grenzen in den nationalen Methodenlehren. Zudem setzt die Pflicht zur richtli-

---

[1178] *Fetzer/Groß*, EuZW 2005, 550, 551.

[1179] EuG, Rs. T-306/01, Slg. 2005, II-3533, Rn. 156 (Yusuf); GA *Kokott*, Schlussanträge in Rs. C-467/05, Slg. 2007, I-5557, Rn. 44 (Dell'Orto) - vgl. auch EuG, Rs. T-228/02, Urt. v. 26.12.2006, Rn. 54 (Modjahedines): „verwandte, aber gesonderte Rechtssysteme"; weitere Berührungspunkte zwischen dem EU-Vertrag und dem EG-Vertrag finden sich in Art. 2 EU und Art. 5 EG (Subsidiarität), Art. 6 Abs. 2 und Art. 46 lit. d EU (Grundrechte), Art. 7 EU und Art. 309 EG (Sanktionen gegen Mitgliedstaaten), Art. 43 f. EU und Art. 11 f. EG (verstärkte Zusammenarbeit), Art. 12 EU und Art. 301 EG (Embargomaßnahmen) - vgl. *Schroeder*, EuR 2007, 349, 354.

[1180] So *Hillgruber*, JZ 2005, 841, 842; *Satzger*, in: Streinz (Hrsg.), EUV/EGV, Art. 34 EU Rn. 9.

[1181] Vgl. § 2, A., III., 1., a).

nienkonformen Auslegung gerade nicht die unmittelbare Wirkung von Richtlinien voraus.

Grundsätzlich bedeutet daher der Ausschluss der unmittelbaren Wirkung von Rahmenbeschlüssen nicht gleichzeitig auch den Ausschluss anderer Rechtswirkungen.[1182] Ungeachtet dessen darf die Etablierung einer Pflicht zur rahmenbeschlusskonformen Auslegung allerdings nicht zu einer Umgehung des Ausschlusses der unmittelbaren Wirkung führen, da sich eine Rechtsfortbildung für diesen Fall aufgrund der klaren Regelung des Art. 34 Abs. 2 S. 2 lit. b S. 2 EU verbietet.[1183] Dies hat jüngst auch Generalanwältin *Kokott* in einem weiteren Verfahren betreffend die Auslegung des Rahmenbeschlusses über die Stellung des Opfers in Strafverfahren unterstrichen. Die Übertragung der richtlinienkonformen Auslegung auf die dritte Säule stehe unter dem Vorbehalt, dass dem nicht „der besondere Charakter des Unionsrechts, etwa der Ausschluss der unmittelbaren Wirkung von Rahmenbeschlüssen entgegensteht". „Auch im Wege kohärenter Auslegung dürfen die vertraglich festgelegten Unterschiede zwischen dem supranationalen Gemeinschaftsrecht und dem stärker am traditionellen Völkerrecht ausgerichteten Unionsrecht nicht verwischt werden." [1184]

Kritische Stimmen wenden ein, die Pflicht zu einer rahmenbeschlusskonformen Auslegung stelle eine Relativierung des in Art. 34 Abs. 2 lit. b EU zum Ausdruck gebrachten Willens der Mitgliedstaaten hinsichtlich des Ausschlusses einer unmittelbaren Wirkung dar[1185], da sie der Annahme einer unmittelbaren Wirkung sehr nahe kommen kann.[1186] Richtig ist, dass der EuGH die Pflicht zur richtlinienkonformen Auslegung in der Entscheidung *Pfeiffer* aufgrund seiner methodischen Vorgaben sehr weit ausgedehnt hat und gegenwärtig die Grenzziehung zwischen richtlinienkonformer Auslegung/Rechtsfortbildung und unmittelbarer Wirkung nach Auffassung dieser Arbeit schwer möglich ist.[1187] Zudem war in der Entscheidung *Pupino* zweifelhaft, ob das vom EuGH vorgegebene Ergebnis noch im Wege der Auslegung des innerstaatlichen Rechts zu erreichen war.[1188] Nach den Aussagen des vorlegenden Gerichts ließ das italieni-

---

1182 So die überwiegende Ansicht in der Literatur: vgl. etwa *Röben*, in: Grabitz/Hilf (Hrsg.), EUV/EGV, Art. 34 EU Rn. 15; *Weißer*, ZIS 2006, 562, 574.

1183 Vgl. *B. Hecker*, Europäisches Strafrecht, § 10 Rn. 82; *Fetzer/Groß*, EuZW 2005, 550, 551: „Erlaubt ist nur eine rahmenbeschlusskonforme Auslegung, die nicht die Ausschlusswirkung in Art. 34 Abs. 2 lit. b S. 2 EU ins Leere laufen lässt".

1184 GA *Kokott*, Schlussanträge in Rs. C-467/05, Slg. 2007, I-5557, Rn. 46 (Dell'Orto).

1185 *Hummrich*, DRiZ 2005, 361, 364; *Vogel*, JZ 2005, 801, 805.

1186 *Hummrich*, DRiZ 2005, 361, 364; *Hillgruber*, JZ 2005, 841, 842; *Adam*, EuZW 2005, 559, 561; *Tinkl*, StV 2006, 36, 38 f., *diess.*, ZIS 2007, 419.

1187 Vgl. § 2, B., III., 3., c).

1188 So *Hillgruber*, JZ 2005, 841, 843, *Tinkl*, StV 20006, 36, 39; *Fetzer/Groß*, EuZW 2005, 550, 551.

sche Recht das beantragte Beweissicherungsverfahren nicht zu, da keine dahingehende gesetzliche Ausnahmevorschrift existierte. Es schien somit an einen für die rahmenbeschlusskonforme Auslegung notwendigen Beur-teilungsspielraum zu fehlen.[1189]

Zutreffend darf es nicht zu einer „unbesehenen Übertragung" der Grundsätze der richtlinienkonformen Auslegung auf die rahmenbeschlusskonforme Auslegung kommen.[1190] Dies erkennt auch der EuGH an. Es ist davon auszugehen, dass er eine zurückhaltende Handhabung der Pflicht zu rahmenbeschlusskonformer Auslegung verfolgt.[1191] Der Gerichtshof hat das Verbot eines *contra legem*-Judizierens unterstrichen. Es war das erste Mal überhaupt, dass er den Terminus „*contra legem*" in diesem Zusammenhang gebraucht hat. Wie im ersten Teil der Untersuchung gesehen, hatte er bis dahin im Rahmen der richtlinienkonformen Auslegung die nationalen Gerichte stets verpflichtet, das innerstaatliche Recht „so weit wie möglich" im Lichte der Richtlinie auszulegen.[1192] Zugleich hat der EuGH dem nationalen Gericht auch für die rahmenbeschlusskonforme Auslegung die Kompetenz zugestanden, zu prüfen, ob eine Konformauslegung des nationalen Rechts möglich sei.[1193] Damit respektiert er die Grenzen der rahmenbeschlusskonformen Auslegung sowie die Zuständigkeiten der nationalen Gerichte.

Schließlich darf nicht unbeachtet bleiben, dass der Gerichtshof bei der richtlinienkonformen Auslegung in Bezug auf strafrechtliche Konstellationen eine restriktivere Rechtsprechung verfolgt als in horizontalen Fällen.[1194] Der EuGH hebt hier stets die allgemeinen Rechtsgrundsätze der Rechtssicherheit und des Rückwirkungsverbotes als Grenzen hervor. Dementsprechend könne „eine Richtlinie nicht für sich allein und unabhängig von zu ihrer Durchführung erlassenen innerstaatlichen Rechtsvorschriften eines Mitgliedstaats die Wirkung haben, die strafrechtliche Verantwortlichkeit derjenigen, die gegen die Vorschriften der Richtlinie verstoßen, festzulegen oder zu verschärfen".[1195] Die zum Teil sehr weit reichenden methodischen Vorgaben im Hinblick auf ein konkretes

---

1189 EuGH, Rs. C-105/03, Slg. 2005, I- 5285, Rn. 17 (Pupino).

1190 *Fetzer/Groß*, EuZW 2005, 550, 551.

1191 Ähnlich *Wasmeier*, ZEuS 2006, 23, 29.

1192 Erst im Anschluss an die Entscheidung *Pupino* hat der EuGH in der Entscheidung *Adeneler* erstmals auch für die richtlinienkonforme Auslegung die *contra legem*-Grenze etabliert: EuGH, Rs. C- 212/04, Slg. 2006, I-6057, Rn.110 (Adeneler).

1193 EuGH, Rs. C- 105/03, Slg. 2005, I-5285, Rn. 48 (Pupino).

1194 Vgl. § 2, A., III., 4., b), aa).

1195 EuGH, Rs. 80/86, Slg. 1987, 3669, Rn. 13 (Kolpinghuis); verb. Rs. C-74/95 und C-129/95, Slg. 1996, I-6609, Rn. 24 (Strafverfahren gegen X); Rs. C-60/02, Slg. 2004, I-651, Rn. 61 (Strafverfahren gegen X).

Auslegungsergebnis und die daraus resultierenden Abgrenzungsschwierigkeiten zur unmittelbaren Wirkung betrafen ausschließlich horizontale Fallkonstellationen.[1196]

Die Verpflichtung zu einer rahmenbeschlusskonformen Auslegung bedeutet folglich zum gegenwärtigen Zeitpunkt keine Umgehung des Ausschlusses der unmittelbaren Wirkung in Art. 34 Abs. 2 lit. b S. 2 EU, so dass auch aus diesem Grund keine Einwände gegen die Rechtsfortbildung bestehen.

cc) Demokratiedefizit innerhalb der dritten Säule

Möglicherweise könnten schließlich aber demokratietheoretische Aspekte der Etablierung einer Pflicht zur rahmenbeschlusskonformen Auslegung entgegenstehen. Das Europäische Parlament verfügt über keine Mitentscheidungsbefugnisse bei dem Erlass von Rahmenbeschlüssen. Eine parlamentarische Beteiligung ist gemäß Art. 39 EU allein durch Anhörungsrechte gewährleistet. Mit der „Unionisierung von Entscheidungskompetenzen" ist es nicht, wie vom BVerfG in dessen Maastricht-Entscheidung gefordert[1197], zu einer gleichlaufenden „Demokratisierung der Entscheidungsprozesse" auf europäischer Ebene gekommen.[1198] Hinzu kommt, dass Rahmenbeschlüsse in der Regel die Mitgliedstaaten verpflichten, menschliches Verhalten strafrechtlich zu sanktionieren und damit Grundrechtsbeschränkungen enthalten. Mit der Etablierung einer Pflicht zu rahmenbeschlusskonformer Auslegung entfalten Rahmenbeschlüsse - entgegen der ursprünglichen Konzeption - Rechtswirkungen im innerstaatlichen Rechtsraum. Dies könnte bedenklich sein im Hinblick auf das Erfordernis eines durch einen demokratisch legitimierten Gesetzgeber verabschiedeten Gesetzes zur Begründung strafbaren Verhaltens.[1199]

Zu prüfen ist, inwieweit die geringe Beteiligung des Europäischen Parlaments ein nicht hinnehmbares Demokratiedefizit darstellt. Das BVerfG verneint in seiner Entscheidung zum Europäischen Haftbefehlsgesetz ein Demokratiedefizit innerhalb der dritten Säule, indem es auf die faktische Möglichkeit der Umsetzungsverweigerung der nationalen Gesetzgeber in Bezug auf Rahmenbeschlüsse hinweist. Das bloße Anhörungsrecht des Europäischen Parlaments im Bereich

---

[1196] Vgl. § 2 , B., III., 3., c), bb); dies übersieht *Chalmers*, ELRev. 2005, 773, 774: „it is not clear whether the strong duties of interpretation that have applied in Community law since *Marleasing* are simply to be applied now in the third pillar or whether the duty is less stringent."

[1197] BVerfGE 89, 155 (186): „Entscheidend ist, dass die demokratischen Grundlagen der Union schritthaltend mit der Integration ausgebaut werden."

[1198] Vgl. Sondervotum von Richterin *Lübbe-Wolff*, BVerfGE 113, 273 (337); eingehend hierzu auch *S. Weber*, EuR 2008, 88 ff.

[1199] *Weyembergh*, CMLRev. 2005, 1567, 1595: „by reinforcing the legal impact of EU instruments on the internal level, the democratic deficit acquires a greater significance".

der „dritten Säule" entspreche den Anforderungen des Demokratieprinzips, weil die mitgliedstaatlichen Legislativorgane die politische Gestaltungsmacht im Rahmen der Umsetzung, *notfalls auch durch die Verweigerung der Umsetzung*, behalten."[1200] Eine solche „Rechtsbruchmacht" kann nicht in eine demokratische Legitimationsreserve umgedeutet werden.[1201] Zutreffend hat Richterin *Lübbe-Wolff* in ihrem Sondervotum darauf hingewiesen, dass dies keine Antwort auf das Problem der fehlenden demokratischen Legitimation ist, sondern lediglich eine Beschreibung dieses Problems.[1202]

Allerdings ist aus verschiedenen Gründen ein nicht mehr hinnehmbares Demokratiedefizit zu verneinen. Zurückzugreifen ist auf die Maßstäbe, die das BVerfG seinerzeit im Maastricht-Urteil aufgestellt hatte.[1203] Der Legitimation durch das Europäische Parlament kommt danach lediglich eine „stützende Funktion" zu. Zuvörderst erfolgt die demokratische Legitimation innerhalb der Europäischen Union aber durch eine Beteiligung der nationalen Volksvertretungen an der Gestaltung des Integrationsprozesses. Demokratiedefizite sind infolgedessen nicht „notwendigerweise der Unionsebene zuzurechnen und auf dieser Ebene auszugleichen".[1204]

In Betracht zu ziehen sind vor allem auch die Möglichkeiten des nationalen Rechts, um dem Demokratieprinzip gerecht zu werden.[1205] Die Mitgliedstaaten können ihre Regierung verpflichten, die Zustimmung des nationalen Parlaments einzuholen, bevor sie einem Unionsrechtsakt verbindlich zustimmt, d.h. vor der Stellungnahme des Parlaments erfolgt lediglich eine Zustimmungserklärung unter Parlamentsvorbehalt.[1206] Die nationalen Parlamente können bei konsensualer Entscheidungsfindung besonders großen Einfluss auf das Stimmverhalten der Regierung im Rat ausüben.[1207]

1200 BVerfGE 113, 273 (301) (Hervorhebung durch die Verfasserin).

1201 So die Kritik von *Winkler*, Grundrechte und Grundrechtsschutz, 19, 23; kritisch auch Richterin *Lübbe-Wolff* in ihrem Sondervotum, BVerfGE 113, 273 (336): „Wo man demokratische Legitimation in der Freiheit des Parlaments zum Verstoß gegen Unionsrecht aufsuchen zu müssen glaubt, liegt etwas im Argen."; ebenso ablehnend *Wolf*, KJ 2005, 350 ff.; *Tomuschat*, EuGRZ 2005, 453, 455 f.; *Heger*, ZIS 2007, 221, 223; *Giegerich*, ZaöRV 67 (2007), 351, 358 f; *S. Weber*, EuR 2008, 88, 93.

1202 Sondervotum der Richterin *Lübbe-Wolff*, BVerfGE 113, 273 (337).

1203 BVerfGE 89, 155 (185 f.).

1204 Sondervotum der Richterin *Lübbe-Wolff*, BVerfGE 113, 273 (337).

1205 *Wasmeier*, Rahmenbeschluss als Rechtssatzform, 59, 68 f.; *ders.*, ZEuS 2006, 23, 31.

1206 *Wasmeier*, Rahmenbeschluss als Rechtssatzform, 59, 68 f.; dafür *Tinkl* ZIS 2007, 419, 421.

1207 *Wolf*, KJ 2005, 350 ff.; darauf weist auch Richterin *Lübbe-Wolff* in ihrem Sondervotum hin, BVerfGE 113, 273 (337): „Vor allem dort, wo Rechtssetzung auf der europäischen Ebene, wie im Fall der Rahmenbeschlüsse, Einstimmigkeit im Rat voraussetzt, kann und

Ein solcher Parlamentsvorbehalt besteht bereits in einigen Mitgliedstaaten der Europäischen Union.[1208] In Deutschland ist dies gegenwärtig noch nicht der Fall. Gemäß Art. 23 Abs. 3 GG bzw. gemäß § 5 des Gesetzes über die Zusammenarbeit von Bundesregierung und Deutschem Bundestag in Angelegenheiten der Europäischen Union (EUZBBG)[1209] erhält der Bundestag zwar die Gelegenheit zur Stellungnahme und damit die Möglichkeit, sich in den Verhandlungsprozess auf europäischer Ebene einzuschalten sowie Rechtsetzungsprojekte entsprechend mitzugestalten. Die Stellungnahme des Bundestags hat die Bundesregierung jedoch bei den Verhandlungen allein zu „berücksichtigen" bzw. ihren Verhandlungen „zugrunde zu legen". Daran gebunden ist sie nicht.

Eine deutliche Stärkung der Mitwirkungsrechte des Bundestags ist jüngst allerdings durch die Änderung des EUZBBG erfolgt.[1210] Der neu gefasste § 6 EUZBBG bestimmt, dass der Bundestag und die Bundesregierung eine Vereinbarung treffen, die die Einzelheiten der Unterrichtung und Beteiligung des Bundestags regelt. Im September 2006 hat man sich auf eine solche Vereinbarung verständigt.[1211] Diese sieht neben einer Stärkung der Mitwirkungsrechte auf Informationsebene vor allem auch eine nicht unerhebliche materielle Bindungswirkung der Stellungnahme vor. Wenn der Bundestag von der Gelegenheit zur Stellungnahme Gebrauch macht, wird die Bundesregierung im Rat einen Parlamentsvorbehalt einlegen, soweit der Beschluss des Deutschen Bundestags in einem seiner wesentlichen Belange nicht durchsetzbar ist. Vor der abschließenden Entscheidung im Rat bemüht sich die Bundesregierung, Einvernehmen mit dem Deutschen Bundestag herzustellen.

---

muss die noch ausstehende Entwicklung hin zu einer besseren demokratischen Fundierung auch dadurch erfolgen, dass auf nationaler Ebene in Recht und Praxis der parlamentarische Einfluss auf das Stimmverhalten der Regierungsvertreter im Rat verstärkt werden; kritisch hingegen *Giegerich*, ZaöRV 67 (2007), 351, 358; *S. Weber*, EuR 2008, 88, 97; *M. Schröder*, EuR 2002, 301, 308 ff.; *Schönberger*, ZaöRV 67 (2007), 1105, 1136 f.; auch *Peters*, Verfassung Europas, 690 ff. kommt zu dem Ergebnis, dass der Einfluss der nationalen Parlamente begrenzt sei.

[1208] Vgl. etwa Österreich: Art. 23 e Abs. 2-5 Bundes-Verfassungsgesetz; ebenso finden sich Parlamentsvorbehalte in Dänemark, den Niederlanden, Schweden, Großbritannien, Irland - siehe *von Heintschel-Heinegg/Rohlff*, GA 2003, 44; *Tinkl*, ZIS 2007, 419, 421.

[1209] Gesetz über die Zusammenarbeit von Bundesregierung und Deutschem Bundestag in Angelegenheiten der Europäischen Union v.12.3.1993, BGBl. I 1993, 311, geändert durch Art. 2 Abs. 1 des Gesetzes über die Ausweitung und Stärkung der Rechte des Bundestags und des Bundesrats in Angelegenheiten der Europäischen Union v. 17.11.2005, BGBl. I 2005, 3178.

[1210] So auch die Einschätzung von *Herdegen*, Europarecht, § 8 Rn. 45.

[1211] Vereinbarung zwischen dem Deutschen Bundestag und der Bundesregierung über die Zusammenarbeit in Angelegenheiten der Europäischen Union v. 28.9.2006, BGBl. I 2006, 2177.

Indes wird auch in dieser Vereinbarung hervorgehoben, dass die Bundesregierung weiterhin das Recht hat, in Kenntnis der Voten des Deutschen Bundestags aus wichtigen außen- oder integrationspolitischen Gründen eine abweichende Entscheidung zu treffen.[1212] Der Bundestag kann somit trotz einer deutlichen Verbesserung des parlamentarischen Einflusses auf das Stimmverhalten im Rat nach wie vor das Zustandekommen eines Rechtsaktes auf europäischer Ebene nicht verhindern. Ungeachtet dessen ist es erforderlich, dass der Bundestag die bestehenden Einflussmöglichkeiten effektiv nutzt.[1213]

Neben einer verstärkten Beteiligung der nationalen Parlamente im Rahmen des Rechtssetzungsprozesses im Rat ist zu berücksichtigen, dass die Rahmenbeschlüsse typischerweise darauf angelegt sind, bei der Umsetzung erhebliche Spielräume für die nationale Ausgestaltung und die Festlegung der Strafbarkeit durch nationales vom demokratisch legitimierten Gesetzgeber geschaffenes Recht zu lassen[1214], wobei der nationale Gesetzgeber auch der Bindung an die Unionsgrundrechte unterliegt.[1215] Sofern ein solcher nationaler Ausgestaltungsspielraum gegenwärtig *in praxi* oftmals fehlt, da die Rahmenbeschlüsse regelmäßig sehr detaillierte Regelungen enthalten, die nur eine „eins zu eins" Umsetzung durch die Legislativorgane der Mitgliedstaaten zulassen[1216], ist dies ein Problem der Rechtssetzung, rechtfertigt aber nicht die Bekräftigung des Vorwurfs fehlender demokratischer Legitimation des Unionsrechts.

Die soeben skizzierten Mechanismen sind geeignet, die schwache Stellung des Europäischen Parlaments und damit verbundene Demokratiedefizite innerhalb der dritten Säule auszugleichen. Damit bilden auch demokratietheoretische Er-

---

[1212] Siehe II. 4. der Vereinbarung zwischen dem Deutschen Bundestag und der Bundesregierung über die Zusammenarbeit in Angelegenheiten der Europäischen Union v. 28.9.2006, BGBl. I 2006, 2177.

[1213] So die Forderung von *Tomuschat*, EuGRZ 2005, 453, 456.

[1214] *Wasmeier*, Rahmenbeschluss als Rechtssatzform, 59, 68 f.

[1215] Dazu eingehend unter Bezugnahme auf die *Pupino*-Entscheidung *Egger*, EuZW 2005, 652 ff.; *Giegerich*, ZaöRV 67 (2007), 351, 375; *Winkler*, Grundrechte und Grundrechtsschutz, 19, 26; vgl. auch GA *Kokott*, Schlussanträge in Rs. C-105/03, Slg. 2005, I-5285, Rn. 66 (Pupino): „Die Union - d. h. die Gemeinschaft und die *Mitgliedstaaten* - müssen dieses auch in Artikel 47 der Charta der Grundrechte niedergelegte Recht nach Artikel 6 Absatz 2 EU respektieren" (Hervorhebung durch die Verfasserin); a.A. *Dörr/Mager*, AöR 125 (2000), 386, 424.

[1216] Kritisch dazu *Tinkl*, ZIS 2007, 419, 420, Fn. 16; allgemein zur europäischen Rechtssetzung *Emde*, Herrschaftslegitimation, 65, 73: dieser wertet die europäische Rechtssetzung als einen oftmals der „Öffentlichkeit weitestgehend entzogenen Verhandlungsprozess zwischen Kommission, Regierungsvertretern und Interessenverbänden", in dem den nationalen Parlamenten nur noch die Rolle des „rein mechanisch agierenden Transferregenten des europäischen Normsetzers" zukomme.

wägungen trotz bestehender Verbesserungsmöglichkeiten kein Hindernis für die Etablierung einer Pflicht zu rahmenbeschlusskonformer Auslegung.

dd) Zwischenergebnis

Der EuGH hat in der Entscheidung *Pupino* legitimerweise das Instrument der richtlinienkonformen Auslegung auf die dritte Säule übertragen und damit eine zulässige Parallelisierung von Richtlinien und Rahmenbeschlüssen bzw. Annäherung ihrer Rechtswirkungen begründet. Mit der Anknüpfung an Art. 34 Abs. 2 S. 2 lit. b) EU stützt sich diese Rechtsfortbildung auf eine objektivierbare Rechtsgrundlage. Sie widerspricht zudem nicht dem Willen der Mitgliedstaaten als den „Herren der Verträge" und ist somit keine unzulässige Gesetzeskorrektur. Die Mitgliedstaaten haben zwar in Art. 34 Abs. 2 S. 2 lit. b) S. 2 EU bewusst eine unmittelbare Wirkung von Rahmenbeschlüssen ausgeschlossen; dies bedeutet jedoch nicht, dass zugleich auch eine Pflicht zu rahmenbeschlusskonformer Auslegung ausscheiden muss. Eine Umgehung des Ausschlusses der unmittelbaren Wirkung ist aufgrund der klaren Grenzen, die der Pflicht zur rahmenbeschlusskonformen Auslegung gesetzt sind, nicht zu befürchten.

Die Untersuchung hat weiter ergeben, dass die dritte Säule der Europäischen Union seit dem Vertrag von Amsterdam nicht mehr nur als bloße Form intergouvernementaler Zusammenarbeit zu charakterisieren ist. Nicht zuletzt die Einführung des Rahmenbeschlusses als verbindliches Rechtsinstrument rechtfertigt es, dieser Handlungsform weitergehende Rechtswirkungen beizumessen, ohne darin einen Übergriff in mitgliedstaatliche Kompetenzen zu sehen. Gegen das Gebot einer rahmenbeschlusskonformen Auslegung sprechen schließlich auch keine demokratietheoretischen Einwände. Bestehende Legitimationsdefizite sind durch eine stärkere Beteiligung der nationalen Parlamente am europäischen Rechtssetzungsprozess auszugleichen

4. Weitergehende Rechtswirkungen von Rahmenbeschlüssen

Bleibt die Frage, ob Rahmenbeschlüssen über das Gebot der rahmenbeschlusskonformen Auslegung hinaus noch weitere innerstaatliche Wirkungen zukommen. Von Interesse ist hier eine Vorrangwirkung oder ein möglicher Schadensersatzanspruch einzelner Unionsbürger im Fall der unterbliebenen oder nicht ordnungsgemäßen Umsetzung von Rahmenbeschlüssen. Beide Aspekte waren bereits im Vorfeld der *Pupino*-Entscheidung Gegenstand wissenschaftlicher Diskussionen.[1217] Der EuGH hatte sich bislang zu diesen Fragen nicht positio-

---

[1217] Für einen Vorrang des gesamten Unionsrechts *Schroeder*, Verfassungsrechtliche Beziehungen zwischen Europäischer Union und Europäischen Gemeinschaften, 373, 411; *Möstl*, Staatliche Garantie, 568 ff.; dagegen *Oppermann*, Europarecht, § 7 Rn. 14; für einen Schadensersatzanspruch im Fall unterbliebener oder fehlerhafter Rahmenbeschlussumsetzung *Heitsch*, EuR 2001, 809, 812; wohl auch *Brechmann*, in: Calliess/Ruffert

niert. Seine Vorrang- bzw. Staatshaftungsrechtsprechung bezog sich allein auf gemeinschaftsrechtliche Bestimmungen. Anhaltspunkte für weitergehende Wirkungen lassen sich jedoch der Argumentation des EuGH in der *Pupino*-Entscheidung entnehmen.

a) Vorrang

Das tschechische Verfassungsgericht kam in der Entscheidung über die Verfassungsmäßigkeit des tschechischen Umsetzungsgesetzes zum Europäischen Haftbefehl[1218] im Hinblick auf die Vorrangfrage des *Unions*rechts zu dem Schluss, dass diese vom EuGH in der Rechtssache *Pupino* keiner endgültigen Klärung zugeführt worden ist:

„The ECJ left open the issue of what obligation national courts have in a situation where they cannot interpret their national law in conformity with the Framework Decision. In other words, the ECJ did not touch upon the problem of primacy, that is, whether, as is the case in Community law, framework decisions take precedence over national law and whether, in consequence thereof, national courts are obliged to set aside national law that conflict with a framework decision."[1219]

Dieser Einschätzung ist so nicht zu folgen. Der EuGH hat sich zwar nicht ausdrücklich mit der Vorrangfrage beschäftigt.[1220] Auch bedeutet die *Pupino*-Entscheidung keine Anerkennung eines Vorrangs von Rahmenbeschlüssen, mit der Folge, dass die nationalen Behörden gehalten sind, rahmenbeschlusswidri-

---

(Hrsg.), EUV/EGV (2. Aufl.), Art. 34 EU Rn. 9; dagegen *Harings*, Justiz und Inneres, 81, 88; *Satzger*, in: Streinz (Hrsg.), EUV/EGV, Art. 34 EU Rn. 9; *Baddenhausen/Pietsch*, DVBl. 2005, 1562, 1565.

1218 Urteil v. 3.5.2006 – Pl. ÚS 66/04, in Englisch erhältlich unter: http://test.concourt.cz/-angl_verze/doc/pl-66-04.html; eingehend *Komárek*, CMLRev. 2007, 9, 26 f.

1219 Urteil v. 3.5.2006, a.a.O., Rn. 58; das tschechische Verfassungsgericht hat am Ende die Vorrangfrage offen gelassen und von einer Vorabentscheidung gemäß Art. 46 lit. b) i.V.m. Art. 35 Abs. 1 EU abgesehen, da es nach seiner Auffassung an der Entscheidungserheblichkeit fehlt. Es bestand die Möglichkeit einer verfassungskonformen Auslegung des tschechischen Umsetzungsgesetzes, so dass keine Kollision mit dem Rahmenbeschluss vorlag (Urteil v. 3.5.2006, a.a.O., Rn. 60). Das Gericht selbst tendiert wohl zur Annahme eines Vorrangs des Unionsrechts; kritisch die abweichende Meinung der Richterin *Wagnerová*: „All this led me to the conviction that the doctrine formulated by the Constitutional Court in relation to Community law cannot be applied in relation to acts in the Third Pillar, or to national enactments implementing framework decisions".

1220 Vgl. auch *Lenaerts/Corthaut*, ELRev. 2006, 287, 293 (Fn. 48): „The ECJ managed [...] to steer away from making any positive comment about the primacy of EU law."

ges Recht nicht anzuwenden.[1221] Die dem *Pupino*-Urteil zugrunde liegende Argumentation impliziert jedoch einen Vorrang des primären Unionsrechts.[1222]

aa) Unterscheidung zwischen primärem und sekundärem Unionsrecht

Die unionsrechtliche Pflicht zur rahmenbeschlusskonformen Auslegung beruht auf der Annahme, dass die verpflichtende Wirkung des Art. 34 Abs. 2 lit. b EU auf die innerstaatlichen Stellen „durchgreift".[1223] Die nationalen Gerichte müssen das Gebot im Sinne einer interpretatorischen Vorrangregel bevorzugt vor allen übrigen nationalen Auslegungsregeln bis zur *contra legem*-Grenze berücksichtigen.[1224] Legitimationsgrundlage einer solchen interpretatorischen Vorrangregel ist im Fall der richtlinienkonformen Auslegung der Vorrang des Art. 249 Abs. 3 EG.[1225] Mit der Begründung einer Pflicht zur rahmenbeschlusskonformen Auslegung bejaht der EuGH somit den Vorrang des Art. 34 Abs. 2 S. 2 lit. b EU.[1226]

Dagegen sprechen keine Bedenken.[1227] Die Argumente, die der EuGH seinerzeit zur Begründung des Anwendungsvorrangs des Gemeinschaftsrechts angeführt hat - die Europäische Gemeinschaft ist auf unbegrenzte Zeit gegründet, besitzt Rechts- und Geschäftsfähigkeit, verfügt über eigene Organe und ist mit der Wahrnehmung von Hoheitsrechten betraut[1228] - treffen im Wesentlichen auch auf das Unionsrecht zu.[1229]

[1221] Ebenso *Huber*, ÖJZ 2007, 404, 407; wohl auch *Wasmeier*, Rahmenbeschluss als Rechtssatzform, 59, 65, a.A. aber *Epiney*, NVwZ 2006, 1244, 1245; *Wölker*, EuR 2007, 32, 55; *Lenaerts/Corthaut*, ELRev. 2006, 287, 300 f.

[1222] Ähnlich *Giegerich*, ZaöRV 67 (2007), 351, 377; *von Unger*, NVwZ 2006, 46, 48; *Mißling*, EuR 2007, 261, 264; *Schroeder*, EuR 2007, 349, 365; differenzierter *Herrmann*, EuZW 2005, 436, 438; *Epiney*, NVwZ 2006, 1244, 1245; *Adam*, 558, 561; *Lorenzmeier*, ZIS 2006, 576, 579.

[1223] *Herrmann*, EuZW 2005, 436, 438; *Hummrich*, DRiZ 2005, 361, 364.

[1224] Vgl. § 3, B., IV., 1.

[1225] Vgl. § 2, A., III., 3., b), aa), (2), (a).

[1226] Ähnlich *von Unger*, NVwZ 2006, 46, 48.

[1227] a.A. statt vieler *Herrmann*, EuZW 2005, 436, 438; *Oppermann*, Europarecht, § 7 Rn. 14; *Klink/Proelß*, DÖV 2006, 469, 472; *Wolff*, ZG 19 (2004), 32, 34; *Streinz*, JuS 2007, 854, 855; *Harings*, Justiz und Inneres, 81, 88; *Satzger*, in: Streinz (Hrsg.), EUV/EGV, Art. 34 EU Rn. 9; *Baddenhausen/Pietsch*, DVBl. 2005, 1562, 1565.

[1228] EuGH, Rs. 6/64, Slg. 1964, 1251 ff. (Costa/E.N.E.L.).

[1229] *Vedder*, Unterscheidung von Unionsrecht und Gemeinschaftsrecht, 7, 42; *Lenaerts/Corthaut*, ELRev. 2006, 287 ff.; *Schroeder*, Verfassungsrechtliche Beziehungen zwischen Europäischer Union und Europäischen Gemeinschaften, 373, 411; *von Unger*, NVwZ 2005, 1266, 1270 ff.; *Möstl*, Staatliche Garantie, 568 ff.

Die Europäische Union ist gemäß Art. 51 EU auf unbegrenzte Zeit geschaffen. Obwohl umstritten, kommt ihr nach richtiger Einschätzung zudem Rechtspersönlichkeit zu. Im Unterschied zu Art. 281 EG findet sich im EU-Vertrag zwar keine Bestimmung, die dies ausdrücklich anerkennt, so dass zahlreiche Autoren die Rechtssubjektivität der Europäischen Union ablehnen.[1230] Eigentlicher Akteur seien allein die Mitgliedstaaten, während die Europäische Union einen „rein materiellrechtlichen Verbundrahmen" von Staaten und internationalen Organisationen darstelle.[1231]

Diese Betrachtungsweise verkennt, dass sich die Rechtspersönlichkeit nur aus dem normativen Gesamtzusammenhang ergeben muss, eine vertragliche Fixierung ist nicht Voraussetzung.[1232] Drei wesentliche Eigenschaften machen die Rechtspersönlichkeit einer internationalen Organisation aus: die Fähigkeit, einen eigenständigen, von dem der Mitgliedstaaten unabhängigen, Willen zu bilden, die Fähigkeit, die Mitgliedstaaten gegebenenfalls auch gegen ihren Willen zu binden und die Fähigkeit, gegenüber außenstehenden Völkerrechtssubjekten rechtswirksam zu handeln.[1233]

Im Amsterdamer und Nizzaer Vertrag haben sich die Indizien für eine Rechtspersönlichkeit der Europäischen Union verdichtet[1234], so dass mittlerweile die genannten Eigenschaften auch für die Europäische Union zutreffen.[1235] Sie ist in der Lage, einen eigenständigen Willen zu bilden, wie beispielsweise die Aufhebung des positiven Einstimmigkeitserfordernisses verdeutlicht, d.h. Maßnahmen kommen auch bei Enthaltungen einzelner Mitgliedstaaten zustande.[1236] Auch ist die Rolle der von den Mitgliedstaaten unabhängigen Organe gestärkt worden,

---

1230 BVerfGE 89, 155 (195); *C. König*, Europäische Union, 139 ff.; *Pechstein*, EuR 1996, 137; *Herdegen*, Europarecht, § 6 Rn. 13; *Cremer*, in: Calliess/Ruffert (Hrsg.), EUV/EGV (3. Aufl.), Art. 11 EU Rn. 1.

1231 *C. König*, Europäische Union, 139 ff.

1232 *Trüe*, ZEuS 2000, 127, 130; *Herdegen*, Völkerrecht, § 10, Rn. 4.

1233 Vgl. *Herdegen*, Völkerrecht, § 10 Rn. 3.

1234 Vgl. *von Bogdandy*, Europäische Union als einheitlicher Verband, 165 ff.; *Trüe*, ZEuS 2000, 127 ff.; *Wichard*, in: Calliess/Ruffert (Hrsg.), EUV/EGV (3. Aufl.), Art. 1 EG Rn. 13; *Zuleeg*, Organisationsstruktur der Europäischen Union, 151, 152; *Schroeder*, Verfassungsrechtliche Beziehungen zwischen Europäischer Union und Europäischen Gemeinschaften, 373, 386 ff.; *Tomuschat*, in: von der Groeben/Schwarze (Hrsg.), EUV/EGV, Art. 281 EG Rn. 66; siehe auch GA *Kokott*, Schlussanträge in Rs. C-105/03, Slg. 2005, I-5285, Rn. 32 (Pupino): Der Begriff *Politiken* in Art. 1 Abs. 3 EU indiziert, dass „der Unionsvertrag nicht nur die zwischenstaatliche Zusammenarbeit beinhaltet, sondern auch die gemeinsame Ausübung von Souveränität durch die Union".

1235 Eingehend *Wichard*, in: Calliess/Ruffert (Hrsg.), EUV/EGV (3. Aufl.), Art. 1 EG Rn. 9 ff.

1236 Vgl. etwa Art. 41 Abs. 1 EU i.V.m. Art. 205 Abs. 3 EG.

indem die Rechtsprechungsbefugnisse des EuGH innerhalb der dritten Säule ausgeweitet wurden und der Kommission ein Initiativrecht neben den Mitgliedstaaten eingeräumt wurde.[1237] Mit der Einführung der Handlungsformen des Rahmenbeschlusses und des Beschlusses ist darüber hinaus die Fähigkeit der Europäischen Union ausgebaut worden, die Mitgliedstaaten zu binden, da beide Rechtsquellen unmittelbare Bindungswirkung entfalten, ohne dass es einer Ratifizierung bedarf. Schließlich kommt der Europäischen Union auch die Fähigkeit zu, gegenüber anderen Völkerrechtssubjekten rechtsverbindlich zu handeln, indem ihr die Kompetenz zum Abschluss völkerrechtlicher Verträge im Bereich der Gemeinsamen Außen- und Sicherheitspolitik (GASP, Art. 24 Abs. 1 EU) und der PJZS (Art. 24 Abs. 4 i.V.m. Art. 38 EU) übertragen wurde.[1238] Aus der Völkerrechtssubjektivität der Europäischen Union folgt, dass sie über eigene Organe verfügt.[1239] Zudem wurden der Union auch eigene Hoheitsrechte verliehen.[1240] Die rechtliche Bindung der Mitgliedstaaten etwa an Rahmenbeschlüsse bedeutet eine Einschränkung der Souveränität in diesen Bereichen.[1241] Aus all

---

[1237] *Wichard*, in: Calliess/Ruffert (Hrsg.), EUV/EGV (3. Aufl.), Art. 1 EG Rn. 11.

[1238] Auch dies ist umstritten. Zugegebenermaßen geht aus Art. 24 EU nicht konkret hervor, dass die Europäische Union Vertragspartner wird. Es wird daher vertreten, dass es sich hierbei lediglich um einen gebündelten Vertragsschluss aller Mitgliedstaaten handelt (*Regelsberger/Kugelmann*, in: Streinz (Hrsg.), EUV/EGV, Art. 24 EU Rn. 2; *Cremer*, in: Calliess/Ruffert (Hrsg.), EUV/EGV (3. Aufl.), Art. 24 EU Rn. 11). Diese Auslegung ist abzulehnen. Sie vermag nicht zu erklären, dass auch solche Mitgliedstaaten an den Vertrag gebunden wären, die sich im Rat enthalten haben (*Tomuschat*, in: von der Groeben/Schwarze (Hrsg.), EUV/EGV, Art. 281 EG Rn. 66; *Wichard*, in: Calliess/Ruffert (Hrsg.), EUV/EGV (3. Aufl.), Art. 1 EG Rn. 12). Zutreffend ist daher allein die Europäische Union Vertragspartner solcher Verträge (*Marquardt*, in: von der Groeben/Schwarze (Hrsg.), EUV/EGV, Art. 24 EU Rn. 1, 4; *Wichard*, in: Calliess/Ruffert (Hrsg.), EUV/EGV (3. Aufl.), Art. 1 EG Rn. 12; *Kadelbach*, Einheit der Rechtsordnung, 51, 60; *Schroeder*, Verfassungsrechtliche Beziehungen zwischen Europäischer Union und Europäischen Gemeinschaften, 373, 387).

[1239] *Ress*, JuS 1992, 985, 986; *Wichard*, in: Calliess/Ruffert (Hrsg.), EUV/EGV (3. Aufl.), Art. 5 EU Rn. 8; *Trüe*, ZEuS 2000, 127, 144 ff.; *Schroeder*, Verfassungsrechtliche Beziehungen zwischen Europäischer Union und Europäischen Gemeinschaften, 373, 401 f.; vgl. auch Art. 24 Abs. 6 EU, wo von den „Organen der Union“ die Rede ist; aufgrund der Annahme fehlender Rechtspersönlichkeit bloß für eine „Organleihe“ *Herdegen*, Europarecht, § 6 Rn. 13; *Weißer*, ZIS 2006, 562, 567 bzw. für die Annahme, es handele sich lediglich um „Vertragsorgane der Mitgliedstaaten“ *Blanke*, in: Calliess/Ruffert (Hrsg.), EUV/EGV (3. Aufl.), Art. 3 EU Rn. 13.

[1240] *Wichard*, in: Calliess/Ruffert (Hrsg.), EUV/EGV (3. Aufl.), Art. 1 EG Rn. 13; a.A. *Klink/Proelß*, DÖV 2006, 469, 471, die eine Rechtspersönlichkeit ablehnen und infolgedessen konsequent annehmen, es fehle an einem Empfänger, an den die Mitgliedstaaten Hoheitsrechte hätten übertragen können.

[1241] *Schroeder*, Verfassungsrechtliche Beziehungen zwischen Europäischer Union und Europäischen Gemeinschaften, 373, 387.

diesen Gründen ist daher die Heranziehung des strukturellen gemeinschaftsrechtlichen Prinzips des Anwendungsvorrangs im Recht der Union nicht ausgeschlossen.

Hervorzuheben ist an dieser Stelle jedoch noch einmal, dass aus der *Pupino*-Entscheidung nur die Annahme eines Vorrangs des primären Unionsrechts resultiert. Den sekundärrechtlichen Rahmenbeschlüssen wurde kein Vorrang zugesprochen. Dies war zum einen nicht erforderlich, da Geltungsgrund der rahmenbeschlusskonformen Auslegung allein die Umsetzungsverpflichtung des Art. 34 Abs. 2 S. 2 lit. b EU ist.[1242] Zum anderen ist die Anerkennung eines Vorrangs von Rahmenbeschlüssen auch nicht möglich. Wie im ersten Teil dieser Arbeit erörtert, kommt aufgrund des herrschenden Kollisionsverständnisses nur unmittelbar wirkendem Gemeinschaftsrecht Vorrang gegenüber entgegenstehendem nationalen Recht zu.[1243] Entsprechend haben Richtlinien grundsätzlich keinen Anwendungsvorrang, sondern nur dann, wenn ihnen ausnahmsweise unmittelbare Wirkung zukommt. Da Art. 34 Abs. 2 S. 2 lit. b S. 2 EU eine unmittelbare Wirkung von Rahmenbeschlüssen ausschließt, muss eine Vorrangwirkung schon von vornherein ausscheiden. Gleiches gilt im Übrigen für Beschlüsse gemäß Art. 34 Abs. 2 S. 2 lit. c EU.[1244] Für das primäre Unionsrecht ist eine unmittelbare Wirkung vertraglich nicht ausgeschlossen worden und daher möglich, sofern die normstrukturellen Voraussetzungen der hinreichenden Bestimmtheit und Unbedingtheit erfüllt sind.[1245]

[1242] Nicht ganz korrekt ist die Annahme von *Klink/Proelß*, NVwZ 2006, 469, 472 unter Verweis auf *Müller/Christensen*, Methodik II, dass eine Pflicht zu konformer Auslegung überhaupt nur in Betracht komme, wenn die einschlägige Rechtsmaterie in der Normenhierarchie über den nationalen Rechtsordnungen stünde - dies trifft nur auf die primäre Umsetzungspflicht zu, nicht auf die Richtlinie bzw. den Rahmenbeschluss. Davon gehen auch *Müller/Christensen*, Methodik II, Rn. 189 aus, da sie sich auf den Vorrang des Primärrechts und nicht auf den Vorrang der Richtlinie als Rechtsnorm beziehen - vgl. dazu bereits § 2, A., III., 2.

[1243] Vgl. § 2, A., I. - unzutreffend *von Unger*, NVwZ 2005, 1266, 1270 ff., nach dessen Einschätzung die Vorrangfrage von ihrer Bindung an das Axiom der unmittelbaren Anwendbarkeit gelöst sei (sog. „Globalvorrang").

[1244] Vgl. Art. 34 Abs. 2 S. 2 lit. c, S. 2 EU, der eine unmittelbare Wirkung von Beschlüssen ausschließt; aktuell sind damit immer noch die Ausführungen des BVerfG in seiner Maastricht-Entscheidung betreffend die ursprünglichen Handlungsformen der dritten Säule, BVerfGE 89, 155 (176): „ungeachtet einer völkerrechtlichen Bindung der Mitgliedstaaten durch die Ratsbeschlüsse […], kann durch jene Beschlüsse kein in den Mitgliedstaaten unmittelbar anwendbares und Vorrang beanspruchendes Recht gesetzt werden."

[1245] *Giegerich*, ZaöRV 67 (2007), 351, 377 betont jedoch zutreffend, dass die meisten Vertragsbestimmungen des Unionsvertrages mangels hinreichender Bestimmtheit und Unbedingtheit für eine unmittelbare Wirkung ungeeignet sind.

bb) Sonderproblem: Verfassungsgerichtliche Überprüfung von Umsetzungsgesetzen

Im Zusammenhang mit der Rangfrage des Unionsrechts bleibt noch zu erörtern, inwieweit das BVerfG befugt ist, innerstaatliche Gesetze, die in Umsetzung eines Rahmenbeschlusses ergangen sind - wie etwa das europäische Haftbefehlsgesetz -, am Maßstab des Grundgesetzes zu überprüfen. Diese Problematik ist bereits bekannt im Zusammenhang mit Richtlinien. Hier betont das BVerfG, auch wenn bislang keine Senatsentscheidungen dazu vorliegen, in einer gefestigten Rechtsprechung, dass deutsche Umsetzungsgesetze, soweit die Normsetzung zwingenden gemeinschaftsrechtlichen Vorgaben folgt, nicht am Maßstab deutscher Grundrechte durch das BVerfG zu prüfen sind, sondern dem auf Gemeinschaftsrechtsebene gewährleisteten Grundrechtsschutz unterliegen.[1246] Räumt die Richtlinie dem deutschen Gesetzgeber Gestaltungsspielräume ein, so ist er bei der Umsetzung weiter an die Vorgaben des Grundgesetzes gebunden.[1247]

Umstritten ist die Anwendung dieser Rechtsprechung auf Rahmenbeschlüsse. Während einige Stimmen in der Literatur auch hier die Prüfkompetenz des BVerfG in Bezug auf Ausführungsgesetze in Umsetzung von Gestaltungsspielräumen beschränken und dies primär mit der strukturellen Vergleichbarkeit von Richtlinien und Rahmenbeschlüssen sowie dem fortgeschrittenen Integrationsstand der dritten Säule seit Amsterdam begründen[1248], lehnen andere Autoren eine Übertragung dieser Judikatur auf Rahmenbeschlüsse ab.[1249]

Aktuell wurde diese Frage im Zusammenhang mit dem europäischen Haftbefehlsgesetz. Die Bundesregierung hat sich im Verfahren vor dem BVerfG der erstgenannten Meinung angeschlossen.[1250] Ohne auf das Vorbringen der Bundesregierung näher einzugehen, hat das BVerfG das deutsche Umsetzungsgesetz auf seine Vereinbarkeit mit deutschen Grundrechten überprüft und im Ergebnis wegen eines Verstoßes einzelner Bestimmungen gegen Art. 16 Abs. 2 S. 1 GG sowie gegen Art. 19 Abs. 4 GG für nichtig erklärt. Bezogen hat sich das

---

[1246] BVerfG, NJW 2001, 1267, 1268 (1 BvR 1036/99); NVwZ 2004, 1346 (1 BvR 1270/04).

[1247] BVerfG, NJW 1990, 974 (2 BvA 3/89); NVwZ 1993, 883 (2 BvR 1096/92).

[1248] Vgl. *Masing*, NJW 2006, 264 ff.; *Hinarejos Parga*, CMLRev. 2006, 583, 590; *Möstl*, Staatliche Garantie, 562 ff.; *Streinz*, FS Otto, 1029, 1050; *von Unger*, NVwZ 2005, 1266 ff.

[1249] *Klink/Proelß*, DÖV 2006, 469 ff.; *Mißling*, EuR 2007, 261.

[1250] Die angegriffenen Entscheidungen seien Rechtsakte, die weithin auf zwingendem, gegenüber dem deutschen Recht vorrangigem Europarecht beruhen und deshalb nach dem derzeitigen Stand der Integration nicht am Maßstab der deutschen Grundrechte zu prüfen seien; Art. 16 Abs. 2 GG sei grundsätzlich nur insoweit anwendbar, als das Unionsrecht den Mitgliedstaaten Gestaltungsspielräume belasse: BVerfGE, 113, 273 (284).

BVerfG jedoch nur auf Vorschriften, die Umsetzungsspielräume ausfüllten.[1251] Es ist daher nicht klar, ob es seine Prüfkompetenz auch hinsichtlich solcher Vorschriften zurückgenommen hat, die bindenden Vorgaben des Rahmenbeschlusses folgen.[1252] Die Betonung der Umsetzungsspielräume[1253] mag den Schluss einer Zurücknahme der Kontrollzuständigkeit des BVerfG auf einen europarechtlich nicht zwingend vorgegebenen Bereich nahe legen. Das BVerfG würde sich damit hinsichtlich der Kontrolldichte seiner Rechtsprechung zu den nationalen Umsetzungsakten von Richtlinien annähern.[1254]

Jedoch erweckt das Urteil an anderer Stelle den Eindruck, dass sich das BVerfG weiterhin die Option offen hält, auch zwingende Vorgaben eines Rahmenbeschlusses, sofern sie Eingang in das deutsche Recht in Form eines Ausführungsgesetzes gefunden haben, vollständig am Maßstab des Grundgesetzes zu überprüfen.[1255] Das BVerfG hat mit Nachdruck die Unterschiede zwischen der ersten und der dritten Säule der Europäischen Union unterstrichen und im Hinblick auf Rahmenbeschlüsse argumentiert, dass der deutsche Gesetzgeber notfalls die „Umsetzung verweigern" könne bzw. „in normativer Freiheit unter Beachtung der verfassungsrechtlichen Maßstäbe" über die Umsetzung entscheiden soll.[1256] Diese Äußerungen knüpfen scheinbar an die Maastricht-Entscheidung an. Dort hatte das BVerfG im Hinblick auf das Unionsrecht entschieden, dass „der Grundrechtsschutz des Grundgesetzes insoweit nicht durch supranationales Recht, das Vorrang beanspruchen könnte, überlagert (ist)."[1257]

In die gleiche Richtung geht die Einschätzung des Polnischen Verfassungsgerichtshofs. In seiner Entscheidung über die Verfassungsmäßigkeit des polnischen Umsetzungsgesetzes zum Rahmenbeschluss über den europäischen Haftbefehl heißt es, dass „die Hauptfunktion des Verfassungsgerichtshofs in der polnischen Staatsordnung in der Prüfung der Vereinbarkeit von Rechtsvorschriften mit der Verfassung besteht. Von dieser Verpflichtung wird der Gerichtshof auch dann nicht entbunden, wenn die Rüge der Verfassungswidrigkeit

---

1251 Vgl. BVerfGE 113, 273 (306 ff.): Art. 4 Nr. 7, Art. 4 Nr. 2, Art. 4 Nr. 3 des Rahmenbeschlusses.

1252 Ebenso *Giegerich*, ZaöRV 67 (2007), 351, 375.

1253 BVerfGE, 113, 273 (300): „Der Gesetzgeber war jedenfalls verpflichtet, die Umsetzungsspielräume, die der Rahmenbeschluss den Mitgliedstaaten belässt, in einer grundrechtsschonenden Weise auszufüllen".

1254 *Klink/Proelß*, DÖV 2006, 469 ff.

1255 *von Unger*, NVwZ 2005, 1266, 1269 f.; *Streinz*, JuS 2007, 854, 855.

1256 BVerfGE 112, 273 (301, 315).

1257 BVerfGE 89, 155 (177 f.).

sich auf eine Regelung des polnischen Gesetzes bezieht, die zur Umsetzung des EU-Rechts erlassen wurde.“[1258]

Eine umfassende Bindung des nationalen Gesetzgebers an die Grundrechte der nationalen Verfassung bei der Umsetzung von zwingenden Rahmenbeschlussvorgaben bzw. eine uneingeschränkte Kontrolldichte der nationalen Gerichte hinsichtlich der Verfassungsmäßigkeit nationaler Ausführungsgesetze ist mit Blick auf die *Pupino*- Entscheidung allerdings abzulehnen. Der EuGH hat - wie soeben erörtert - implizit den Vorrang der in Art. 34 Abs. 2 S. 2 lit. b EU verankerten primärrechtlichen Umsetzungsverpflichtung bejaht. Dieser Vorrang betrifft auch nationales Verfassungsrecht. Im Fall einer inhaltlich zwingenden Umsetzungsverpflichtung geht der Inhalt des Umsetzungsgesetzes nicht auf den autonomen Rechtssetzungswillen des deutschen Gesetzgebers zurück, sondern ist bindend durch den Rahmenbeschluss vorgegeben.[1259] Daraus resultiert konsequenterweise auch eine Einschränkung der Kontrolldichte der nationalen Gerichte. Diese können nationale Umsetzungsakte nur insofern auf ihre Vereinbarkeit mit nationalem Verfassungsrecht überprüfen, als dass Umsetzungsspielräume bestehen.

cc) Vorrang des Unionsrechts im Verfassungs- bzw. Reformvertrag

Abschließend ist festzustellen, dass mit dem Verfassungsvertrag eine Klärung der umstrittenen Vorrangfragen einhergehen sollte. Art. I-6 VV enthielt erstmals die primärrechtliche Verankerung des Vorrangs des Unionsrechts: „Die Verfassung und das von den Organen der Union in Ausübung der der Union übertragenen Zuständigkeiten gesetzte Recht haben Vorrang vor dem Recht der

---

[1258] Urt. v. 27.4.2005, Nr. P 1/05, deutsche Zusammenfassung abrufbar unter: http://www.trybunal.gov.pl/eng/summaries/documents/P_1_05_DE.pdf; dazu *Leczykiewicz*, CMLRev. 2006, 1181 ff; vgl. auch die Entscheidung des Obersten Verfassungsgerichtshofs von Zypern, Urt. v. 7.11.2005 - 294/2005, abgedruckt in Griechisch mit kurzer englischer Zusammenfassung in Ratsdok. Nr. 14281/01, abrufbar unter: http://register.consilium.europa.eu/pdf/en/05/st14/-st14281.en05.pdf; dazu *Mitsilegas*, CMLRev. 2006, 1277, 1298; *Streinz*, JuS 2007, 854, 855: auch hier wurde der Vorrang des Unionsrechts abgelehnt, wie die Zusammenfassung in dem betreffenden Ratsdokument unterstreicht: „The expected results which are binding on the Member States, may be achieved only through transposition,with the appropriate legitimate procedures existing in each Member State. According to the Court, this has not been done in Cyprus, as the provisions of the relevant legislation transposing the framework decision on the European arrest warrant are in conflict with the provisions of the Constitution. With this reasoning, the Court concludes, even though not explicitly, that framework decisions may not be considered superior to the Constitution“, Ratsdok. Nr. 14281/01, S. 3.

[1259] Vgl. im Hinblick auf Richtlinien *Klink/Proelß*, DÖV 2006, 469, 470.

Mitgliedstaaten."[1260] Die Erweiterung der Reichweite des Vorrangs auch auf das Recht der zweiten und dritten Säule war Konsequenz der vorgesehenen Aufhebung der Säulenstruktur. Vorrangig sollte auch weiterhin nur unmittelbar wirksames Unionsrecht sein.[1261] Eine unmittelbare Wirkung von Rahmenbeschlüssen war jedoch nicht mehr ausgeschlossen. Für die neuen „Rahmengesetze" sollten vielmehr die Grundsätze der Unmittelbarkeitsrechtsprechung im Hinblick auf Richtlinien Anwendung finden.[1262]

Nach dem Scheitern des Verfassungsprojektes hatte der Europäische Rat jedoch in seinem Mandat für die Regierungskonferenz betreffend die Ausarbeitung eines Reformvertrags[1263] im Juni 2007 festgelegt, dass der Artikel über den Vorrang des Unionsrechts im Reformvertrag nicht wieder aufzugreifen sei. In der Folge wurde dem Vertrag von Lissabon nur eine Erklärung beigefügt, die auf den Vorrang bzw. die Vorrangrechtsprechung des EuGH Bezug nimmt.[1264] Ebenso wird auf ein Gutachten des Juristischen Dienstes des Rates über den Vorrang Bezug genommen.[1265] Interessanterweise geht es in diesem Gutachten allein um den Vorrang des EG-Rechts und nicht um den Vorrang des Unionsrechts. Da die Erklärung der Regierungskonferenz jedoch von den „Verträgen" und dem „von der Union auf der Grundlage der Verträge gesetzte Recht" spricht, scheint der Hinweis auf das Gutachten keine Einschränkung der Reichweite des Vorrangs nur auf das Gemeinschaftsrecht vornehmen zu wollen. Die in dem Gutachten gewählte Formulierung resultiert aus der Bezugnahme auf die bisherige Vorrangrechtsprechung des EuGH zum Gemeinschaftsrecht, die je-

---

1260 Dem Verfassungsvertrag wurde die Erklärung beigefügt, dass jene Bestimmung die geltende Rechtsprechung des Gerichtshofs der Europäischen Gemeinschaften und des Gerichts erster Instanz zum Ausdruck bringt.

1261 So *Kadelbach*, FS Zuleeg, 219, 225.

1262 Vgl. Art. IV-438 Abs. 4 VV.

1263 Siehe dazu eingehend weiter unten unter § 3, C.

1264 „Die Konferenz weist darauf hin, dass die Verträge und das von der Union auf der Grundlage der Verträge gesetzte Recht im Einklang mit der ständigen Rechtsprechung des Gerichtshofs der EU unter den in dieser Rechtsprechung festgelegten Bedingungen Vorrang vor dem Recht der Mitgliedstaaten haben.", vgl. Ratsdok. 11177/07, Anlage I, S. 16.

1265 Gutachten des Juristischen Dienstes des Rates v. 22.6.2007, Ratsdok. 11197/07. Dieses Gutachten besagt: „Nach der Rechtsprechung des Gerichtshofs ist der Vorrang des EG-Rechts einer der Grundpfeiler des Gemeinschaftsrechts. Dem Gerichtshof zufolge ergibt sich dieser Grundsatz aus der Besonderheit der Europäischen Gemeinschaft. Zum Zeitpunkt des ersten Urteils im Rahmen dieser ständigen Rechtsprechung (Rs. 6/64, Costa/E.N.E.L.) war dieser Vorrang im Vertrag nicht erwähnt. Dies ist auch heute noch der Fall. Die Tatsache, dass der Grundsatz dieses Vorrangs nicht in den künftigen Vertrag aufgenommen wird, ändert nichts an seiner Existenz und an der bestehenden Rechtsprechung des Gerichtshofs."

doch infolge der anstehenden Überwindung der Säulenstruktur auf das gesamte Unionsrecht zu übertragen ist.

b) Schadensersatzanspruch

Auch zu einem möglichen Schadensersatzanspruch im Fall der fehlenden oder unzureichenden Umsetzung eines Rahmenbeschlusses hat sich der EuGH in der *Pupino*-Entscheidung nicht explizit geäußert. Aus der zugrunde gelegten Parallelisierung von Richtlinien und Rahmenbeschlüssen sowie dem fortgeschrittenen Integrationsstand der dritten Säule folgt indes die Zulässigkeit eines solchen.[1266] Dagegen spricht nicht der Ausschluss der unmittelbaren Wirkung.[1267] Im Unterschied zum Anwendungsvorrang setzt der Schadenseratzanspruch keine unmittelbare Wirkung voraus. Im Gegenteil: wie im ersten Teil der Untersuchung gesehen, hat der EuGH gerade in Fällen, in denen eine unmittelbare Wirkung von Richtlinien mangels hinreichender Bestimmtheit und Unbedingtheit bzw. wegen des Vorliegens horizontaler Fallkonstellationen ausscheiden musste, eine Staatshaftung der Mitgliedstaaten bejaht.[1268]

Ein Schadensersatzanspruch setzt neben einem hinreichend qualifizierten Verstoß und einem kausalen Schaden lediglich voraus, dass die betreffende Richtlinienbestimmung dem Einzelnen subjektive Rechte einräumt.[1269] Auch wenn die meisten Rahmenbeschlüsse gegenwärtig eher repressiver Natur sind, enthalten einige dennoch Regelungen, die bezwecken, dem Einzelnen Rechte zu verleihen.[1270] Da Rahmenbeschlüsse ebenso wie Richtlinien die Mitgliedstaaten zwingend zur Umsetzung verpflichten, treffen zudem die im ersten Teil der Untersuchung dargestellten Grundsätze hinsichtlich des Vorliegens eines hinreichend qualifizierten Verstoßes zu. Die Mitgliedstaaten sind somit für Schäden

---

[1266] *Schroeder*, EuR 2007, 349, 368; *von Unger*, NVwZ 2006, 46, 49 scheint dies abzulehnen, meint aber, dass diese Folge „absehbar" ist.

[1267] So auch *Schroeder*, EuR 2007, 349, 368.

[1268] Vgl. etwa EuGH, verb. Rs. C-6/90 und C-9/90, Slg. 1991, I-5357, Rn. 31 ff. (Francovich); Rs. C-334/92, Slg. 1993, I-6911, Rn. 22 (Wagner Miret); Rs. C-91/92, Slg. 1994, I-3325 Rn. 27 (Faccini Dori); Rs. C-192/94, Slg. 1996, I-1281, Rn. 22 (El Corte Inglés).

[1269] Vgl. EuGH, verb. Rs. C-6/90 und C-9/90, Slg. 1991, I-5357, Rn. 40 (Francovich); verb. Rs. C-46/93 und C-48/93, Slg. 1996, I-1029, Rn. 51 (Brasserie du Pêcheur/Factortame).

[1270] Vgl. etwa den RB über die Stellung des Opfers im Strafverfahren (ABl. 2001 L 82/1) oder auch Art. 11 des RB über den Europäischen Haftbefehl (ABl. 2002 L 190/1), der Rechte der gesuchten Personen festschreibt; nicht ganz zutreffend daher die Einschätzung von *Giegerich*, ZaöRV 67 (2007), 351, 378, wonach Überlegungen hinsichtlich einer Staatshaftung der Mitgliedstaaten im Hinblick auf eine fehlerhafte bzw. fehlende Umsetzung von Rahmenbeschlüssen weitgehend theoretisch bleiben, weil Normen, die dem einzelnen Rechte verleihen in der dritten Säule kaum zu finden sein werden.

haftbar zu machen, die aus der unterbliebenen oder fehlerhaften Umsetzung von Rahmenbeschlüssen resultieren.

5. Ergebnis

Der EuGH hat in der Entscheidung *Pupino* über die Entwicklung eines Gebots zur rahmenbeschlusskonformen Auslegung hinaus eine nahezu vollständige Parallelität der Wirkungen des Gemeinschafts- und Unionsrechts der dritten Säule anerkannt.[1271] Die dem Urteil zugrunde liegende Argumentation impliziert einen Vorrang des primären Unionsrechts sowie die Möglichkeit eines Staatshaftungsanspruchs für den Fall einer fehlenden oder unzureichenden Umsetzung von Rahmenbeschlüssen. Aufgrund der Vorrangwirkung von Art. 34 Abs. 2 S. 2 lit. b EU ist die Kontrolldichte hinsichtlich der Überprüfung nationaler Umsetzungsgesetze im Hinblick auf zwingende Rahmenbeschlussvorgaben eingeschränkt. Rahmenbeschlüssen selbst kommt allerdings mangels unmittelbarer Wirkung kein Anwednungsvorrang vor entgegenstehendem nationalen Recht zu. Unzutreffend ist die Einschätzung, der EuGH habe nicht die Unterscheidung zwischen intergouvernementalem Unionsrecht und supranationalem Gemeinschaftsrechtrecht aufgeben wollen und nur ausnahmsweise einen supranationalen Handlungsmechanismus innerhalb des EU-Vertrags etabliert.[1272]

C. Ausblick: Die PJZS im Vertrag von Lissabon

Abschließend soll noch ein kurzer Ausblick auf den möglichen zukünftigen rechtlichen Rahmen der PJZS erfolgen. Zum 1. Januar 2009 wird es zu weitreichenden Veränderungen kommen, sofern der „Vertrag von Lissabon“[1273] nach der Ratifikation in allen Mitgliedstaaten in Kraft tritt.

Die Grundlagen dafür wurden - wie im Laufe dieser Untersuchung hervorgehoben - mit dem Vertrag über eine Verfassung für Europa gelegt, dessen rechtliches Schicksal jedoch nach den ablehnenden Referenden in Frankreich und den Niederlanden ungewiss war. Die daraufhin vereinbarte Reflexionsphase über

---

[1271] *Herrmann*, EuZW 2005, 436, 438; sofern dies jedoch vereinzelt unter Verweis auf die vom EuGH in der Entscheidung *Pupino* verwendete Formulierung „gemeinschaftsrechtskonforme Auslegung“ angenommen wird (vgl. *Hermann*, EuZW 2005, 436, 438; *Schroeder*, EuR 2007, 349, 353), ist dem entgegenzuhalten, dass es sich um einen Fehler in der deutschen und englischen Übersetzung des Urteils handelt, der Terminus „gemeinschaftsrechtskonforme Auslegung“ daher fälschlicherweise Verwendung fand und es mittlerweile zu einer Korrektur gekommen ist; so auch der Hinweis von GA *Kokott*, Schlussanträge in Rs. C-467/05, Slg. 2007, I-5557, Fn. 5 (Dell'Orto); *Lorenzmeier*, ZIS 2006, 576, 578.

[1272] So aber *Fetzer/Groß*, EuZW 2005, 550.

[1273] ABl. 2007 C 306/1.

die Zukunft des Verfassungsvertrages[1274] führte zunächst zu einem politischen Stillstand. Im Juni 2006 beschlossen die Staats- und Regierungschefs, dass die Bundesregierung während der deutschen Ratspräsidentschaft in der ersten Jahreshälfte 2007 einen Bericht vorlegen soll, der eine „Bewertung des Standes der Beratungen über den Verfassungsvertrag enthalten und mögliche künftige Entwicklungen aufzeigen sollte".[1275] Insgesamt kam es in der ersten Jahreshälfte 2007 zu einer Beschleunigung des Reformprozesses.[1276] Zugleich wurde aber auch immer deutlicher, dass ein Festhalten am Verfassungsprojekt nicht realistisch sein würde.[1277] In der „Berliner Erklärung" im März 2007 fand der Verfassungsvertrag dementsprechend schon keine Erwähnung mehr. Die Staats- und Regierungschefs bekundeten dort lediglich ihren Willen, „die Europäische Union bis zu den Wahlen zum Europäischen Parlament 2009 auf eine erneuerte gemeinsame Grundlage zu stellen."[1278]

Der Europäische Rat hat sich im Juni 2007 schließlich offiziell darauf verständigt, das Verfassungskonzept, welches darin bestand, alle bestehenden Verträge aufzuheben und durch einen einheitlichen Text mit der Bezeichnung „Verfassung" zu ersetzen, aufzugeben.[1279] Man vereinbarte, die bestehenden Verträge durch einen sog. „Reformvertrag" zu ändern, wobei der EU-Vertrag seine bisherige Bezeichnung behält, der EG-Vertrag hingegen in „Vertrag über die Arbeitsweise der Union" (AEUV) umbenannt wird.[1280] Der Europäische Rat erteilte der zu diesem Zweck einberufenen Regierungskonferenz ein detailliertes Mandat.[1281] Bereits im Oktober 2007 legte die Regierungskonferenz einen Ent-

---

1274 Erklärung der Staats- und Regierungschefs der Mitgliedstaaten der EU zur Ratifizierung des Vertrags über eine Verfassung für Europa vom 16. Juni 2005, abrufbar unter http://www.consilium.europa.eu/ueDocs/cms_Data/docs/pressData/de/ec/85329.pdf.

1275 Schlussfolgerungen des Vorsitzes des Europäischen Rates vom 15./16. Juni 2006, Ratsdok. 10633/06, Rn. 47 f.

1276 Vgl. dazu *Stabenow*, FAZ Nr. 144 v. 25.6.2007, S. 6; vgl. auch Schlussfolgerungen des Vorsitzes des Europäischen Rates vom 21./22. Juni 2007, Ratsdok. 11177/07, Rn. 9: „zügige Lösung stellt eine Priorität dar".

1277 Vgl. Ratsdok. 10659/07.

1278 Erklärung anlässlich des 50. Jahrestags der Unterzeichnung der Römischen Verträge, abrufbar unter: http://www.eu2007.de.

1279 Schlussfolgerungen des Vorsitzes des Europäischen Rates vom 21./22. Juni 2007, Ratsdok. 11177/07, Anlage I, S. 15.

1280 Vgl. Schlussfolgerungen des Vorsitzes des Europäischen Rates vom 21./22. Juni 2007, Ratsdok. 11177/07, Anlage I, S.15.

1281 Schlussfolgerungen des Vorsitzes des Europäischen Rates vom 21./22. Juni 2007, Ratsdok. 11177/07, Rn. 10; vgl. *Stabenow*, FAZ Nr. 144 v. 25.6.2007, S. 6: „Regierungskonferenz vereinbart, deren Ausgang schon weitgehend feststeht"; eingehend zum Mandat *Mayer*, ZaöRV 67 (2007), 1141, 1147.

wurf des Reformvertrags vor, der die Billigung der Staats- und Regierungschefs erfuhr und am 13. Dezember 2007 in Lissabon unterzeichnet wurde.[1282] Ziel des „Reformvertrags" bzw. „Vertrags von Lissabon" ist es, so weit wie möglich die Substanz des Verfassungsvertrages zu bewahren[1283], was nicht nur positive Reaktionen hervorrief.[1284]

Für die PJZS bedeutet dies, dass die im Verfassungsvertrag vorgesehenen Reformen weitgehend übernommen werden. Entsprechend werden die relevanten Bestimmungen nicht mehr im EU-Vertrag, sondern im zukünftigen AEUV niedergelegt.[1285] Die PJZS wird damit trotz des Scheiterns des Verfassungsvertrages der Gemeinschaftsmethode und den dadurch bedingten Neuerungen unterworfen. Wie bereits gesehen, kommt es allerdings nicht zur Einführung des „Europäischen Rahmengesetzes". Gleichwohl wird im Rahmen der PJZS nicht mehr die Handlungsform des Rahmenbeschlusses zur Verfügung stehen, dieser vielmehr durch die Richtlinie ersetzt. Damit verbunden ist die Anwendung der im ersten Teil der Untersuchung beschriebenen Richtliniendogmatik im Bereich der PJZS. Voraussetzung ist, dass der Vertrag von Lissabon, wie geplant, zum 1. Januar 2009 in Kraft tritt. Es bleibt abzuwarten, inwieweit nach der erfolgten Einigung der Staats- und Regierungschefs auf dem Sondergipfel in Lissabon und der Unterzeichnung des Vertrages auch eine Ratifikation in allen Mitgliedstaaten erfolgt.[1286]

[1282] Ein Überblick des Übergangs vom Verfassungsvertrag zum Vertrag von Lissabon findet sich bei *A. Weber*, EuZW 2008, 7 ff.; *Oppermann*, DVBL. 2008, 473 ff.; *Rabe*, NJW 2007, 3153 ff.; *T. S. Richter*, EuZW 2007, 631 ff.

[1283] Vgl. Ratsdok. 10659/07 sowie die Einschätzung von *A. Weber*, EuZW 2008, 7, 14: „Die beiden Verträge beinhalten - unabhängig von ihrer Titulatur - ebenso viel (oder wenig) „Verfassung" wie der „Verfassungsvertrag"; die inhaltlichen Abstriche beschränken sich neben der fehlenden Inkorporation der Grundrechte-Charta (diese wurde jedoch neu verkündet, ABl. 2007 C 303/1, und in Art. 6 EU wird künftig auf die Charta verwiesen) v.a. auf den Verzicht des Begriffes „Verfassung" sowie die Streichung der Symbol-Artikel zur Europa-Hymne und Europa-Flagge - kritsich zu diesen Punkten *Häberle*, Europäische Verfassungslehre, 696 f.

[1284] Siehe die kritische Anmerkung von *Terhechte*, EuZW 2007, 521, der von „rein rhetorischen Glättungen" spricht und zu dem Ergebnis kommt, dass sich der „Verdacht aufdrängt, dass hier eine Verfassung „light" als Reformvertrag verkauft werden soll"; anders *A. Weber*, EuZW 2008, 7, 14, der von „realistischer Verfassungspolitik" spricht; vgl. auch *Pernice*, EuZW 2008, 65: „Ob man das so nennt oder nicht: Der Vertrag von Lissabon stärkt die Verfassung des vereinten Europa".

[1285] Vgl. Art. 67, 82 ff., 87 ff. AEUV; im Unterschied dazu bleibt die gemeinsame Außen- und Sicherheitspolitik weiterhin im EU-Vertrag geregelt, und es gelten besondere Vorschriften hinsichtlich des Verfahrens, Art. 24 ff. EU.

[1286] Um Geschehnisse wie 2005 in Frankreich und den Niederlanden zu vermeiden, haben sich die Regierungen der Mitgliedstaaten für die parlamentarische Ratifikation entschieden. Nur in Irland ist ein Referendum von der Verfassung vorgeschrieben.

§ 4 Schlussbetrachtung

Die Rechtsprechung des EuGH der letzten Jahre hat die Rechtswirkungen von EG-Richtlinien und EU-Rahmenbeschlüssen in den nationalen Rechtsordnungen im Interesse eines größtmöglichen *effet utile* europäischer Rechtssetzung maßgeblich fortentwickelt.

Die Richtlinienrechtsprechung vermag dabei in Teilen nicht zufrieden zu stellen. Der EuGH hatte sich gehäuft mit den Wirkungen von Richtlinien vor Ablauf der Umsetzungsfrist oder bei Einräumung von Gestaltungsspielräumen sowie mit Richtlinienwirkungen zwischen bzw. gegenüber Privatpersonen auseinanderzusetzen. Die Arbeit hat die Frage aufgeworfen, ob der EuGH nicht in zunehmendem Maße die Voraussetzungen und Grenzen der unmittelbaren Wirkung modifiziert bzw. neu bestimmt und damit insgesamt die konzeptionellen Grundlagen der Rechtswirkungen von Richtlinien verändert hat. Die Analyse der Rechtsprechung hat ergeben, dass die Voraussetzungen für eine unmittelbare Wirkung unverändert sind, der EuGH jedoch die Grenzen in erheblichem Maße relativiert hat.

1) Nach wie vor kommt eine unmittelbare Wirkung von Richtlinien erst nach Ablauf der Umsetzungsfrist in Betracht.

Die sog. Vorwirkungen einer Richtlinie, die den Zeitraum zwischen Inkrafttreten und Ablauf der Umsetzungsfrist betreffen, sind in sachlicher Hinsicht von dem Konzept der unmittelbaren Wirkung zu unterscheiden. Die unmittelbare Wirkung ist eine Sanktion, um Umsetzungsdefizite der Mitgliedstaaten zu beseitigen bzw. auszugleichen und knüpft zwangsläufig an den Ablauf der Umsetzungsfrist an. Die Vorwirkungen einer Richtlinie sollen allein den Umsetzungserfolg als solchen mit Ablauf der Umsetzungsfrist gewährleisten und beschränken sich auf ein Frustrationsverbot für die Normgebungs- bzw. Normanwendungsebene. Im Zeitraum vor Ablauf der Umsetzungsfrist greifen noch keine „spezifischen Regelungsanordnungen" einer Richtlinie, wie dies der Fall bei einer unmittelbaren Wirkung ist. Eine Berufung auf in einer Richtlinie enthaltene Rechte ist ausgeschlossen.[1287] An dieser Unterscheidung hält der EuGH auch nach seiner viel beachteten Grundsatzentscheidung *Mangold* fest. Die darin angeordnete Unanwendbarkeit der nationalen Vorschrift vor Ablauf der Umsetzungsfrist der Richtlinie 2000/78/EG ist keine Folge der Vorwirkung der Richtlinie, sondern resultiert aus einem Verstoß gegen den unmittelbar wirkenden allgemeinen Rechtsgrundsatz des Verbotes der Altersdiskriminierung. Zu berücksichtigen ist, dass die Mitgliedstaaten bei der Umsetzung von Richtlinien stets auch an die Gemeinschaftsgrundrechte gebunden sind. Liegt eine Verletzung der Gemeinschaftsgrundrechte vor, ist die nationale Umsetzungsmaßnah-

---

[1287] Dezidiert *von Danwitz*, JZ 2007, 697, 701 f.

me aufgrund des Anwendungsvorrangs unmittelbar wirksamen Primärrechts nicht anzuwenden. Diese Lösung bereitet erhebliche Probleme, wenn die umzusetzende Richtlinie den allgemeinen Rechtsgrundsatz normativ wiedergibt. Es besteht dann die Gefahr, dass es durch die Heranziehung des allgemeinen Rechtsgrundsatzes zu einer Überlagerung von Richtlinienrecht kommt und Beschränkungen, die mit den Wirkungen von Richtlinien verbunden sind, im Wege des Rückgriffs auf den allgemeinen Rechtsgrundsatz unterlaufen werden. Insbesondere darf die zeitliche Anwendbarkeit allgemeiner Rechtsgrundsätze in solchen Fällen nicht unabhängig vom Lauf der Umsetzungsfrist bestehen. Würde man einen allgemeinen Rechtsgrundsatz in Fällen, in denen eine Richtlinie überhaupt erst den Anwendungsbereich des Gemeinschaftsrechts eröffnet und zugleich eine normative Ausgestaltung eines allgemeinen Rechtsgrundsatzes darstellt, vor Ablauf der Umsetzfrist anwenden, käme dies einer unmittelbaren Wirkung der betreffenden Richtlinienbestimmung bereits zu diesem Zeitpunkt gleich. Im Fall *Mangold* bestand die Besonderheit, dass das Verbot der Altersdiskriminierung zwar in der Antidiskriminierungsrichtlinie 2000/78/EG seinen gesetzlichen Niederschlag gefunden hat. Der Anwendungsbereich des Gemeinschaftsrechts war im zugrunde liegenden Sachverhalt allerdings bereits durch die Umsetzung einer anderen Richtlinie eröffnet gewesen, so dass - formal betrachtet - keine Umgehung der Beschränkungen der Richtlinienwirkungen vorlag. Dies wirft die generelle Frage auf, ob eine nationale Regelung, die unter einem spezifischen Aspekt in den Anwendungsbereich des Gemeinschaftsrechts fällt, in vollem Umfang der Bindung an die Gemeinschaftsgrundrechte unterworfen ist. Die Untersuchung hat ergeben, dass die Anwendbarkeit von Gemeinschaftsgrundrechten zutreffend nach dem jeweiligen „Gegenstand" und den „Zielen" sowie dem „Schutzzweck" der Gemeinschaftsregelung, die durchzuführen ist und überhaupt erst das mitgliedstaatliche Recht dem gemeinschaftlichen Grundrechtsstandard unterwirft, auszurichten ist. Die Anwendbarkeit der allgemeinen Rechtsgrundsätze ist damit inhaltlich auf diejenigen Zielsetzungen zu beschränken, die von der Gemeinschaftsregelung erfasst sind, um auch in tatsächlicher Hinsicht eine Umgehung der Beschränkungen der Richtlinienwirkungen auszuschließen. Festzuhalten bleibt, dass der EuGH in der Entscheidung *Mangold* mithin keine unmittelbare Wirkung vor Ablauf der Umsetzungsfrist anerkannt hat. Erforderlich ist jedoch, dass der Gerichtshof in naher Zukunft seine Rechtsprechung im Blick auf das Zusammenspiel von Richtlinienwirkungen und allgemeinen Rechtsgrundsätzen weiter präzisiert, um eine Umgeheung der Beschränkungen der Richtlinienwirkungen zu verhindern.

2) Auch die normstrukturellen Voraussetzungen der hinreichenden Bestimmtheit und inhaltlichen Unbedingtheit hat der EuGH nicht aufgegeben.

In einer Reihe von Entscheidungen hat der Gerichtshof zwar trotz bestehender Gestaltungsspielräume eine Berufung auf die Richtlinie zugelassen und die nationalen Gerichte verpflichtet, zu prüfen, ob der nationale Gesetzgeber im Rahmen der ihm vorbehaltenen Befugnis, Form und Mittel für die Umsetzung der Richtlinie zu wählen, innerhalb des in der Richtlinie vorgesehenen Ermessensspielraums geblieben ist. Diese Rechtsprechungssequenz stellt jedoch keine Abkehr von den normstrukturellen Voraussetzungen dar. Die fraglichen Entscheidungen betrafen eine unmittelbare Wirkung in Form der Ausschlusswirkung ging, d.h. Gegenstand war ausschließlich die Überprüfung der Rechtmäßigkeit nationaler Maßnahmen am Maßstab der Richtlinie. In diesem Fall sind jedoch an die normstrukturellen Voraussetzungen geringere Anforderungen zu stellen als in Konstellationen, in denen die positive Anwendung einer Richtliniennorm im Raum steht. Richtlinienbestimmungen, die als Anspruchsgrundlage im Sinne einer Alternativnormierung herangezogen werden, müssen diesen Anspruch entsprechend konkret und eindeutig formulieren, um den normstrukturellen Anforderungen für eine unmittelbare Wirkung zu genügen. Ermessen blockiert insoweit unstreitig eine unmittelbare Wirkung der Richtlinie, da dem nationalen Gesetzgeber ein Wahlrecht zusteht und das nationale Gericht sich nicht an die Stelle des nationalen Gesetzgebers setzen darf. Für die Überprüfung der Rechtmäßigkeit einer Norm sind die Kriterien der Bestimmtheit und Unbedingtheit bereits erfüllt, wenn ein Verstoß des Rechtsaktes gegen die Richtlinienbestimmung feststellbar ist, was in Fällen von Ermessen bei einer Ermessensüberschreitung gegeben ist. Eine Ermessensüberschreitung wiederum ist feststellbar, sofern Richtlinien ein zwingender Mindeststandard bzw. hinreichend deutlich formulierte Ermessensgrenzen für die Ausübung des Wahlrechts zu entnehmen ist.

3) Die Grenzen einer unmittelbaren Wirkung von Richtlinien in horizontalen Konstellationen haben erhebliche Veränderungen erfahren.

Der EuGH hat eine Vielzahl von Einschränkungen und Relativierungen des ursprünglich augestellten Verbotes einer unmittelbaren Wirkung zwischen Privatpersonen etabliert, das dadurch seine *raison d'être* verloren hat. Der Gerichtshof hat entschieden, dass Richtlinien keine „echten Rechtspflichten" begründen können. Nicht ausgeschlossen sind nach den Entscheidungen *Unilever* und *Wells* „bloße negative Auswirkungen" auf die Rechtsstellung Einzelner. Zudem enthält die Entscheidung *Pfeiffer* eine extensive Pflicht zur richtlinienkonformen Auslegung des innerstaatlichen Rechts, die eine Verpflichtung zur richtlinienkonformen Reduktion einer nationalen Vorschrift „auf Null" impliziert. Der EuGH stellt damit die Tragfähigkeit der *contra legem*-Grenze in Frage und macht die Grenzziehung zur unmittelbaren Wirkung nahezu unmöglich. Formal hält der EuGH an dem Verbot einer horizontalen unmittelbaren Wirkung fest, praktisch scheint er an einer Neubestimmung dieser Grenze zu arbeiten. Diese am *effet utile* ausgerichtete Rechtsprechung ist insbesondere aus Gründen der Rechtssicherheit problematisch. Infolge einer immer stärkeren Ausdifferenzierung der Richtliniendogmatik sind die einzelnen Effekte der Wirkungen von

Richtlinien zwischen Privaten kaum noch nachvollziehbar. Der Gerichtshof hat mit seiner Rechtsprechung der letzten Jahre zu viele und dogmatisch zum Teil wenig überzeugende Einschränkungen hinsichtlich der Grenzen einer unmittelbaren Wirkung zwischen Privatpersonen geschaffen. Die Herausbildung von unbestimmten Rechtsbegriffen bzw. Kriterien für die unmittelbare Anwendung von Richtlinien sowie die Etablierung einer extensiv verstandenen Pflicht zur Konformauslegung bedingen sachlich schwer lösbare Abgrenzungsschwierigkeiten sowie eine Kasuistik, deren Ergebnisse immer weniger vorhersehbar sind und daher in starkem Maße Rechtsunsicherheit hervorrufen. Zutreffend ist in diesem Zusammenhang die Einschätzung von *Ross*:

„A policy of best result instrumentalism might tolerate some uneveness in application of EC norms but it does not sit easily with consistent, principled, judicial authority" and means a "potential clash with the Court`s own avowed commitment to legal certainty"[1288].

Für die Unionsbürger besteht gegenwärtig das Risiko, im Einzelfall unvorhergesehen wegen einer Richtlinie in Anspruch genommen zu werden. So zutreffend wie die Etablierung eines Verbotes der unmittelbaren Wirkung zwischen Privatpersonen aus Gründen der Rechtssicherheit war, so unzutreffend ist es, im Lichte der Rechtsprechungsentwicklungen weiter daran festzuhalten. Die Arbeit ist daher zu dem Ergebnis gekommen, dass die Entwicklungen der Rechtsprechung der letzten Jahre aus Gesichtspunkten des Vertrauens und einer kohärenten Dogmatik in ihrer Konsequenz empfehlen, eine unmittelbare Wirkung in horizontalen Beziehungen zuzulassen. Über Gemeinschaftsrecht kann man sich informieren, über künftige Differenzierungen in der Judikatur nicht. Diesem Ansatz stehen auch nicht die vom EuGH in der Entscheidung *Faccini Dori* erstmals angesprochenen Kompetenzerwägungen entgegen. Es bleibt insgesamt zu hoffen, dass der EuGH in naher Zukunft die im Rahmen dieser Untersuchung aufgezeigten dogmatischen Defizite in seiner Richtlinienrechtsprechung behebt.

4) In der Rechtssache *Pupino* hat der EuGH zulässigerweise eine Parallelisierung von EG-Richtlinien und EU-Rahmenbeschlüssen vorgenommen.

Mit der Ausweitung der Rechtswirkungen von Rahmenbeschlüssen über den Wortlaut der vertraglichen Bestimmung des Art. 34 Abs. 2 S. 2 lit. b EU hinaus stellt die Entscheidung *Pupino* einen weiteren Meilenstein in der Rechtsprechung des EuGH dar und reiht sich ein in die Entscheidungen *Van Gend & Loos*, *Costa*, *Van Duyn* oder *Von Colson*. Die Etablierung einer unionsrechtlichen Pflicht zur Konformauslegung in Bezug auf Rahmenbeschlüsse bedeutet eine dynamische Fortentwicklung des Unionsrechts, das sich immer stärker an die Strukturen des Gemeinschaftsrechts annähert.[1289] Nach dem vorläufigen

---

[1288] *Ross*, ELRev. 2006, 476, 498.

[1289] *B. Hecker*, Europäisches Strafrecht, § 10 Rn. 85; *Skouris*, ZEuS 2005, 463, 476: „begrüßenswerte Parallelisierung im Verhältnis der verschiedenen Bereiche des Gemeinschafts- und Unionsrechts".

Scheitern des Verfassungsprojektes hat der EuGH insgesamt einen Prozess der „weichen Konstitutionalisierung" im Hinblick auf die dritte Säule der Europäischen Union eingeleitet und einzelne Elemente des Verfassungsvertrages bereits auf der Grundlage der geltenden Verträge in das Unionsrecht eingeführt. Die Konformauslegungspflicht trägt wesentlich zu einer Effektivierung europäischer Rechtssetzung im Rahmen der dritten Säule bei. Daneben strebt der EuGH aber auch die Stärkung der Rechtsstellung des Einzelnen in diesem Bereich an und hat dessen Rechtsschutzmöglichkeiten erweitert. Dies verdient Anerkennung, ohne freilich auszublenden, dass weiterhin Defizite zu verzeichnen sind, allen voran das fehlende obligatorische Vorabentscheidungsverfahren.

5) Auch wenn die Entscheidung *Pupino* im Ergebnis eine zulässige Rechtsfortbildung darstellt, so ist die unzureichende Begründung zu bemängeln.[1290]

Rechtsfortbildende Entscheidungen bedürfen stets einer besonders umfassenden und nachvollziehbaren Begründung.[1291] Erforderlich wäre eine eingehendere Auseinandersetzung des Gerichtshofs mit den strukturellen Merkmalen der dritten Säule sowie mit demokratietheoretischen Fragen gewesen, statt die primäre Bezugnahme allein auf den vergleichbaren Wortlaut von Art. 34 Abs. 2 S. 2 lit. b EU und Art. 249 Abs. 3 EG. Es mag dies vielleicht auch ein Grund gewesen sein für die fehlende Kooperationsbereitschaft des BVerfG.[1292] Dieses hatte in der Entscheidung zum Europäischen Haftbefehl eine andere Einschätzung der Rechtsnatur und der innerstaatlichen Wirkungen von Rahmenbeschlüssen vorgenommen, ohne auf die Entscheidung *Pupino* einzugehen bzw. eine Vorlage an den EuGH in Betracht zu ziehen, wofür es zutreffend kritisiert worden ist.[1293] Die Senatsmehrheit hat in der Entscheidung die nationale Perspektive zu einsei-

[1290] So auch *Chalmers*, ELRev. 2005, 773, 774: „the legal reasoning is not strong"; allgemein zu einer Weiterentwicklung der Begründungsstruktur des EuGH hin zu einem stärker argumentativen Begründungskonzept *Müller/Christensen*, Methodik II, Rn. 754 f.

[1291] Siehe auch *Everling*, EuR 1994, 127, 131, der im Hinblick auf die Legitimität des EuGH der Plausibilität und Überzeugungskraft der Urteile eine zentrale Bedeutung beimisst.

[1292] Instruktiv zur fehlenden Vorlagebereitschaft der Höchstgerichte der Mitgliedstaaten im Allgemeinen *Haltern*, VerwArch 96 (2005), 311, 327 ff.

[1293] *Hinarejos Parga*, CMLRev. 2006, 583, 590; in seinem abweichenden Votum brachte Richter *Gerhardt* deutlich zum Ausdruck, dass es „nicht dem Recht dient", wenn der Senat „weder begrifflich noch in einer Diskussion möglicher Konsequenzen auf das Urteil des Gerichtshofs in der Sache *Pupino* eingeht" - BVerfGE 113, 273 (342); vgl. aber BVerfG (Kammer), Beschl. v. 24.11.2005 (2 BvR 1667/05), Rn. 15: „Soweit es nach innerstaatlichem Recht zulässig ist, soll der Rahmenbeschluss bei der Auslegung und Anwendung des nationalen Rechts beachtet werden." Das BVerfG bezog sich auf die *Pupino*-Entscheidung des EuGH; auch der BGH hat bereits auf die *Pupino*-Entscheidung Bezug genommen und lässt damit eine Akzeptanz dieser Entscheidung erkennen, vgl. BGH, Urt. v. 21.7.2005 - 1 StR 78/05, S. 4.

tig betont.[1294] Möglicherweise hätte sich das BVerfG aber zu einer Vorlage gezwungen gesehen, wenn der EuGH seine Argumente eingehender dargelegt hätte. Der fehlende Diskurs zwischen den Höchstgerichten in diesem Kontext ist zu bedauern, da die Frage der innerstaatlichen Wirkungen von Rahmenbeschlüssen nicht zuletzt auch einen starken Grundrechtsbezug aufweist. Gerade hier ist es im Interesse eines effektiven kooperativen Grundrechtsschutzes erstrebenswert, dass die Verfassungsgerichte der Mitgliedstaaten den Dialog mit dem EuGH im Wege einer Vorabentscheidung, sofern diese gemäß Art. 35 Abs. 1 EU möglich ist, suchen.[1295]

[1294] *Vogel*, JZ 2005, 801, 809; vgl. auch die eindringliche Kritik von *Hufeld*, JuS 2005, 862, 867: „Der Senat versteht die dritte Säule nicht als Projekt der Annäherung mit Vergemeinschaftungsperspektive, nicht als Integrationsvorstufe in der EU/EG-charakteristischen Zeitlichkeit, sondern als Verschonungsmodus zur Verteidigung von nationaler Identität und Staatlichkeit."

[1295] Näher zur Frage kooperativen Grundrechtsschutzes und einem diskursiven Modell kooperativer Rechtsfindung *Kotzur*, JöR 55 (2007), 337, 351.

Literaturverzeichnis

Abele, Roland: Anmerkung zu EuGH, Urteil v. 26.9.2000 (Unilever), EWS 2000, 546

Adam, Michael: Die Wirkung von EU-Rahmenbeschlüssen im mitgliedstaatlichen Recht, EuZW 2005, 559

Albin, Silke: Unmittelbare Anwendbarkeit von Richtlinien mit „Doppelwirkung" im Umweltbereich - Ein Scheinproblem? NuR 1997, 29

Albors-Llorens, Albertina: Changes in the Jurisdiction of the European Court of Justice under the Treaty of Amsterdam, CMLRev. 1998, 1273

Allott, Philip: Preliminary Rulings - Another Infant Disease, ELRev. 2000, 538

Arnull, Anthony: Having your Cake and Eating it Ruled Out, ELRev. 1988, 42

ders.: The European Union and its Court of Justice, Oxford 1999

ders.: The Incidental Effect of Directives, ELRev. 1999, 1

ders.: Arrested Development, ELRev. 2005, 605

ders.: Family Reunification and Fundamental Rights, ELRev. 2006, 611

Auer, Marietta: Neues zu Umfang und Grenzen der richtlinienkonformen Auslegung, NJW 2007, 1106

Baddenhausen, Heike/Pietsch, Jörg: Rahmenbeschlüsse der Europäischen Union, DVBl. 2005, 1562

Bach, Albrecht: Direkte Wirkungen von EG-Richtlinien, JZ 1990, 1108

Bainczyk, Magdalena/Ernst, Ulrich: Fragen der EU-Mitgliedschaft vor dem polnischen Verfassungsgerichtshof, EuR 2006, 247

Baldus, Christian: Ein weiterer Schritt zur horizontalen Direktwirkung? Anmerkung zu EuGH, Urteil v. 7.1.2004 (Wells), GPR 2004, 124

Bauer, Jobst Hubertus/Arnold, Christian: Auf ‚Junk' folgt ‚Mangold' - Europarecht verdrängt deutsches Arbeitsrecht, NJW 2006, 6

Bayreuther, Frank: Anmerkung zu BGH, Urteil v. 5.2.1998, EuZW 1998, 478

Beljin, Sasa: Staatshaftung im Europarecht, Köln 2000

ders.: Die Zusammenhänge zwischen dem Vorrang, den Instituten der innerstaatlichen Beachtlichkeit und der Durchführung des Gemeinschaftsrechts, EuR 2002, 351

Betlem, Gerrit: The Principle of Indirect Effect of Community Law, ERPL 1995, 1

ders.: The Doctrine of Consistent Interpretation - Managing Legal Uncertainty, OJLS 2002, 397

Bleckmann, Albert: Die Völkerrechtsfreundlichkeit der deutschen Rechtsordnung, DÖV 1979, 309

ders.: Die Rolle der richterlichen Rechtsschöpfung im Europäischen Gemeinschaftsrecht, in: Lüke, G./Ress, G./Will, M. R. (Hrsg.), Rechtsvergleichung, Europarecht und Staatenintegration - Gedächtnisschrift für Léontin-Jean Constantinesco, Köln 1983, 61

ders.: Europarecht, 6. Aufl., Köln 1997

Boch, Christine: Anmerkung zu House of Lords, Urteil v. 19.10.1995 (Webb), CMLRev. 1996, 547

diess.: The Iroquois at the Kirchberg: or, some Naïve Remarks on the Status and Relevance of Direct Effect, Jean Monnet Working Paper 6/99

von Bogdandy, Armin: Die europäische Union als einheitlicher Verband, in: von Bogdandy, A./Ehlermann, C.-D. (Hrsg.), Konsolidierung und Kohärenz des Primärrechts nach Amsterdam, EuR Beiheft II 1998, Baden-Baden 1998, 165

von Bogdandy, Armin/Bast, Jürgen/Arndt, Felix: Handlungsformen im Unionsrecht - Empirische Analysen und dogmatische Strukturen in einem vermeintlichen Dschungel, ZaöRV 62 (2002), 77

Böhm, Monika: Umfang und Grenzen eines europäischen Verbots der Altersdiskriminierung im deutschen Recht, JZ 2008, 324 ff.

Borchardt, Klaus-Dieter: Richterrecht durch den Gerichtshof der Europäischen Gemeinschaften, in: Randelzhofer, A./Scholz, R./Wilke, D. (Hrsg.), Gedächtnisschrift für Eberhard Grabitz, München 1995, 29

Böse, Martin: Die polizeiliche und justizielle Zusammenarbeit in Strafsachen im Entwurf eines Vertrags über die Europäische Verfassung für Europa, in: Schwarze, J. (Hrsg.), Der Verfassungsentwurf des Europäischen Konvents, Baden-Baden 2004, 151

ders.: Die Zuständigkeit der Europäischen Gemeinschaft für das Strafrecht - Zugleich Besprechung von EuGH, Urteil v. 13.9.2005, GA 2006, 211

Bouchouaf, Ssoufian/Richter, Tobias: Reichweite und Grenzen des Art. 13 EGV - Unmittelbar anwendbares Diskriminierungsverbot oder lediglich Kompetenznorm?, Jura 2006, 651

Bouchouaf, Ssoufian/Britz, Gabriele/Richter, Tobias: Anmerkung zu EuGH, Urteil v. 27.6.2006 (EP/Rat), JZ 2007, 43

Brechmann, Winfried: Die richtlinienkonforme Auslegung: Zugleich ein Beitrag zur Dogmatik der EG-Richtlinie, München 1993

Brenn, Christoph: Auf dem Weg zur horizontalen Direktwirkung von EU-Richtlinien, ÖJZ 2005, 41

Breuer, Marten: State Liability for Judicial Wrongs and Community Law: the Case of Gerhard Köbler v Austria, ELRev. 2004, 243

Brock, Martin/Windeln, Norbert: Anmerkung zu EuGH, Urteil v. 22.11.2005 (Mangold), EWiR 2005, 869

Bröhmer, Jürgen: Die Bosphorus-Entscheidung des Europäischen Gerichtshofs für Menschenrechte - Der Schutz der Grund- und Menschenrechte in der EU und das Verhältnis zur EMRK, EuZW 2006, 71

von Bubnoff, Eckhart: Terrorismusbekämpfung - eine weltweite Herausforderung, NJW 2002, 2672

ders.: Institutionelle Kriminalitätsbekämpfung in der EU - Schritte auf dem Weg zu einem europäischen Ermittlungs- und Strafverfolgungsraum, ZEuS 2002, 185

Buchberger, Dieter: Die Entscheidung des EuGH in der Rs. „Océano/Quintero" - der effet d'exclusion von Richtlinien, ÖJZ 2001, 441

Budras, Corinna: Rätselraten nach europäischem Urteil zu Altersgrenzen, FAZ Nr. 259 v. 7.11.2007, S. 31

Bühring, Ferry/Lang, Andrej: Vorwirkung von EG-Richtlinien gegenüber staatlich kontrollierten Unternehmen des Privatrechts?, ZEuP 2005, 88

de Bùrca, Grainne: Giving Effect to European Community Directives, MLR 1992, 215

Bydlinski, Franz: Juristische Methodenlehre und Rechtsbegriff, 2. Aufl., Wien 1992

Calliess, Christian: Zur unmittelbaren Wirkung der EG-Richtlinie über die Umweltverträglichkeitsprüfung und ihrer Umsetzung im deutschen Immissionsschutzrecht, NVwZ 1996, 339

ders.: Grundlagen, Grenzen und Perspektiven europäischen Richterrechts, NJW 2005, 929

ders.: Auf dem Weg zu einem einheitlichen europäischen Strafrecht? Kompetenzgrundlagen und Kompetenzgrenzen einer dynamischen Entwicklung, ZEuS 2008, 3

Calliess, Christian/Ruffert, Matthias (Hrsg.): Kommentar zum EU-Vertrag und EG-Vertrag, 2. Aufl., Neuwied 2002

diess.: Kommentar zum EU-Vertrag und EG-Vertrag, 3. Aufl., München 2006

diess.: Kommentar der Grundlagenbestimmungen der Verfassung der Europäischen Union, München 2006

Canaris, Claus-Wilhelm: Die Feststellung von Lücken im Gesetz, 2. Aufl., Berlin 1983

ders.: Die richtlinienkonforme Auslegung und Rechtsfortbildung im System der juristischen Methodenlehre, in: Koziol, H./Rummel, P. (Hrsg.), Im Dienste der Gerechtigkeit: Festschrift für Franz Bydlinski, Wien 2002

ders.: Gemeinsamkeiten zwischen verfassungs- und richtlinienkonformer Auslegung, in: Bauer, H./Czybulka, D./Kahl, W./Voßkuhle, A. (Hrsg.), Wirtschaft im offenen Verfassungsstaat: Festschrift für Reiner Schmidt, München 2006, 41

Chalmers, Damien: The Court of Justice and the Third Pillar, ELRev. 2005, 773

Classen, Claus Dieter: Zur Bedeutung von EWG-Richtlinien für Privatpersonen, EuZW 1993, 83

ders.: Die Jurisdiktion des Gerichtshofs der Europäischen Gemeinschaften nach Amsterdam, in: Müller-Graff, P.-C./Schwarze, J. (Hrsg.), Rechtsschutz und Rechtskontrolle nach Amsterdam, EuR Beiheft I/99, Baden-Baden 1999, 73

Coppel, Jason: Horizontal Effects of Directives, ILJ 1997, 69

Craig, Paul: Directives: Direct Effect, Indirect Effect and the Construction of National Legislation, ELRev. 1997, 519

ders./de Búrca, Grainne: EU Law - Text, Cases, Materials, 3. Aufl., Oxford 2003

Curtin, Deirdre: The Constitutional Structure of the Union - A Europe of Bits and Pieces, CMLRev. 1993, 17

Dannecker, Gerhard: Das materielle Strafrecht im Spannungsfeld des Rechts der Europäischen Union, Jura 2006, 95, 173

von Danwitz, Thomas: Normkonkretisierende Verwaltungsvorschriften und Gemeinschaftsrecht, VerwArch 84 (1993), 73

ders.: Zur Entwicklung der gemeinschaftlichen Staatshaftung, JZ 1994, 335 *ders.*: Die gemeinschaftsrechtliche Staatshaftung der Mitgliedstaaten - Entwicklung, Stand und Perspektiven der Europäischen Haftung aus Richterhand, DVBl. 1997, 1

ders.: Wege zu einer besseren Gesetzgebung in Europa, JZ 2006, 1

ders.: Rechtswirkungen von Richtlinien in der neueren Rechtsprechung des EuGH, JZ 2007, 697

Dänzer-Vanotti, Wolfgang: Die richtlinienkonforme Auslegung deutschen Rechts hat keinen rechtlichen Vorrang, RIW 1991, 754

ders.: Unzulässige Rechtsfortbildung des Europäischen Gerichtshofs, RIW 1992, 733

Detterbeck, Steffen: Haftung der Europäischen Gemeinschaft und gemeinschaftsrechtlicher Staatshaftungsanspruch, AöR 125 (2000), 202

Diedrichsen, Tara Una: The System of Legal Acts in the History of Drafts and Proposals of the EC Treaty, in: Winter, G. (Hrsg.), Sources and Categories of European Union Law - A Comparative and Reform Perspective, Baden-Baden 1996

Diehr, Uwe: Der Staatshaftungsanspruch des Bürgers wegen Verletzung des Gemeinschaftsrechts durch die deutsche öffentliche Gewalt, Frankfurt a.M.1997

Di Fabio, Udo: Richtlinienkonformität als ranghöchstes Normauslegungsprinzip?, NJW 1990, 947

ders.: Die „Dritte Säule" der Union - Rechtsgrundlagen und Perspektiven der europäischen Polizei- und Justizzusammenarbeit, DÖV 1997, 89

Dörr, Oliver/Mager, Ute: Rechtswahrung und Rechtsschutz nach Amsterdam - Zu den neuen Zuständigkeiten des EuGH, AöR 125 (2000), 386

Dougan, Michael: The 'Disguised' Vertical Direct Effect of Directives?, CLJ 2000, 586

Douglas-Scott, Sionaidh: The Rule of Law in the European Union - Putting the Security into the 'Area of Freedom, Security and Justice', ELRev. 2004, 219

Drake, Sarah: Twenty Years after *Von Colson*: The Impact of "Indirect Effect" on the Protection of the Individual's Community Rights, ELRev. 2005, 329

Drywood, Eleanor: Giving with one Hand, Taking with the Other: Fundamental Rights, Children and the Family Reunification Decision, ELRev. 2007, 396

Editorial Comments: Horizontal Direct Effect - A Law of Diminishing Coherence?, CMLRev. 2006, 1

Editorial Comments: Preliminary Rulings and the Area of Freedom, Security and Justice, CMLRev. 2007, 1

Egger, Alexander: Die Bindung der Mitgliedstaaten an die Grundrechte in der III. Säule, EuZW 2005, 652

Ehricke, Ulrich: Die richtlinienkonforme Auslegung nationalen Rechts vor Ende der Umsetzungsfrist einer Richtlinie, EuZW 1999, 553

ders.: Die richtlinienkonforme und die gemeinschaftsrechtskonforme Auslegung nationalen Rechts, RabelsZ 59 (1995), 598

ders.: Vorwirkungen von EU-Richtlinien auf nationale Gesetzgebungsverfahren, ZIP 2001, 1311

Eilmansberger, Thomas: Zur Direktwirkung von Richtlinien gegenüber Privaten - Ist nach CIA, Unilever, Ingmar, Draehmpaehl, Ferreira und Heininger jetzt alles ganz anders?, JBl. 2004, 283 ff. und 364 ff.

Eisele, Jörg: Anmerkung zu EuGH, Urteil v. 23.10.2007 (Kommission/Rat), JZ 2008, 251 ff.

Emde, Ernst Thomas: Herrschaftslegitimation ohne Volk? Zum demokratischen Prinzip in funktionalen und supranationalen Zweckverbänden, in: Enders, C./Masing, J. (Hrsg.), Freiheit des Subjekts und Organisation von Herrschaft (Beiheft 17 zu „Der Staat"), Berlin 2006, 65

Emmert, Frank: Horizontale Drittwirkung von Richtlinien? Lieber ein Ende mit Schrecken als ein Schrecken ohne Ende, EWS 1992, 56

Engisch, Karl: Einführung in das Juristische Denken, 10. Aufl., Stuttgart 2005

Epiney, Astrid: Die Entwicklung der Rechtsprechung des EuGH im Jahr 2005, NVwZ 2006, 1244

Esser, Robert: Rahmenbedingungen der Europäischen Union für das Strafverfahrensrecht in Europa, ZEuS 2004, 289

Everling, Ulrich: Zur direkten innerstaatlichen Wirkung der EG-Richtlinien: ein Beispiel richterlicher Rechtsfortbildung auf der Basis gemeinsamer Rechtsgrundsätze, in: Börner, B./Jahrreiß, H./Stern, K. (Hrsg.), Festschrift für Karl Carstens, Köln 1984, 95

ders.: Zur Begründung der Urteile des Gerichtshofs der Europäischen Gemeinschaften, EuR 1994, 127

ders.: Richterliche Rechtsfortbildung in der Europäischen Gemeinschaft, JZ 2000, 217

Feik, Rudolf: Die dritte Säule - Kompetenzen und Organe im Überblick, in: Lagodny, O./Wiederin, E./Winkler, R. (Hrsg.), Probleme des Rahmenbeschlusses am Beispiel des Europäischen Haftbefehls, Berlin 2007, 9

Fetzer, Thomas/Groß, Thomas: Die Pupino-Entscheidung des EuGH - Abkehr vom intergouvernementalen Charakter der EU?, EuZW 2005, 550

Figueroa Regueiro, Pablo V.: Invocability of Substitution and Invocability of Exclusion: Bringing Legal Realism to the Current Developments of Case-Law of "Horizontal Direct Effect of Directives, Jean Monnet Working Paper 7/02

Fisahn, Andreas/Mushoff, Tobias: Vorwirkung und unmittelbare Wirkung europäischer Richtlinien, EuR 2005, 222

Fischer, Hans Georg: Zur unmittelbaren Anwendung von EG-Richtlinien in der öffentlichen Verwaltung, NVwZ 1992, 635

Fischer, Kristian/Fetzer, Thomas: Anmerkung zu EuGH, Urteil v. 7.1.2004 (Wells), EWS 2004, 236

Fischer, Peter: Die objektive Direktwirkung von EU-Richtlinien: Die Lektion aus dem Fall Wärmekraftwerk Großkrotzenburg 1995, in: Mayer, H./von Schlabrendorff, F./Spiegelfeld, B./Welser, R. (Hrsg.) Festschrift für Karl Hempel, Wien 1997, 191

Fletcher, Maria: Extending "Indirect Effect" to the Third Pillar: The Significance of *Pupino*, ELRev. 2005, 862

Frank, Stefan Leo: Altes und Neues zum Vorrang des Gemeinschaftsrechts vor staatlichem Recht, ZÖR 55 (2000), 1

Franzen, Martin: Privatrechtsangleichung durch die Europäische Gemeinschaft, Berlin 1999

ders.: Anmerkung zu EuGH, Urteil v. 4.7.2006 (Adeneler), JZ 2007, 191

Fremuth, Michael: Anmerkung zu EuGH, Urteil v. 27.6.2006 (EP/Rat), EuZW 2006, 571

Frenz, Walter: Verpflichtungen Privater durch Richtlinien und Grundfreiheiten, EWS 2005, 104

ders.: Anmerkung zu EuGH, Urteil v. 5.10.2004 (Pfeiffer), DVBl. 2005, 40

Frisch, Markus: Die richtlinienkonforme Auslegung nationalen Rechts, Münster 2000

Gärditz, Ferdinand/Gusy, Christoph: Zur Wirkung europäischer Rahmenbeschlüsse im innerstaatlichen Recht, GA 2006, 225

Gas, Tonio: Gastkommentar: Die unmittelbare Anwendbarkeit von Richtlinien zu Lasten Privater im Urteil „Mangold", EuZW 2005, 737

ders.: Die Verfassungswidrigkeit des Europäischen Haftbefehlsgesetzes - gebotener Grundrechtsschutz oder euroskeptische Überfrachtung? EuR 2006, 285

Gassner, Ulrich M.: Richtlinien mit Doppelwirkung, in: Classen, C. D./Dittmann, A./Fechner, F./Gassner, U. M./Kilian, M. (Hrsg.), „In einem vereinten Europa dem Frieden der Welt zu dienen…": Festschrift für Thomas Oppermann, Berlin 2001, 502

ders.: Abfallbegriff und Umsetzungspflicht, NVwZ 1998, 1148

Gebauer, Martin: Europäische Auslegung des Zivilrechts (Kap. 3), in: Gebauer, M./Wiedmann, T. (Hrsg.), Zivilrecht unter europäischem Einfluss - Die richtlinienkonforme Auslegung des BGB und anderer Gesetze, Stuttgart 2005, 95

Geerlings, Jörg: Der Europäische Verfassungsprozess nach den gescheiterten Referenden in Frankreich und den Niederlanden, DVBl. 2006, 129

Geiger, Rudolf (Hrsg.): Kommentar zu EUV/EGV, 4. Aufl., München 2004

Gellermann, Martin: Auflösung von Normwidersprüchen zwischen europäischem und nationalem Recht, DÖV 1996, 433

ders.: Verhältnis des Gemeinschaftsrechts zum Recht der Mitgliedstaaten (§ 34), in: Rengeling, H.-W./Middeke, A./Gellermann, M. (Hrsg.), Handbuch des Rechtsschutzes in der Europäischen Union, 2. Aufl., München 2003

van Gerven, Walter: Of Rights, Remedies and Procedures, CMLRev. 2000, 501

Giegerich, Thomas: Privatwirkung von Richtlinien - Verpasste Gelegenheiten, EWS 2004, Heft 12, Die erste Seite

ders.: Verschmelzung der drei Säulen der EU durch europäisches Richterrecht?, ZaöRV 67 (2007), 351

Gleß, Sabine: Zum Prinzip der gegenseitigen Anerkennung, ZStW 116 (2004), 353

Goerlich, Helmut: Europäische Rechteerklärungen und ihre Wirkungen, in: Goerlich, H./Böllmann, F. (Hrsg.), Europäische Menschenrechtskonvention, Rechtsentwicklung und Verfassungsreform in der Türkei, Leipzig 2003, 9

ders.: Der Europäische Gerichtshof für Menschenrechte in Straßburg als ein europäisches Verfassungsgericht - insbesondere in Fragen der Menschenrechte und darüber hinaus bis in die Rechtspraxis der Europäischen Union, in: Esser, R./Harich, B./Lohse, F./Sinn, A. (Hrsg.), Die Bedeutung der EMRK für die nationale Rechtsordnung, Berlin 2004, 101 *ders.*: Souveränität und Supranationalität - Zur Übertragung von „Souveränitätsteilen" an supranationale Organisationen, in: Klesczewski, D./Neuhaus, F./Müller, S. (Hrsg.), Entstaatlichung und gesellschaftliche Selbstregulierung, Paderborn 2007 (i.E.)

Götz, Volkmar: Europäische Gesetzgebung durch Richtlinien - Zusammenwirken von Gemeinschaft und Staat, NJW 1992, 1849

ders.: Rechtsstaatliche Grundsätze des Gemeinschaftsrechts als Grund und Grenze der innerstaatlichen Anwendung von EG-Richtlinien, in: Bröhmer, J./Bieber, R./Calliess, C./Langenfeld, C./Weber, S./Wolf, J. (Hrsg.), Internationale Gemeinschaft und Menschenrechte: Festschrift für Georg Ress, Köln 2005, 485

Grabitz, Eberhard: Entscheidungen und Richtlinien als unmittelbar wirksames Gemeinschaftsrecht - Zur Analyse der Leber-Pfennig-Urteile des EuGH, EuR 1971, 1

ders.: Die Wirkungsweise von Richtlinien, in: Everling, U./Narjes, K.-H./Sedemund, J. (Hrsg.), Europarecht, Kartellrecht, Wirtschaftsrecht: Festschrift für Arved Deringer, Baden-Baden 1993, 59

Grabitz, Eberhard/Hilf, Meinhard (Hrsg.): Das Recht der Europäischen Union, Loseblattsammlung, München, Stand Juni 2005

Griller, Stefan: Die Unterscheidung von Unionsrecht und Gemeinschaftsrecht nach Amsterdam, in: Müller-Graff, P.-C./Schwarze, J. (Hrsg.), Rechtsschutz und Rechtskontrolle nach Amsterdam, EuR Beiheft I/99, Baden-Baden 1999, 45

von der Groeben, Hans/Schwarze, Jürgen (Hrsg.): Kommentar zu EUV/EGV, 6. Aufl., Baden-Baden 2003

Gronen, Vera I.: Die Vorwirkung von EG-Richtlinien - Die Auswirkungen Europäischer Richtlinien auf die nationale Legislative und Judikative im Zeitraum zwischen Richtlinienvorschlag und Ablauf der Umsetzungsfrist, Baden-Baden 2006

Gross, Ivo: Anmerkung zu EuGH, Urteil v. 3.5.2005 (Berlusconi), EuZW 2005, 371

Grundmann, Stefan: Richtlinienkonforme Auslegung im Bereich des Privatrechts - insbesondere: der Kanon der nationalen Auslegungsmethoden als Grenze?, ZEuP 1996, 399

Gundel, Jörg: Neue Grenzlinien für die Direktwirkung nicht umgesetzter EG-Richtlinien unter Privaten - Zur Unanwendbarkeit richtlinienwidriger nationaler Verbotsgesetze im Konflikt unter Privaten, EuZW 2001, 143

Häberle, Peter: Europäische Verfassungslehre, 5. Aufl., Baden-Baden 2008

Hailbronner, Kay: Hat der EuGH eine Normverwerfungskompetenz? NZA 2006, 811

Haltern, Ulrich: Europarecht - Dogmatik im Kontext, Tübingen 2005

ders.: Verschiebungen im europäischen Rechtsschutzsystem, VerwArch 96 (2005), 311

ders.: Gemeinschaftsgrundrechte und Antiterrormaßnahmen, JZ 2007, 537

ders.: Rechtsschutz in der dritten Säule der EU, JZ 2007, 772

Haneklaus, Winfried: Direktwirkung von EG-Richtlinien zu Lasten einzelner?, DVBl. 1993, 129

Haratsch, Andreas: Zur Haftung der Mitgliedstaaten für fehlerhafte Gerichtsurteile, JZ 2006, 1176

Haratsch, Andreas/Koenig, Christian/Pechstein, Matthias: Europarecht, 5. Aufl., Tübingen 2006

Harings, Lothar: Die Zusammenarbeit in den Bereichen Justiz und Inneres, in: von Bogdandy, A./Ehlermann, C.-D. (Hrsg.), Konsolidierung und Kohärenz des Primärrechts nach Amsterdam, EuR Beiheft II/98, Baden-Baden 1998, 81

Hartisch, Winnie: Die unmittelbare Wirkung von Richtlinien in dreipoligen Rechtsbeziehungen, Frankfurt a. M. 2003

Hartley, T.C.: The Foundations of European Community Law - An Introduction to the Constitutional And Administrative Law of the European Community, 3. Aufl., Oxford 1994

Hauschild, Barbara: Die unmittelbare Wirkung von Richtlinien mit drittbegünstigendem oder -belastendem Charakter, in: Reichel, C./Schneider, H./Weyer, H. (Hrsg.), Beiträge zum deutschen und europäischem Energierecht: Festschrift für Jürgen F. Baur, Baden-Baden 1998, 101

Hecker, Jan: Die Europäisierung der inneren Sicherheit, DÖV 2006, 273

Hecker, Bernd: Europäisches Strafrecht, 2. Aufl., Heidelberg 2007

Heger, Martin: Anmerkung zu EuGH, Urteil v. 13.9.2005 (Kommission/Rat), JZ 2006, 310

ders.: Der europäische Haftbefehl: Zur Umsetzung europäischer Vorgaben in Deutschland, ZIS 2007, 221

von Heintschel-Heinegg, Bernd/Rohlff, Daniel: Der Europäische Haftbefehl, GA 2003, 44

Heise, Friedrich Nicolaus: Europäisches Gemeinschaftsrecht und nationales Strafrecht - Die Auswirkungen des Vorrangs des Gemeinschaftsrechts und der gemeinschaftsrechtskonformen Rechtsanwendung auf das deutsche materielle Strafrecht, Bielefeld 1998

Heitsch, Christian: Die Transparenz der Entscheidungsprozesse als Element demokratischer Legitimation der Europäischen Union, EuR 2001, 809

Herber, Rolf: Direktwirkung sogenannter horizontaler EG-Richtlinien?, EuZW 1991, 401

Herdegen, Matthias: Richtlinienkonforme Auslegung im Bankrecht: Schranken nach Europa- und Verfassungsrecht, WM 2005, 1921

ders.: Völkerrecht, 5. Aufl., München 2006

ders.: Europarecht, 9. Aufl., München 2007

Hergenröder, Curt Wolfgang: Richtlinienwidriges Gesetz und richterliche Rechtsfortbildung, in: Lieb, M./Noack, U./Westermann, H. P. (Hrsg.), Festschrift für Wolfgang Zöllner, Band II, Köln 1999, 1139

Herrmann, Christoph: Richtlinienumsetzung durch die Rechtsprechung, Berlin 2003

ders.: Anmerkung zu EuGH, Urteil v. 16.6.2005 (Pupino), EuZW 2005, 436

ders.: Die negative unmittelbare Wirkung von Richtlinien in horizontalen Rechtsverhältnissen, EuZW 2006, 69

Herresthal, Carsten: Rechtsfortbildung im europarechtlichen Bezugsrahmen: Methoden, Kompetenzen, Grenzen - Dargestellt am Beispiel des Privatrechts, München 2006

ders.: Voraussetzungen und Grenzen der gemeinschaftsrechtskonformen Rechtsfortbildung, EuZW 2007, 396

Hesse, Konrad: Grundzüge des Verfassungsrechts der Bundesrepublik Deutschland, 20. Aufl., Heidelberg 1999

Hidien, Jürgen W.: Die gemeinschaftsrechtliche Staatshaftung der EU-Mitgliedstaaten, Baden-Baden 1999

Hilf, Meinhard: Die Richtlinie der EG - ohne Richtung, ohne Linie?, EuR 1993, 1

Hillgruber, Christian: Anmerkung zu EuGH, Urteil v. 16.6.2005 (Pupino), JZ 2005, 841

Hinarejos Parga, Alicia: Anmerkung zu BVerfG, Urteil v. 18.7.2005 (Europäisches Haftbefehlsgesetz), CMLRev. 2006, 583

Hobe, Stephan: Zu den Wirkungen von EU-Rahmenbeschlüssen im mitgliedstaatlichen Recht, Jura 2006, 859

Hofmann, Christian: Die zeitliche Dimension der richtlinienkonformen Auslegung, ZIP 2006, 2113

ders.: Die Vorwirkung von Richtlinien (§ 16), in: Riesenhuber, K. (Hrsg.), Europäische Methodenlehre - Handbuch für Ausbildung und Praxis, Berlin 2006

Huber, Stefan: Die Rechtsakte der „Dritten Säule" im nationalen Recht, ÖJZ 2007, 404

Hufeld, Ulrich: Der europäische Haftbefehl vor dem BVerfG, JuS 2005, 865

Hummel, David: Zum Anwendungsvorrang von EG-Richtlinien im Zivilrecht - Sinn und Zweck der EuGH-Vorlage des BGH zur Frage der Nutzungsentschädigung im Fall einer Ersatzlieferung an einen Verbraucher, EuZW 2007, 268

Hummer, Waldemar/Obwexer, Walter: Vom „Gesetzesstaat zum Richterstaat" und wieder retour? - Reflexionen über das britische Memorandum über den EuGH vom 23.7.1996 zur Frage der „korrigierenden Kodifikation von Richterrecht des EuGH, EuZW 1997, 295

Hummrich, Martin: BVerfG und EuGH - Kooperation oder Konfrontation?, DRiZ 2005, 361

Ipsen, Hans Peter: Europäisches Gemeinschaftsrecht, Tübingen 1972

ders.: Anmerkung zu EuGH, Urteil v. 16.6.1966, EuR 1966, 356

ders.: Die Verfassungsrolle des Europäischen Gerichtshofs für die Integration, in: Schwarze, Jürgen (Hrsg.), Der Europäische Gerichtshof als Verfassungsgericht und Rechtsschutzinstanz, Baden-Baden 1983, 29

Ipsen, Knut: Völkerrecht, 5. Aufl., München 2004

Isensee, Josef: Vorrang des Europarechts und deutsche Verfassungsvorbehalte - offener Dissens, in: Burmeister, J. u.a. (Hrsg.), Verfassungsstaatlichkeit: Festschrift für Klaus Stern, München 1997, 1239

Iven, Klaus: Anmerkung zu EuGH, Urteil v. 11.8.1995 (Kommission/Deutschland - „Großkrotzenburg"), NuR 1996, 105

Jacqué, Jean-Paul: The Draft Treaty Establishing the European Union, CMLRev. 1985, 19

Jann, Peter/Schima, Bernhard: Bemerkungen zum Gebot der richtlinienkonformen Auslegung des nationalen Rechts, in: Colneric, N./Edward, D./Puissochet, J.-P./Ruiz-Jarabo Colomer, D. (Hrsg.), Une Communauté de Droit: Festschrift für Gil Carlos Rodríguez Iglesias, Berlin 2003, 283

Jans, Jan H.: The Effect in National Legal Systems of the Prohibition of Discrimination on Grounds of Age as a General Principle of Community Law, LIEI 2007, 53

Jarass, Hans D.: Voraussetzungen der innerstaatlichen Wirkung des EG-Rechts, NJW 1990 2420

ders.: Folgen der innerstaatlichen Wirkung von EG-Richtlinien, NJW 1991, 2665

ders.: Richtlinienkonforme bzw. EG-rechtskonforme Auslegung nationalen Rechts, EuR 1991, 211

ders.: Grundfragen der innerstaatlichen Bedeutung des EG-Rechts, Köln 1994

ders./Beljin, Sasa: Unmittelbare Anwendung des EG-Rechts und EG-rechtskonforme Auslegung, JZ 2003, 768

diess.: Grenzen der Privatbelastung durch unmittelbar wirkende Richtlinien, EuR 2004, 714

diess.: Die Bedeutung von Vorrang und Durchführung des EG-Rechts für die nationale Rechtssetzung und Rechtsanwendung, NVwZ 2004, 3

Jochum, Georg: Der neue Art. 13 EGV oder „political correctness" auf europäisch?, ZRP 1999, 279

Junker, Abbo/Aldea, Oliver: Augenmaß im europäischen Arbeitsrecht, EuZW 2007, 13

Kadelbach, Stefan: Vorrang und Verfassung: Das Recht der Europäischen Union im innerstaatlichen Bereich, in: Gaitanides, C./Kadelbach, S./Rodríguez Iglesias, G. C. (Hrsg.), Europa und seine Verfassung: Festschrift für Manfred Zuleeg, Baden-Baden 2005, 219

Kainer, Friedemann: Der Raum der Freiheit, der Sicherheit und des Rechts nach dem Verfassungsvertrag, in: Jopp, M./Matl, S. (Hrsg.), Der Vertrag über eine Verfassung für Europa, Baden-Baden 2005, 283

Kaltenborn, Markus: Rahmengesetzgebung im Bundesstaat und im Staatenverbund, AöR 128 (2003), 412

Kerkmann, Jochen: Anmerkung zu EuGH, Urteil v. 11.1.2004 (Wells), DVBl. 2004, 1288

Klagian, Wilhelm: Die objektiv unmittelbare Wirkung von Richtlinien - Zugleich ein Beitrag zu Geltung, Wirkung und Anwendbarkeit, ZÖR 56 (2001), 305

Klamert, Marcus: Die richtlinienkonforme Auslegung nationalen Rechts, Wien 2001

ders.: Judicial Implementation of Directives and Anticipatory Indirect Effect: Connecting the Dots, CMLRev. 2006, 1251

Klein, Eckart: Unmittelbare Geltung, Anwendbarkeit und Wirkung von europäischem Gemeinschaftsrecht, Saarbrücken 1988

ders.: Objektive Wirkungen von Richtlinien, in: Due, O./Lutter, M./Schwarze, J. (Hrsg.), Festschrift für Ulrich Everling, Baden-Baden 1995, 641

Klink, Thomas/Proelß, Alexander: Zur verfassungsgerichtlichen Kontrolldichte bei Umsetzungsakten von Rahmenbeschlüssen der Europäischen Union - Anmerkung zum Urteil des Bundesverfassungsgerichts vom 18. Juli 2005 über das Europäische Haftbefehlsgesetz, DÖV 2006, 469

Knopp, Lothar: Bundesverfassungsgericht contra EU-Haftbefehl - Zum Urteil des Bundesverfassungsgerichts vom 18. Juli 2005, JR 2005, 448

Köhne, Rainer: Die richtlinienkonforme Auslegung im Umweltstrafrecht - dargestellt am Abfallbegriff des § 326 Abs. 1 StGB, Trier 1997

Kokott, Juliane/Rüth, Alexandra: The European Convention and its Draft Treaty Establishing a Constitution for Europe: Appropriate Answers to the Laeken Questions?, CMLRev. 2003, 1315

Kokott, Juliane: Auslegung europäischen oder Anwendung nationalen Rechts? Grundsätze und Kriterien für die Behandlung arbeitsrechtlicher Streitigkeiten mit europarechtlichem Bezug, RdA 2006, Sonderbeilage Heft 6, 30

Koller, Doris: Die Bedeutung von EG-Richtlinien im Zeitraum vor Ablauf der Umsetzungsfrist - Wirkungen für die nationale Rechtsordnung, Aachen 2003

Komárek, Jan: European Constitutionalism and the European Arrest Warrant: In Search of the Limits of "Contrapunctual Principles", CMLRev. 2007, 9

König, Doris: Gesetzgebung (§ 2), in: Schulze, R./Zuleeg, M. (Hrsg.), Europarecht - Handbuch für die deutsche Rechtspraxis, Baden-Baden 2006

König, Christian: Die Europäische Union als bloßer materiellrechtlicher Verbundrahmen, in: von Bogdandy, A./Ehlermann, C.-D. (Hrsg.), Konsolidierung und Kohärenz des Primärrechts nach Amsterdam, EuR Beiheft II/1998, Baden-Baden 1998, 139

Konzen, Horst: Auswirkungen der europäischen Rechtsentwicklung auf das deutsche Arbeitsrecht - Eine aktuelle Zwischenbilanz, ZfA 2005, 189

Koopmans, Thijmen: Regulations, Directives, Measures, in: Due, O./Lutter, M./Schwarze, J. (Hrsg.): Festschrift für Ulrich Everling, Baden-Baden 1995, 691

Körber, Torsten: Europäisierung des Privatrechts durch Direktwirkung des Gemeinschaftsrechts?, EuZW 2001, 353

Kotzur, Markus: Die Ziele der Union: Verfassungsidentität und Gemeinschaftsidee, DÖV 2005, 313 ff.

ders.: Kooperativer Grundrechtsschutz - eine Verfassungsperspektive für Europa, JöR 55 (2007), 337

Kraus-Vonjahr, Martin: Der Aufbau eines Raums der Freiheit, der Sicherheit und des Rechts in Europa, Frankfurt a. M. 2002

Kreft, Burghard: Die Auslegung europäischen oder die Anwendung nationalen Rechts - Grundsätze und Kriterien für die Behandlung arbeitsrechtlicher Streitigkeiten mit europarechtlichem Bezug, RdA 2006, Sonderbeilage Heft 6, 38

Kreße, Bernhard: Die negative unmittelbare Wirkung von Richtlinien zwischen Privaten, ZGS 2007, 215

Kühling, Jürgen/Röckinghausen, Marc: Legislative Umsetzungsdefizite und exekutive Schadensbegrenzung - Zur (in)direkten Wirkung der IVU-Richtlinie in Deutschland, DVBl. 1999, 1614

Kühling, Jürgen: Grundrechte, in: von Bogdandy, A. (Hrsg.), Europäisches Verfassungsrecht - Theoretische und dogmatische Grundzüge, Heidelberg 2003, 583

ders.: Vorwirkungen von EG-Richtlinien bei der Anwendung nationalen Rechts - Interpretationsfreiheit für Judikative und Exekutive?, DVBl. 2006, 857

Kuras, Gerhard: Anmerkung zu EuGH, Urteil v. 22.11.2005 (Mangold), RdA 2007, 170

Labayle, Henri: Architecte ou spectatrice? La Cour de justice de l'Union dans l'Espace de liberté, sécurité et justice, RTDE 42 (2006), 1

Lackhoff, Klaus/Nyssens, Harold: Direct Effect of Directives in Triangular Situations, EL-Rev. 1998, 397

Laier, René: Der EGMR als europäischer Verfassungsgerichtshof - dargestellt anhand des Urteils Matthews ./. Vereinigtes Königreich -, in: Esser, R./Harich, B./Lohse, F./Sinn, A. (Hrsg.), Die Bedeutung der EMRK für die nationale Rechtsordnung, Berlin 2004, 125

Langenfeld, Christine: Direktwirkung von EG-Richtlinien, DÖV 1992, 955

Larenz, Karl: Methodenlehre der Rechtswissenschaft, 6. Aufl., Berlin 1991

Larenz, Karl/Canaris, Claus-Wilhelm: Methodenlehre der Rechtswissenschaft, 3. Aufl., Berlin 1995

Lecheler, Helmut: Einführung in das Europarecht, 2. Aufl., München 2003

Leczykiewicz, Dorota: Anmerkung zu Polnischer Verfassungsgerichtshof, Urteil v. 27.4.2005, CMLRev. 2006, 1181

Leible, Stefan/Sosnitza, Olaf: Richtlinienkonforme Auslegung vor Ablauf der Umsetzungsfrist und vergleichende Werbung, NJW 1998, 2507

Lenaerts, Koen/Corthaut, Tim: Of Birds and Hedges: The Role of Primacy in Invoking Norms of EU Law, ELRev. 2006, 287

Lenz, Carl Otto: Entwicklung und unmittelbare Geltung des Gemeinschaftsrechts, DVBl. 1990, 903

ders./Borchardt, Klaus Dieter (Hrsg.): Kommentar zu EU- und EG-Vertrag, 3. Aufl., Köln 2003

Lenz, Miriam/Sif Tynes, Dóra/Young, Lorna: Horizontal What? Back to Basics, ELRev. 2000, 507

Liisberg, Jonas Bering: The EU Constitutional Treaty and its Distinction between Legislative and Non-Legislative Acts - Oranges into Apples?, Jean Monnet Working Paper 01/06

Lindner, Josef Franz: Grundrechtsschutz gegen gemeinschaftsrechtliche Öffnungsklauseln - zugleich ein Beitrag zum Anwendungsbereich der EU-Grundrechte, EuZW 2007, 71

Long, Marceau/Weil, Prosper/Braibant, Guy/Delvolvé, Pierre/Genevois, Bruno (Hrsg.): Les Grands Arrêts de la Jurisprudence Administrative, Paris 2001

Lorenz, Stephan: Anmerkung zu BGH, Vorlagebeschluss v. 16.08.2006, NJW 2006, 3202

Lorenzmeier, Stefan: Der Rahmenbeschluss als Handlungsform der Europäischen Union und seine Rechtswirkungen, ZIS 2006, 576

Ludwig, Christian H.: Die Rolle des Europäischen Gerichtshofes im Bereich Justiz und Inneres nach dem Amsterdamer Vertrag, Baden-Baden 2002

Lutter, Marcus: Die Auslegung angeglichenen Rechts, JZ 1992, 593

Manger, Robert: Richtlinienkonforme Auslegung im Privatrecht in Literatur und Rechtsprechung unter Heranziehung ausgewählter Entscheidungen des Zweiten Senats des BGH in Zivilsachen und des House of Lords, Berlin 2001

Masing, Johannes: Die Mobilisierung des Bürgers für die Durchsetzung des Rechts - Europäische Impulse für eine Revision der Lehre vom subjektiv-öffentlichen Recht, Berlin 1997

ders.: Vorrang des Europarechts bei umsetzungsgebundenen Rechtsakten, NJW 2006, 264

Mayer, Franz C.: Wege aus der Verfassungskrise - Zur Zukunft des Vertrags über eine Verfassung für Europa, JZ 2007, 593

ders.: Die Rückkehr der Europäischen Verfassung? Ein Leitfaden zum Vertrag von Lissabon, ZaöRV 67 (2007), 1141

Meyer, Jürgen: Charta der Grundrechte der Europäischen Union - Kommentar, 2. Aufl., Baden-Baden 2006

Meyring, Bernd: Die Reform der Bereiche Justiz und Inneres durch den Amsterdamer Vertrag, EuR 1999, 309

Mißling, Sven: Die bundesverfassungsgerichtliche Kontrolle so gen. umsetzungsgebundener Rechtsakte im Bereich der polizeilichen und justiziellen Zusammenarbeit nach dem EUV, EuR 2007, 261

Mitsilegas, Valsamis: The Constitutional Implications of Mutual Recognition in Criminal Matters in the EU, CMLRev. 2006, 1277

Möllers, Thomas M. J.: Doppelte Rechtsfortbildung contra legem, EuR 1998, 20

Monar, Jörg: Justice and Home Affairs in the Treaty of Amsterdam: Reform at the Price of Fragmentation, ELRev. 1998, 320

Monjal, Pierre-Yves: Le Droit Dérivé de l'Union Européenne en Quête d'Identité - A propos de la Première Décision-Cadre du Conseil de l'Union Européenne du 29 Mai 2000, RTDE 37 (2001), 335

Mosiek, Marcus: Effet utile und Rechtsgemeinschaft - Zugleich ein Beitrag zur Kompetenzordnung der Europäischen Gemeinschaften, Münster 2003

Möstl, Markus: Die staatliche Garantie für die öffentliche Sicherheit und Ordnung - Sicherheitsgewährleistungen im Verfassungsstaat, im Bundesstaat und in der Europäischen Union, Tübingen 2002

Muir, Elise: Enhancing the Effects of Community Law on National Employment Policies: the Mangold Case, ELRev. 2006, 879

Müller, Friedrich/Christensen, Ralph: Juristische Methodik, Band II, Europarecht, 2. Aufl., Berlin 2007

Müller, Reinhard: Rahmenbeschlüsse der EU haben unmittelbare Wirkung, FAZ Nr. 138 v. 17.6.2005, S. 2

Müller-Graff, Peter-Christian: Europäisches Gemeinschaftsrecht und Privatrecht - Das Privatrecht in der europäischen Integration, NJW 1993, 13

ders.: Europäische Normgebung und ihre judikative Umsetzung in nationales Recht, DRiZ 1996, 259, 305

ders.: Institutionelle und materielle Reformen in der Zusammenarbeit in den Bereichen Justiz und Inneres, in: Hummer, W. (Hrsg.), Die Europäische Union nach dem Vertrag von Amsterdam, Wien 1998, 259

ders.: Der „Raum der Freiheit, der Sicherheit und des Rechts" im neuen Verfassungsvertrag für Europa - Neuerungen und Notwendigkeit seiner Rekonstruktion, in: Gaitanides, C./Kadelbach, S./Rodríguez Iglesias, G. C. (Hrsg.), Europa und seine Verfassung: Festschrift für Manfred Zuleeg, Baden-Baden 2005

von Münch, Ingo/Kunig, Philip (Hrsg.): Grundgesetz-Kommentar, Bd. 2 (Art. 20 bis Art. 69), 5. Aufl., München 2001

Nessler, Volker: Richterrecht wandelt EG-Richtlinien - Die Rechtsprechung zur unmittelbaren Wirkung von Richtlinien als Problem des europäischen Richterrechts, RIW 1993, 206

Nestler, Cornelius: Europäisches Strafprozessrecht, ZStW 116 (2004), 332

Nettesheim, Martin: Gemeinschaftsrechtliche Vorgaben für das deutsche Staatshaftungsrecht, DÖV 1992, 999

ders.: Auslegung und Fortbildung nationalen Rechts im Lichte des Gemeinschaftsrechts, AöR 119 (1994), 261

Neuner, Jörg: Die Rechtsfindung contra legem, 2. Aufl., München 2005

Nicolaysen, Gert: Richtlinienwirkung und Gleichbehandlung von Männern und Frauen beim Zugang zum Beruf, EuR 1984, 380

ders.: Keine horizontale Wirkung von Richtlinien-Bestimmungen, EuR 1986, 370

ders.: Europarecht I - Die Europäische Integrationsverfassung, 2. Aufl., Baden-Baden 2002

Niedobitek, Matthias: Kollisionen zwischen EG-Recht und nationalem Recht, VerwArch 92 (2001), 58

von Oettingen, Anna/Rabenschlag, David: Europäische Richtlinien und allgemeiner Gleichheitssatz im innerstaatlichen Recht, ZEuS 2006, 363

Oldenbourg, Andreas: Die unmittelbare Wirkung von EG-Richtlinien im innerstaatlichen Bereich, München 1984

Oppermann, Thomas: Europarecht, 3. Aufl., München 2005

ders.: Die Europäische Union von Lissabon, DVBl. 2008, 473

Ossenbühl, Fritz: Der gemeinschaftsrechtliche Staatshaftungsanspruch, DVBl.1992, 993

Papier, Hans-Jürgen: Direkte Wirkung von Richtlinien der EG im Umwelt- und Technikrecht - Verwaltungsverfahrensrechtliche Probleme des nationalen Vollzuges, DVBl. 1993, 809

ders.: Umweltverträglichkeitsprüfung und Gemeinschaftsrecht, in: Wendt, R./Höfling, W./Karpen, U./Oldiges, M. (Hrsg.), Staat, Wirtschaft, Steuern - Festschrift für Karl Heinrich Friauf, Heidelberg 1996, 107

Pechstein, Matthias: Die Anerkennung der rein objektiven unmittelbaren Richtlinienwirkung, EWS 1996, 263

ders.: Die Justitiabilität des Unionsrechts, EuR 1999, 1

Pechstein, Matthias/Koenig, Christian: Die Europäische Union, 3. Aufl., Tübingen 2000

Peers, Steve: Mutual Recognition and Criminal Law in the European Union: Has the Council got it wrong?, CMLRev. 2004, 5

Pernice, Ingolf: Gestaltung und Vollzug des Umweltrechts im europäischen Binnenmarkt - Europäische Impulse und Zwänge für das deutsche Umweltrecht, NVwZ 1990, 414

ders.: Kriterien der normativen Umsetzung von Umweltrichtlinien der EG im Lichte der Rechtsprechung des EuGH, EuR 1994, 325

ders.: Der Vertrag von Lissabon - Ende des Verfassungsprozesses der EU?, EuZW 2008, 65

Pescatore, Pierre: The Doctrine of „Direct Effect“: An Infant Disease of Community Law, ELRev. 1983, 155

Peters, Anne: Elemente einer Theorie der Verfassung Europas, Berlin 2001

Pieper, Stefan Ulrich: Die Direktwirkung von Richtlinien der Europäischen Gemeinschaft - Zum Stand der Entwicklung, DVBl. 1990, 684

Pietzcker, Jost: Zur Nichtanwendung europarechtswidriger Gesetze seitens der Verwaltung, in: Due, O./Lutter, M./Schwarze, J. (Hrsg.), Festschrift für Ulrich Everling, Baden-Baden 1995, 1095

Prechal, Sacha: Does Direct Effect still Matter?, CMLRev. 2000, 1047

dies.: Directives in EC Law, 2. Aufl., Oxford 2005

dies.: Anmerkung zu EuGH, Urteil v. 5.10.2004 (Pfeiffer), CMLRev. 2005, 1445

dies.: Adieu à la Directive?, EuConst 2005, 481

Preis, Ulrich: Verbot der Altersdiskriminierung als Gemeinschaftsgrundrecht - Der Fall „Mangold“ und die Folgen, NZA 2006, 401

Prieß, Hans-Joachim: Die Haftung der EG-Mitgliedstaaten bei Verstößen gegen das Gemeinschaftsrecht, NVwZ 1993, 118

Prokopf, Kai Heinrich: Das gemeinschaftsrechtliche Rechtsinstrument der Richtlinie - eine rechtsdogmatische Untersuchung der Art. 249 Abs. 3 EGV und Art. 161 Abs. 3 EAGV, Berlin 2007

Rabe, Hans-Jürgen: Zur Metamorphose des Europäischen Verfassungsvertrags, NJW 2007, 3153

Reich, Norbert: Anmerkung zu EuGH, Urteil v. 22.11.2005 (Mangold), EuZW 2006, 20

ders.: Mangold und kein Ende - oder doch?, EuZW 2007, 198

Reichelt, Daniel: Die Rechtmäßigkeitskontrolle von Rahmenbeschlüssen und Beschlüssen gemäß Art. 35 Abs. 6 EU - Zugleich eine Betrachtung der Rechtserzeugung im Bereich der Polizeilichen und Justitiellen Zusammenarbeit in Strafsachen, Frankfurt a. M. 2004

Reichhold, Hermann: Aktuelle Rechtsprechung des EuGH zum Europäischen Arbeitsrecht, JZ 2006, 549

ders./Heinrich, Martin: Anmerkung zu EuGH, Urteil v. 6.7.2006 (Navas), JZ 2007, 196

Rengeling, Hans-Werner/Szczekalla, Peter: Grundrechte in der Europäischen Union - Charta der Grundrechte und Allgemeine Rechtsgrundsätze, Köln 2004

Ress, Georg: Die Europäische Union und die neue juristische Qualität der Beziehungen zu den Europäischen Gemeinschaften, JuS 1992, 985

ders.: Die richtlinienkonforme ‚Interpretation' innerstaatlichen Rechts, DÖV 1994, 489

Richter, Stefan: Die unmittelbare Wirkung von EG-Richtlinien zu Lasten Einzelner, EuR 1988, 394

Richter, Tobias/Bouchouaf, Ssoufian: Das Verbot der Altersdiskriminierung als allgemeiner Grundsatz des Gemeinschaftsrechts - der Beginn eines umfassenden europäischen Antidiskriminierungsrechts?, NVwZ 2006, 538

Richter, Thorsten S.: Die EU-Verfassung ist tot, es lebe der Reformvertrag, EuZW 2007, 631 ff.

Riehm, Thomas: Die überschießende Umsetzung vollharmonisierender EG-Richtlinien im Privatrecht, JZ 2006, 1035

Riesenhuber, Karl/Domröse, Ronny: Richtlinienkonforme Rechtsfindung und nationale Methodenlehre, RIW 2005, 47

Riesenhuber, Karl: Anmerkung zu EuGH, Urteil v. 22.11.2005 (Mangold), ERCL 2007, 62

Rodriguez Iglesias, Gil Carlos/Riechenberg, Kurt: Zur richtlinienkonformen Auslegung des nationalen Rechts (Ein Ersatz für die fehlende horizontale Wirkung), in: Due, O./Lutter, M./Schwarze, J. (Hrsg.), Festschrift für Ulrich Everling, Baden Baden 1995, 1213

Rörig, Ursula: Die Direktwirkung von Richtlinien in Privatrechtsverhältnissen: eine Abgrenzung der richtlinienkonformen Auslegung vom Phänomen der Direktwirkung, Bremen 2001

Ross, Malcolm: Effectiveness in the European Legal Order(s): Beyond Supremacy to Constitutional Proportionality, ELRev. 2006, 476

Roth, Wulf-Henning: Die richtlinienkonforme Auslegung, EWS 2005, 385

ders.: Die richtlinienkonforme Auslegung (§ 14), in: Riesenhuber; K. (Hrsg.), Europäische Methodenlehre - Handbuch für Ausbildung und Praxis, Berlin 2006

Royla, Pascal/Lackhoff, Klaus: Die innerstaatliche Beachtlichkeit von EG-Richtlinien und das Gesetzmäßigkeitsprinzip, DVBl. 1998, 1116

Rudolf, Beate/Giese, Ludmilla: Ein EU-Rahmenbeschluss über die Rechte des Beschuldigten im Strafverfahren? ZRP 2007, 113

Ruffert, Matthias: Subjektive Rechte im Umweltrecht der Europäischen Gemeinschaft, Heidelberg 1996

ders.: Rights and Remedies in European Community Law - A Comparative View, CMLRev. 1997, 307

ders.: Dogmatik und Praxis des subjektiv-öffentlichen Rechts unter dem Einfluss des Gemeinschaftsrechts, DVBl. 1998, 69

Rüffler, Friedrich: Richtlinienkonforme Auslegung nationalen Rechts, ÖJZ 1997, 121

Sack, Rolf: Die Berücksichtigung der Richtlinie 97/55/EG über irreführende und vergleichende Werbung bei der Anwendung der §§ 1 und 3 UWG, WRP 1998, 241

Satzger, Helmut: Die Europäisierung des Strafrechts, Köln 2001

ders.: Internationales und Europäisches Strafrecht, Baden-Baden 2005

ders.: Anmerkung zu EuGH, Urteil v. 3.5.2005 (Berlusconi), JZ 2005, 998

Scherzberg, Arno: Verordnung - Richtlinie - Entscheidung: Zum System der Handlungsformen im Gemeinschaftsrecht, in: Siedentopf, H. (Hrsg.), Europäische Integration und nationalstaatliche Verwaltung, Stuttgart 1991, 17

ders.: Die innerstaatlichen Wirkungen von EG-Richtlinien, Jura 1993, 225

Schiek, Dagmar: Grundsätzliche Bedeutung der gemeinschaftsrechtlichen Diskriminierungsverbote nach der Entscheidung Mangold, AuR 2006, 145

Schlachter, Monika: Richtlinienkonforme Rechtsfindung - ein neues Stadium im Kooperationsverhältnis zwischen EuGH und den nationalen Gerichten, RdA 2005, 115

Schliesky, Utz: Die Vorwirkung von gemeinschaftsrechtlichen Richtlinien - Ein Beitrag zur Geltung und Vorrang des sekundären Gemeinschaftsrechts am Beispiel des Wirtschafts- und Umweltrechts, DVBl. 2006, 631

Schmidt, Patrick: Nutzungsentschädigung bei Nacherfüllung durch Ersatzlieferung, ZGS 2006, 408

Schmitz, Thomas: Integration in der Supranationalen Union - Das europäische Organisationsmodell einer prozeßhaften geo-regionalen Integration und seine rechtlichen und staatstheoretischen Implikationen, Baden-Baden 2001

Schnorbus, York: Die richtlinienkonforme Rechtsfortbildung im nationalen Privatrecht, AcP 201 (2001), 860

Schockweiler, Fernand: Der Schadensersatzanspruch gegenüber dem Staat: eine vollwertige Alternative zur „horizontalen Wirkung“ von nicht fristgemäß umgesetzten Richtlinien, in: Due, O./Lutter, M./Schwarze, J. (Hrsg.), Festschrift für Ulrich Everling, Baden-Baden 1995, 1315

Schönberger, Christoph: Der Rahmenbeschluss. Unionssekundärrecht zwischen Völkerrecht und Gemeinschaftsrecht, ZaöRV 67 (2007) 67

Schorkopf, Frank: Der Europäische Haftbefehl vor dem Bundesverfassungsgericht, Tübingen 2006

Schröder, Christian: Europäische Richtlinien und deutsches Strafrecht, Berlin 2002

Schröder, Meinhard: Die Parlamente im europäischen Entscheidungsgefüge, EuR 2002, 301

Schroeder, Werner: Verfassungsrechtliche Beziehungen zwischen Europäischer Union und Europäischen Gemeinschaften, in: von Bogdandy, A. (Hrsg.), Europäisches Verfassungsrecht - Theoretische und dogmatische Grundzüge, Heidelberg 2003, 373

ders.: Neues vom Rahmenbeschluss - ein verbindlicher Rechtsakt der EU, EuR 2007, 349

Schulte-Nölke, Hans/Busch, Christoph: Mittelbare horizontale Direktwirkung von umgesetzten EG-Richtlinien, in: Heldrich, A. u.a. (Hrsg.), Festschrift für Claus-Wilhelm Canaris, München 2007, 795

Schürnbrand, Jan: Die Grenzen richtlinienkonformer Rechtsfortbildung im Privatrecht, JZ 2007, 910

Schwarz, Martin: Die direkte Verpflichtung des EU-Bürgers durch Normen des Gemeinschaftsrechts - Die Rechtsprechung des Europäischen Gerichtshofs zur unmittelbaren Dritt- und Direktwirkung nach Angonese und Unilever, Hamburg 2003

Schwarze, Jürgen (Hrsg.): EU-Kommentar, Baden-Baden 2000

ders.: Der Schutz der Grundrechte durch den EuGH, NJW 2005, 3459

Schweitzer, Michael/Hummer, Waldemar/Obwexer, Walter: Europarecht - Das Recht der Europäischen Union, Wien 2007

Seegers, Martin: Anmerkung zu EuGH, Urteil v. 13.6.2006 (Traghetti), EuZW 2006, 564

Skouris, Vassilios: Rechtswirkungen von nicht umgesetzten EG-Richtlinien und EU-Rahmenbeschlüssen gegenüber Privaten - neuere Entwicklungen in der Rechtsprechung des EuGH, ZEuS 2005, 463

ders.: Effet Utile versus Legal Certainty: The Case Law of the Court of Justice on the Direct Effect of Directives, EBLR 2006, 241

Slot, Piet Jan: Anmerkung zu EuGH, Urteil v. 30.4.1996 (CIA Security), CMLRev. 1996, 1035

Spetzler, Eugen: Die richtlinienkonforme Auslegung als vorrangige Methode steuerjuristischer Hermeneutik, RIW 1991, 579

Stabenow, Michael: Der Erfolg des langen Atems, FAZ Nr. 144 v. 25.6.2007, S.6

Stadie, Holger: Unmittelbare Wirkung von EG-Richtlinien und Bestandskraft von Verwaltungsakten, NVwZ 1994, 435

Staffhorst, Andreas: Direktwirkung am Horizont: Anmerkung zu EuGH, Urteil v. 5.10.2004 (Pfeiffer), GPR 2005, 89

Staudinger, Ansgar: Anmerkung zu BGH, Urteil v. 5.2.1998, JR 1999, 198

Steinbarth, Sebastian: Unmittelbare Wirkung von EG-Richtlinien und richtlinienkonforme Auslegung des innerstaatlichen Rechts in der Rechtsprechung des EuGH, Jura 2005, 607

Steinberg, Rudolf: Probleme der Europäisierung des deutschen Umweltrechts, AöR 120 (1995), 549

Steiner, Udo: Das deutsche Arbeitsrecht im Kraftfeld von Grundgesetz und Europäischem Gemeinschaftsrecht, NZA 2008, 73 ff.

Streinz, Rudolf: Der „effet utile" in der Rechtsprechung des Gerichtshofs der Europäischen Gemeinschaften, in: Due, O./Lutter, M./Schwarze, J. (Hrsg.), Festschrift für Ulrich Everling, Baden-Baden 1995, 1491

ders.(Hrsg.): EUV/EGV - Kommentar, München 2003

ders.: Europarecht, 7. Aufl., Heidelberg 2005

ders.: Anmerkung zu EuGH, Urteil v. 16.6.2005 (Pupino), JuS 2005, 1023

ders.: Anmerkung zu EuGH, Urteil v. 22.11.2005 (Mangold), JuS 2006, 357

ders.: Anmerkung zu EuGH, Urteil v. 13.9.3005 (Kommission/Rat), JuS 2006, 164

ders.: Anmerkung zu EuGH, Urteil v. 3.5.2007 (Europäischer Haftbefehl), JuS 2007, 854

ders.: Schleichende oder offene Europäisierung des Strafrechts? Zu beschleunigenden und retardierenden Tendenzen bei der Europäisierung des Strafrechts nach aktuellen Urteilen des EuGH und des BVerfG, in: Dannecker, G./Langer, W./Ranft, O./Schmitz, R./Brammsen, J. (Hrsg.), Festschrift für Harro Otto, Köln 2007, 1029

Streinz, Rudolf/Herrmann, Christoph: Der Fall Mangold - eine „kopernikanische Wende im Europarecht?", RdA 2007, 165

Stuyck, Jules/Wytinck, Peter: Anmerkung zu EuGH, Urteil v. 13.11.1990 (Marleasing), CMLRev. 1991, 205

Stuyck, Jules: Anmerkung zu EuGH, Urteile v. 7.3., 12.3. und 28.3.1996 (El Corte Inglés, Panagis Pafitis und Ruiz Bernáldez), CMLRev. 1996, 1261

ders.: Anmerkung zu EuGH, Urteil v. 27.6.2000 (Océano), CMLRev. 2001, 719

Suhr, Oliver: Strafrechtsharmonisierung in der Europäischen Union - Neue Grenzziehungen und zusätzliche Kontrollfragen, ZEuS 2008, 45

Szczekalla, Peter: Grenzenlose Grundrechte, NVwZ 2006, 1019

Terhechte, Jörg Philipp: Verfassung ohne Rhetorik - Zur neuen Gestalt der Europäischen Union, EuZW 2007, 521

Tettinger, Peter J./Stern, Klaus (Hrsg.): Kölner Gemeinschafts-Kommentar zur Europäischen Grundrechte-Charta, München 2006

Thüsing, Gregor: Richtlinienkonforme Auslegung und unmittelbare Geltung von EG-Richtlinien im Anti-Diskriminierungsrecht, NJW 2003, 3441

ders.: Zu den Grenzen richtlinienkonformer Auslegung - Irritationen und Hinweise in der Rechtssache Pfeiffer, ZIP 2004, 2301

ders.: Anmerkung zu EuGH, Urteil v. 5.10.2004 (Pfeiffer), EWiR 2004, 1147

ders.: Europarechtlicher Gleichbehandlungsgrundsatz als Bindung des Arbeitgebers? Kritische Gedanken zu EuGH, Urteil v. 22.11.2005 (Mangold), ZIP 2005, 2149

Thym, Daniel: Weiche Konstitutionalisierung - Optionen der Umsetzung einzelner Reformschritte des Verfassungsvertrags ohne Vertragsänderung, Integration 2005, 307

ders.: Europäischer Grundrechtsschutz und Familienzusammenführung, NJW 2006, 3249

Tietjen, Daniel: Die Bedeutung der deutschen Richterprivilegien im System des gemeinschaftsrechtlichen Staatshaftungsrechts - Das EuGH-Urteil "Traghetti del Mediterraneo", EWS 2007, 15

Timmermanns, Christiaan: Directives: Their Effects within the National Legal Systems, CMLRev. 1979, 533

ders.: Community Directives Revisited, YEL 1997, 1

Tinkl, Christina: Anmerkung zu EuGH, Urteil v. 16.6.2005 (Pupino), StV 2006, 36

diess.: Anmerkung zu EuGH, Urteil v. 3.5.2005 (Europäischer Haftbefehl), ZIS 2007, 419

Tomuschat, Christian: Die staatsrechtliche Entscheidung für die internationale Offenheit (§ 172), in: Isensee, J./Kirchhoff, P. (Hrsg.), Handbuch des Staatsrechts, Bd. VII, 1992

ders.: Ungereimtes: Zum Urteil des Bundesverfassungsgerichts über den Europäischen Haftbefehl, EuGRZ 2005, 453

Tridimas, Takis: Horizontal Direct Effect of Directives: A Missed Opportunity?, ELRev. 1994, 621

ders.: Black, White, and Shades of Grey: Horizontality of Directives Revisited, YEL 2002, 327

Trüe, Christiane: Rechtspersönlichkeit der Europäischen Union nach den Vertragsänderungen von Amsterdam: Wer handelt in GASP und PJZ?, ZEuS 2000, 127

Ukrow, Jörg: Richterliche Rechtsfortbildung durch den EuGH, Baden-Baden1995

von Unger, Moritz: So lange nicht mehr: Das BVerfG behauptet die normative Freiheit des deutschen Rechts, NVwZ 2005, 1266

ders.: Pupino: Der EuGH vergemeinschaftet das intergouvernementale Recht, NVwZ 2006, 46

Vedder, Christoph: Die Unterscheidung von Unionsrecht und Gemeinschaftsrecht nach dem Vertrag von Amsterdam, in: Müller-Graff, P.-C./Schwarze, J. (Hrsg.), Rechtsschutz und Rechtskontrolle nach Amsterdam, EuR Beiheft I/99, Baden-Baden 1999, 7

Viebrock, Jan: Direktwirkung von EG-Richtlinien - Anmerkungen zu Albrecht Bach, Direkte Wirkung von EG-Richtlinien, JZ 1991, 555

Vogel, Joachim: Harmonisierung des Strafrechts in der Europäischen Union, GA 2003, 314

ders.: Europäischer Haftbefehl und deutsches Verfassungsrecht, JZ 2005, 801

Vogenauer, Stefan: Richtlinienkonforme Auslegung nationalen Rechts - Anmerkung zur Entscheidung des House of Lords vom 19. Oktober 1995 (Webb v. EMO Air Cargo), ZEuP 1997, 158

ders.: Eine gemeineuropäische Methodenlehre des Rechts - Plädoyer und Programm, ZEuP 2005, 234

Wallrab, Annette: Die Verpflichteten der Gemeinschaftsgrundrechte - Umfang und Grenzen der Bindung der Europäischen Gemeinschaft und der Mitgliedstaaten an die Grundrechte des Europäischen Gemeinschaftsrechts, Baden-Baden 2004

Walzel, Daisy/Becker, Thomas: Grundzüge der Richtlinienrechtsprechung des EuGH, Jura 2007, 653

Wank, Rolf: Anmerkung zu BAG, Beschluss v. 18.2.2003, RdA 2004, 246

Wasmeier, Martin: Stand und Perspektiven des EU-Strafrechts, ZStW 16 (2004), 320

ders.: Der Europäische Haftbefehl vor dem Bundesverfassungsgericht - Zur Verzahnung des nationalen und europäischen Strafrechts, ZEuS 2006, 23

ders.: Der Rahmenbeschluss als Rechtssatzform in der Praxis, in: Lagodny, O./Wiederin, E./Winkler, R. (Hrsg.), Probleme des Rahmenbeschlusses am Beispiel des Europäischen Haftbefehls, Berlin 2007, 59

Weatherill, Stephen: Breach of Directives and Breach of Contract, *ELRev.* 2001, 177

Weber, Albrecht: Richterliche Kontrolle bei der Ausführung von Gemeinschaftsrecht durch die Mitgliedstaaten, in: 175 Jahre Oberlandesgericht Oldenburg, Köln 1989, 699

ders.: Vom Verfassungsvertrag zum Vertrag von Lissabon, EuZW 2008, 7

Weber, Sebastian: Justizielle Zusammenarbeit in Strafsachen und parlamentarische Demokratie, EuR 2008, 88

Wegener, Bernhard W./Lock, Tobias: Die Kleinen „hängt" man, die Großen lässt man laufen? Berlusconi und Niselli - Ungleiche vor dem EuGH, EuR 2005, 802

Wehnert, Anne: Rahmenbeschlusskonforme Auslegung deutschen Strafrechts, NJW 2005, 3760

Weigend, Thomas: Der Entwurf einer Europäischen Verfassung und das Strafrecht, ZStW 116 (2004), 275

Weiler, Joseph H. H.: The Transformation of Europe, in: ders. (Hrsg.), The Constitution of Europe – „Do the New Clothes Have an Emperor" and Other Essays on European Integration, Cambridge 1999

Weiß, Wolfgang: Zur Wirkung von Richtlinien vor Ablauf der Umsetzungsfrist, DVBl. 1998, 568

Weißer, Bettina: Die Wirkungen von EU-Rahmenbeschlüssen auf das mitgliedstaatliche Recht- Zugleich Besprechung von EuGH, Urteil v. 16.6.2005 (Pupino), ZIS 2006, 562

Weyembergh, Anne: Approximation of Criminal Laws, the Constitutional Treaty and the Hague Programme, CMLRev. 2005, 1567

Weyer, Hartmut: Unanwendbarkeit gemeinschaftsrechtswidriger nationaler Normen im Privatrechtsverhältnis, GPR 2004, 226

Winkler, Roland: Die Grundrechte der Europäischen Union, Wien 2006

ders.: Grundrechte und Grundrechtsschutz in der Polizeilichen und Justiziellen Zusammenarbeit in Strafsachen, in: Lagodny, O./Wiederin, E./Winkler, R. (Hrsg.), Probleme des Rahmenbeschlusses am Beispiel des Europäischen Haftbefehls, Berlin 2007, 19

Winter, Gerd: Direktwirkung von EG-Richtlinien, DVBl. 1991, 657

ders.: The Directive: Problems of Construction and Directives for Reform, in: Winter, G. (Hrsg.), Sources and Categories of European Union Law, Baden-Baden 1996

ders.: Individualrechtsschutz im deutschen Umweltrecht unter dem Einfluss des Gemeinschaftsrecht, NVwZ 1999, 467

ders.: Die Dogmatik der Direktwirkung von EG-Richtlinien und ihre Bedeutung für das EG-Naturschutzrecht, ZUR 2002, 313

Winter, J. A.: Direct Applicability and Direct Effect - Two Distinct and Different Concepts in Community Law, CMLRev. 1972, 425

de Witte, Bruno: The Nature of the Legal Order, in: Craig, P./de Búrca, G. (Hrsg.), The Evolution of EU Law, Oxford 1999, 177

ders.: Die Jurisdiktion des Gerichtshofs der Europäischen Gemeinschaften nach Amsterdam, in: Müller-Graff, P.-C./Schwarze, J. (Hrsg.), Rechtsschutz und Rechtskontrolle nach Amsterdam, EuR Beiheft I/99, 1999 Baden-Baden, 91

Wolf, Sebastian: Demokratische Legitimation in der EU aus der Sicht des Bundesverfassungsgerichts nach dem Urteil des BVerfG, KJ 2005, 350

Wolff, Heinrich Amadeus: Die Auslieferung Deutscher aufgrund des europäischen Haftbefehls, ZG 19 (2004), 32

Wölk, Jonas: Die Umsetzung von Richtlinien der Europäischen Gemeinschaft - Eine rechtsvergleichende Untersuchung zum Recht der Bundesrepublik Deutschland, der französischen Republik und des Vereinigten Königreichs, Baden-Baden 2002

Wölker, Ulrich: Die Normenhierarchie im Unionsrecht in der Praxis, EuR 2007, 32

Wouters, Jan/Naert, Frederik: Of Arrest Warrants, Terrorist Offences and Extradition Deals - An Appraisal of the EU's Main Criminal Law Measures Against Terrorism after 11 September, CMLRev. 2004, 909

Wurmnest, Wolfgang: Anmerkung zu BAG, Beschluss v. 18.2.2003, EuZW 2003, 511

Wyatt, Derrick: The Direct Effect of Community Social Law - Not Forgetting Directives, ELRev. 1983, 241

Zeder, Fritz: Der Rahmenbeschluss als Instrument der EU-Rechtsangleichung im Strafrecht am Beispiel des Rahmenbeschlusses gegen Geldfälschung, ÖJZ 2001, 81

Zenner, Martin: Die Haftung der EG-Mitgliedstaaten für die Anwendung europarechtswidriger Rechtsnormen, München 1995

Zuleeg, Manfred: Das Recht der Europäischen Gemeinschaften im innerstaatlichen Bereich, Köln 1969

ders.: Die Organisationsstruktur der Europäischen Union - Eine Analyse der Klammerbestimmungen des Vertrags von Amsterdam, in: von Bogdandy, A./Ehlermann, C.-D. (Hrsg.), Konsolidierung und Kohärenz des Primärrechts nach Amsterdam, EuR Beiheft II 1998, Baden-Baden 1998, 151

ders.: Die föderativen Grundsätze der Europäischen Union, NJW 2000, 2846